Catherine Parr Traill
Ansiedlungen in den Urwäldern von Kanada

AF125512

SEVERUS Verlag

Catherine Parr Traill: Ansiedlungen in den Urwäldern von Kanada. Ratschläge einer Emigrantin zu Beginn des 19. Jahrhunderts. 2021
Neuauflage der Ausgabe von 1837
ISBN: 978-3-96345-343-4

Korrektorat: Michaela Wilken, Melina Temme
Übersetzung: Dr. F. A. Wiese
Ergänzendes Vorwort: Michaela Wilken (© SEVERUS Verlag)

Umschlaggestaltung: Annelie Lamers, SEVERUS Verlag
Umschlagmotiv: © isuru-udesh-mangala/pexels.com

Bibliografische Information der Deutschen Nationalbibliothek: Die Deutsche Nationalbibliothek verzeichnet diese Publikation in der Deutschen Nationalbibliografie; detaillierte bibliografische Daten sind im Internet über https://dnb.de abrufbar.

Der SEVERUS Verlag ist ein Imprint der Bedey & Thoms Media GmbH, Hermannstal 119k, 22119 Hamburg

SEVERUS Verlag, 2021
http://www.severus-verlag.de
Gedruckt in Deutschland
Der SEVERUS Verlag übernimmt keine juristische Verantwortung oder irgendeine Haftung für evtl. fehlerhafte Angaben und deren Folgen.

Catherine Parr Traill

Ansiedlungen in den Urwäldern von Kanada

Ratschläge einer Emigrantin zu Beginn des 19. Jahrhunderts

Editorische Notiz:
Der Text der vorliegenden Edition beruht auf der Ausgabe:
Catherina Parr Traill: Ansiedlungen in den Urwäldern von Kanada. Ein Wegweiser für Auswandrer nach Amerika von Emigrantin. Baumgärtners Buchhandlung, Leipzig, 1837. Die
Orthographie wurde behutsam modernisiert, grammatikalische Eigenheiten bleiben gewahrt. Die Interpunktion folgt der Druckvorlage. Der Inhalt ist im historischen Kontext zu
lesen.

Inhalt

Vorwort

Was bewegt Menschen zu Beginn des 19. Jahrhunderts, alles hinter sich zu lassen und in die „Neue Welt" auszuwandern? Viele setzen alles auf eine Karte, um ihre wirtschaftliche Situation zu verbessern, in der Hoffnung auf ein eigenes Stück Land und damit Unabhängigkeit und Sicherheit für sich selbst und die eigenen Kinder. Dies tun sie oftmals in dem Wissen, dass sie das Altbekannte für den Neubeginn hinter sich lassen müssen und dass die Tür für den Rückweg vermutlich für immer geschlossen bleiben wird. Dennoch wagen sie den Aufbruch ins Ungewisse, einzig geleitet von Hoffnungen und Träumen.

Unter ihnen Catherine Parr Traill, die diesen alles verändernden Schritt wagt. Den Weg in ihr neues Leben hält sie in insgesamt 18 Briefen an ihre Mutter fest. In diesem Buch[1] versammelt lassen sie den Leser in Catherines Gedankenwelt eintauchen. Unverfälscht skizzieren sie das Bild eines völligen Neuanfangs als Folge ihrer Auswanderung von England nach Kanada. Dabei prägt ihre Perspektive die Ratschläge, die sie anderen Emigranten mit auf den Weg geben möchte.

Catherine Parr Traill (geborene Strickland) erblickt am 9. Januar 1802 in London als eines von acht Kindern von Thomas Strickland und Elizabeth Homer das Licht der Welt. Schon in jungen Jahren befasst sie sich mit dem Schreiben, welches sie schließlich ein Leben lang begleiten soll. Die Bandbreite ihrer Werke reicht von Kindergeschichten bis hin zu Werken über ihre Auswanderung nach Kanada und die hier vorzufindenden Besonderheiten der Natur. Auch ein Großteil ihrer Geschwister entdeckt die Vorliebe für eine schriftstellerische Tätigkeit, sodass im Laufe der Zeit eine Bandbreite von Poesie, Belletristik und Autobiografien auf die Schriftstellerfamilie zurückzuführen ist.[2] Den Grundstein dafür legen wohl schon ihre Eltern, die mit ihrer Erziehung auch allen Töchtern breitgefächerte

---

1   Übersetzt von Friedrich Adolf Wiese.

2   Auch Catherines Schwester Susanna Moodie wandert nach Kanada aus. Über ihre Auswanderung schreibt sie in ihrem englischen Werk „Canada from the Wild Side", welches ebenfalls im SEVERUS Verlag erscheint.

Kenntnisse mit auf den Weg geben wollen – von der Unterrichtung der verschiedensten Fächer wie Geschichte und Sprache bis zu traditionellen weiblichen Fähigkeiten. Zum einen lernen die Töchter eigenverantwortlich zu handeln, durch die Übertragung von Aufgaben wie der Pflege eines eigenen Gartens und der Versorgung von Haustieren. Zum anderen werden sie ermutigt, sich an Diskussionen zu beteiligen, in denen sie ihre eigene Meinung reflektieren. Die Erziehungsvorstellungen von Catherines Eltern kann als fortschrittlich erachtet werden, da besonders ihr Vater großen Wert darauf legt seine Töchter auch in Wissenschaften zu unterrichten und ihre Eigenständigkeit zu fördern, indem er sie bei kritischen Fragen einbezieht. Außerdem wird Catherines Kindheit durch die ländlichen Eindrücke in Suffolk, England geprägt, die den Ursprung ihrer Begeisterungsfähigkeit für die Natur und ihrer Bewohner vermuten lassen. Das Interesse für Flora und Fauna begleitet sie auch als Botanikerin und findet sich im Laufe ihrer schriftstellerischen Laufbahn in ihren Texten wieder. Catherines Auge für die Feinheiten der Natur nehmen beim Lesen ihrer Briefe mit auf eine Entdeckungsreise durch die Pflanzen- und Tierwelt; aufbewahrte Erinnerungen in ihrer persönlich angelegten (Pflanzen-) Sammlung.

Die Tätigkeit ihres Mannes (Thomas Traill) als Offizier ermöglichen ihm Landbewilligungsansprüche in Kanada, sodass die Eheleute zu den insgesamt ca. 17.500 Menschen zählen, die von England nach Quebec im Jahre 1832 aufbrechen – von hier aus führt sie ihr Weg weiter landeinwärts zu den Urwäldern. Catherine sehnt sich nach einem Neuanfang. Inspiriert durch Auswanderungsvorhaben aus ihrem Umfeld wie beispielsweise von ihren Geschwistern Susanna Moodie und Samuel Strickland ergreift sie entschlossen ihre Chance. Zudem wird vermutet, dass Thomas Traill ein komfortables Einkommen erzielen möchte, welches er für seine Klasse als angemessen erachtet. Die Eheleute lassen sich der „höheren" Gesellschaftsschicht zuordnen. In ihrem neuen Zuhause muss sich Catherine Herausforderungen wie den klimatischen Bedingungen und dem erschwerten Bezug und Transport von Lebensmitteln stellen, die in den ersten Jahren erhebliche Entbehrungen mit sich bringen. Ob der Aufbau der Selbstversorgung einer Auswandererfamilie gelingt, hängt von dem Vorhandensein von Fleiß, Betriebsamkeit, handwerklichem Geschick und der finanziellen Situation ab. Als besonders positiv empfindet Catherine die Hilfsbereitschaft der Ansiedler untereinander und die Unabhängigkeit, die durch das Leben fernab der Stadt ermöglicht wird. Fern von Luxus eröffnet sich der Blick für das Wesentliche. Im Laufe ihrer Briefe verstärkt sich das Gefühl, dass Catherine in Kanada eine neue Heimat gefunden und die Vorzüge eines Ansiedlerlebens für sich entdeckt hat. Trotz Sehnsucht nach der Familie in der Heimat sieht sie geleitet von ihrer grenzenlosen mütterlichen Liebe für ihren ersten Sohn (weitere Kinder folgen) die Zukunft in Kanada.

Catherine bleibt bis zu ihrem Lebensende (29.08.1899) in Kanada. Anhand der chronologischen Schilderungen ihres Reiseweges und den ersten Handlungen als Neuansiedler auf kanadischem Boden werden die mit einer Auswanderung verbundenen Strapazen und Herausforderungen greifbar und mit allen erdenklichen Gefühlen angereichert. Catherine betont stets ihre bewusste Entscheidung für die Auswanderung und ihren Versuch eines aussöhnenden Optimismus mit ihrem neuen Leben. Ihre gewonnenen Erfahrungen hält sie als Ratschläge für andere Auswanderer fest, besonders darauf bedacht, der weiblichen Sichtweise Raum zu schaffen. Zu der damaligen Zeit erscheinen Werke über die Auswanderung nach Kanada überwiegend aus der männlichen Sicht. Catherine will die Möglichkeit schaffen, von Frau zu Frau zu sprechen und die zukünftigen Auswanderinnen darauf vorbereiten, welche besonderen Herausforderungen sie bei dem Aufbau eines Haushaltes in der Wildnis zu erwarten haben. Auswanderinnen führen Tätigkeiten aus, die zuvor nur Männern zugeschrieben wurden, um unter den enormen Anforderungen eine Neuansiedlung für die Familie ermöglichen zu können. Dadurch entsteht ein anderes Selbstbild der Frau und wie in Catherines Fall wächst der Stolz mit jeder erfolgreich bewältigten neuen Aufgabe. Auch Rollenzuschreibungen der Klassen werden aufgeweicht, da in der neuen Heimat nicht mehr der hineingeborene Rang, sondern die individuelle Leistung und das Verhalten zählt. Zudem möchte Catherine unverblümte Aufklärung über die Realität des harten Alltags schaffen, da sie am eigenen Leib erfahren muss, wie sehr diese von der Idealvorstellung einer Auswanderung abweicht. Als Vorbereitung studiert sie entsprechende Lektüre, jedoch werden in dieser eher idyllische und illusorische Szenen dargestellt. Daher ist ihre Intention, wahrheitsgemäß ihre alltäglichen Erfahrungen mitzuteilen und so das Puzzle um die „schönen Ausschnitte" der Momentaufnahmen von Durchreisenden zu vervollständigen. Die Briefe erwecken einen Eindruck davon, wie es ist, von Null beginnen zu müssen und der Weg zur Entstehung eines Dorfes mit Straßen, Mühlen, Vorratshäusern und Schulen geebnet werden kann.

An dieser Stelle folgt der Hinweis, dass das vorliegende Werk lediglich der neuen deutschen Rechtschreibung angepasst wurde. Der besondere Sprachstil, wie beispielsweise die Wortverkürzungen, wurden bewusst wie im Original belassen, um die persönliche Note von Catherine zu erhalten. Für die Bewahrung des alten Charmes sind im Anhang Tabellen und Auflistungen mit Kennzahlen rund um das Thema Auswanderung nach Kanada in ihrem Originalzustand zu finden. Außerdem befinden sich hier Beschreibungen von Catherine für Herstellungsverfahren von ausgewählten Lebensmitteln und Haushaltshilfsmitteln. Da sich geografische Angaben wie beispielsweise Stadt- und Flussnamen im Laufe der Zeit verändern können, wurden diese hinsichtlich ihrer Aktualität überprüft und Namensabweichungen angegeben, um so eine möglichst präzise Nachverfolgung des Reisegeschehens zu ermöglichen. Die vielfältige Nennung von Pflanzen- und Tierarten wurde ebenfalls größtenteils überprüft, jedoch teilweise ohne äquivalentes Ergebnis.

Auch heute ist Kanada ein klassisches Einwanderungsland. Viele Einwanderer haben heute wie damals ihre Wurzeln unteranderem in Großbritannien oder Irland. Die unendlichen Weiten des Landes und die Vorstellung eines unbeschwerten Lebens verleiten viele Menschen alles in ihrer Heimat aufzugeben, um mit einem hoffnungsgefüllten Herzen die Reise in ein neues Leben zu wagen.

Durch das Lesen der Briefe und die in ihnen eingeschlossenen persönlichen Empfindungen nimmt Catherine die lesende Person mit in die Vergangenheit, jedoch um das hierbei entstehende Bild zu vervollständigen, ist es notwendig auch über ihre Gedankenwelt hinauszuschauen, um zwischen den Zeilen die geschichtlichen Ereignisse auf einer Metaebene betrachten zu können. Ihre Auswanderung fällt in eine Zeit in der Kolonialmächte viele Veränderungen in Kanada verursachen, in dem sie das Zusammenleben von Kolonisten und First Nations nach ihrer Vorstellung formen. Catherines Ansichten der Geschehnisse ist unbewusst von den Kolonialmächten geprägt. Ihr Blick erfolgt aus der britischen Sicht, in der Kanada als schöne neue Welt erachtet wird. Eine weitere Gegebenheit die Beachtung bedarf ist, dass es zu der damaligen Zeit nicht üblich war, dass Frauen als Autorinnen fungierten, so ist es besonders die Geschehnisse aus weiblicher Feder beschrieben zu bekommen. Das vorliegende Buch gibt Aufschluss darüber, welche Leistungen die Frauen damals bewältigt haben und wie sie unter den gegebenen Umständen über sich hinaus gewachsen sind.

Heutige Auswanderer müssen sich anderen Fragen stellen als die Menschen vor 200 Jahren. Die Wohnverhältnisse, der Arbeitsmarkt, die Technik, die Infrastruktur haben sich über die Jahre entwickelt, die Reise- und Kommunikationsmöglichkeiten haben sich vervielfacht. Auch wenn der vorliegende Ratgeber auf die aktuellen Herausforderungen der heutigen Auswanderer nicht angepasst werden kann, so bietet er jedoch ein gutes Beispiel, welche Wirkung Optimismus auf die Ungewissheit, die eine Auswanderung in ein fremdes Land mit sich bringt, haben kann. Catherine schafft es, durch Geduld und genaue Beachtung ihres Umfeldes ihre Handlungen zu reflektieren und Aufmunterung in den Besonderheiten der Natur zu finden. Sie verändert ihre Prioritäten und ist Stolz über jeden kleinen erfolgreichen Schritt. Es bleibt der Gedanke haften, welche Auswirkungen optimistisches Denken mit einem Blick in die ferne Zukunft auf die zu bewältigenden Herausforderungen haben kann.

Michaela Wilken
SEVERUS Verlag

Einleitung

Unter den vielen, im Verlauf des letzten Jahrzehents über Kanada erschienenen Werken, welche Auswanderung zum Thema haben, erteilen nur wenige oder vielleicht nicht ein einziges über die häusliche Einrichtung der Ansiedler hinreichend genaue Auskunft, um derjenigen, welche für alle Bequemlichkeiten und den wohlbehaglichen Zustand einer Familie verantwortlich ist, – der Hausfrau, welcher die häusliche Ordnung obliegt, als treuer und sichrer Führer zu dienen.

Zwar hat **Dr.** D u n l o p eine geistreiche Flugschrift, betitelt „**The Backwoodsman**", (der Urwaldsiedler) herausgegeben, allein sie geht nicht in die Routine weiblicher Pflichten und Geschäfte, in dem bezeichneten neuen Wirkungskreise, ein. In der Tat kann nur die Feder einer Frau die andre Hälfte von dem beschreiben, was von der innern Einrichtung und Leitung eines Hauswesens in den Urwäldern zu sagen ist, sie allein vermag die neuanlangenden weiblichen Auswandrer über die schwierigen Pflichten und Prüfungen, welche ihrer warten, gehörig zu unterrichten.

„Vorausgewarnt, vorausgewaffnet" ist ein Sprichwort unsrer Vorväter, das in seiner markigen Kürze viel Stoff zum Nachdenken enthält; seine Bedeutung im Auge, ist die Verfasserin vorliegenden Werkes bestrebt gewesen, den Frauen und Töchtern von Auswandrern aus den höheren Ständen, welche inmitten unsrer kanadischen Wildnisse eine Heimat suchen, jeden nur möglichen Unterricht zu erteilen. Wahrheit war ihr Hauptziel, denn es wäre grausam, Leute, die ihre Familie, ihr Vermögen und ihre Hoffnungen in ein wildfremdes Land versehen, mit falschen Hoffnungen zu täuschen und glauben zu machen, dass in diesem Lande Milch und Honig fließe und dass es zur Erlangung von Bequemlichkeit und Überfluss daselbst nur geringer Mühe bedürfe. Sie zieht es vor, gewissenhaft und treu die Dinge in ihrem wahren Lichte darzustellen, damit der weibliche Teil der Ankömmlinge im Stande sei, den neuen Verhältnissen kühn ins Gesicht zu blicken, in dem ihm angebornen Takt und Scharfsinn ein Mittel in vorkommenden Schwierigkeiten zu finden und gehörig vorbereitet, mit jener mutvollen Freudigkeit, wovon wohlerzogne

Frauenzimmer oft außerordentliche Beweise liefern, dem Übrigen zu begegnen. Desgleichen wünscht sie, ihnen zu zeigen, wie vorteilhaft es ist, alles wegzulassen, was ausschließlich jener künstlichen Verfeinerung des modischen Lebens in England angehört; und wie sie durch Verwendung des Geldes, welches der Ankauf von dergleichen mehr lästigen und überflüssigen Artikeln erheischen würde, auf wahrhaft nützliche Gegenstände, die in Kanada nicht leicht zu erlangen sind, sich das Vergnügen verschaffen können, einem wohlgeordneten Hauswesen vorzustehen. Sie wünscht ihnen den Vorteil einer dreijährigen Erfahrung zu sichern, damit sie jeden Teil ihrer Zeit zweckmäßig anwenden mögen und lernen, dass alles, sowohl Geld als Geldeswert, das irgendeinem Gliede der Emigrantenfamilie angehört, gewissenhaft als K a p i t a l zu betrachten sei, welches durch Vermehrung entweder des Einkommens oder der häuslichen Ordnung und Bequemlichkeit seine Zinsen tragen werde.

Diese Aussprüche, welche mehr auf Nutzen und Brauchbarkeit als künstliche persönliche Verfeinerung abzwecken, sind nicht so unnötig, als das Publikum vielleicht meinen dürfte. Die nach dem britischen Amerika auswandernden Familien sind nicht mehr von dem Range im Leben wie die, welche früher dort eine neue Heimat suchten. Es sind nicht bloß arme Landleute und Handwerker, die in großen Anzahlen dem Westen zuziehen, sondern auch unternehmende englische Kapitalisten und die vormals in Überfluss lebenden Landeigentümer, welche, beunruhigt durch die Schwierigkeit in einem Lande, wo alle Gewerbe überfüllt sind, eine zahlreiche Familie in Unabhängigkeit zu erhalten, sich den Schaaren anschließen, die jährlich aus England nach jenen Kolonien strömen. Von welcher Bedeutung ist es nicht, dass die weiblichen Glieder dieser Kolonien gehörigen Unterricht hinsichtlich der wichtigen Pflichten erhalten, denen sie sich unterziehen; dass sie sich auf die Mühen gefasst machen und vorbereiten, welche ihrer warten und so Reue und Missvergnügen über grundlose Erwartungen und getäuschte Hoffnungen vermeiden.

Es ist eine dem Publikum nicht allgemein bekannte Tatsache, dass britische Offiziere und ihre Familien gewöhnlich die Bewohner der Urwälder sind und da sehr viele außer Dienst stehende Offiziere jeden Ranges Landbewilligungen in Kanada erhalten haben, so kann man sie als die Begründer der Zivilisierung in der Wildnis betrachten; und ihre Frauen, nur zu oft zärtlich erzogen und von vornehmer Abkunft, sehen sich auf einmal in alle, mit der rohen Lebensweise eines Waldsiedlers verbunden

Beschwerden und Entbehrungen versenkt. Die Gesetze, welche die Bewilligung von Grundeigentum regulieren, nötigen den Kolonisten, sich auf eine bestimmte Zeit verbindlich zu machen, so wie zur Ausübung gewisser Pflichten und verstatten daher, ist einmal die Absteckung des Bodens erfolgt, keinen Urlaub. Dieselben Gesetze nötigen sehr weislich einen Mann von besserer Erziehung, der sowohl im Besitz von Vermögen als gebildetem Verstand ist, alle seine Kräfte einem bestimmten Flächenraum ungelichteten Bodens zu widmen. Es lässt sich wohl denken, dass nur solche, die eine junge Familie in Wohlstand und Unabhängigkeit zu erhalten wünschen, sich dergleichen Mühseligkeiten unterziehen werden. Diese Familie macht die Niederlassung eines solchen Ansiedlers der Kolonie noch werter; und der auf halben Sold gesetzte Offizier, welcher dergestalt gleichsam die Avantgarde der Zivilisierung führt und in jene rohen Distrikte anständige und wohlerzogne weibliche Wesen bringt, die durch geistige Verfeinerung alles um sich her sänftigen und veredeln, dient seinem Vaterlande durch Gründung friedlicher Dörfer und anmutiger Wohnstätten eben so nachdrücklich als je zur Zeit des Kriegs durch persönlichen Mut oder militärische Klugheit.

Es wird sich im Verfolg dieses Werkes ergeben, dass die Verfasserin, Damen, welche der höhern Ansiedlerklasse angehören, die geistigen Quellen einer besseren Erziehung eben so sehr im Auge zu behalten empfiehlt als sie ihnen die Beibehaltung aller unvernünftiger und künstlicher Bedürfnisse so wie jedes nutzlose Tun und Treiben widerrät. Sie mögen ihre Aufmerksamkeit auf die Naturgeschichte, die Flora dieser neuen Heimat richten, hierin werden sie eine unerschöpfliche Quelle für Unterhaltung und Belehrung finden, eine Beschäftigung, die den Geist erleuchtet und erhebt und für den Mangel an jenen leichteren weiblichen Zeitvertreiben, welche notwendigerweise den gebieterischen häuslichen Pflichten weichen müssen, Ersatz leisten dürfte. Dem Weibe, welches fähig ist, die Schönheiten der Natur zu empfinden und den Schöpfer des Weltalls in seinen Werken zu verehren, eröffnet sich ein reicher Vorrat reiner ungeschminkter Freuden, die es inmitten der einsamsten Gegend unsrer westlichen Wildnisse frei von Langeweile und übler Laune erhalten.

Schreiberin dieser Seiten spricht aus Erfahrung und würde sich sehr freuen, wenn sie vernehmen sollte, dass die einfachen Quellen, aus welchen sie selbst so manche Freude geschöpft hat, die Einsamkeit zukünftiger Ansiedlerinnen in den Urwäldern von Kanada zu erheitern vermögen.

Als allgemeine Bemerkung für Ansiedler jeglicher Art und jeglichen Standes, mag hier noch stehen, dass das Ringen nach Unabhängigkeit oft sehr mühevoll und ohne eine tätige und heitere Lebensgefährtin fast unmöglich ist. Kinder sollte man frühzeitig die aufopfernde Liebe schätzen lehren, welche ihre Eltern zur Überwindung des natürlichen Widerstrebens, das Land ihrer Vorväter, den Schauplatz ihrer frühesten und glücklichsten Tage, zu verlassen und in einem fernen Weltteile als Fremdlinge eine neue Wohnstätte zu suchen, neue Banden, neue Freundschaften zu knüpfen und gleichsam des Lebens mühevollen Pfad von neuem anzutreten bestimmte und alles dies, um ihre Kinder in eine Lage zu versetzen, worin sie durch Fleiß und Tätigkeit sich stets die materiellen Bedürfnisse und Bequemlichkeiten des Lebens zu verschaffen und ihren Nachkommen ein wohlbestelltes Grundeigentum zu hinterlassen vermögen.

Junge Männer söhnen sich bald mit diesem Lande aus, indem es ihnen dasjenige gewährt, was den größten Reiz für die Jugend hat – nämlich große persönliche Freiheit. Ihre Beschäftigungen sind erheiternd und der Gesundheit zuträglich; ihre Belustigungen, z.B. Jagen, Schießen, Fischen und Gondeln sind vorzüglich einladend und für viele bezaubernd. An allen diesen Zeitvertreiben aber können ihre Schwestern keinen Anteil nehmen, daher die Mühseligkeiten und Beschwerden des Ansiedlerlebens insbesondre dem weiblichen Teil der Familie anheimfallen. Mit einem Hinblick auf Abhilfe dieser Entbehrungen und um zu zeigen, wie man einige Schwierigkeiten sich erleichtern, andre vermeiden kann, hat die Verfasserin manche ihr nützlich erscheinende Vorschläge eingestreut. Einfache Wahrheit, durchaus auf persönliche Kenntnis gestützt, ist die Grundlage des vorliegenden Werkes; eingeflochtne Erdichtungen hätten es vielleicht manchen Lesern willkommner gemacht, würden aber auf der andern Seite seiner Brauchbarkeit Abbruch getan haben; indes werden auch diejenigen, welche keineswegs die Absicht haben, die Mühseligkeiten und Gefahren des in Rede stehenden Ansiedlerlebens zu teilen, wohl aber von Szenen und Lebensverhältnissen, die von denen eines seit langer Zeit zivilisierten Landes so himmelweit verschieden sind, einige Kenntnis zu erlangen wünschen, ihre Rechnung finden und sowohl Unterhaltung als auch manche nützliche Lehre daraus schöpfen.

Die Urwälder von Kanada

Erster Brief

ABFAHRT VON GREENOD[1] IN DER BRIG LAUREL. – BESCHAFFEN-
HEIT DER KAJÜTE. – REISEGEFÄHRTE. – MANGEL AN BESCHÄFTI-
GUNG UND UNTERHALTUNG. – DES KAPITÄNS GOLDFINKE. –

Brig Laurel, Juli 18, 1832

Teuerste Mutter!

Ich erhielt Ihren letzten lieben Brief nur wenige Stunden vor unsrer
Abfahrt von Greenod. Da Sie den Wunsch äußern, eine ausführliche
Beschreibung unsrer Reise von mir zu erhalten, so will ich meine Mitteilungen von der Zeit unsrer Einschiffung an beginnen und so oft schreiben, als mich meine Neigung dazu treibt. Gewiss sollen Sie keinen Grund
haben, über zu kurze Briefe von mir zu klagen, ich fürchte, Sie werden
dieselben nur zu lang finden.

Nach manchem Aufschub, mancher fehlgeschlagnen Erwartung glückte
es uns endlich, eine Gelegenheit zur Überfahrt in einer schnell segelnden
Brig, dem Laurel von Greenod, zu finden; und günstige Winde tragen
uns jetzt in reißendem Fluge über den atlantischen Ozean.

Der Laurel ist kein regelmäßiges Passagierschiff, dies aber betrachte
ich als einen Vorteil, denn was wir auf der einen Seite an Unterhaltung und
Mannigfaltigkeit einbüßen, gewinnen wir auf der andern an Behaglichkeit.
Die Kajüte ist recht hübsch aufgeputzt und ich erfreue mich des Genusses,
(denn ein solcher ist es in der Tat, in Vergleich zu den schmalen Sitzen
der Staatskajüte) eines hübschen Sofas mit rotem Überzug in der großen

---

1   Anm. des Verlags: Hierbei handelt es sich vermutlich um das heutige Greenodd, England.

Kajüte. Die Staatskajüte steht uns auch offen. Wir zahlten für unsre Überfahrt nach Montreal jeder fünfzehn Pfund, allerdings ein ziemlich hoher Preis, der aber jede andre Ausgabe in sich einschließt; und übrigens hatten wir keine Wahl. Das einzige nach Kanada bestimmte Fahrzeug auf dem Flusse war mit Auswandrern, vorzüglich Holländern aus der niedrigen Klasse, buchstäblich überfüllt.

Die einzigen Passagiere in dem L a u r e l, außer uns, sind der Neffe des Kapitäns, ein hübscher blondhaariger Bursche von ungefähr fünfzehn Jahren, der die Unkosten für seine Überfahrt abarbeitet; und ein junger Herr, der nach Quebec reist, wo er in einem Handlungshause eine Anstellung als Kommis erhalten hat. Derselbe scheint zu sehr mit seinen Angelegenheiten beschäftigt, um sehr mitteilend gegen andre zu sein; er spaziert viel umher, spricht wenig und liest noch weniger; unterhält sich aber oft mit Singen, wenn er das Deck auf- und abschreitet, seine Lieblingslieder sind, „O H e i - m a t, s ü ß e H e i m a t !" u.s.w.; und jener treffliche Gesang, „S c h ö n e I n s e l [2)" u.s.w. gewiss eine süße Weise; und ich kann mir den Zauber, welchen sie für ein am Heimweh leidendes Herz hat, leicht vorstellen.

Die Szenerie des Clyde (Fluss) gefiel mir ausnehmend; der Tag, an welchem wir die Anker lichteten, war heiter und angenehm und ich blieb bis spät abends auf dem Deck. Das Morgenlicht begrüßte unser Schiff, als es mit einem günstigen Winde von Lande her stattlich durch den Nordkanal hinsteuerte; an diesem Tage sahen wir die letzte der Hebriden und vor Eintritt der Nacht verloren wir die nördliche Küste von Irland aus den Augen. Eine weite Wasserfläche und über uns der Himmel sind jetzt unser einziger Anblick, durch nichts unterbrochen, als wenn sich in weiter Ferne am Saume des Horizonts die kaum zu unterscheidenden Umrisse eines Fahrzeugs zeigen, – ein Fleck in dem unermesslichen Raume, – oder dann und wann einige Seevögel vorübergleiten.

Es macht mir Vergnügen, diese Wandrer des Ozeans, indem sie mit den hochgehenden Wogen steigen und fallen oder um unser Schiff flattern, zu beobachten; und oft denke ich mit Verwunderung darüber nach, woher sie kommen, nach welchem fernen Ufer sie ihren Flug nehmen und ob sie den langen Tag und die finstre Nacht hindurch die wilde Woge zu ihrem Ruheplatz wählen; und dann fallen mir unwillkürlich die Worte des amerikanischen Dichters B r y a n t ein:

---

2   England.

„Er der von Zone zu Zone
Durch den grenzenlosen Luftkreis ihren
bestimmten Flug lenkt,
Wird auf dem langen Wege, den ich
allein durchwandern muss,
Meine Schritte richtig leiten."

Wiewohl wir noch nicht viel über eine Woche an Bord gewesen sind, so fängt mich doch schon die Reise zu langweilen an. Ich kann ihre Einförmigkeit bloß mit der Einkerkerung in ein Dorfwirtshaus während schlechten Wetters vergleichen. Ich habe mich bereits mit allen Büchern der Schiffsbibliothek, die des Lesens wert sind, bekannt gemacht; unglücklicherweise besteht sie größtenteils aus alten Novellen und faden Romanen.

Wenn das Wetter schön ist, sitze ich auf einer Bank auf dem Deck, in meinen Mantel gehüllt und nähe oder wandle mit meinem Gatten Arm in Arm umher und schwatze über Pläne für die Zukunft, die wohl nie verwirklicht werden dürften. Die Männer, welche nicht tätig beschäftigt sind, verdienen in der Tat Mitleiden; Frauenzimmer haben in ihrer Nadel stets ein Zufluchtsmittel gegen die tötende Langeweile eines müßigen Lebens; aber wo ein Mann auf einen engen Raum, wie das Deck und die Kajüte eines Handelsschiffs, beschränkt ist und nichts zu sehen, nichts zu hören, nichts zu tun hat, spielt er wirklich eine sehr bedauernswürdige Rolle.

Ein einziger Passagier an Bord scheint sich vollkommen glücklich zu fühlen, wenn man anders nach der Lebhaftigkeit seines Gesanges schließen darf, womit er uns begrüßt, so oft wir seinem Käfig nahekommen. Dies ist „Harry" der Goldfinke des Kapitäns – „des Kapitäns Gehilfe", wie ihn die Matrosen nennen. Dieses niedliche Geschöpf hat nicht weniger als zwölf Reisen auf dem L a u r e l mitgemacht. „Es ist ihm ganz einerlei, ob sich sein Käfig auf dem Lande oder auf der See befindet, er ist stets zu Hause", sagte der Kapitän, seinen kleinen Liebling mit zärtlichen Blicken betrachtend und durch die Aufmerksamkeit, die wir seinem Vogel widmeten, sich offenbar geschmeichelt fühlend.

Ich habe mich bereits mit dem kleinen Gefangnen befreundet. Er verfehlt nie, meine Annäherung mit einem seiner lieblichsten Gesänge zu begrüßen und nimmt ein Stückchen Biskuit von meinen Fingern, welches er so lange in seinen Krällchen hält, bis er mir mit einigen seiner klarsten Töne gedankt hat; dieses Zeichen von Anerkennung nennt der Proviantmeister s e i n   T i s c h g e b e t.

Wenn uns der Wind noch länger begünstigen sollte, werden wir uns in der nächsten Woche an der Küste von Neufundland befinden. Für jetzt leben Sie wohl.

Zweiter Brief

ANKUNFT AN DER KÜSTE VON NEUFUNDLAND. – DER GOLDFINKE SINGT KURZ VOR ENTDECKUNG DES LANDES. – DER MEERBUSEN ST. LORENZ – SCHWIERIGE FAHRT AUF DEM FLUSSE. – EIN FRANZÖSISCHER FISCHER WIRD ALS LOTSE ANGESTELLT. – DIE INSEL BIC[3]. – GRÜN-EILAND[4]. – ANSTELLUNG EINES REGELMÄSSIGEN LOTSEN. – SZENERIE VON GRÜN-EILAND. –GROS-EILAND[5]. – QUARANTÄNEGESETZE. – EMIGRANTEN AUF GROS-EILAND. – ANKUNFT VOR QUEBEC. – ANBLICK DER STADT UND IHRER UMGEBUNGEN.

Brig L a u r e l, Fluss St. Lorenz, August 6, 1832

T e u e r s t e   M u t t e r!

Ich brach meinen letzten Brief aus der einfachen Ursache ab, weil ich nichts weiter zu schreiben hatte. Ein Tag war gleichsam das Echo des vorhergehenden, so dass eine Seite aus dem Tagebuche des Unterschiffers eben so unterhaltend und eben so belehrend gewesen sein würde, als mein Tagebuch, wofern ich nämlich ein solches während der letzten vierzehn Tage geführt hätte.

So arm an Ereignissen war diese ganze Zeit, dass die Erscheinung einer

---

3   Anm. des Verlags: Hierbei handelt es sich vermutlich um die heutige Insel Île du Bic im St. Lorenz Strom in der Provinz Quebec in Kanada.

4   Anm. des Verlags: Hierbei handelt es sich vermutlich um die heutige Insel Isle Verte (Green Island) im St. Lorenz Strom in der Provinz Quebec in Kanada.

5   Anm. des Verlags: Hierbei handelt es sich vermutlich um die heutige Insel Grosse Isle im St. Lorenz Strom in der Provinz Quebec in Kanada.

Anzahl Flaschennasen, einiger Robben und eines Meerschweins[6], – wahrscheinlich auf ihrem Wege zu einer Mittags- oder Teegesellschaft am Nordpol, – als eine Begebenheit von großer Wichtigkeit betrachtet wurde. Jeder griff nach seinem Fernglase, als sie sich zeigten und man stierte sie an, als wollte man sie in Verlegenheit setzen.

Den f ü n f t e n A u g u s t , also gerade einen Monat, nachdem wir die britischen Inseln völlig aus den Augen verloren, bekamen wir die Küste von Neufundland zu Gesicht und ob sie gleich braun, rauh und öde erschien, so begrüßte ich doch ihren Anblick mit Entzücken. Nie ist mir etwas so erfrischend und köstlich vorgekommen, als die kühle Landluft, welche uns entgegen wehte und uns, wie mich täuschte, Gesundheit und Freude auf ihren Schwingen zuführte.

Nicht ohne einiges Befremden gewahrte ich die rastlose Tätigkeit des oben erwähnten Goldfinken, einige Stunden bevor der Ausruf „L a n d !" vom Mastkorbe erscholl. Er sang in einem fort und seine Töne waren länger, heller und durchdringender als früher; das kleine Geschöpf, versicherte mir der Kapitän, fühlte die Umänderung in der Luft, als wir uns dem Lande näherten. „Ich verlasse mich", sagte er, „fast eben so sehr auf meinen Vogel als auf mein Fernglas und bin bis jetzt nie getäuscht worden."

Unsre Fortschritte, nachdem wir in den Golf hineingesteuert, waren etwas langsam und langweilig. Die Strecke durch denselben bis zum Eingang in den majestätischen Lorenzfluss beträgt neunzig englische Meilen, er scheint an und für sich allein ein Ozean zu sein. Die Hälfte unsrer Zeit bringen wir über der großen Karte in der Kajüte zu, die mein Gatte unaufhörlich auf- und zurollt, um sich mit den Namen der fernen Ufer und Inseln, an denen wir vorbeifahren, bekannt zu machen.

Wir sind bis jetzt ohne Lotsen und der Kapitän, ein vorsichtiger Seemann, will das Schiff nicht gern an diese gefährliche Fahrt wagen, daher unsre Reise nur langsam von statten geht.

Den s i e b e n t e n A u g u s t . – Wir erhielten diesen Morgen Besuch von einem schönen kleinen Vogel, der nicht viel größer war als ein Zaunkönig. Ich pries ihn als einen Vogel guter Vorbedeutung – einen kleinen Boten, abgesendet, uns in der neuen Welt willkommen zu heißen; gewiss ich fühlte eine fast kindische Freude bei Erblickung des kleinen Fremdlings. Es gibt glückliche Momente in unserm Leben, wo wir aus den unbe-

---

6   *Delphinus Phocaena.*

deutendsten Dingen große Freude schöpfen, wie Kinder, denen das einfachste Spielwerk Vergnügen macht.

Gleich nachdem wir in den Meerbusen hineingesteuert waren, äußerte sich bei allen an Bord eine sichtbare Veränderung. Der Kapitän, ein ernster schweigsamer Mann, wurde ganz gesprächig. Mein Gatte zeigte sich mehr als gewöhnlich lebhaft und aufgeregt, ja selbst der gedankenvolle junge Schotte taute auf und wurde im buchstäblichen Sinne des Wortes unterhaltend. Die Schiffsmannschaft entfaltete den regsten Eifer in Erfüllung ihrer Pflicht und der Goldfinke sang lustig von Morgen bis Abend. Was mich betrifft, so war mein Herz voller Hoffnung, die jedes Gefühl von Zweifel oder Bedauern, welches die Gegenwart hätte verdüstern oder die Zukunft bewölken können, verdrängte.

Ich kann jetzt deutlich die Umrisse der Küste auf der Südseite des Flusses mit meinen Augen verfolgen. Bisweilen hüllen sich die Hochlande plötzlich in dichte Nebelwolken, die in beständiger Bewegung sind und in dunkeln Wogen dahin rollen, bald von rosigem Licht gefärbt, bald weiß und flockig oder glänzend wie Silber, wenn die Strahlen der Sonne darauf fallen. So schnell sind die Veränderungen, welche in diesen Nebelmassen vor sich gehen, dass man, bei dem nächsten Blick darauf, die Szene wie durch Zauber umgewandelt findet. Der Nebelschleier wird wie von unsichtbaren Händen emporgehoben und die wilden bewaldeten Berge enthüllen sich nebst den kühnen felsigen Ufern und langgedehnten Buchten zum Teil dem überraschten Auge. Ein andermal zerteilt sich die Dunstschicht und schwebt gleich hohen Rauchsäulen in den Tälern und Schluchten hin oder hängt gleich schneeweißen Vorhängen zwischen den dunkeln Waldkiefern.

Ich kann mich an diesen seltsam gestalteten Wolken nicht satt sehen; sie erinnern mich an die schöne Zeit, die ich in den Hochlanden (schottische) zwischen nebelgekrönten Hügeln des Nordens verlebte.

Gegenwärtig ist die Luft kalt und wir haben häufige Windstöße und Hagelschauer mit gelegentlichem Donnerwetter, gleich darauf ist alles wieder hell und heiter und die Luft füllt sich mit Wohlgerüchen und Mücken, Bienen und Vögel schwärmen vom Ufer aus hinter uns her.

Den a c h t e n A u g u s t . Wiewohl ich nur mit Gefühlen von Bewunderung auf der Majestät und Gewalt dieses mächtigen Flusses weilen kann, so fängt mich doch seine Endlosigkeit zu langweilen an und ich sehne mich nach einem nähern Anblick des Ufers; denn vor der Hand sehen wir in südlicher Richtung nichts als lange Reihen mit Nadelholz bedeckter Hügel und hier und da ein weißes Fleckchen, wie man mir sagt Ansiedlungen und Dörfer; während hohe Berge, von allem Grün entblößt, auf der Nordseite des Flusses die Aussicht beschränken. Meine Vorliebe für bergige Gegenden zieht mein Auge gewaltsam nach letzterer Seite und ich beobachte mit wahrem Vergnügen die Kulturfortschritte dieser rauhen und unwirtbaren Gegenden.

Während der letzten zwei Tage haben wir uns ängstlich nach einem Lotsen umgesehen, der das Schiff nach Quebec geleiten soll. Es sind mehre Signalschüsse getan worden, aber bisher ohne Erfolg; kein Lotse hat uns bis jetzt mit einem Besuche beehrt und so befinden wir uns gleichsam auf einer Station, ohne Wagenlenker und bloß mit einer der Führung der Zügel unkundigen Hand. Ich bemerke bereits einige Zeichen von Ungeduld unter uns, aber niemand tadelt den Kapitän, der sich sehr besorgt bei der Sache zeigt, da der Fluss mit Felsen und Untiefen gefüllt ist und demjenigen, der nicht genau mit der Fahrt in dieser Gegend vertraut ist, große Schwierigkeiten entgegensetzt. Überdies ist er den Unternehmern für die Sicherheit des Schiffs verantwortlich, im Fall er einen Lotsen an Bord zu nehmen unterlässt.

* * *

Während ich obige Bemerkungen niederschrieb, wurde ich plötzlich durch einen Lärm auf dem Deck gestört und als ich hinaufging, um die Ursache kennen zu lernen, erfuhr ich, dass ein Boot mit dem so lange ersehnten Lotsen vom Ufer abgestoßen sei; allein nach allem Lärm und Durcheinanderlaufen ergab sichs, dass es nur ein französischer Fischer nebst einem armseligen zerlumpten Jungen, seinem Gehilfen, war. Der Kapitän bewog ohne große Schwierigkeit Monsieur P a u l B r e t o n, uns bis Grün-Eiland, eine Strecke von einigen hundert englischen Meilen den Fluss weiter aufwärts zu geleiten, wo wir, wenn nicht noch früher, seiner Versicherung nach, einen regelmäßigen Lotsen finden würden.

Es fällt mir etwas schwer, Monsieur P a u l zu verstehen, da er einen besondern Dialekt spricht; aber er scheint ein guter Mensch zu sein und zeigt sich sehr gefällig. Wie er uns erzählt, ist das Getreide zurzeit noch grün und kaum in der Ähre und die Sommerfrüchte sind noch nicht reif, indes meint er, dass wir zu Quebec Äpfel und andre Früchte in Überfluss finden werden.

Je weiter wir den Fluss hinaufkommen, desto einladender und anmutiger wird der Anblick des Landes auf beiden Seiten. Grüne Fleckchen mit weißen Hütten zeigen sich auf den Ufern und längs den Bergabhängen ausgestreut; während hier und da eine Dorfkirche mit ihrem Turme hervorguckt, der mit seiner blitzenden Fahne und hellem Zinndache die umgebenden Gebäude überragt. Die südlichen Ufer sind besser bevölkert, aber nicht so malerisch als die nördlichen, indes bieten beide Seiten dem Auge viel Erfreuliches dar.

Diesen Morgen ankerten wir im Angesicht der Insel Bic, einem niedlichen, niedrigen, mit Bäumen bedeckten und recht einladenden Eiland. Ich fühlte großes Verlangen, meinen Fuß auf kanadischen Boden zu setzen und muss gestehen, dass es mich etwas verdross, als mir der Kapitän riet, an Bord zu bleiben und die Gesellschaft, welche sich vorbereitete, ans Ufer zu gehen, nicht zu begleiten; mein Gatte unterstützte den Wunsch des Kapitäns und ich begnügte mich damit, vom Schiffe aus meine Augen auf die reichen Laubmassen zu richten, welche ein leichtes Lüftchen hin und her bewegte. Indes hatte ich bald Ursache, dankbar zu sein, dass ich meinem eigensinnigen Wunsch nicht gewillfahrtet, denn nachmittags wurde es trübe und neblig und bei der Rückkehr des Bootes erfuhr ich, dass der Boden gerade da, wo die Gesellschaft gelandet, morastig sei und dass sie bis über die Fußknöchel ins Wasser eingesunken. Sie hatten die Insel kniehoch mit üppigem roten Klee, schlanken Bäumen, niedrigem Strauchwerk und einem Überfluss von wilden Blumen bedeckt gefunden.

Um mich einigermaßen dafür zu entschädigen, dass ich ihn nicht hatte begleiten dürfen, überreichte mir mein Gatte bei seiner Rückkehr ein prächtiges Bouquet, das er für mich gesammelt. Unter den Blumen befanden sich süß duftende rote Rosen, derjenigen nicht unähnlich, welche wir in Schottland die pimpinellenblättrige Rose (*burnet leaved*) nennen, mit glatten glänzenden Blättern und wenigen oder gar keinen Dornen; ferner das Lungenkraut (*Pulmonaria*) welches ich häufig in den Hochlanden gepflückt habe; eine Zuckererbse mit roten Blüten und blassgrünen Blätterranken; eine weiße Orchis von entzückendem Geruch; und außer diesen verschiedne kleine, weiße und gelbe Blumen, die mir völlig unbekannt waren. Der Proviantmeister versah mich mit einem Porzellankruge und frischem Wasser, so dass ich während des Restes unsrer Reise den Genuss eines schönen Blumenstraußes haben werde. Die Matrosen hatten nicht vergessen, ein oder zwei buschige Äste zur Schmückung des

Schiffs mitzubringen und der Vogelkäfig war bald in eine kleine Laube umgestaltet.

Obgleich das Wetter jetzt sehr schön ist, so machen wir doch nur langsame Fortschritte; der Wind bläst von allen Seiten, nur nicht von der rechten. Wir schwimmen mit der Flut vorwärts, werfen, wenn diese uns verlässt, die Anker aus und warten dann so geduldig als möglich, bis es wieder Zeit ist, dieselben zu lichten. Zu meiner Unterhaltung mustre ich bald die Dörfer und Ansiedlungen durch das Fernglas des Kapitäns, bald belauere ich das Erscheinen der weißen, zwischen den Wogen schaukelnden Meerschweine (*porpoises*). Diese Tiere sind von milchweißer Farbe und haben nichts von dem ekelhaften Äußern der Schwarzen. Dann und wann steckt eine Robbe ihr drolliges Haupt dicht neben dem Schiffe aus dem Wasser hervor, ganz so aussehend wie S i n d b a d s kleiner Meergreis[7].

Es ist ein glücklicher Umstand für mich, dass meine Liebe zur Naturgeschichte mir mancherlei Gegenstände, die vielen der Beachtung unwert erscheinen, zu Quellen der Unterhaltung und Belehrung macht. Das einfachste Kräutchen, das auf meinem Pfade wächst, die unscheinbare Mücke, welche um mich her summt, gewährt mir Stoff zum Nachsinnen und zur freudigen Bewunderung.

Wir befinden uns jetzt im Angesicht von Grün-Eiland. Es ist die größte und meines Bedünkens, eine der bevölkertsten Inseln, an denen wir bisher vorbeigekommen sind. Mit jeder Minute nimmt die Szenerie an Schönheit zu. Soweit das Auge reichen kann, sieht man das Ufer dicht mit Dörfern und Meiereien in einer fast ununterbrochnen Linie bedeckt. Auf der Südseite glänzt und funkelt alles von den Zinndächern der ansehnlicheren Gebäude; die übrigen Häuser sind mit weiß übertünchten Schindeln gedeckt. Letztere gefallen mir weniger als die einfachen (nicht angestrichnen) Schindeln; die weiße Farbe der Dächer der Hütten und Hausstätten blendet das Auge und vergebens sieht man sich zur Erleichterung nach Schiefer- oder Strohdächern um; die Schindeln, in ihrem natürlichen Zustande, erlangen bald das Ansehn von Schieferplatten, so dass man sie kaum davon unterscheiden kann. Was würden Sie zu einem rosenrot angestrichnen Hause mit einem Dache von derselben muntern Farbe und auf der Vorderseite mit grünen Fensterladen, grünen Türen und einer grünen Veranda (Vorhalle) sagen. Jedenfalls ist das Innere in entsprechendem

---

7   Siehe des Seemanns Sindbad Reisen, in den arabischen Märchen (Tausend und eine Nacht).

Geschmack verziert. In der Regel bemerkt man in einem kanadischen Dorfe ein oder mehre dergleichen rosenfarbne Häuser, die sich durch ihr prahlendes Äußere vor ihren bescheidnern Brüdern auszeichnen.

Den eilften August. – Gleich unter Grün-Eiland nahmen wir einen wirklichen Lotsen an Bord, den ich indes, beiläufig gesagt, nicht halb so gut leiden kann, als Herrn Paul. Er ist etwas superklug und scheint sich offenbar nicht wenig auf seine überlegne Kenntnis des Flusses einzubilden. Der gutmütige Fischer verließ seinen Posten mit recht gefälligem Anstand und scheint mit seinem geschickteren Nebenbuhler bereits ziemlich befreundet zu sein. Ich meines Teils geriet in große Sorge, als der neue Lotse an Bord kam; das Erste, was er tat, war, dass er uns einen gedruckten Zettel einhändigte, welcher Verordnungen von Seiten des Gesundheitsausschusses zu Quebec hinsichtlich der Cholera enthielt, die, nach seiner Aussage, sowohl an diesem Orte als zu Montreal wahrhaft pestartig wütet.

Diese Verordnungen verbieten sowohl dem Kapitän als dem Lotsen, unter Androhung schwerer Strafe im Unterlassungsfall, ausdrücklich, irgendjemand, sei es von der Schiffsmannschaft oder den Passagieren, ohne vorherige strenge Untersuchung von Seiten der Quarantäneanstalt aus dem Schiffe zu entlassen.

Dies war für alle höchst unangenehm und ärgerlich, besonders da der Kapitän an demselben Morgen den Vorschlag getan hatte, dass er uns an einem anmutigen Orte, namens Kranich-Insel[8] landen wolle, damit wir den Nachmittag bis zur Rückkehr der Flutzeit in dem Hause eines angesehenen Schotten zubringen könnten, der die beste Ansiedelung, sowohl in Hinsicht der Gebäude als Anlage des Bodens, die mir bis jetzt zu Gesicht gekommen, daselbst besitzt.

Die Lage der Insel ist an sich selbst sehr schön. Um sie her flutet der gewaltige St. Lorenzfluss, auf seinen Wogen den Handel verschiedner Nationen tragend; im Vordergrunde sind die volkreichen und lebhaften Ansiedelungen der südlichen Ufer, während dahinter und weit darüber hinaus sich die hohe Bergkette nach Norden zu erhebt, gegenwärtig dicht mit Dörfern, anmutigen Meiereien und angebauten Feldern bedeckt. Die Insel selbst zeigte uns ebne freie Plätze und smaragdgrüne Wiesen, nebst Obstpflanzungen und Kornfeldern, die sanft abwärts nach dem Wasserrande

---

8   Anm. des Verlags: Hierbei handelt es sich vermutlich um die heutige Insel Isle-aux-Grues im St. Lorenz Strom in der Provinz Quebec in Kanada.

verliefen. Nach einer Einkerkerung von ziemlich fünf Wochen an Bord des Schiffs, können Sie sich leicht vorstellen, mit welcher Freude uns die Aussicht erfüllte, einige Stunden an diesem einladenden Orte zuzubringen.

Wir hoffen, diesen Abend den Quarantäneplatz (Gros-Eiland[9]) zu erreichen, wo wir, wie uns der Lotse sagt, drei Tage werden verweilen müssen. Ob wir uns gleich alle einer guten Gesundheit erfreuen, so müssen wir doch, weil wir aus einem infizierten Hafen kommen, Quarantäne halten und dürfen nicht landen.

Den zwölften August. Wir erreichten Gros-Eiland gestern Abend, – eine schöne felsige Insel, mit Buchen-, Birken-, Eichen- und Tannenwäldchen bedeckt. Es liegen hier verschiedne Schiffe dicht am Ufer vor Anker, eins davon führt das traurige Krankheitssymbol, die gelbe Flagge; es ist ein Passagierschiff und hat Pocken- und Masernkranke unter seiner Mannschaft. Sobald sich an Bord Zeichen von ansteckenden Krankheiten äußern, wird die gelbe Flagge aufgesteckt und die Erkrankten werden in das Cholerahospital oder hölzerne Gebäude geschafft, welches auf einer Anhöhe des Ufers errichtet worden ist. Es ist mit Palisaden und einer Soldatenwache umgeben.

In einer kleinen Entfernung vom Hospital steht ein temporäres Kastell mit einer Besatzung, zur Aufrechterhaltung und Einschärfung der Quarantänevorschriften. Diese Vorschriften gelten als sehr mangelhaft und in mancher Hinsicht als völlig ungereimt; in der Tat bringen sie den unglücklichen Emigranten bedeutende Nachteile[10].

Wenn die Passagiere und Mannschaft eines Schiffs eine gewisse Anzahl nicht übersteigen, so ist es ihnen unter Verantwortlichkeit sowohl des Kapitäns als des Übertreters nicht erlaubt, zu landen; überschreiten sie dagegen die festgesetzte Zahl, –sie seien nun krank oder gesund, so müssen beide –

---

9   Anm. des Verlags: Hierbei handelt es sich vermutlich um die heutige Insel Grosse Ile im St. Lorenz-Strom in der Provinz Quebec in Kanada.

10   Es ist zu hoffen, dass die Regierung diesen mangelhaften und nachteiligen Gesetzen abhelfen werde, da sie in der Tat zu wiederholten Malen gerade die Übel, welche der Gesundheitsausschuss von der Kolonie abzuhalten wünscht, für die armen Auswandrer herbeigeführt haben.

      Manches schätzbare Leben ist durch die zu nahe Zusammengesellung der Gesunden mit den Angesteckten mutwillig geopfert worden, nicht zu gedenken der vielen andern Leiden, Ausgaben und Unbequemlichkeiten, die man dem heimatlosen Wandrer wohl ersparen könnte.

      Müssen nun einmal Quarantänegesetze bestehen, – und ich halte sie für ein notwendiges Übel, – so sollte man wenigstens alles tun, um sie für die Emigranten so wenig drückend und nachteilig als möglich zu machen.

Passagiere und Mannschaft ans Land gehen, ihre Betten und Kleider mitnehmen, die man auf dem Ufer ausbreitet, um sie zu waschen, zu lüften und zu durchräuchern, wodurch die Gesunden notwendigerweise jeder Gelegenheit zur Ansteckung von Seiten der Kranken ausgesetzt werden.

Die Schuppen und Gebäude zur Aufnahme derjenigen, die sich den Quarantänegesetzen unterziehen müssen, stehen in der unmittelbaren Nähe des Hospitals.

Nichts kann größer sein als mein sehnsüchtiges Verlangen nach der Erlaubnis zum Landen und zur Durchforschung dieser malerischen Insel; das Wetter ist so schön und die unter dem Einfluss kühler Lüftchen hin und her wogenden grünen Wäldchen, die kleinen felsigen Baien und Einbuchten der Insel erscheinen so reizend und lockend! – aber allen meinen Bitten setzte der besuchende Arzt, welcher an Bord des Schiffs kam, ein entschiedenes Nein entgegen.

Wenige Stunden nach seinem Besuche indes langte ein indianischer Korb, gefüllt mit Stachelbeeren und Himbeeren, nebst einem Strauße wilder Blumen und dem Kompliment dieses Arztes an Bord unsers Kerkers an.

Ich unterhalte mich mit Entwerfung kleiner Skizzen des Kastells und der umgebenden Landschaft oder beobachte die am Ufer umherwandelnden Auswandrergruppen. Wir haben bereits die Passagiere von drei Emigrantenschiffen landen sehen. Man glaubt, einen Messplatz oder mit Menschen überfüllten Markt vor sich zu haben: Kleider flattern im Winde oder liegen auf dem Erdboden ausgebreitet; überall stößt das Auge auf Kisten, Bündel, Körbe; auf Männer, Weiber und Kinder, die teils schlafen, teils sich in der Sonne weiden; einige sind mit Ordnung ihrer Güter beschäftigt, die Weiber waschen und kochen unter freiem Himmel neben den Holzfeuern, die auf dem Strande lodern; während hier und da Gruppen von Kindern in fröhlicher Ausgelassenheit einander haschen und jagen, ihre neuerlangte Freiheit genießend. Mit diesen vermischt zeigen sich die stattlichen Gestalten und bunten Uniformen der Schildwachen, während der dünne blaugraue Rauch der brennenden Holzstöße sich langsam über die Bäume wegwälzt und die malerische Wirkung der Szene erhöht. Als mein Gatte die Aufmerksamkeit eines Offiziers vom Kastell, der an Bord des Schiffs gekommen war, auf die malerische Erscheinung vor uns lenkte, erwiderte dieser mit einem traurigen Lächeln: „Glauben Sie mir, dass in gegenwärtigem Falle, so wie in vielen andern, nur die Ferne dem Anblick einen Zauber verleiht; könnten Sie einige von jenen so heiter erscheinenden Gruppen, die

Sie bewundern, näher betrachten, so würden Sie, denk' ich, ihr Auge mit siechem Herzen davon abkehren; Sie würden hier die Krankheit in allen ihren Formen, Sie würden Laster, Armut, Schmutz und Hungersnot – das menschliche Elend in seinen grellsten Farben und in der abscheulichsten Gestalt erblicken, Szenen, wie sie nur der Pinsel eines H o g a r t h [11] zu malen oder die Feder eines C r a b b e [12] zu schildern vermöchte."

Den v i e r z e h n t e n A u g u s t. – Wir haben die Anker wieder gelichtet und schwimmen mit der Flut stromaufwärts. Gros-Eiland liegt gerade fünfundzwanzig englische Meilen unterhalb Quebecs, ein günstiger Wind würde uns binnen wenigen Stunden dahin führen; vor der Hand kommen wir nur kleine Strecken vorwärts und legen, wenn uns die Flut verlässt, bald an dem einen, bald an dem andern Ufer an. Indes macht mir diese Art zu steuern Vergnügen, indem sie mir Gelegenheit verschafft, beide Seiten des Flusses, der sich, je mehr wir uns Quebec nähern, immer mehr und mehr verschmälert, genauer kennen zu lernen. Morgen werden wir, wofern kein Hindernis eintritt, im Angesicht eines Ortes ankern, der sowohl wegen der geschichtlichen Erinnerung, welche er weckt, als auch wegen seiner natürlichen schönen Lage alle Aufmerksamkeit verdient. Bis Morgen also Adieu.

Ich rechnete sehr darauf, die Wasserfälle von Montmorenci [13] zu sehen, die sich im Angesicht des Flusses befinden; allein die Sonne ging unter und die Sterne stiegen glänzend am Himmel empor, ehe wir das Geräusch des Katarakts vernahmen; und ob ich gleich meine Augen anstrengte, bis ich es müde wurde, die von den Schatten der Nacht verschleierte Szenerie anzustarren, so konnte ich doch nichts als die dunkeln, den Kanal bildenden Felsenmassen erkennen, zwischen welchen hindurch die Wassermassen des Montmorenci in den St. Lorenzfluss strömen.

Am zehnten August, nachts um zehn Uhr schimmerten uns die Lichter der Stadt Quebec aus der Ferne wie ein Sternenkranz über dem Wasser entgegen. Um halb elf Uhr ließen wir der Zitadelle gegenüber die Anker

---

11 Anm. des Verlags: Hier ist vermutlich der britische Maler William Hogarth (1697-1764), einer der einflussreichsten Künstler des 18. Jahrhunderts, gemeint.

12 Anm. des Verlags: Hier ist vermutlich der britische Dichter George Crabbe (1754-1832) gemeint, der insbesondere für seine Gedichte über die einfachen Menschen auf dem Land bekannt ist.

13 Anm. des Verlags: Hier sind vermutlich die Montmorency Wasserfälle in der kanadischen Provinz Quebec gemeint.

fallen und ich versank in Schlaf, von den mannigfaltigen Szenen träumend, an denen ich vorbeigekommen war.

Abermals sollte ich in meiner Erwartung, das Ufer zu betreten, getäuscht werden. Der besuchende Arzt riet meinem Gatten und mir, ja nicht ans Land zu gehen, indem die immer noch in der Stadt herrschende Sterblichkeit dies sehr gefährlich mache. Er gab uns eine traurige Schilderung von dem Platze. „Ö d e u n d W e h e u n d g r o ß e T r a u e r, – R a h e l beweint ihre Kinder, denn sie sind nicht mehr!" sind Worte, die man passend auf diesen von der Seuche heimgesuchten Ort anwenden kann.

Nichts ist wohl imposanter als die Lage von Quebec, welche die Seiten und den Gipfel eines großartigen Felsen einnimmt, auf dessen höchstem Punkte (Cap Diamant) das Kastell steht, welches den Fluss beherrscht und eine treffliche Aussicht auf die umgebende Gegend gewährt. Die Einbuße dieses edeln Anblicks war mir in der Tat sehr unlieb und gewiss dürfte mir nie seines Gleichen vorkommen; er würde noch lange in meiner Erinnerung fortgelebt und nachdem ich bereits Jahre lang in der Einsamkeit der kanadischen Wälder begraben gewesen, meinen Augen vorgeschwebt haben.

Die Anhöhen gegenüber, die sogenannte Point Levi[14]-Seite, sind höchst malerisch, jedoch weniger gebietend als der Felsen, worauf die Stadt steht. Das Ufer ist steinig, abschüssig und mit Bäumen bekleidet, die sich bis an den Rand des Wassers erstrecken, ausgenommen da, wo sie gefällt worden sind, um weißübertünchten Hütten, Gärten und Obstpflanzungen Platz zu machen. Allein meiner Ansicht nach würde diese höchst romantische Lage eine noch weit schönere Wirkung hervorbringen, wenn man auf die Gebäude und Anlage des Bodens mehr Geschmack verwendet hätte. Wie reizend und anziehend würde ein solcher Platz in England oder Schottland geworden sein. Die Natur hat hier alles getan, der Mensch aber nur wenig und die hier und da von ihm errichteten plumpen hölzernen Häuser, welche ebenso elend als geschmacklos sind, geben ihm eben keine Ansprüche auf Lob. Es ist indes möglich, dass weiter aufwärts hübsche Dörfer und Häuser vorkommen, die jedoch durch die dazwischen liegenden Wäldchen dem Auge entzogen werden.

Von Point Levi bis zu den Landungsstufen unterhalb des Zollhauses in Quebec soll der Fluss gerade eine englische Meile breit sein; es war sehr unterhaltend für mich, die Fährboote zwischen den beiden Ufern spielen

---

14   Anm. des Verlags: Hier ist vermutlich die heutige Stadt Lèvis gemeint.

Katarakt zu Montmorenci

zu sehen. Wie mir der Kapitän sagte, sind hier nicht weniger als zwölf dergleichen seltsam aussehende Maschinen im Gange. Sie haben jedes seine
bestimmten Stunden, so dass man sie in fortwährender Aufeinanderfolge
kommen und gehen sieht. Die Zusammengruppierung von allerlei Passagieren macht ihren Anblick ebenfalls eigentümlich; schlecht- und gut-
gekleidete, alte und junge, arme und reiche Leute; Rinder, Schafe, Pferde,
Schweine und Hunde, Geflügel, Marktkörbe, Gemüse, Früchte, Heu, Korn,
kurz alles, was man sich nur denken kann, gleiten darauf über den Fluss.

Die Fährboote sind flach, ringsherum mit Gitterwerk als Brustwehr versehen und haben an jedem Ende ein Weidenflechtwerk zur Aufnahme der
lebendigen und leblosen Ladung; die Mitte des Bootes, wenn man es so
nennen kann, nehmen vier magre, abgetriebne Pferde ein, die im Kreise
gehen, wie bei einer Dreschmaschine und die Ruderschaufeln zu beiden
Seiten in Bewegung setzen. Für das Vieh ist eine Art Hürde da.

Wie ich höre, ist man gegenwärtig mit Errichtung eines Denkmals zu
Ehren des General W o l f [15] im Gouverneursgarten, welcher an den St.
Lorenz stößt und von Point Levi aus gesehen werden kann, beschäftigt.
Über die Inschrift ist man noch nicht einig[16].

---

15 Anm. des Verlags: Hier ist vermutlich der britische Offizier James Wolfe gemeint, dessen
    Berühmtheit auf den Sieg über die Franzosen und die Eroberung Kanadas zurückzuführen ist.

16 Seit jener Zeit, zu welcher die Verfasserin Quebec besuchte, ist W o l f s Denkmal vollendet
    worden. Lord D a l h o u s i e hat in der Weihschrift der Säule mit ebenso viel Geschmack als
    Gefühl die Namen der beiden miteinander wetteifernden Helden, W o l f und M o n t c a l m,
    vereinigt, eine Freisinnigkeit, welche den kanadischen Franzosen nur angenehm sein kann,
    während sich dem britischen Krieger nichts von seinem Ruhme entzieht.

    Der Entwurf zu dem Monument ist das Werk Major Y o u n g s vom 97. Regiment. Die Höhe des
    Untersatzes, vom Fußboden aus, beträgt vierzehn Fuß; auf dem Untersatz ruht ein sieben Fuß, drei
    Zoll hoher Sarkophag und von diesem erhebt sich eine zweiundvierzig Fuß, acht Zoll hohe Spieß-
    säule; die Breite der letztern, an der Grundfläche, beträgt sechs Fuß, die Dicke vier Fuß, acht Zoll.
    J. C. F i s h e r, L. L. D. erhielt für nachstehende Inschrift auf den Sarg eine Preismedaille: –
    Mortem virtuscommunem
    Famam Historia
    MonumentumPosteritas
    Dedit.
    Auf dem Untersatz über der Schwelle ist eine Inschrift von Dr. M i l l s Feder, welche Lord
    D a l h o u s i e, den Statthalter von Unterkanada als Kostenbestreiter nennt und die Todes-
    tage von W o l f und M o n t c a l m, den 13. und 14.September. 1759 angibt. Wolf fiel auf dem
    Schlachtfelde; und M o n t c a l m, durch die einzige Kanone im Besitz der Engländer verwundet,
    starb am folgenden Tage nach der Schlacht.

Der Kapitän ist so eben von der Stadt zurückgekehrt. Recht gütig hat er für mich einen Korb mit reifen Äpfeln, frischem Fleisch, Gemüse, Brot und Butter an Bord gebracht. Auf dem Deck wimmelt es von Zollbeamten und Leuten, die einen Teil der Schiffsfracht, welche hauptsächlich in Rum, Branntwein, Zucker und Kohlen als Ballast besteht, ausladen. Gegen fünf Uhr abends sind wir gesonnen, Quebec zu verlassen. Das b r i t i s c h e A m e r i k a , ein prächtiges Dampfschiff mit dreifachem Deck, wird uns bis Montreal bugsieren (ins Schlepptau nehmen). Für jetzt muss ich Ihnen Lebewohl sagen.

Dritter Brief

ABFAHRT VON QUEBEC. – WIR WERDEN VON EINEM DAMPFSCHIFFE BUGSIERT. – FRUCHTBARKEIT DES LANDES. –VERSCHIEDNE GEGENSTÄNDE, DIE SICH UNS BEIM HINAUFSTEUERN DES FLUSSES DARBIETEN. – ANKUNFT VOR MONTREAL. – DIE STROMSCHNELLEN (RAPIDS).

Brig L a u r e l , St. Lorenz, unterhalb Montreals, August 17, 1832

Es war nach Sonnenuntergang und ein schöner Abend, als wir Quebec verließen, was in Gesellschaft eines schönen Dampfschiffs geschah, dessen Deck und Galerie von Passagieren aller Art wimmelten; in der Tat ein herrliches Fahrzeug, auf welchem das Auge mit Vergnügen weilte; es durchpflügte stattlich das Wasser, welches unter seinen Ruderschaufeln schäumte und rauschte; während unsre Brig mit ihren weißen Segeln, gleich einem Schmetterling, seiner Spur folgte. Am Himmel glühte das schönste Rosenrot und Orangengelb, welche sich unten im Flusse abspiegelten; dann kamen die Sterne zum Vorschein und leuchteten in dem reinen blauen Äther, glänzender, als ich sie je in der Heimat gesehen, was sich, meines Bedünkens, wohl der größeren Reinheit der Atmosphäre zuschreiben lassen dürfte. Mein Gatte sagte, dass dieser Abend einem italienischen Sonnenuntergang gleiche.

Unsre Fahrt war höchst angenehm; das Wetter war mäßig warm und die Luft völlig rein und heiter. Wir haben während der letzten wenigen Tage eine kalte, feuchte Atmosphäre, wie wir sie oft während des Frühlings in England erfahren, mit einem wonnevollen, durch leichte, vom Flusse her wehende Lüftchen gekühlten Sommer vertauscht.

Je weiter wir landeinwärts kommen, desto fruchtbarer erscheint die Gegend. Die Saaten reifen unter einem milderen Klima, als das unterhalb Quebec ist. Wir sehen Felder mit indianischem Korn in voller Blüte; eine stattliche Getreideart, mit schöner federartiger, reich purpurfarbiger Ähre, unter welcher sich Büschel von blassgrünen, seidenähnlichen Blättern im Winde hin- und herbewegen. Nachdem diese Pflanze ihre völlige Reife erlangt hat, soll es ein schöner Anblick sein, die goldnen Körner aus ihrer Silberscheide hervorbersten zu sehen; zugleich ist dieselbe dem Froste sehr ausgesetzt und hat manche Feinde: als Bären, Raccoons (Waschbären), Eichhörnchen, Mäuse, Vögel u.s.w.

Wir sehen längs den Ufern des Flusses mehre Tabakfelder, welche einen gesunden und gedeihlichen Anblick zeigen. Wie ich glaube, wird in beiden Provinzen Tabak in ziemlicher Ausdehnung erbaut; allein der kanadische Tabak wird nicht so hochgeschätzt als der virginische.

An der Vereinigungsstelle des Richelieu Flusses mit dem St. Lorenz liegt eine blühende Stadt, vormals Sorel, jetzt aber Fort William Henry[17] genannt. Ihre Lage ist vortrefflich. Sie hat mehre Kirchen, ein Kastell mit Mühlen und andern öffentlichen Gebäuden und darunter einige schöne massive Häuser. Der Boden in der unmittelbaren Nähe der Stadt indes scheint leicht und sandig zu sein.

Ich hatte sehr gewünscht ein Loghaus[18] oder ein Shanty (Hütte) in der Nähe zu sehen und fand mich hinsichtlich der wenigen, längs den Ufern des Flusses errichteten Gebäude dieser Art etwas in meinen Erwartungen getäuscht; es war nicht sowohl die Rohheit des Materials als viel mehr die scheunenartige Form derselben und die geringe Rücksichtnahme auf malerische Wirkung in ihrer Anlage, welche mir missfielen. In England besitzt selbst der Bauer so viel Geschmack, einige Rosen- oder Geißblattsträucher vor Tür und Fenster zu pflanzen, wozu noch ein kleines eingefriedigtes schmuckes Gärtchen kommt; aber hier gewahrt man keinen solchen Versuch zur Verschönerung der Hütten. Wir sehen keinen lachenden Obstgarten oder Strauch, der die nackten Holzwände verdeckte; und was die kleinen Meiereien anlangt, so sind sie noch hässlicher und ohne allen Geschmack dicht an den Wasserrand gebaut.

Weiter nach hinten erscheint ein verschiedner Bau- und Kulturstil: die Meierein und hölzernen Häuser sind recht hübsche, von gutem

---

17   Anm. des Verlags: Entspricht der heutigen Stadt Sorel-Tracy in der Provinz Quebec in Kanada.
18   Anm. des Verlags: Kommt vermutlich von log house, also Blockhaus.

Geschmack zeigende Gebäude, mit hier und da ausgestreuten Baumgruppen zur Unterbrechung der Einförmigkeit.

Das Land ist eine fast ununterbrochne platte Ebne und augenfällig fruchtbar und gut angebaut, aber zu flach, um eine malerische Wirkung hervorzubringen. Die Gegend zwischen Quebec und Montreal hat ganz das Ansehen eines seit langer Zeit unter Kultur befindlichen Bodens, vorzüglich auf dem rechten Flussufer. Indes ist noch ein großer Teil Wald übrig, dessen Lichtung noch vieljährige Arbeit erheischen wird.

Wir kamen an einigen grasreichen Eilanden vorbei, worauf manche Viehherde weidete. Ich zerbrach mir den Kopf, wie sie dahin kämen; der Kapitän erklärte mir aber, dass es Brauch der Meiereibesitzer sei, ihr Vieh auf diese futterreichen Inseln in Nachen mit flachen Böden zu transportieren oder, wo es nicht zu tief sei, hinüberschwimmen und es so lange, als das Futter gut befunden werde, dort zu lassen. Werden Kühe auf ein Eiland innerhalb einer angemessnen Entfernung von der Meierei versetzt, so geht täglich jemand in einem Kahne dahin ab, um sie zu melken. Als er mir dies erzählte, ruderten eben ein Knabe und ein stämmiges Mädchen mit zinnernen Gelten in einem kleinen Nachen vom Ufer her quer durch den Fluss, um ihre Herden zusammen zu rufen.

Auf unsrer Weiterfahrt bemerkten wir zur Rechten einige höchst anmutige Dörfer, aber unser Lotse war etwas einfältig und konnte oder wollte uns ihre Namen nicht nennen. Es war sonntags früh; wir konnten eben das Läuten der Kirchturmglocken vernehmen und es zeigten sich lange Reihen von Kaleschen, leichten Wagen, Reitern und Fußgängern, welche durch die zum Kirchhof führende Allee vorübereilten; außer diesen glitten Boote über den Fluss, welche demselben Friedenshafen zusteuerten.

In einem Teil des St. Lorenz, wo Untiefen und Sandbänke die Fahrt durch das Flussbett schwierig machen, gewahrt man kleinen Wassermühlen ähnelnde Leuchttürme, auf hölzernen Pfählen, die sich über die flachen Ufer erheben, auf welchen sie errichtet sind. Diese drolligen Türme oder Hütten waren bewohnt und von einem derselben herab sahen wir eine lustige Gesellschaft in ihrem Feststaate mit einer andern in einem unten haltenden Kahne zur Kurzweil plaudern. Ihrem Äußern nach waren sie wohl und in der Tat recht vergnügt, indes beneidete ich ihnen ihre Lage nicht, die, meines Bedünkens, der Gesundheit nicht anders als nachteilig sein kann.

Einige (englische) Meilen unter Montreal gewann die Gegend ein reicheres und volkreicheres Ansehn; und die in weiter Ferne am Saume des

Horizonts sich hindehnende blaue Bergkette fügte der Landschaft keinen kleinen Reiz hinzu. Die reiche Glut der reifen Saaten bildete einen schönen Kontrast mit dem azurnen Himmel und der bläulichen Wasserfläche des St. Lorenz. Die Flussszenerie unweit Montreals ist von der unterhalb Quebecs sehr verschieden; letztere hat einen wilden rauhen Anblick und ihre Erzeugnisse sind offenbar die eines kältern, weniger von der Natur begünstigten Klimas. Was der letztern an Großartigkeit und malerischer Wirkung abgeht, ersetzt sie reichlich durch Fruchtbarkeit des Bodens und wärmere Temperatur. In dem untern Teil der Provinz merkt man nur zu sehr, dass die Betriebsamkeit der Bewohner einem widerspenstigen Boden das nötige Brot abzwingt; während in dem oberen das Land willig scheint, eine mäßige Anstrengung mit Erfolg zu belohnen. Man vergesse nicht, dass dies bloß die flüchtigen Bemerkungen einer schnell vorüberwandernden Reisenden sind und sich keineswegs auf persönliche Erfahrung gründen.

Ein Gefühl von Angst und Furcht, dass wir einander nicht gern gestehen mochten, um nicht als schwach zu erscheinen, lastete auf unsern Gemütern, als wir uns der angesteckten Stadt näherten; aber niemand sprach nur ein Wort davon. Mit welchem ungemischten Entzücken, mit welcher Bewunderung würden wir zu jeder andern Zeit die sich vor unsern Augen erschließende Szene betrachtet haben.

Der Fluss breitet sich hier in ein weites Becken aus, welches mit Inseln gefüllt ist, auf deren größter Montreal liegt.

Der hohe Berg, wovon die Stadt ihren Namen hat, erhebt sich gleich einer Krone über dieselbe und bildet einen eigentümlichen und großartigen Zug in der schönen Landschaft, der mich an einige einzelnstehende Felsen in der Nachbarschaft von Inverneß[19] erinnerte.

Quebec[20] gegenüber, gerade vor den Flussschnellen *(Rapids)* ist die Insel S t . H e l e n s[21] gelegen, ein Ort von unbeschreiblicher Anmut. Die Mitte derselben nimmt ein Wäldchen von hohen Bäumen ein, während die sanft nach dem Wasser zu geneigten Ufer mit dem grünsten Rasen bedeckt sind. Dieses schöne Schauspiel wurde noch durch die Erscheinung der auf der Insel in Garnison liegenden Truppen erhöht.

---

19   Anm. des Verlags: Hier ist vermutlich die Stadt Inverness in Schottland gemeint.

20   Anm. des Verlags: Es wird vermutet, dass es sich hierbei um einen Fehler handelt und die Stadt Montreal gemeint ist.

21   Anm. des Verlags: Hierbei handelt es sich vermutlich um die heutige Insel St. Helen's Island im St. Lorenz Strom in der Provinz Quebec in Kanada.

Die Flussufer, dicht mit trefflich angebauten Meiereien besetzt; das Dorf la Prairie, mit der kleinen Insel S t . A n n ' s [22] in der Ferne; die blitzenden Türme und Dächer der Stadt mit ihren Gärten und Landhäusern, – gewähren in dem sanften Glanze eines kanadischen Sonnenuntergangs einen über die Maßen lieblichen Anblick.

Die zum Abendgebet läutenden Kirchenglocken, das murmelnde Getös menschlicher Stimmen, vom Ufer her, mischten sich harmonisch mit dem Rauschen der Flussschnellen. Diese Flussschnellen *(Rapids)* werden durch eine Senkung des Flussbetts gebildet. An einigen Stellen ist die Neigung allmählich[23], an andern aber plötzlich und abgebrochen. Wo der Wasserstrom durch Kalkstein- oder Granitmassen gehindert ist, wie bei den Kaskaden, den Zedern und dem Long Sault, erzeugt er Strudel und Katarakte. Aber die Flussschnellen unterhalb Montreals sind nicht von diesem großartigen Charakter, man erkennt sie bloß an der ungewöhnlichen Geschwindigkeit des fließenden Wassers und an der Trübung der Oberfläche durch Schaum, Wellenschlagen und Wirbel. Um mich kurz zu fassen, ich fand meine Erwartung, etwas besonders Erhabenes zu sehen, getäuscht und war gewissermaßen halb ärgerlich über diese sich so kleinlich und unbedeutend zeigenden Flussschnellen, durch die uns unser treuer Gefährte, das mit dem Namen B r i t i s c h - A m e r i k a bezeichnete Schiff glücklich und wohlbehalten bugsierte.

Da der Kapitän ungewiss ist, wie lange er sich in Montreal wird aufhalten müssen, so sende ich diesen Brief ohne weiteren Aufschub ab und denke sobald als möglich wieder zu schreiben.

---

22   Anm. des Verlags: Es ist nicht ganz nachzuvollziehen, welchem Ort es heute entspricht. Es könnte sich um den Stadtteil von Montreal Sainte-Anne-de-Bellevue in der Provinz Quebec in Kanada handeln.

23   Anm. des Verlags: im Original „allmälig".

Vierter Brief

Nelson Hotel, Montreal, August 21

Wieder einmal auf festem Grund und Boden, Teuerste Mutter! Welches eigentümliche Gefühl ist es doch, das feste Land wieder zu betreten, erlöst von der schwankenden Bewegung des Schiffes auf dem wogenden Wasser, dem ich jetzt wirklich mit Freuden Lebewohl sagte.

Mit Tagesanbruch war jedermann an Bord aus dem Bette und traf geschäftig alle Vorbereitungen, ans Land zu gehen. Der Kapitän selbst gab uns verbindlichst das Geleite und ging mit uns bis zum Gasthof, wo wir jetzt logieren.

Es machte uns einige Schwierigkeit, ans Ufer zu gelangen, wegen der schlechten Beschaffenheit des Landungsplatzes. Der Fluss war mit treibenden Baustämmen gefüllt, zwischen welchen das Boot hindurchzusteuern einige Geschicklichkeit erforderte. Es wird jetzt ein Kai gebaut[24], dessen Notwendigkeit sich nur zu fühlbar gemacht hat.

Zunächst fielen uns die schmutzigen, engen, schlecht oder gar nicht gepflasterten Straßen der Vorstädte auf und zugleich betäubte uns der

---

24   Es sind seitdem einige treffliche Kais vollendet worden.

niedrige, aus einem tiefen, offnen, längs der Straße hinter dem Kai verlaufenden Graben aufsteigende Dunst. Dieser Graben schien zur Aufnahme jedes Unflates bestimmt und an sich allein hinreichend, die ganze Stadt mit bösartigen Fiebern zu infizieren[25].

Bei meiner ersten Bekanntschaft mit dem Innern von Montreal, einem Orte, wovon Reisende so viel gesagt haben, fand ich mich sehr getäuscht. Ich verglich es in Gedanken mit den Früchten des toten Meeres, die schön und lockend anzuschauen sind, aber bloß Asche und Bitterkeit geben, wenn sie der durstige Reisende kostet[26].

Ich bemerkte einen besondern Zug an den Gebäuden der sich im Angesicht des Flusses hinziehenden Vorstadt, – nämlich dass sie meistenteils von dem untersten bis zum obersten Stockwerk mit breiten hölzernen Balkons versehen waren. In einigen Fällen umgeben diese Balkons die Häuser auf drei Seiten und scheinen eine Art Außengemächer zu bilden; zu einigen derselben führten breite Treppen von außen hinauf.

Ich erinnerte mich, als Kind von dergleichen Häusern geträumt und sie sehr einladend gefunden zu haben, auch könnten sie dies wirklich sein, wenn sie von rankendem Strauchwerk beschattet und mit Blumen geschmückt wären, um gleichsam schwebende Gärtchen oder süßduftende Laubengänge abzugeben. Aber nichts der Art erfreute unsre Augen,

---

25 Dieser Graben ist seitdem überwölbt worden, es befindet sich jetzt ein Markt darüber.

26 Herr M ' G r e g o r , in seinem Britischen Amerika, vol. II. p. 504, gibt uns von Montreal nachstehende Beschreibung: –

„Zwischen dem Königlichen Berge und dem Flusse, auf einer sanft aufsteigenden Felsenfirste, steht die Stadt. Mit Einfluss der Vorstädte ist sie von größerer Ausdehnung als Quebec. Beide Städte weichen in ihrer Erscheinung sehr voneinander ab; die niedrigen Ufer des St. Lorenz zu Montreal entbehren der Grauen erregenden, sich über sie türmenden Klippen und all jener romantischen Erhabenheit, wodurch sich Quebec auszeichnet."

„Montreal hat keine Kais und die Schiffe und Dampfbote liegen ruhig in ziemlich tiefem Wasser hart an dem lehmigen und im Allgemeinen kotigen Ufer der Stadt. Die ganze Unterstadt nehmen düster aussehende Häuser mit dunkeln eisernen Fensterläden; und wenn sie auch im Ganzen etwas reinlicher ist als Quebec, so ist sie doch immer sehr schmutzig; die Straßen sind eng und schlecht gepflastert und die Fußpfade durch schräg geneigte Kellertüren und andre Vorsprünge unterbrochen.

„Es ist unmöglich", sagt Mr. T a l b o t in seinen Five Years, Residence, „an einem Sonn- oder Festtage die Straßen von Montreal zu durchwandern, ohne dass man die düstersten Eindrücke erhielte; die ganze Stadt erscheint wie ein großes Gefängnis;" er spielt hier auf die eisernen Fensterladen und Außentüren an, von welchen man Gebrauch macht, um den Wirkungen von Feuersbrünsten zu begegnen.

als wir mühsam durch die langen Straßen wanderten. Alle Gasthäuser und Herbergen waren bis unters Dach hinauf mit Auswandrern jedes Alters, aus England, Schottland und Irland, überfüllt. Die Laute wilder Ausgelassenheit, welche aus ihnen hervorbrachen, schienen sich schlecht mit den bleichen eingefallnen Gesichtern mancher dieser gedankenlosen Lärmer zu vertragen.

Der Kontrast war für den, der diese Entfaltung äußerer Lustigkeit bei innerem Elend zu würdigen verstand, nur zu fühlbar und schmerzlich.

Die Cholera hatte grauenvolle Niederlagen angerichtet und ihre heillosen Wirkungen waren an den verschlossnen und verdunkelten Wohnungen und an den Trauerkleidern aller Klassen zu erkennen. Ein Ausdruck von Niedergeschlagenheit und Angst zeigte sich in den Gesichtern der wenigen Menschen, welchen wir auf unserm Wege nach dem Gasthause begegneten und verrieten uns deutlich den Zustand ihres Innern.

In einigen Stadtteilen waren ganze Straßen fast entvölkert; die, welche konnten, flohen, von Schrecken ergriffen, auf die Dörfer, während andre zurückblieben, um im Schoße ihrer Familie zu sterben.

Keiner Klasse hat sich die Krankheit so verderblich gezeigt, als den ärmern Emigranten. Viele von diesen, geschwächt durch die Entbehrungen und Strapazen einer langen Reise, überließen sich, als sie Quebec oder Montreal erreicht, jeder Ausschweifung, jedem Übermaß – vorzüglich der Völlerei und gleichsam als hätten sie sich vorsätzlich den Weg zum gewissen Verderben gebahnt, fielen sie unmittelbare Opfer der Krankheit.

In einem Hause starben elf Menschen, in einem andern siebzehn; ein kleines siebenjähriges Kind blieb allein übrig, das traurige Ereignis zu verkünden. Diese arme verlassene Waise nahmen die Nonnen in ihre wohltätige Anstalt auf und erwiesen ihr jede Aufmerksamkeit, welche Menschenliebe nur immer fordern kann.

Die Zahl sowohl aus Katholiken als Protestanten bestehender Wohltätigkeitsvereine ist beträchtlich und diese entfalten eine Duldsamkeit und Freisinnigkeit, welche beiden Konfessionen zur Ehre gereicht, indem sie einzig und allein von dem Geiste christlicher Liebe beseelt erscheinen.

Ich wüsste keinen Ort, selbst London nicht ausgenommen, wo die Ausübung wohlwollender Gesinnungen so sehr hervorgefordert würde, als in diesen beiden Städten, Quebec und Montreal. Hier vereinigen sich die Unglücklichen, die von den erforderlichen Mitteln Entblößten, die hülflose Waise, die Bejahrten, der arme, aber tugendhafte Mann, den die strenge Hand der Notwendigkeit aus seiner Heimat von seinem Herde getrieben hat, um in einem fernen, fremden Lande von Krankheit oder Mangel dahin gerafft zu werden.

Es ist ein trauriger Umstand, dass sehr viele der ärmsten Auswandrer, die unter dem Einfluss der Cholera ihr Leben verloren, keine Spur hinterlassen haben, wodurch ihre bekümmerten Freunde im alten Vaterlande über ihr Schicksal in Kenntnis gesetzt werden könnten. Die Krankheit ist so plötzlich, so heftig, dass sie dem Befallnen keine Zeit zu Ordnung weltlicher Angelegenheiten übrig lässt. Die Aufforderung kommt, nicht wie an H e s e k i a h [27]: „Bringe dein Haus in Ordnung, denn du sollst sterben und nicht leben!"

Das Wetter ist drückend heiß, von häufigen Gewitterschauern begleitet, die aber keineswegs die Wirkung haben, welche man davon erwartet, denn sie kühlen die erhitzte Atmosphäre keineswegs ab. Ich fühle einen Grad von Abspannung und Mattigkeit, der mich sehr verstimmt und schlimmer ist als wirklicher Schmerz.

Anstatt diesen Ort mit der ersten Gelegenheit nach der oberen Provinz verlassen zu können, wie wir uns fest vorgenommen, sehen wir uns genötigt, zwei Tage länger zu bleiben, woran die Weitläufigkeit und Umständlichkeit der Zollbeamten in Untersuchung unsers Gepäckes schuld ist.

Die Hitze war fortwährend so drückend, dass sie mir nur wenige Ausflüge aus dem Hause verstattete. Ich habe, ausgenommen die Straßen in der Nähe des Gasthofs und die katholische Kirche, wenig von der Stadt und ihren öffentlichen Gebäuden gesehn. Die Kathedrale erhielt meinen Beifall; sie ist in der Tat ein schönes Gotteshaus, jedoch immer noch unvollendet; so sind die Türme nicht zu der ursprünglich bestimmten Höhe geführt. Das östliche Fenster hinter dem Altar ist siebzig Fuß hoch und dreiunddreißig Fuß breit. Die Wirkung dieses großartigen Fensters, dem Eingange gegenüber, der Altar mit seinen Zierraten und Gemälden, die verschiednen kleinern Altäre und Kapellen, sämtlich mit Gegenständen aus der heiligen Schrift verziert, die leichten Galerien, welche den mittlern Teil der Kirche umgeben, die doppelte Säulenreihe, worauf das gewölbte Dach ruht und die Bogenfenster, alles vereinigt sich zur Bildung eines schönen Ganzen. Am meisten erfreute mich die äußerste Leichtigkeit des Baustils, dagegen erschien mir der Anstrich der Säulen in Nachah-

---

27 Anm. des Verlags: Hiermit ist vermutlich Hiskija (ca. 750 v. Chr. – 696 v. Chr.), der König von
    Juda und Sohn Ahas, gemeint.

mung von Marmor zu grob und zu grell; ich vermisste die ernste ehrwürdige Weihe, welche das Alter unsern Kirchen und Kathedralen verliehen
hat. Die in grauen Stein gehauenen, grimmig blickenden Köpfe und geflügelten Engel, deren befremdendes Ansehn selbst von einer Zeit erzählt,
wo unsre Vorväter innerhalb der geweihten Mauern ihren Schöpfer verehrten, erhöhen den feierlichen Eindruck und die Ehrwürdigkeit unsrer
Gotteshäuser. Allein, wenn sich auch die neue Kirche zu Montreal nicht
mit unsrer Yorker-, Münster- oder Westmünsterabtei oder andern unsrer heiligen Gebäude vergleichen darf, so verdient sie doch jedenfalls die
Beachtung des Reisenden, der in Kanada auf nichts Ähnliches stößt.

Außerdem enthält Montreal verschiedne Kollegien und Nonnenklöster, ein Hospital für Kranke, verschiedne katholische und protestantische
Kirchen, Versammlungshäuser, ein Wachhaus und mehre andre öffentliche Gebäude.

Der an den Fluss grenzende Stadtteil ist ausschließlich für den Handel bestimmt. Seine engen, schmutzigen Straßen und dunkeln Häuser,
mit schweren eisernen Fensterladen, machen einen unangenehmen Eindruck auf den britischen Reisenden; der andre Teil der Stadt jedoch zeigt
ein verschiedenes und besseres Ansehn, die Häuser sind hier mit Gärten
und angenehmen Spaziergängen untermengt, die sich aus den Fenstern
des Ballsaals im Nelson Hotel dem Auge recht hübsch darstellen. Der
eben erwähnte Ballsaal, welcher von der Decke bis zum Fußboden grob
mit kanadischer Szenerie und Waldlandschaften bemalt ist, gewährt eine
prächtige Aussicht auf die Stadt, den Fluss und die ganze Umgegend, welche die fernen Berge von Chamblay[28], die Ufer des St. Lorenz gegen la Prairie hin und die Stromschnellen ober- und unterhalb der Insel St. Anne's in
sich schließt. Der königliche Berg (Mont Real[29]) mit seinen bewaldeten
Seiten, seiner reichen Szenerie und seiner Stadt mit ihren Straßen und
öffentlichen Gebäuden entfalten sich den Blicken und das Auge, welches
solchen Gegenständen begegnet, kann der Szenerie von Montreal seinen
Beifall nicht versagen.

Unser Wirt, ein Italiener von Geburt und Besitzer des Hotels, erweist
uns die größte Aufmerksamkeit. Die Bedienung ist äußerst anständig und
zuvorkommend und die Gesellschaft, mit welcher wir im Gasthofe zusam-

---

28 Anm. des Verlags: Hier ist vermutlich die Stadt Chambly der kanadischen Provinz Quebec
    gemeint.

29 Anm. des Verlags: Heute bekannt als Mont Royal.

mentreffen, hauptsächlich Auswandrer, wie wir, nebst einigen lebhaften Franzosen, Männern und Weibern, sehr achtbar. Der Tisch ist gut besetzt und der Preis für Kost und Logis täglich ein Dollar[30].

Die mannigfaltigen Charaktere, aus welchen unsre Tischgesellschaft besteht, gewähren mir viel Unterhaltung. Einige unter den Auswandrern scheinen äußerst sanguinische Hoffnungen zu nähren, sie sind, ihren Äußerungen nach, eines glücklichen Erfolgs gewiss und glauben auf keine Schwierigkeiten in Ausführung ihrer Pläne zu stoßen. Einen Kontrast mit diesen bildet einer meiner Landsleute, der so eben aus dem westlichen Distrikt auf seiner Rückreise nach England hier eingetroffen ist; er beschwört uns, ja nicht weiter aufwärts in diesem abscheulichen Lande zu reisen, wie er die obere Provinz mit sichtbarem Nachdruck zu nennen beliebt, versichernd, dass er um keinen Preis in der Welt darin leben möchte.

Die Lesung von C a t t e r m o l e s Flugschrift ü b e r A u s w a n d e - r u n g hatte ihn bestimmt, ein hübsches Pachtgut zu verlassen und sich mit seiner ganzen Habe nach Kanadaeinzuschiffen. Aufgemuntert durch den Rat eines Freundes in diesem Lande, kaufte er einen Strich wilden Bodens im westlichen Distrikt; „aber Sir", sagte er, indem er seine Worte mit großer Aufregung an meinen Gatten richtete, „ich fand mich aufs schändlichste betrogen. Solcher Boden, eine solche Gegend – nein um alles in der Welt hätte ich nicht da bleiben mögen. Wahrlich! Nicht ein Tropfen gutes Wasser, keine essbare Kartoffel ist daselbst zu erlangen. Ich lebte zwei ganze Monate in einem kleinen Schuppen, den sie Shanty nennen und wäre fast bei lebendigem Leibe von Musquitos aufgezehrt worden. Es gab nichts zu essen als eingesalznes Schweinfleisch, mit einem Wort, das Elend und die Widerwärtigkeiten waren unerträglich; meine landwirtschaftlichen Kenntnisse und Erfahrungen, als englischer Pächter, halfen mir übrigens fast gar nichts, denn man weiß daselbst nichts von Meiereien und Pachtgütern. Es würde mir das Herz gebrochen haben, wenn ich zwischen den Baumstummeln hätte arbeiten sollen, ohne je etwas einem wohlgepflügten Felde Ähnliches zu sehen. „Und dann", fügte er in sanfterem Tone hinzu, „dachte ich an meine arme Frau und meine kleine Tochter. Ich selbst würde, um meine Verhältnisse zu verbessern, mich allenfalls ein Jahr oder noch länger in dieser Wildnis herumgeplackt haben, aber die

---

30 Dies ist noch nicht eins der vornehmsten Hotels, in letztern beträgt der Preis für Kost und Logis täglich anderthalb Dollar.

Arme! –nein! Ich hätte das Herz nicht gehabt, sie den Bequemlichkeiten Englands zu entreißen und in eine Wohnung einzuführen, die nicht so gut ist, als einer unsrer Kuhställe oder Schuppen und so will ich denn in meine Heimat zurückehren; und wenn ich nicht meinen Nachbarn erzähle, was für ein abscheuliches Land dieses Kanada ist, wohin auszuwandern alle wie verrückt sind und wofür sie ihre Pachte aufgeben, so soll man mir nie wieder ein Wort glauben."

Es fruchtete nichts, dass einige Anwesende ihm zeigten, wie ungereimt es sei, zurückzukehren, ehe er alles gehörig geprüft und versucht habe; er erwiderte ihnen bloß, sie wären Thoren, wenn sie in einem Lande wie dieses blieben; und endete mit Verwünschung derjenigen, welche ihre Landsleute durch ihre falschen Berichte und Angaben täuschten und auf einigen Seiten sämtliche Vorteile zusammenstellten, ohne einen Band mit den Nachteilen zu füllen, was doch sehr leicht sein würde.

„Die Menschen sind nur zu geneigt, sowohl sich als andre zu betrügen", sagte mein Gatte „und haben sie ihre Seele einmal auf einen Gegenstand gerichtet, so pflegen sie bloß das zu lesen und zu glauben, was ihren Wünschen entspricht."

Der junge erbitterte Mann hatte sich offenbar in seinen Erwartungen getäuscht gesehen, als er nicht alles so schön und angenehm wie in der Heimat fand. Er hatte wahrscheinlich nie über die Sache nachgedacht, denn andernfalls würde er nicht so töricht gewesen sein, vorauszusetzen, dass er bei seinem ersten Ansiedelungsversuch auf keine Schwierigkeiten stoßen werde. Wir haben uns auf nicht wenige Hindernisse und Entbehrungen gefasst gemacht und doch dürften uns noch manche unvorhergesehene begegnen, ob wir gleich durch die Briefe unsers kanadischen Freundes so ziemlich von allem in Kenntnis gesetzt sind.

Unsre Plätze in dem nach Lachine abgehenden Postwagen sind bereits gemietet und wenn alles gut geht, so verlassen wir Montreal morgen früh. Unsre Koffer, Schachteln u.s.w. gehen vor uns nach Cobourg ab. – August 22.

Cobourg, den 29. August

Am Schluss meines letzten Briefes, meldete ich Ihnen, Teuerste Mutter, dass wir Montreal am folgenden Tage früh verlassen würden; allein das Schicksal hatte anders über uns verfügt und wir erfuhren die Wahrheit jener Worte: – „Rühme dich nicht dessen, was du morgen tun willst, denn du weißt nicht, was die nächste Stunde mit sich bringen wird." In der Frühe besagten Morgens, noch vor Sonnenaufgang, wurde ich von den Symptomen der verderblichen Krankheit heimgesucht, die so manche Häuser verödet hat. Ich war zu krank, um meine Reise antreten zu können und hörte mit schwerem Herzen die knarrenden Räder vom Torwege des Gasthofs über das Pflaster rumpeln.

Ich wurde stündlich schlechter, bis mir die Schwester der Wirtin, ein treffliches junges Frauenzimmer, die mir schon zuvor große Aufmerksamkeit erzeigt, nach einem Arzt zu senden riet; mein Gatte, der, als er mich so leiden sah, fast in Verzweiflung war, eilte sogleich fort, um den besten ärztlichen Beistand herbeizuholen. Nach einigem Verzug war ein Arzt ausfindig gemacht. Ich litt zu dieser Zeit furchtbare Qualen, fühlte mich aber nach einem Aderlass und den nachfolgenden heftigen Krankheitsanfällen etwas erleichtert. Ich will mich in keine umständliche Schilderung meiner Leiden einlassen, genüge es, zu sagen, dass sie fast unerträglich waren; aber Gott in seiner Gnade, obwohl er mich züchtigte und mit Schmerzen heimsuchte, wollte mich noch nicht sterben lassen. Von den weiblichen Gliedern des Hauses erfuhr ich die liebreichste Behandlung. Anstatt aus Furcht das Krankenzimmer zu fliehen, stritten sich die beiden irischen Mädchen fast miteinander, welche von beiden bei mir bleiben und meiner warten und pflegen sollte, während J a n e   T a y l o r, das zuvor erwähnte achtbare Frauenzimmer, mich von dem Augenblick an, wo meine Krankheit auf eine so beunruhigende Weise zunahm, bis zur eintretenden Besserung nicht eine Minute verließ und mit eigner Lebensgefahr, wenn der innere Kampf eintrat, in die Arme nahm, an ihre Brust drückte und abwechselnd bald mir zuredete, bald meinen armen trauernden Gatten zu trösten suchte.

Die angewendeten Mittel waren Aderlass, Opium, blaue Pillen und ein Neutralsalz – aber nicht das gewöhnliche Epsomer. Die Kur zeigte sich wirksam, wiewohl ich viele Stunden hindurch an heftigem Kopfweh und andern Zufällen litt. Die Schwäche und das leichte Fieber, welche an die Stelle der Cholera traten, fesselten mich einige Tage an das Bett; während der beiden ersten besuchte mich mein Arzt täglich viermal; er war sehr teilnehmend und als er erfahren, dass ich die Gattin eines britischen auf seinem Wege nach der oberen Provinz begriffnen Offiziers sei, schien er sich für meine Wiedergenesung mehr als jemals zu interessieren und zeigte eine Teilnahme für uns, die unsern Gefühlen äußerst wohltätig war.

Nach einem lästigen Krankenlager von mehren Tagen wurde ich endlich für so weit genesen erklärt, um meine Reise antreten zu können, indes war ich noch sehr schwach und konnte mich kaum aufrechterhalten.

Die Sonne war noch nicht aufgegangen, als der Postwagen, der uns nach Lachine, die ersten neun (englischen) Meilen unsrer Reiseroute führen sollte, vor der Tür des Gasthofs erschien und wir von einem Orte, wo wir der angstvollen Stunden so viele, der fröhlichen so wenige erlebt, Abschied nahmen. Indes war uns von unsern Umgebungen im Gasthofe, obgleich vollkommnen Fremden, viel Liebes und Gutes wiederfahren, wir hatten uns jener Gastfreundschaft erfreut, wegen welcher Montreal so oft gerühmt worden ist.

Ich habe vergessen, Ihnen in meinem letzten Briefe zu sagen, dass wir Bekanntschaft mit einem höchst achtbaren Kaufmann an diesem Platze gemacht, der uns sehr nützliche Belehrung über viele Dinge erteilt und bei seiner Gattin, einem äußerst gebildeten und vollendeten jungen Frauenzimmer eingeführt hat. Während unsrer kurzen Bekanntschaft brachten wir, sehr zu unsrer Zufriedenheit, einige angenehme Stunden in ihrem Hause zu.

Ich genoss des frischen Luftstroms vom Flusse her, längs welchem sich die Fahrstraße hinzieht. Es war ein herrlicher Anblick, die unbewölkte Sonne hinter der fernen Bergkette emporsteigen zu sehen; unter uns lagen die wild brausenden Stromschnellen, dort die Insel S t . A n n e ' s , welche uns an M o o r e s kanadisches Bootsmannsliedchen „Lasst zu S t . A n n e ' s uns singen den Abschiedsgesang" u.s.w. erinnerte.

Das Ufer des St. Lorenz, längs welchem unser Weg liegt, ist hier erhabner als bei Montreal, auf seiner Höhe mit Buschholz bekleidet und gelegentlich durch schmale Abzugsgräben zum Ableiten des Wassers unterbrochen. Der Boden war, so viel als ich davon sehen konnte, sandig oder leichtlehmig. Ich sah hier zuerst die wilde Weinrebe sich zwischen den jungen Bäumchen hinranken, desgleichen Brombeerbüsche und einen Überfluss von jener hohen gelben Blume, die wie Goldrute (*Solidago virga aurea*) nennen, ferner das weiße Gnaphalium (Ruhrkraut), dasselbe, woraus die französischen und schweizer Bauermädchen Kränze zur Schmückung der Gräber ihrer Freunde flechten und die sie I m m o r t e l l e (Unsterblichkeitsblume) nennen[31]; endlich eine hohe, purpurblumige

---

31   Bei den Amerikanern heißt sie *the life everlasting*.

Baldrianart, die auf den Feldern unter dem Korn eben so häufig steht als die Ochsenzunge auf unsern leichten Sandfeldern in England.

Zu Lachine stiegen wir aus dem Postwagen und gingen an Bord eines Dampfboots, eines recht hübschen und mit jeder Bequemlichkeit versehnen Fahrzeugs. Die Fahrt den Fluss hinauf machte mir viel Freude und überhaupt würde ich die Reise sehr angenehm gefunden haben, wäre ich nicht durch meine nur erst überstandne Krankheit so sehr geschwächt gewesen, dass mir die holperigen Straßen sehr viel zu schaffen machten. Das Fuhrwerk anlangend, ein kanadischer Postwagen, so verdient es weit größeres Lob, als Reisende ihm gewöhnlich zu erteilen beliebt haben und es ist für die Wege, auf welchen es hin- und hergeht, so wohl geeignet, dass ich zweifle, ob es mit einem zweckmäßigeren vertauscht werden könne. Dieser Wagen fasst neun Personen: drei hinten, drei vorn und drei in der Mitte; der Mittelsitz, welcher in breiten Lederriemen hängt, ist bei weitem der bequemste und hat für die Inhaber nur den Nachteil, dass sie durch das Aus- und Einsteigen der Passagiere gestört werden.

Gewiss ist das Reisen mit so weniger Störung für den Passagier als möglich verbunden, hat man sein Passagiergeld zu Prescott entrichtet, so braucht man für weiter nichts zu sorgen. So wie der Reisende das Dampfboot verlässt, steht auch schon der Postwagen zur Aufnahme seiner Person und seines Gepäckes, das auf ein gewisses Verhältnis beschränkt ist, bereit; ist der Postwagen an Ort und Stelle angelangt, so ist wieder das Dampfboot da, wo man jede Bequemlichkeit findet.

Außer ihrer eignen Ladung nehmen die Dampfschiffe stromaufwärts in der Regel verschiedne andre Fahrzeuge ins Schlepptau. Wir bugsierten zu einer Zeit drei Durhamboote und überdies mehre kleine Nachen, die dem Auge jedenfalls Abwechselung und Unterhaltung gewährten.

Mit Ausnahme von Quebec und Montreal muss ich der obern Provinz den Vorzug geben. Die Szenerie, wenn auch nicht so großartig, ist doch mehr geeignet, dem Auge zu gefallen, indem sich überall Spuren von reger Betriebsamkeit, Fülle und Fruchtbarkeit zeigt. Wenn ich im Postwagen auf der Straße dahinrolle, entzücken mich die Nettigkeit, Reinlichkeit und das bequeme, behagliche Ansehn der Bauerhütten und Meiereien. Loghäuser oder Shanties kommen nur selten vor, an ihre Stelle sind hübsch gezimmerte, in besserem Stil gebaute und oft mit Bleiweiß oder blasserbsgrün angestrichne Wohnungen getreten. Im Umkreise dieser Hausstätten erblickt man Obstgärten, deren Bäume von der reichen Last, – Äpfel,

Pflaumen und der amerikanische Holzapfel, jene schöne scharlachrote Frucht, die wir im Vaterlande so häufig eingemacht als Dessert genießen, – niedergebogen waren.

Hier gewahrt man kein Zeichen von Armut oder dem in ihrem Gefolge einhergehenden Elend; keine zerlumpten, schmutzigen Kinder wälzen sich im Kote oder Staube herum; wohl aber stößt man auf manche hübsche, vor der Hüttentür spinnende Dirne, mit ihren glänzenden Augen und wohlgeordneten Flechten, während die jüngeren Mädchen auf dem grünen Schwaden oder der Hausschwelle sitzen und stricken und lustig wie die Vöglein bei ihrer Arbeit singen.

Die großen Spinnräder, welche hier zu Lande zum Spinnen der Wolle üblich sind, haben etwas sehr Malerisches und wenn die kanadischen Mädchen auf gefällige Haltung des Körpers und zierliche Bewegungen bedacht wären, so könnte nichts geeigneter sein, eine schöne Körperform in vorteilhaftestem Lichte zu zeigen, als das Spinnen mit diesem Rade. Die Spinnerin sitzt nicht, sondern geht hin und her, zieht das Garn mit der einen Hand aus und dreht mit der andern das Rad.

Ich bemerkte oft, wenn wir an den Meierhütten vorüber kamen, Garn von verschiedner Farbe an den Einfriedigungen der Gärten und Obstpflanzungen zum Trocknen aufgehängt, allerlei Farben: Grün, Blau, Purpur, Braun, Rot und Weiß wechselten miteinander ab. Eine artige Wirtin, vor deren Schenke wir hielten, um die Pferde zu wechseln, sagte mir, dass dieses Garn erst gesponnen und nachmals von den Hausfrauen, bevor es auf den Webestuhl komme, gefärbt werde. Sie zeigte mir einige Proben von dergleichen hausspponenen Zeugen, die sich in der Tat nicht übel ausnahmen. Die Farbe war ein mattes Dunkelbraun und die Wolle rührte von einer schwarzen Schafgattung her. Diese Zeuge werden auf verschiedne Weise für den Familienbedarf verwendet.

„Jede kleine Hausstätte, die Sie sehen", belehrte sie mich, „hat ihren Anteil Land und mithin auch ihre Schafherde; und da die Kinder sehr frühzeitig spinnen, stricken und das Garn färben lernen, so sind die Eltern auch im Stande, sich und ihre kleine Familie stets gut und bequem zu bekleiden."

„Viele von eben diesen Meiereien, die jetzt einen so gedeihlichen Zustand zeigen, waren noch vor dreißig Jahren Wildnisse, indianische Jagdreviere; – die Betriebsamkeit und der Fleiß der Ansiedler und darunter mancher armen Leute, die in ihrer Heimat keine Rute eignes Land besaßen, haben diese Veränderungen bewirkt."

Die Gedankenfolge, welche die Worte dieser guten Frau in mir veranlassten, war eine sehr erfreuliche. „Wir sind", dachte ich, „ebenfalls im Begriff, unkultiviertes Land zu kaufen und sollten wir nicht mit der Zeit unsre zukünftige Meierei diesen fruchtbaren Stätten gleichen sehen. Gewiss ist es ein gesegnetes glückliches Land, in das wir ausgewandert sind, sprach ich bei mir, in Verfolgung der angenehmen Idee, „ein Land, wo jede Hütte Überfluss an den Bequemlichkeiten und nötigen Erfordernissen des Lebens hat."

Ich übersah vielleicht zu dieser Zeit die Mühe, die Beschwerden, die Entbehrungen, denen diese Ansiedler, als sie zuerst hier angelangt, ausgesetzt gewesen waren. Ich sah das Land bloß im Geiste, wie es nach einer ziemlichen Reihe von Jahren und unter einem hohen Kulturzustande erscheinen dürfte; vielleicht in den Händen ihrer Kinder oder ihrer Kindes Kinder, nachdem die von Arbeit und Mühseligkeiten aufgeriebnen Eltern schon längst schlafen gegangen waren.

Unter andern Gegenständen wurde meine Aufmerksamkeit durch offne Begräbnisplätze an der Straße in Anspruch genommen. Freundliche grüne Hügel, von Wald und andern hübschen Bäumen umgeben, enthielten die Gräber einer Familie und vielleicht einiger teuren Freunde, die ruhig unter dem Rasen neben ihr schlummerten. Mochte auch der Boden nicht geweiht sein, so war er doch durch die Tränen und Gebete von Eltern und Kindern geheiligt.

Diese Familiengräber wurden mir noch interessanter, als ich erfuhr, dass, wenn eine Meierei von einem Fremden käuflich in Beschlag genommen wird, der frühere Besitzer sich in der Regel das Recht ausbedingt, seine Toten auf dem dazu gehörigen Begräbnisplatze beerdigen zu dürfen.

Sie müssen Nachsicht mit mir haben, Beste Mutter, wenn ich gelegentlich bei Kleinigkeiten verweile. Für mich ist nichts ohne Interesse, was das Gepräge der Neuheit an sich trägt. Selbst die Lehmöfen, welche auf vier Beinen in geringer Entfernung von den Häusern stehen, blieben im Vorbeifahren nicht unbemerkt von mir. Fehlt es an einem dergleichen Öfen vor dem Hause, so wird das Brot in großen eisernen Bottichen oder Töpfen, sogenannten Backkesseln (*Bake kettles*) gebacken. Ich habe bereits ein Brot, so dick wie ein Scheffelmaß, auf dem Herde in einem solchen Kessel backen sehen und auch davon gekostet; allein ich glaube, der eingesperrte Dampf gibt dem Brote einen etwas eigentümlichen Geschmack, den man an den in Ziegel- oder Lehmöfen gebacknen Broten nicht wahrnimmt. Anfangs konnte ich aus diesen, auf vier Füßen ruhenden, seltsam aussehenden kleinen runden Gebäuden nicht recht klug werden, ich hielt sie für Bienenstöcke, bis ich eine Bauersfrau einige noch kochendheiße Brote auseinemsolchen Ofen, der ein unbebautes Fleckchen auf der Straßenseite, etwa fünfzig Schritt von der Hütte entfernt, einnahm, herauslangen sah.

Außer den Öfen hat jedes Haus einen Ziehbrunnen ganz in der Nähe. Diese Brunnenwichen in der Einrichtung zum Emporheben des Wassers von denen ab, die ich in England gesehen. Der Plan ist sehr einfach: – eine lange Stange, auf einem Pfahle spielend, dient als Hebel zum Heraufziehen des Eimers und das Wasser kann so von einem Kinde mit leichter Mühe emporgehoben werden. Diese Methode ziehen einige sowohl dem Seil als der Kette vor; sie kann von jedermann ins Werk gesetzt werden, es bedarf nur der Befestigung und Verbindung der Stangen. Ich erwähne dies bloß, als Beispiel von dem Erfindungsgeist der Bewohner des Landes, um nur zu zeigen, wie angemessen ihre Verfahrungsweisen ihren Mitteln sind[32].

Die prächtige Erscheinung der Stromschnellen des St. Lorenz, bei dessen Kaskade die Straße auf der Höhe des Ufers eine schöne Aussicht beherrscht, erfreute uns in hohem Grade. Ein Versuch von mir, Ihnen diese großen, in wildem Aufruhr begriffnen Wasserschichten, welche hiervorüberbrausen, zu schildern, würde weit hinter der Wirklichkeit zurückbleiben. H a r r i s o n hat diese Szene in seinem Werke über Oberkanada, welches Ihnen, meines Wissens, wohl bekannt ist, sehr genau geschildert. Ich bedauerte nur, dass wir nicht einige Zeit weilen konnten, um unsre Augen an einem so großartigen und wilden Schauspiel zu weiden, wie es der Fluss hier darbietet; aber ein kanadischer Postwagen wartet auf niemand und so mussten wir uns mit einem flüchtigen Anblick dieser berühmten Stromschnellen begnügen.

Wir schifften uns zu Couteau du Lac[33] ein und erreichten Kornwallspät an demselben Abend. Einige von den Postwagen gehen des Nachts ab; allein ich war zu ermüdet, um diesen Abend eine Reise von neunundvierzig (englischen) Meilen auf kanadischen Straßen antreten zu können. Unserm Beispiel folgte eine verwitwete Dame mit ihrer kleinen Familie.

---

32 Diese Brunnen sind keineswegs die Erfindung jener Ansiedler, man sieht dergleichen fast überall in Europa; in Deutschland kommen sie häufig auf den Dörfern vor.

33 Anm. des Verlags: Hier ist vermutlich die Stadt Coteau-du-Lac in der Provinz Quebec in Kanada gemeint.

Es hielt etwas schwer, eine Herberge für die Nacht zu finden, die Gasthöfe waren mit Reisenden gefüllt; hier erfuhren wir zum ersten Mal etwas von jenem, dem Amerikaner, jedoch ohne Zweifel zu allgemein, zur Last gelegten tadelnswürdigen Benehmen. Unser Wirt schien im Betreff der Bequemlichkeit seiner Gäste vollkommen gleichgültig, sie mussten entweder sich selbst bedienen oder ihre Bedürfnisse blieben unbefriedigt. Der Mangel an weiblicher Bedienung in diesen Anstalten ist für reisende Damen äußerst fühlbar und verdrießlich. Die Weiber lassen sich gar nicht sehen oder behandeln die fremden Gäste mit einer Kälte und Gleichgültigkeit, dass man mit ihren Diensten eben nicht zufrieden sein kann.

Nachdem es mir, nicht ohne Schwierigkeit, geglückt war, der Wirtin des Gasthauses zu Kornwall ansichtig zu werden, bat ich sie, mir ein Zimmer anzuweisen, wo wir übernachten könnten, sie tat dies, aber mit einer höchst ungefälligen Miene, indem sie auf eine Tür deutete, die sich in ein kleines Käfter öffnete, dass ein Bett ohne Vorhänge, einen Stuhl aber keinen Waschtisch enthielt. Da sie meinen Verdruss bei Erblickung dieses ungastlichen Schlafgemachs wahrnahm, bemerkte sie ganz lakonisch, dass ich keine Wahl hätte, ich müsste es denn vorziehen, in einem Zimmer mit vier Betten zu schlafen, wovon bereits drei – und zwar von Männern, in Beschlag genommen waren. Diese Alternative lehnte ich etwas unwillig ab und zog mich in eben nicht besondrer Laune in das mir angewiesne Schlafgemach zurück, wo unwillkommne Bettbewohner die ganze Nacht hindurch uns hinderten, unsre müden Augenlider zu schließen.

Wir nahmen ein zeitiges und hastiges Frühstück ein und traten unsre Reise wieder an. Diesmal bestand die Reisegesellschaft aus meiner Wenigkeit, meinem Gatten, einer Dame nebst Gemahl, drei kleinen Kindern und einem einmonatlichen Säugling, die insgesamt, vom Ältesten bis zum Jüngsten, am Keuchhusten litten; zwei großen kumberländischen Bergleuten und einem französischen Lotsen nebst seinem Begleiter; – letzterer war ein großes, amphibienartig aussehendes Ungeheuer, das in den Wagen sprang und sich in eine Ecke quetschte, indem es dem Postillion, der damit einverstanden war und alle Gegenvorstellungen gegen dieses unerwartete Eindrängen unbeachtet ließ, auf eine komische Weise angreinte; der Postillion schwang seine Peitsche mit gewaltigem Knall, womit zwei reisende Amerikaner, die zu beiden Seiten der Gasthoftür standen, nicht eben zufrieden zu sein schienen; diese Herren hatten ihre Hüte weder in den Händen, noch zurzeit auf dem Kopfe, sondern sie trugen dieselben an einem um einen Westenknopf geschlungenen Bande, sodass sie ziemlich unter den Arm hingen. Diese Mode habe ich seitdem öfter beobachtet und glaube, dass, wenn J o h n n y   G i l p i n die nämliche Weise Vorsicht angewendet, er sowohl seinen Hut als seine Perücke gerettet haben würde.

Die Reise dieses Tages war für mich schrecklich ermüdend, ich wurde buchstäblich braun und blau gequetscht und gestoßen. Die ausnehmend große Hitze machte uns sehr viel zu schaffen und wir hätten die Gesellschaft von zwei unsrer massiven Reisegefährten mit wahrem Vergnügen entbehrt.

Abends um fünf Uhr desselben Nachmittags erreichten wir Prescott, wo wir im Gasthause eine gute Aufnahme fanden; die weiblichen Dienstboten waren sämtlich Engländerinnen und schienen in Aufmerksamkeit gegen uns miteinander zu wetteifern.

In der Stadt Prescott sahen wir wenig, was uns hätte interessieren oder gefallen können. Nach einem trefflichen Frühstück schifften wir uns an Bord des G r e a t   B r i t a i n (Großbritannien) ein, es war das schönste Dampfboot, welches mir bis jetzt zu Gesicht gekommen und hier gesellten sich unsre neuen Freunde zu uns, was uns große Freude machte.

Zu Brockville trafen wir gerade zu rechter Zeit ein, um ein Schiff von Stapel laufen zu sehn, – für mich ein ganz neuer Anblick. Es war ein äußerst lebhaftes erfreuliches Schauspiel. Die Sonne schien in vollem Glanze auf die herbeiströmende Menge, die sich in ihrem Sonntagsstaate nach dem Ufer drängte; die Kirchenglocken tönten lustig darein und vermischten ihr Geläute mit der Musik vom Deck des bunt bemalten Fahrzeugs, das mit seinem im Winde flatternden Wimpeln und ausgespannten Segeln und einer wohlgekleideten Gesellschaft an Bord vom Stapel zu laufen im Begriff war.

Um die Wirkung noch zu erhöhen, wurde von einem einstweiligen, für diese Gelegenheit auf einem kleinen Felseneiland vor der Stadt errichteten Kastell eine Salve gegeben. Der Schoner (ein zweimastiges Fahrzeug) glitt stattlich ins Wasser und empfing sozusagen mit Freuden die Umarmung des Elements, welches ihm zukünftig unterworfen sein sollte. Es war ein höchst interessanter Moment. Der neue stattliche Schwimmer wurde mit drei Hurras von der Schiffsgesellschaft des Great Britain, einer Salve vom kleinen Kastell und dem fröhlichen Geläute der Glocken begrüßt; letztre ertönten zugleich zu Ehren einer hübschen Braut, die, auf einer Lustreise nach den Fällen des Niagara begriffen, mit ihrem Bräutigam an Bord kam.

Brockville liegt gerade an der Mündung des Sees der tausend Inseln und gewährt, vom Wasser aus gesehen einen hübschen Anblick. Die Stadt hat, wie man mir erzählt, im Verlauf der letzten wenigen Jahre reißend schnell an Größe und Wohlstand zugenommen und scheint ein Platz von Wichtigkeit werden zu wollen.

Die Ufer des St. Lorenz werden, indem man zwischen den tausend Inseln vorwärts steuert, felsiger und malerischer und die Inseln selbst bieten jede Abwechselung von Waldung und Gestein dar. Das Dampfschiff landete zur Einnahme von Brennholz in der Nähe eines kleinen Dorfes auf der amerikanischen Seite des Flusses, wo wir auch fünfundzwanzig schöne Pferde, die in Cobourg und York zum Verkauf ausgeboten werden sollen, an Bord nahmen.

In dem amerikanischen Dorfe selbst war nichts der Beobachtung Wertes zu sehen, ausgenommen eine Neuheit, die mich in der Tat belustigte; nämlich jedes Haus hatte sein eignes Model oder Ebenbild, ein kleines winziges Häuschen von Holz, – nicht größer und stärker als ein Puppenhäuschen[34], (*a baby-house*) vorn am Dache oder Giebelende befestigt. Wie ich nachmals von einem Herrn auf dem Schiffe erfuhr, waren diese Puppenhäuschen, wie ich sie zu nennen beliebte, für die Schwalben zum Hineinnisten bestimmt[35].

Es war Mitternacht, als wir vor Kingston vorbeisegelten und so sah ich natürlicherweise nichts von diesem „Schlüssel zu den Seen"[36], wie ich es habe nennen hören. Bei meinem Erwachen am nächsten Morgen glitt das Dampfschiff stattlich durch die Fluten des Ontario und ich empfand eine leichte Anwandlung von Unpässlichkeit.

Wenn das Wasser des Sees in Aufruhr ist, wie dies bisweilen bei heftigem Winde geschieht, so glaubt man sich auf ein sturmgepeitschtes Meer versetzt.

Die Ufer des Ontario sind sehr schön, Hügel und Täler, mit herrlichen Waldungen bekleidet oder durch Fleckchen angebauten Bodens und hübsche Wohnhäuser belebt, wechseln in sanften Wellenlinien miteinander ab. Um zehn Uhr erreichten wir Cobourg.

Cobourg, wo wir uns gegenwärtig befinden, ist ein nett gebautes und blühendes Städtchen, dass manche stattliche Vorratshäuser, Mühlen, eine

---

34 *a dollhouse.*

35 Anm. des Verlags: siehe Dritter Anhang Anmerkung 1.

36 „*Key to the lakes*".

Wechselbank und eine Druckerei enthält, letztere gibt ein Wochenblatt heraus. Desgleichen findet man hier eine recht hübsche Kirche und eine ausgewählte Gesellschaft, da viele achtbare Familien in oder unweit der Stadt ihre Wohnung gewählt haben.

Morgen verlassen wir Cobourg und werden unsern Weg nach Peterborough nehmen, von wo aus ich wieder zu schreiben gedenke, um Sie von unserm zukünftigen Abenteuern zu benachrichtigen, die wir wahrscheinlich an einem der kleinen Seen des Otanabee[37] erfahren werden.

Fünfter Brief

REISE VON COBOURG NACH AMHERST. – SCHWIERIGKEITEN, DENEN MAN BEI SEINER ERSTEN ANSIEDELUNG IN DEN URWÄLDERN ZU BEGEGNEN HAT. – ERSCHEINUNG DES LANDES. –REISSEE[38]. – INDIANISCHE LEBENSWEISE UND GEBRÄUCHE. – FAHRT DEN OTANABEE HINAUF. – LOGHAUS (*LOG HOUSE*) UND SEINE INHABER. – PASSAGIERBOOT. – FUSSREISE NACH PETERBOROUGH.

Peterborough, Newcastle Distrikt, den 9. September 1832

Wir verließen Cobourg am Nachmittag des ersten Septembers in einem leichten, recht bequem für die Passagiere mit Büffelfellen ausgekleideten Wagen. Unsre Reisegenossen waren drei Herrn und eine junge Dame, insgesamt recht angenehme Gesellschafter und bereit, uns jede Auskunft über die Gegend zu geben, durch welche unser Weg führte; der Nachmittag war einer von jenen ruhigen und heitern, dergleichen man in der ersten Hälfte des Septembers häufig zu erfahren pflegt. Die glühenden Herbstfarben zeigten sich bereits an den Waldbäumen, sprachen aber mehr von Reife als Verfall. Die Gegend um Cobourg her ist gut angebaut, ein großer Teil der Waldung ist gelichtet und an seine Stelle sind offne Felder, angenehme Meiereien und schöne, gut gedeihende Obstpflanzungen mit grünen, von feistem Vieh wimmelnden Weideplätzen getreten.

---

37   Anm. des Verlags: Hier ist vermutlich der Otonabee River in Kanada gemeint.
38   Anm. des Verlags: Hier ist vermutlich der Rice Lake in Kanada gemeint.

Das Gefängnis nebst dem Gerichtshof zu Amherst, etwa anderthalbe englische Meile von Cobourg, ist ein hübsches steinernes Gebäude und auf einer Anhöhe gelegen, welche eine prächtige Aussicht auf den See Ontario und die umgebende Szenerie beherrscht. In demselben Verhältnis als man weiter landeinwärts kommt, in der Richtung der Hamilton- oder Reisseeebnen, erhebt und senkt sich das Land zu kühnen langgedehnten Hügeln und Tälern.

Die Umrisse der Gegend erinnerten mich, an den bergigen Teil von Gloucestershire; indes vermisst man den Reiz, womit die Zivilisierung diese schöne Landschaft in so vorzüglichem grade geschmückt hat, man vermisst ihre romantischen Dörfer, blühenden Städte, weit gedehnten, mit Rinder- und Schafherden bedeckten Auen. Hier strotzen die Berge von Eichen-, Buchen- und Ahornwäldern, mit hier und da eingestreuten dunkeln Fichtenhainen, nur selten durch eine Ansiedelung mit ihren Loghäusern und zickzackartigen, von Holzscheiten gezimmerten Einfriedigungen unterbrochen und belebt: diese Einfriedigungen sind, beiläufig gesagt, sehr beleidigend für mein Auge. Ich sehe mich vergebens nach den reichen Laubhecken meines Vaterlandes um. Selbst die steinernen Einfriedigungen im Norden und Westen von England, so kalt und dunkel sie sind, erzeugen keinen so unangenehmen Eindruck auf den Beschauer. Die Ansiedler machen indes unabänderlich von demjenigen Plan Gebrauch, wobei sie am meisten an Zeit, Arbeit und Geld ersparen. Das wichtige, durch Notwendigkeit bedingte Gesetz, den kürzesten Weg zur Erreichung des beabsichtigten Zwecks einzuschlagen, wird streng befolgt. Geschmackssachen scheinen wenig berücksichtigt zu werden, oder müssen wenigstens vor der Hand in den Hintergrund treten.

Ich sah ein Lächeln um den Mund meiner Reisegefährten spielen, als sie unsre Projekte zur Verschönerung unsrer künftigen Wohnstätte vernahmen.

„Wenn Sie gesonnen sind, Ihre Wohnung in den Urwäldern aufzuschlagen", sagte ein ältlicher Herr, der sich vor mehren Jahren im Lande angesiedelt, „so muss Ihr Haus notwendigerweise ein aus Baumstämmen roh zusammengezimmertes Haus (*log house*) sein, denn eine Sägemühle dürften Sie schwerlich in der Nähe finden und außerdem werden Sie in den ersten zwei oder drei Jahren so viel zu tun haben und so vielen Hindernissen begegnen müssen, dass Sie schwerlich Gelegenheit haben werden, diese Verschönerungen ins Werk zu setzen." „Es gibt", fügte er mit einer Mischung von Ernst und guter Laune in seinem Gesicht hinzu, „ein

Sprichwort, das ich als Knabe oft gehört habe; es lautet: e r s t   k r i e -
c h e n   u n d   d a n n   g e h e n "[39]. Es lässt sich hier zu Lande nicht alles
so leicht bewerkstelligen als zu Hause, wovon Sie eine mehrwöchentliche
Bekanntschaft mit dem B u s c h , wie wir jedes nicht gelichtete Waldland
nennen, bald überzeugen wird. Nach Verlauf von fünf Jahren dürften Sie
schon eher an dergleichen Verschönerungen und Bequemlichkeiten denken und leichter beurteilen können; was Sie vor sich haben."

„Ich glaubte", war meine Erwiderung, „dass in diesem Lande alles sehr
schnell und leicht von Statten gehe, ich erinnere mich genau, von Häusern
gehört zu haben, die in einem Tage erbaut worden." Der alte Herr lachte.

„Ja, ja", sprach er, „Reisende finden es nicht schwer, ein Haus binnen
zwölf oder vierundzwanzig Stunden aufzubauen und allerdings lassen sich
die Wände in dieser, ja in noch weniger Zeit aufführen; allein das Haus ist,
wenn auch die Außenwände stehen, noch nicht fertig, wie dies Ihr Gemahl
auf seine Kosten erfahren wird."

„Aber sämtliche Werke über Auswanderung die ich gelesen", erwiderte
ich, „geben ein so schönes und schmeichelndes Gemälde von dem Leben
eines Ansiedlers; denn ihren Angaben gemäß, lassen sich alle Schwierigkeiten leicht beseitigen."

„Weg mit den Büchern!" sagte mein Opponent, „der eigne Verstand
muss hier entscheiden. Richten Sie Ihren Blick auf jene endlosen Waldungen, in die das Auge nur einige Schritte tief eindringen kann und sagen
Sie mir, ob Sie glauben, dass sich diese gewaltigen Baumstämme ohne
Schwierigkeit wegräumen, gänzlich ausrotten, ja, ich möchte sagen, vom
Angesicht der Erde entfernen lassen; dass das Lichten und Reinigen des
Bodens durch Feuer, die Anlage und Einfriedigung von Feldern, die Erbauung eines Obdachs keine Mühe, Kosten und große Arbeit verursachen
werde? Sprechen Sie nur nicht von dem, was in Büchern steht, die häufig
von Stubenreisenden (*tarry at home travellers*) geschrieben sind. Ich ver-
lange Tatsachen. Die Erfahrungen eines einzigen aufrichtigen Emigranten
sind mehr wert als alles, was über den fraglichen Gegenstand zusammen-
geschrieben worden. Übrigens darf man die einem Teil des Landes entsprechende Schilderung nicht auf alle anwenden. Die von Boden, Klima,
Lage und Fortschritten in der Zivilisierung abhängigen Umstände sind in
verschiednen Distrikten sehr verschieden; selbst die Preise der Güter und

---

39   Vom Kinde entlehnt, welches, ehe es die Kraft zu gehen hat, auf allen Vieren kriecht.

Produkte, die Mietpreise und Arbeitslöhne u.s.w. weichen, je nachdem man sich den Städten und Märkten nähert oder davon entfernt, beträchtlich voneinander ab."

Ich fühlte bald, dass mein Reisegefährte richtig von einer Sache spreche, womit ihn eine dreizehnjährige Erfahrung vollkommen vertraut gemacht hatte. Ich fing an, zu fürchten, dass wir ebenfalls zu schmeichelhafte Ansichten von dem Leben eines Ansiedlers in den Urwäldern unterhalten. Die Zeit und unsre eigne persönliche Kenntnis wird der sicherste Prüfstein sein und diesem müssen wir uns anvertrauen. Der Mensch ist stets geneigt, das zu glauben, was er wünscht.

Ungefähr mittelwegs zwischen Cobourg und dem Reissee liegt zwischen zwei steilen Hügeln ein hübsches Tal. Hier findet man einen guten Teil gelichteten Landes und eine Schenke: der Ort heißt die „K a l t e Q u e l l e" (*Cold Springs*). Wer weiß, ob derselbe nicht vielleicht schon nach einem oder zwei Jahrhunderten in einen Trink- und Badeort für die feine Welt umgestaltet sein wird. Ein kanadisches Bad oder Cheltenham[40] dürfte mit der Zeit hier entstehen, wo gegenwärtig die Natur in ihrer Wildnis schwelgt.

Wir fuhren jetzt die geneigten Ebnen bergan, eine schöne Strecke aufsteigenden Landes, mehre englische Meilen weit spärlich mit Eichen und hier und da mit buschigen, weitspreizigen Tannen nebst andern Bäumen und Sträuchern bekleidet. Der Boden ist an einigen Orten sandig, überdies aber, wie man mir sagte, in verschiednen Teilen von sehr verschiedner Beschaffenheit und in großen Strecken mit reicher Weide bedeckt, welche den Viehherden einen Überfluss an trefflichem Futter darbietet. Eine Menge vorzüglich schöner Blumen und Sträucher schmücken diese Ebnen, welche sich während der Frühlings- und Sommermonate jedem Garten in der Welt an die Seite stellen können. Manche von jenen Gewächsen gehören den Ebnen ausschließlich an und kommen selten in andern Lagen vor. Auch die Bäume, obwohl nicht so groß und gewaltig wie die in den Forsten, sind malerisch; sie stehen in Gruppen oder einzeln, durch große Zwischenräume von einander abgesondert und geben dem in Rede stehenden Teil des Landes ein parkartiges Ansehn. Die vorherrschende Meinung scheint zu sein, dass die Ebnen, zu Schweizereien und Viehzüchtereien angelegt, den Zwecken der Ansiedler vorzüglich entspre-

---

40   Die besuchtesten Badeorte in England.

53

chen würden, indem es nicht an Land zur Erbauung von Weizen und Korn fehlt, der Boden mit geringen Kosten veredelt werden kann und außerdem Überfluss an natürlichen Viehtriften herrscht. Ein großer Vorteil scheint zu sein, dass der Pflug unmittelbar eingeführt werden kann und die Vorbereitung des Bodens notwendigerweise weit weniger Arbeit erfordert als da, wo derselbe über und über mit Wald bedeckt ist.

Man trifft auf diesen Ebnen verschiedne Ansiedler, welche beträchtliche Meiereien besitzen. Die Lage, sollte ich meinen, muss gesund und angenehm sein, Ersteres wegen der Erhabenheit und Trockenheit des Bodens; Letzteres wegen der schönen Aussicht, die sie auf das unter ihnen sich ausbreitende Land, besonders wo der Reissee mit seinen mannigfaltigen Inseln und malerischen Ufern sichtbar ist, – darbieten. Hügel und Täler wechseln auf eine angenehme Weise miteinander ab und der Boden ist bald sanft geneigt, bald schroff, ja fast abschüssig.

Ein amerikanischer Pächter, der an unserm Frühstück am folgenden Morgen teilnahm, erzählte mir, dass diese Ebnen vormals ein berühmtes Jagdrevier der Indianer gewesen, die, um das Wachstum der Waldbäume zu verhindern, dieselben von Jahr zu Jahr weggebrannt; hierdurch wurden im Verlauf der Zeit die jungen Bäume vernichtet und konnten sich mithin nicht wieder in derselben Ausdehnung anhäufen wie früher. Es blieb nur so viel stehen, als zur Bildung von Dickichten hinreichte; denn in diesen wählt das Wild herdenweise seinen Aufenthalt, angelockt durch eine eigentümliche hohe Grasart, womit die in Rede stehenden Ebnen bedeckt sind, es heißt Rehgras (*deergrass*) und die davon fressenden Tiere werden zu gewissen Jahreszeiten außerordentlich fett davon.

Der Abend brach herein, ehe mir unser nächstes Nachtquartier, die Schenke an den Ufern des Reissees, erreichten, so dass ich etwas von der schönen Szenerie einbüßte, welche diese artige Wasserfläche dem Auge darbietet, wenn man die Ebnen nach ihren Ufern zu hinabsteigt. Die flüchtigen Blicke, die mir dann und wann davon zu Teil wurden, hatte ich dem schwachen, aber häufigen Wetterleuchten zu verdanken, welches den Horizont gegen Norden erhellte und gerade genug enthüllte, um mich bedauern zu machen, dass ich wegen der Dunkelheit an diesem Abend nicht mehr davon sehen konnte. Der Reissee ist auf eine recht anmutige Weise durch kleine bewaldete Inseln unterbrochen; das nördliche Ufer steigt vom Wasserrande sanft aufwärts. Im Angesicht von Sully, der Schenke, von woaus das Dampfboot abgeht, welches den Otanabee hinaufsteu-

Reisboden

ert, erblickt man verschiedne hübsche Niederlassungen; und jenseits des Indianerdorfes unterhalten die Missionäre eine Schule zur Erziehung und Unterrichtung der Indianerkinder. Manche von diesen können geläufig lesen und schreiben und haben in ihrer sittlichen und religiösen Bildung sichtbare Fortschritte gemacht. Sie sind gut und bequem gekleidet und wohnen in besonders für sie erbauten Häusern. Allein sie hängen immer noch zu sehr an ihrer wandernden Lebensweise, um gute und betriebsame Ansiedler abzugeben. Zu gewissen Zeiten im Jahre verlassen sie das Dorf und lagern sich in den Wäldern längs den Ufern jener Seen und Flüsse, wo sie auf Überfluss an Wild und Fischen rechnen können[41].

Die Reissee- und Schlammseeindianer gehören, wie man mir sagt, zu den Tschippewas, allein die Züge von Schlauheit und kriegerischem Trotz, die früher dieses merkwürdige Volk charakterisierten, scheinen unter dem milderen Einfluss des Christentums verschwunden zu sein.

Gewiss ist, dass die Einführung der christlichen Religion der größte Fortschritt zu Zivilisierung und Verbesserung ist; ihr ganzes Streben ist darauf gerichtet, die Schranken des Vorurteils und der Unwissenheit niederzubrechen und die Menschen zu einer allgemeinen Brüderschaft zu verbinden. Man hat mir gesagt, dass eine zeitlang das Laster der Völlerei diesen neubekehrten Wilden unbekannt gewesen, ja dass sie sich sogar des mäßigen Gebrauchs geistiger Getränke gewissenhaft enthalten. Diese Enthaltsamkeit wird von einigen Familien noch jetzt beobachtet; aber neuerdings hat sich die Trunkenheit wieder unter ihnen eingeschlichen, die allerdings ihren Glauben in Misskredit bringt. Man darf sich in der Tat kaum darüber wundern, dass der Indianer, wenn er diejenigen seiner Umgebung, welche sich Christen nennen, welche besser erzogen sind und den Vorteil einer zivilisierten Gesellschaft genießen, dem erwähnten Laster bis zum Übermaß frönen sieht, sich von seinem natürlichen Hange besiegen lässt und die Pflichten des Christentums, das bei einigen wohl eben nicht tiefe Wurzel geschlagen haben mag, entgegenhandelt. Ich habe mich überdie, diese lasterhafte Neigung der armen Indianer betreffenden Urteile von Leuten, welche die ersten an der Tafel und bei Trinkgelagen waren, sowohl gewundert als geärgert; es schien mir, als halte man Leute von Erziehung und Bildung der Völlerei für weniger zurechnungsfähig als den halbkultivierten Wilden.

---

41   Anm. des Verlags: siehe Dritter Anhang Anmerkung 2.

Man findet einige hübsche Ansiedlungen am Reissee, indes sollen seine Ufer der Gesundheit nicht zuträglich sein und die Kolonisten vorzüglich da, wo der Boden niedrig und morastig ist, häufig an Sumpffiebern und Flüssen leiden. Einige schreiben die Ursache der eben genannten Übel den umfangsreichen Reisbeeten zu, welche das Wasser stocken machen. Die Verdünstung von einer Wasserfläche, die fortwährend auf eine Masse faulender Pflanzen wrickt, muss allerdings die Konstitution derjenigen schwächen, welche ihrem verderblichen Einfluss unmittelbar ausgesetzt sind.

Außer zahlreichen kleinen Wasserströmen, die hier zu Lande C r e e k s heißen, ergießen sich zwei beträchtliche Flüsse, der Otanabee und der Trent in den Reissee. Diese Flüsse sind durch eine Kette kleiner Seen miteinander verbunden, welche man auf einer guten Karte von der in Rede stehenden Provinz finden kann. Ich füge meinem Briefe einen Abriss bei, der zu Cobourg erschienen ist und Sie mit der Geographie dieser Abteilung des Landes bekannt machen wird. Auf einem der kleinen Seen gedenken wir uns anzukaufen; denn sollten diese Gewässer schiffbar gemacht werden, wie man beabsichtigt, so dürften die Ländereien an ihren Ufern sehr einträglich für die Kolonisten ausfallen; gegenwärtig sind sie durch große Granit- und Kalksteinblöcke, Stromschnellen und Katarakte unterbrochen, welche kein Fahrzeug außer Nachen und Booten mit flachem Kiel zulassen und selbst diese sind wegen der vielen angedeuteten Hindernisse auf gewisse Strecken beschränkt. Durch Vertiefung des Flussbettes und des Bodens der Seen, durch Bildung von Wehren in einigen Teilen und durch Anlegung von Kanälen würde dieser ganze Wasserbereich bis zur Bay von Quinte der Schifffahrt geöffnet werden können. Der Kostenbetrag würde natürlicherweise bedeutend sein und bevor nicht die Städte dieses Teils des Distriktes vollkommen organisiert sein werden, ist an die Ausführung eines solchen Riesenplans nicht zu denken, wie wünschenswert sie auch sein mag.

Wir verließen nach einer ungewöhnlichen Verzögerung um neun Uhr das Wirtshaus am Reissee. Der Morgen war feucht und neblig und ein kalter Wind blies über die Wasserfläche, die sich durch den feinen Sprühregen nicht eben vorteilhaft ausnahm; ich hüllte mein Gesicht zum Schutz dagegen gern in den Überschlagkragen meines warmen Mantels ein; denn das kleine Dampfboot hatte außer einer unwirksamen Zeltdecke weder eine Kajüte noch einen andern Zufluchtsort. Das armselige Schifflein stach leider gegen die trefflich eingerichteten Fahrzeuge, worauf wir erst vor Kurzem den Ontario und St. Lorenz durchsegelt, gewaltig ab. Dennoch nahm uns das Vorhandensein eines Dampfboots auf dem Otanabee nicht wenig Wunder und war für die ersten Ansiedler längs den Ufern dieses Flusses ein Gegenstand großer Freude, da sie sich noch vor wenigen Jahren zum Transport sowohl ihrer selbst als auch ihrer Markterzeugnisse mit schlechten Nachen oder Wagen und Schlitten, auf höchst erbärmlichen Straßen, begnügen mussten.

Der Otanabee ist ein schöner, breiter, heller Strom, welchen bei seinem Eintritt in den Reissee eine schmale, wegen ihrer morastigen Beschaffenheit des Anbaues unfähige Landzunge in zwei Mündungen scheidet. Dieser schöne Fluss, (denn als solchen betrachte ich ihn) schlängelt sich zwischen dick bewaldeten Ufern hin, die sich, in demselben Verhältnis, als man weiter landeinwärts kommt, mehr und mehr erheben.

Gegen Mittag zerteilte sich der Nebel und die Sonne kam in ihrem vollen Septemberglanze zum Vorschein. Die Nadelholzwälder zu beiden Seiten des Flusses bildeten eine so dichte Schutzmauer, dass wir nicht die geringste Unannehmlichkeit von dem rauhen Luftzuge fühlten, der mich am Morgen, als wir durch den See schifften, ganz durchkältet hatte.

Für den schnell vorübereilenden Reisenden, der sich um die einzelnen Schönheiten der Szenerie wenig bekümmern kann, haben die langen ununterbrochnen Waldlinien notwendigerweise etwas Einförmiges, das ihn allmählich in eine düstere, ja fast traurige Stimmung versetzt. Dessen ungeachtet aber gibt es manchen Gegenstand, der einen genauen Beobachter der Natur unterhält und erfreut. Sein Auge wird von den seltsamen Lauben angezogen, welche der kanadische Epheu, ein scharlachrotes rankendes Gewächs und die wilde Rebe bilden, indem sie ihre dicht verschlungenen, reich gefärbten Blätterguirlanden zwischen den Ästen der Waldbäume hinranken und ihre glühenden Tinten mit den rotspitzigen Zweigen des weichen Ahorns vermischen, dessen herbstliche Farben in Schönheit von keinem unsrer heimatlichen Waldbäume übertroffen werden.

Die purpurnen Trauben der Rebe, in Größe keineswegs so verächtlich, als ich mir vorgestellt, erschienen meinen sehnsüchtigen Augen, indem sie, zwischen dem Laube hängend, ihrer Reife entgegeneilten, äußerst lockend. Wie ich höre, bildet ihr Saft, mit einer hinreichenden Quantität Zucker zusammen gesoten, ein treffliches, äußerst wohlschmeckendes Gelee. Die Samen sind zu groß, um eine andre Zubereitung rätlich oder vorteilhaft zu machen. Ich werde gelegentlich erfahren, welcher Veredelung sie durch Kultur fähig sein dürften. Man kann sich des Schlusses nicht

Amerikanische Schlitten

erwehren, dass, wo die Natur einen so großen Überfluss an Früchten hervorbringt, das Klima unter Mitwirkung von Kultur und Boden ihrer Vervollkommnung höchst günstig sein müsse.

Das Wasser des Otanabee ist so klar und frei von allem Schmutz, dass man jeden Kiesel, jede Muschelschale auf seinem Boden deutlich unterscheiden kann. Hier und da enthüllt eine Öffnung im Walde, ein Nebenflüsschen, dass sich seinen Weg unter den Laubwölbungen der darüber ragenden Riesenbäume nach dem Hauptstrome bahnt. Die ringsum herrschende Stille wird durch nichts unterbrochen, als den plötzlichen Aufflug der von ihrem Zufluchtsorte zwischen den buschigen, hier und da das linke Ufer bekränzenden Weiden aufgeschreckten wilden Ente oder das gellende rauhe Geschrei des Eisvogels, indem er pfeilschnell über die Wasserfläche schießt.

Das Dampfboot landete zur Einnahme von Brennmaterial an einer gelichteten Stelle, ungefähr auf dem halben Wege von Peterborough, und ich benutzte freudig die Gelegenheit, einige der prächtigen Kardinal Blumen zu pflücken, welche zwischen den Steinen am Uferrande wuchsen; auch fand ich hier eine Rose, so schön und angenehm duftend, als nur jemals eine unsre englischen Gärten zierte. Ferner bemerkte ich zwischen dem Grase auf dem Wiesenlande Frauenmünze und näher am Ufer Pfeffermünze. Ein Strauch, mit Früchten, so groß wie Kirschen, von breiartigem Fleisch und angenehm säuerlich, fast wie Tamarindenmark, schmeckend, glich unserm Schlehendorn. Die Dornen dieses Strauches waren furchtbar lang, stark und fest, meiner Ansicht nach dürfte er sich zu Einfriedigungen oder lebendigen Hecken vortrefflich eignen; auch die Frucht könnte, eingemacht, kein zu verachtendes Dessert abgeben.

Da ich sehr begierig war, das Innere eines Loghauses zu sehen, so trat ich durch den offnen Torweg in die Schenke, wie man sie nennt, unter dem Vorwand, einen Trunk Milch zu kaufen. Das Innere dieses rohen Gebäudes hatte eben kein einladendes Ansehn. Die Wände bestanden aus rohen unbehauenen Scheiten oder Baumstämmen und die Lücken und Ritzen zwischen diesen waren mit Moos und unregelmäßigen Holzkeilen ausgefüllt, um Wind und Regen abzuhalten; die unberappte Decke zeigte das mit Moos und Farrenkraut von allerlei Farben, – Grün, Gelb und Grau – bedeckte Sparrwerk; und darüber konnte man die vom Rauche, der sich durch den weiten, aus Steinen und Lehm erbauten Schornstein aufzusteigen weigerte und in leichten Windungen unter dem Dache hinkräuselte,

60

Amerikanische Silbertanne

um seinen Ausgang durch die vielen Ritzen und Öffnungen in letzterem zu suchen, schön mahagonirotgefärbten Schindeln wahrnehmen.

Der Fußboden war von Erde, die durch Gebrauch eine ziemliche Härte und Ebenheit erhalten hatte. Die ganze Hütte erinnerte mich an das armselige Gebäude, welches vier russische Matrosen, die sich auf Spitzbergen zu überwintern genötigt sahen, zu ihrem Schutz errichteten. Das Geräte darin entsprach ihrer rohen Bauart; einige wenige Stühle, roh und ungehobelt; ein Tisch von Tannenholz, der, weil letzteres, bei Verfertigung desselben noch frisch gewesen, an verschiednen Stellen gesprungen war und bloß durch seine missgestalteten Beine zusammengehalten wurde; zwei oder drei Blöcke von grauem Granit, die neben dem Herde standen, dienten als Sitze für die Kinder; hierzu kamen zwei Betten, die durch niedrige Gestelle von Zedernholz etwas über den Boden erhoben waren. Auf diesen elenden Schlafstellen lagen zwei arme Teufel ausgestreckt, an den verheerenden Wirkungen des Sumpffiebers leidend. Ihre gelben, eine Störung in der Gallenabsonderung verratenden Gesichter stachen gegen die zusammengeflickten Pfühle, womit sie bedeckt waren, seltsam ab. Ich fühlte das innigste Mitleiden mit den armen Emigranten, die mir erzählten, dass sie kaum einige Wochen im Lande gewesen, als sie vom Fieber befallen worden wären. Sie hatten Weiber und kleine Kinder, welche sehr elend aussahen. Auch die Weiber hatten am Wechselfieber gelitten und dabei nicht einmal ein eignes Haus oder einen Schuppen zu ihrer Bequemlichkeit gehabt; die Männer waren durch ihr Erkranken in völlige Untätigkeit versetzt worden; und ein großer Teil von dem wenigen Gelde, das sie mit sich gebracht, war in der elenden Schenke, wo sie lagen, für Kost und Logis aufgegangen. Ich kann eben nicht sagen, dass ich mich sehr zu Gunsten der Wirtin, einer barschen und habsüchtigen Frau eingenommen fühlte. Außer den verschiednen Emigranten, Männern, Weibern und Kindern, welche diesen Schuppen bewohnten, zählte derselbe noch andre Inhaber; ein hübsches feistes Kalb nahm einen Verschluss in einem Winkel ein; einige Ferkel wanderten grunzend in Gesellschaft mit einem halben Dutzend Vögeln umher. Der anziehendste Gegenstand waren drei schneeweiße Tauben, welche friedlich die auf der Erde liegenden Bröckchen aufpickten und das Ansehn hatten, als wären sie zu rein und unschuldig, um Bewohner eines solchen Platzes zu sein.

Sowohl wegen der Seichtigkeit des Flusses in dieser Jahreszeit als auch wegen der Stromschnellen kann das Dampfboot nicht den ganzen Weg bis Peterborough hinauf steuern, daher ein Kahn (*scow*) oder Ruderboot, wie er bisweilen genannt wird, eine plumpe schwerfällige Maschine mit flachem Kiel an einer bestimmten Stelle des Flusses im Angesicht einer eigentümlich gestalteten Fichte, auf dem rechten Ufer, der Passagiere wartete. Der eben erwähnte Baum heißt die „Yankie-Mütze" (*Yankee bonnet*), wegen der vermeintlichen Ähnlichkeit der obersten Äste mit einer Art unter den Yankies[42] üblichen, der blauen schottischen nicht unähnlichen Mütze.

Unglücklicherweise landete das Dampfboot etwa vier englische Meilen unterhalb des gewöhnlichen Rendezvousortes und wir warteten bis ziemlich vier Uhr darauf. Als es endlich erschien, fanden wir zu unserm nicht geringen Missvergnügen die Ruderknechte (acht an Zahl und sämtlich Irländer) unter dem Einfluss eines tüchtigen Branntweinrausches, den sie sich auf der Herfahrt angetrunken. Übrigens waren sie über die Verzögerung von Seiten des Dampfbootes aufgebracht, die ihnen eine vierstündige schwere Ruderarbeit mehr auferlegt hatte. Außer einer Anzahl Passagiere fanden wir es mit einer beträchtlichen Ladung Hausgerät, Koffern, Kisten, Schachteln, Säcken mit Weizen, Salz und geräuchertem Schweinefleisch, nebst noch hundert andern Paketen und Artikeln, großen und kleinen, belastet, die zu einer solchen Höhe aufgeschichtet waren, dass ich, sowohl für die Güter selbst als für die Passagiere Gefahr fürchtete.

Mit dem unverstelltesten Unwillen griffen die Leute nach vollendeter Ladung zu ihren Rudern, erklärten aber, dass sie ans Ufer gehen, Feuer machen und ihr Mahl zubereiten wollten, da sie noch gar keine Nahrung zu sich genommen; dafür hatten sie indes der Branntweinflasche tüchtig zugesprochen. Dieser Maßregel widersetzten sich einige der männlichen Passagiere und es erfolgte ein heftiger Zank, der damit endete, dass die Meuterer ihre Ruder niederwarfen und sich ausdrücklich weigerten, ehe sie ihren Hunger befriedigt, einen einzigen Schlag zutun.

Vielleicht hatte ich ein dem ihrigen verwandtes Gefühl; denn ich begann selbst, äußerst hungrig zu werden, da ich seit früh sechs Uhr gefastet; in der Tat war ich schwach, dass ich meinen Gatten bat, er möchte sich in Stückchen von dem groben, eben nicht appetitlichen Brote für mich geben lassen, das die Irländer aus ihren Schnappsäcken hervorzogen

---

42   Anm. des Verlags: Hierbei handelt es sich um einen umgangsasprachlichen Ausdruck für die Bewohner Neuenglands.

und mit gewaltigen Schnitten rohen Pöckelschweinefleisches verzehrten, wobei sie, „n i c h t l a u t e a b e r t i e f e "[43] Flüche und bittre Spottreden gegen diejenigen ausstießen, welche sie in Kochung ihrer Speisen, „w i e e s C h r i s t e n g e z i e m e ", verhindern wollten.

Während ich begierig mein Stückchen Brot hinteraß, sagte ein alter Pächter, der mich eine zeitlang mit einem Gemisch von Neugierde und Mitleiden betrachtet, „Arme Frau, Sie scheinen ja recht hungrig und sind, irr' ich nicht, eben erst aus dem alten Vaterlande gekommen und folglich an dergleichen harte Kost nicht gewöhnt. Hier sind einige Kuchen, die meine Frau (*my woman*) als ich von zu Hause aufbrach, mir in die Tasche gesteckt hat; ich mache mir wenig daraus, aber sie sind doch besser als dieses schlechte Brot; bedienen sie sich derselben und mögen sie Ihnen wohl bekommen." Mit diesen Worten schüttete er mir einige recht schöne hausbackens Streukuchen in den Schoß und gewiss konnte mir nie etwas erwünschter kommen als diese wohlschmeckende Erfrischung.

Ein mürrischer düsterer Geist schien unter unsern Bootsleuten zu herrschen, der keineswegs abnahm, als der Abend einbrach und – die Stromschnellen waren nahe. Die Sonne war untergegangen und Mond und Sterne stiegen glänzend über die stille Wasserfläche empor, welche das Bild dieser Himmelskörper zurückspiegelte. Ein so überaus reizender Anblick schien das aufgeregteste, wildeste Gemüt zu Frieden und Ruhe stimmen zu müssen; wenigstens dachte ich so, als ich, in meinen Mantel gehüllt, mich in den Arm meines Gatten lehnte und mit Entzücken und Bewunderung bald vom Wasser zum Himmel, bald vom Himmel zum Wasser blickte. Meine angenehme Träumerei wurde indes bald beendigt, indem unser Boot plötzlich das felsige Ufer berührte und ich die Bootsleute unter manchen Flüchen und Beteuerungen versichern hörte, dass sie in dieser Nacht nicht weiter steuern würden. Wir befanden uns ungefähr drei englische Meilen unterhalb Peterborough; und wie ich, geschwächt durch die eben erst überstandne Krankheit und die Strapazen unsrer langen Reise, diesen Weg zurücklegen sollte, wusste ich nicht. Die Nacht in dem offnen Boote, dem starken vom Flusse aufsteigenden Nebeldunst ausgesetzt, zuzubringen, wäre gewisser Tod gewesen. Während wir überlegten, was zu tun sei, hatten die übrigen Passagiere ihren Entschluss gefasst, sie nahmen ihren Weg durch den Wald, auf einem Pfade, den sie genau kannten. Auch waren

---

43   „*Not loud but deep*" eine sprichwörtliche Redensart.

sie uns bald aus den Augen entschwunden, bis auf einen Herrn, der einen der Bootsleute durch Geld und gute Worte dahin zu bestimmen suchte, dass er ihn nebst seinem Hunde an der Stelle, wo die Stromschnellen ihren Anfang nehmen, in einem Fischernachen über den Strom setzen sollte.

Denken Sie sich unsre Lage, um zehn Uhr in der Nacht, mit keinem Schritt unsrer Marschroute bekannt, ans Ufer gesetzt, um, so gut wir könnten, den Weg nach einer fernen Stadt zu finden oder die Nacht in dem finstern Walde zuzubringen.

Fast in Verzweiflung beschworen wir den eben erwähnten Herrn, so weit als sein Weg reiche, unser Führer zu sein. Aber so viele Hindernisse stellten sich in Gestalt längs den Ufern ausgestreuter, neuerdings gefällter Baumstämme und großer Steinblöcke unserm Vordringen entgegen, dass wir unsern Pfad nur mit der größten Schwierigkeit im Gesicht behalten konnten. Endlich langten wir mit unserm Führer an der Stelle an, wo der Nachen seiner wartete und mit einer Hartnäckigkeit, die wir zu einer andern Zeit und unter andern Umständen nie gezeigt haben würden, verlangten wir alle, in das elende Fahrzeug aufgenommen zu werden. Endlich willigt der mürrische Charon unter Grollen und Brummen ein und wir stiegen hastig in den zerbrechlichen Nachen, der kaum geeignet schien, uns sicher nach dem entgegengesetzten Ufer zu führen. Ich konnte mich, als ich die Flut von Verwünschungen und Schimpfreden vernahm, die unaufhörlich dem Munde des Bootsmanns entströmte, eines Gefühls von unbeschreiblicher Furcht nicht erwehren. Ein oder zweimal liefen wir Gefahr, durch die Tannen- und Zedernäste, welche in der Nähe der Ufer ins Wasser gefallen waren, umgestürzt zu werden. Meine Freude, als wir das andre Ufer erreichten, können Sie sich denken; allein hier wartete unser eine neue Beunruhigung; wir hatten nämlich noch eine Strecke pfadlosen Waldes zu durchwandern, ehe wir den Nachen wieder erreichen konnten, welcher eine kleine Stromschnelle passieren musste und am Anfange eines kleinen Sees, einer Erweiterung des Otanabee, etwas unter Peterborough auf uns warten sollte. Bis dahin hinderten umgestürzte Bäume, meistenteils Schierlingstannen, Pechtannen oder Zedern, deren Äste und Zweige so dicht verflochten sind, dass man sie kaum voneinander trennen oder sich Bahn durch ein davon gebildetes Dickicht brechen kann, bei jedem Schritt unsern Weg.

Hätten wir nicht den menschenfreundlichen Beistand unsers Führers gehabt, so weiß ich in der Tat nicht, wie ich diese Schwierigkeiten hätte überwinden sollen. Bisweilen war ich nahe daran, vor Müdigkeit und Ermattung niederzusinken. Endlich vernahm ich zu meiner unaussprechlichen Freude die mürrische Stimme unsers irischen Ruderers und nach vielem Zanken und Brummen von seiner Seite, saßen wir abermals in dem Nachen.

Wie froh waren wir nicht, als wir nach einiger Zeit neben dem helllodernden Feuer eines ungeheuern Holzstoßes, das Haus unsers Freundes erblickten. Hier fanden wir auch einen Führer, der uns den Weg zur Stadt auf einer durch den Wald gehauenen Straße zu zeigen versprach. Eine Tasse Tee zur Erfrischung unsrer Lebensgeister von unserm freundlichen Wirt war uns sehr willkommen und nachdem mir eine kurze Zeit ausgeruht und etwas Kraft gesammelt, brachen wir wieder auf, geführt von einem zerlumpten, aber höflichen irischen Jungen, dessen freies freundliches Wesen und gute Laune uns ganz für ihn einnahmen. Er erzählte uns, dass er eine von sieben Waisen sei, die Vater und Mutter durch die Cholera verloren. „Ach es ist traurig!" sagte er, „vater- und mutterlos in einem fremden Lande zu sein;" dabei wischte er sich die Tränen ab, die ihm über die Wangen rollten, indem er uns die traurigen Umstände seiner frühzeitigen Verwaisung mitteilte, indes fügte er fröhlich hinzu, dass er einen gütigen Herrn gefunden, der einige seiner Brüder und Schwestern so wie ihn selbst in seine Dienste genommen.

Gerade als wir aus dem Dunkel des Waldes hervortraten, fanden wir unsre Fortschritte durch einen Wasserstrom gehindert, über welchen wir, sagt er uns, um die Stadt erreichen zu können, eine kleine Brücke (*log bridge*) zu passieren hätten. Nun bestand die Baumbrücke aus bloß einem Stamme oder vielmehr einem umgefallenen Baume, den man quer über den Wasserstrom geworfen und der durch die von dem morastigen Wasser aufsteigenden schweren Dünste sehr schlüpfrig war. Da er bloß eine Person aufeinmal zuließ, so konnte ich keinen Beistand von meinen Begleitern erhalten; und obgleich unser kleiner Führer, mit einer natürlichen, aus seinem wohlwollenden Charakter entspringenden Artigkeit die Laterne dicht an den Baumstamm hielt, um alles Licht darauf fallen zu lassen, so hatte ich doch das Missgeschick, in Folge eines Schwindels, der mich gerade bei den letzten noch übrigen Schritten anwandelte, bis an die Knie ins Wasser zu fallen und so war ich zugleich müde und nass. Zur Vermehrung unsres Unglückssahen wir die Lichter im Dorfe, eins nach dem andern verschwinden, bis nur noch hier und da ein einsames

Flämmchen aus den obersten Stuben von einem oder zwei Häusern flimmerte, die uns als Leuchttürme dienten. Wir hatten uns noch nach einer Herberge umzutun und es war ziemlich Mitternacht, als wir die Tür des besten Wirtshauses erreichten, hier endlich dachte ich, werden unsre Leiden für diese Nacht ein Ende haben; aber wie groß war unser Verdruss, als man uns sagte, dass kein Bett im Hause mehr übrig sei, dass Emigranten, die auf ihrem Wege nach einer der neuen Ansiedlungen begriffen waren, sie sämtlich in Beschlag genommen.

Ich vermochte nicht weiterzugehen und wir baten um einen Platz am Küchenfeuer, um da, wenn auch nicht zu schlafen, doch ein wenig auszuruhen und wo ich meine nassen Kleider trocknen könnte. Die Wirtin, als sie meinen Zustand sah, fühlte Mitleiden mit mir, führte mich an ein hellloderndes Feuer, das ihre Mädchen schnell angefacht; eine brachte mir ein warmes Fußbad; eine andre versah uns mit warmem Getränk, das, so fremd und ungewöhnlich es meinen Lippen war, mir gute Dienste tat; kurz es wurde uns alle mögliche Pflege und Aufmerksamkeit zu Teil, die wir von unsern Wirtsleuten nur immer erwarten konnten; ja sie traten uns sogar ihre eignen Betten ab und begnügten sich mit einem Strohlager vor dem Küchenfeuer.

Ich kann jetzt über die Unfälle dieses Tages lächeln, aber während wir dieselben erduldeten, erschienen sie mir, wie Sie sich wohl vorstellen mögen, als keine Kleinigkeit.

Leben Sie wohl! meine teuerste Mutter.

Sechster Brief

PETERBOROUGH. – SITTEN UND SPRACHE DER AMERIKANER. – SCHOTTISCHER MASCHINENBAUER. – SCHILDERUNG PETERBOROUGHS UND SEINER UMGEBUNGEN – KANADISCHE BLUMEN. – SHANTIES. – BESCHWERDEN UND STRAPAZEN, WELCHE DIE ERSTEN ANSIEDLER ZU ERTRAGEN HABEN. – VERFAHREN BEI ANLEGUNG EINER MEIEREI. –

Peterborough, den 11. September 1832

Es ist jetzt fest bestimmt, dass wir hier bleiben, bis die Verkäufe von Seiten der Regierung stattgefunden[44].

Wir werden alsdann bei S – und seiner Familie logieren und gedenken, während der Zeit einige Acker gelichtetes Landes zu erlangen und ein Loghaus auf eignem Grund und Boden zu errichten. Da wir uns einmal vorgenommen, in den Busch zu gehen, wo wir, als dem Militärstande angehörig, unser Grundeigentum zu erwarten hatten, dass uns glücklicherweise in der Nachbarschaft von S – zu Teil geworden ist, so sind wir jetzt fest

---

44   „Im Ganzen", heißt es in der *Hystoryof Upper and lower Canada by R. Montgomery Martin, Lond. 1836.* „ist Oberkanada Auswandrern aus den höheren Ständen sehr zu empfehlen; und Leute von der arbeitenden Klasse können daselbst reichliche Beschäftigung finden. Für erstere stehe hier noch die Bemerkung, dass niemand außer solchen Engländern, die bei der Trennung der vereinigten Staaten von Großbritannien ihrem Vaterlande treu blieben und nach Kanada flohen, also Loyalisten; oder denen, welche nach bestehenden gesetzlichen Bestimmungen Ansprüche auf unentgeldliche Landbewilligungen an die Regierung haben, eine Parzelle von den wild liegenden Kron-Ländereien anders als durch Kauf erhalten kann. Die Verkäufe finden unter der Leitung eines Kommissars am ersten und dritten Diensttage jedes Monats in den verschiednen Distrikten statt. Die käuflichen Ländereien werden zu einem bestimmten Preise voranschlagt, welcher in der Anzeige des Verkaufstermins angegeben wird. Die Zahlung der Kaufsumme geschieht in Terminen; der vierte Teil davon muss sogleich, das Übrige in drei gleichen Fristen nebst sechs Prct. Zinsen entrichtet werden. Nach Abschluss des Kaufs erhält der Käufer unentgeldlich ein Patent über den gekauften Boden. Das für die Geistlichkeit vorbehaltne Land wird unter nachstehenden Bedingungen verkauft: – Zehn Prozent müssen sogleich angezahlt und das Übrige in neunjährigen Terminen und zwar zu jedem zwei Prozent nebst Zinsen abgetragen werden. Gelegentlich werden auch Gemeindebezirksparzellen verkauft. Das gewöhnliche Areal eines Gemeindebezirks beträgt 69,000 Morgen, – ein Flächenraum von zwölf englischen Meilen in Länge und neun in Breite.

entschlossen, allen mit einer solchen Lage verbundenen Entbehrungen und Mühseligkeiten fröhlichen Mutes zu begegnen; denn wir haben keine ander Wahl als entweder jenen großen Vorteil aufzugeben oder unsre Ansiedlerpflichten zu tun. Wir werden, denk ich, nicht schlechter dabei fahren als andre, die vor uns in die noch unangebauten Distrikte gezogen sind, manche derselben, sowohl See- als Landoffiziere, nebst ihren Familien, haben mit beträchtlichen Schwierigkeiten zu kämpfen gehabt, fangen aber gegenwärtig an, die Früchte ihrer Anstrengungen zu ernten.

Außer dem Grund und Boden, wozu er als Offizier in britischen Diensten, berechtigt ist, handelt mein Gatte um ein Stück Land in der Nähe kleiner Seen. Dies wird uns sowohl einen Wasservordergrund verschaffen als auch der Familie S – näherbringen, mithin werden wir nicht so ganz allein und verlassen sein, als wenn wir sogleich nach dem uns von der Regierung bewilligten Landeigentum abgegangen wären.

Wir haben von mehren zu Peterborough angesiedelten Familien Aufmerksamkeit und Gastfreundschaft erfahren. Man findet hier eine sehr gute Gesellschaft die hauptsächlich aus Offizieren und ihren Familien und außerdem aus Professionisten und Vorratshändlern bestehen. Manche der letzten sind Leute von achtbarer Familie und guter Erziehung; wiewohl ein hiesiges Vorratsmagazin in der Tat um nichts besser ist als ein K r a m - l a d e n (*general shop*) in einer englischen Landstadt, so behaupten doch die Vorratshändler in Kanada einen weit höheren Rang als die Krämer in den kleinen Städten und Dörfern von England. Die Vorratshändler sind die Kaufleute und Bankiers der Orte, wo sie sich niedergelassen. Fast alle Geldsachen werden von ihnen abgemacht und sie sind oft im Besitz von Grundeigentum und Leute von Wichtigkeit, verwalten obrigkeitliche Ämter und werden nicht selten zu Kommissaren, ja sogar zu Mitgliedern des Provinzialparlamentes erwählt.

Da sie in der Gesellschaft einen Rang behaupten, der sie der Aristokratie des Landes gleichstellt, so dürfen Sie sich nicht wundern, wenn ich Ihnen sage, dass es nichts Ungewöhnliches ist, den Sohn eines See- oder Landoffiziers oder Geistlichen hinter dem Zahltisch stehen oder mit seines Vaters Holzhauern im Walde die Axt führen zu sehen; eine Beschäftigung, wodurch sie keineswegs ihren Rang in der Gesellschaft verlieren. Nur gute Erziehung und feine Sitten unterscheiden hier den Gentleman von den übrigen Klassen, da der Arbeiter, wofern er fleißig und betriebsam ist, was weltlichen Besitz anlangt, gar bald seines Gleichen werden kann. Der Unwissende, sei er auch noch so reich, wird nie dem Mann von Erziehung die Waage halten. Es ist die moralische und geistige Ausbildung des Menschen, welche einen Unterschied der Klassen in diesem Lande bildet – „Kenntnis ist Macht."

Wir hatten so viel von den gehässigen Sitten der Yankies in diesem Lande gehört, dass ich mich durch die wenigen Beispiele von eingebornen Amerikanern, die mir zu Gesicht kamen, viel mehr angenehm überrascht fand. Sie waren größtenteils höfliche, anständige Leute. Die einzigen Eigenheiten, die ich an ihnen bemerken konnte, waren ein Nasenton beim Sprechen und einige wenige seltsame Phrasen; allein diese sind bloß unter den niedrigeren Klassen gebräuchlich, die etwas mehr r a t e n und k a l k u l i e r e n [45] als wir. Einer ihrer merkwürdigsten Ausdrücke ist das Zeitwort *„Fix"* (festsetzen, befestigen, bestimmen). Alles, was zu tun oder zu verrichten ist, muss f i x i e r t (*fixed*) werden. *„Fix the room"* bedeutet: das Zimmer in Ordnung bringen. *„Fix the table"* (decke den Tisch), *„Fix the fire"* (schüre das Feuer an), sagt die Hausfrau zu ihren Mägden und alles geschieht dem Befehle gemäß.

Viel Spaß machte es mir, als ich eines Tages eine Frau zu ihrem Mann sagen hörte, dass der Schornstein fixiert werden müsse (*wanted fixing*). Ich hielt ihn für fest und sicher genug und war nicht wenig überrascht, als der Hausherr einen Strick und einiges Zedernreisig herbeiholte und damit den in der Esse angehäuften Ruß entfernte, welcher das Feuer rauchen machte. Der Schornstein war bald f i x i e r t (gereinigt) und das Rauchen hatte ein Ende. Diese seltsame Art, sich auszudrücken, herrscht nicht allein unter den niedrigen Klassen, sondern hat, weil man dergleichen so oft hört, allgemeine Aufnahme gefunden und wird sogar von den in letztrer Zeit hier angesiedelten Emigranten aus unserm Vaterlande gebraucht.

Mit Ausnahme einiger befremdenden Ausdrücke und eines Versuchs, seine Redensarten in ihre gewöhnliche Konversation einzuführen, behaupten die Yankies, was grammatische Richtigkeit anlangt, einen entschiednen Vorrang vor unsern englischen Bauern. Sie sprechen ein besseres Englisch, als man von Leuten desselben Standes in irgendeinem Teile von England, Irland oder Schottland hört; obwohl man, meines Bedünkens, dies zu Hause nicht gern zugeben möchte.

---

[45]   *„Guess and calculate"* sie bedienen sich nämlich dieser Worte sehr häufig oft auch da, wo sie nicht recht passen.

Wenn mich jemand fragen sollte, welche Züge mir an den Amerikanern, auf die ich bis jetzt gestoßen, am meisten auffallen, so dürfte ich antworten: „Kälte, die sich der Apathie nähert." Ich will damit keineswegs behaupten, dass es ihnen an Gefühl und wahrer Gemütlichkeit fehle; allein sie lassen ihre Bewegung nicht sehen. Sie sind nicht so verschwenderisch mit ihren Freundschaftsbezeugungen und Begrüßungen wie wir, obwohl vielleicht eben so aufrichtig. Niemand bezweifelt ihre Gastfreundschaft; allein man verlangt doch bei alle dem nach einem herzlichen Druck der Hand oder einem freundlichen Wort, wodurch man sich willkommen fühlt.

Neue Ankömmlinge in diesem Lande sind sehr geneigt, die alten britischen Ansiedler mit den eingebornen Amerikanern zu verwechseln und wenn sie auf rohe ungeschliffne Leute stoßen, die sich in ihrer Rede gewisser Yankieworte bedienen und mit ihrer, den aristokratischen Begriffen der vornehmen Engländer zuwiderlaufenden Unabhängigkeit prunken, sogleich annehmen, dass sie es mit wirklichen Yankies zu tun haben, während dieselben doch in der Tat bloße Nachahmer sind; und Sie wissen wohl, beste Mutter, dass eine schlechte Nachahmung stets schlechter ist, als das Original.

Sie würden sich nicht wenig wundern, wenn Sie sähen, wie bald die neuen Ankömmlinge in diese widrigen Manieren und Affektation von Gleichheit verfallen; was vorzüglich von den Irländern und Schotten niedriger Abkunft gilt; die Engländer machen schon eher eine Ausnahme. Das Benehmen eines jungen Schotten, des Maschinenmeisters auf dem Dampfboote, als ihn mein Gemahl über die Handhabung der Maschine befragte, machte uns gewissermaßen Unterhaltung. Seine Manieren waren grob, ja sogar beleidigend. Er vermied sorgfältig jede Hinneigung zu Höflichkeit oder äußerem Anstand; ja er ging so weit, dass er sich auf die Bank dicht neben mich setzte und bemerkte, er halte unter den vielen Vorteilen, welche dieses Land Ansiedlern, wie er sei, darbiete, es nicht für den geringsten, dass er nicht verbunden sei, seinen Hut abzunehmen, wenn er mit Leuten (*people*) (Personen unsers Standes meinend) spreche und dass er sie nicht anders als bei ihren Namen anzureden brauche; dazu könne er seinen Sitz neben jedem Gentleman und jeder Dame nehmen und sich ihnen völlig gleich achten.

„Sehr wahr", erwiderte ich, kaum vermögend, mein Lachen über diesen Ausfall zu unterdrücken; „allein ich glaube Sie überschätzen den Vorteil solcher Privilegien um ein Bedeutendes; denn Sie können die Dame oder

den Mann von Stande nicht zwingen, dieselbe Meinung von Ihrer Persönlichkeit zu hegen oder wofern Sie sich nicht dadurch geschmeichelt fühlen, neben Ihnen sitzen zu bleiben." Mit diesen Worten stand ich auf und
verließ den unabhängigen Gentleman, offenbar ein wenig verwirrt über
dieses Manöver, indes gewann er seinen Selbstbesitz bald wieder, schwang
die Axt, welche er in der Hand hatte und sagte: „Es ist, denke ich, kein Ver-
brechen, von armen Eltern geboren zu sein."

„Nein! Wahrlich nicht", antwortete mein Gatte, „Kein Mensch kann
sich seine Geburt selbst wählen, er hat es nicht in seiner Gewalt, arm oder
reich geboren zu werden; und eben so wenig kann es einem Gentleman zur
Last gelegt werden, dass er von Elterngeboren worden, die einen höhern
Rang in der Gesellschaft einnehmen, als sein Nachbar. Ich hoffe Sie geben
dies zu."

Der Schotte sah sich, wiewohl ungern, zur Bejahung dieses Ausspruchs
genötigt; schloss aber nachmals damit: er sei sehr froh, dass er vor Gentlemen, wie sie sich zu nennen beliebten, den Hut nicht abzunehmen, noch
in seiner Rede sich demutsvoll zu zeigen brauche.

„Niemand, mein Freund, dürfte Sie gezwungen haben, in ihrem Vaterlande höflicher zu sein als in Kanada. Gewiss hätten Sie, wofern es Ihnen
so beliebte, Ihren Hut ebenfalls aufbehalten können. Kein Gentleman,
glauben Sie mir, würde Ihnen denselben vom Kopfe geschlagen haben."

„Was den gerühmten Vorteil in Betreff roher Sitten in Kanada anlangt,
so würde ich etwas davon halten, wenn er Ihnen nur im geringsten nützte
oder einen Dollar mehr in die Tasche brächte; allein ich habe Grund, zu
zweifeln, dass er diese wünschenswerte Wirkung hat."

„Es ist aber doch tröstlich, sollte ich meinen, sich einem Gentleman
gleich zu achten."

„Besonders wenn Sie den Gentleman zu denselben Gedanken bestimmen können." Dies war ein Punkt, der unsern Gleichheitskandidaten
etwas in Verlegenheit zu setzen schien; denn er begann mit verdoppelter
Energie zu pfeifen und die Füße zu schleudern.

„Jetzt", sagte sein Peiniger, „nachdem Sie mir Ihre Begriffe von kanadischer Unabhängigkeit erklärt, haben Sie die Gefälligkeit, mich mit den
Mechanismus Ihrer Maschine vertraut zu machen, die Sie so genau zu kennen scheinen."

Der Mann sah meinen Gatten eine Minute lang halb trotzig, halb durch
das seiner Geschicklichkeit gezollte Kompliment geschmeichelt an, ging

darauf zur Maschine setzte alles mit großer Geläufigkeit auseinander und behandelte uns seit dieser Zeit mit vollkommner Achtung. Die Erwiderung meines Gatten auf seine in einem höchst unhöflichen Tone getane Frage: „was macht denn eigentlich einen Gentleman, ich bitte Sie, beantworten Sie mir das?" „Feine Sitten und gute Erziehung. – Ein reicher oder hochgeborner Mann, der sich roh und ungesittet benimmt und unwissend ist, hat eben so wenig Ansprüche auf den Titel: Gentleman, als Sie selbst", hatte auf ihn einen starken Eindruck gemacht.

Wir standen seitdem auf einem ganz andern Fuße miteinander; der Maschinenmeister hatte so viel gesunden Verstand, dass er einsah, rohe Vertraulichkeit mache den Gentleman noch nicht aus.

Allein es wird Zeit, dass ich Ihnen einige Nachrichten über Peterborough mitteile, welches, hinsichtlich der Lage, jedem andern Ort, den ich bis jetzt in der obern Provinz gesehen habe, überlegen ist. Es nimmt ziemlich den Mittelpunkt zwischen den Stadtbezirken Monaghan, Smith, Cavan, Otanabee und Douro ein und dürfte nicht unpassend als die Hauptstadt des Newcastledistrikts gelten.

Es liegt auf einer hübschen erhabnen Ebne, gerade über einem kleinen See, wo der Fluss durch zwei niedrige bewaldete Eilande geteilt ist. Der ursprüngliche oder Gouvernementsteil der Stadt ist in Halbackerparzellen[46] angebaut; die Straßen, welche sich jetzt schnell mit Gebäuden füllen, bilden rechte Winkel mit dem Flusse und erstrecken sich gegen die Ebnen nach Nordosten zu. Diese Ebnen bilden einen schönen natürlichen Park, in welchem Täler und Hügel anmutig miteinander abwechseln; überall stößt das Auge auf liebliche, grüne, mit den mannigfaltigsten und schönsten Blumen geschmückte Auen, gleichsam von der Hand der Natur mit Gruppen von stattlichen Fichten, Eichen, Balsampappeln, italienischen Pappeln und Silberbirken bepflanzt. Die Aussicht von diesen Ebnen aus ist entzückend; wohin man nur sein Auge wendet, erblickt man mannigfaltige Hügel und Täler, Wald und Wasser, während sich die Stadt über einen beträchtlichen Flächenraum ausbreitet.

Die Ebnen verlaufen mit einer starken Neigung nach dem Flusse zu, der mit großem Ungestüm zwischen seinen Ufern hinbraust. Denken Sie sich ein langes, enges, den östlichen und westlichen Teil der Stadt in zwei Hälften scheidendes Tal.

---

46   Teile, wovon jeder einen halben Acker Flächenraum enthält.

Das Otanabeeufer erhebt sich zu einer größeren Höhe als die Monaghanseite und beherrscht eine weite Aussicht über das zwischenliegende Tal; die gegenüber befindliche Stadt und die bekränzten Waldungen und Hügel im Hintergrunde. Dieser Teil heißt P e t e r b o r o u g h E a s t und ist das Besitztum drei reicher Kapitalisten, von welchen man die Stadtparzellen kauft.

Peterborough, auf die angegebne Weise verteilt, nimmt einen beträchtlichen, zur Bildung einer großen Hauptstadt mehr als hinreichenden Flächenraum ein. Seine Einwohnerzahl wird gegenwärtig auf siebenhundert Köpfe und darüber geschätzt und wenn sie in den nächsten Jahren so schnell zu wachsen fortfährt, wie dies der Fall bisher gewesen ist, so dürfte Peterborough bald eine sehr volkreiche Stadt sein[47].

Der Ort ist im Besitz großer Wasserkraft, sowohl durch den Fluss als den schönen breiten Bach, der seinen Weg durch die Stadt windet und sich in den kleinen, weiter unten liegenden See ergießt. Man findet daselbst verschiedne Säge- und Mahlmühlen, eine Branntweinbrennerei, eine Walkmühle, zwei größere Gasthöfe und verschiedne kleine Wirtshäuser, eine Anzahl gute Vorratshäuser, ein Gouvernementsschulhaus, das auch als Kirche dient, bis ein großes Gotteshaus erbaut sein wird. Die Ebnen werden zu Parkanlagen verkauft und hier und da erheben sich hübsche kleine Wohnhäuser, allein ich fürchte sehr, dass die natürlichen Schönheiten dieser anmutigen Landschaft bald verloren gehen werden.

Ich ermüde gar nicht in meinen Ausflügen und erklettre die Hügel und Berge in jeder Richtung, um eine neue Aussicht zu gewinnen oder einige neue Blumen zu sammeln, woran, obgleich schon spät im Sommer, es doch immer noch einen Überfluss gibt.

Unter den Pflanzen, mit deren Namen ich bekannt bin, sind mancherlei strauchartige Astern von fast jeder Farbe: Blau, Rot und Perlweiß; eine Monarde von höchst aromatischem Geruch, den selbst die trocknen Stiele und Samenbehälter teilen; das weiße Ruhrkraut (*Gnaphalium*) oder die Immortelle (wovon bereits die Rede gewesen); verschiedne Rosenarten, wovon ich noch einige Knospen in einem Tale unweit der Kirche fand. Auch bemerkte ich unter den strauchartigen Gewächsen eine niedliche kleine, unserm Buchsbaum ähnliche Pflanze; sie schleppt sich am Boden

---

47   Seit Abfassung dieser Nachrichten über Peterborough hat die Stadt an Gebänden und Bevölkerung um ein Drittel zugenommen.

Kanadische Fichte

hin und sendet Zweige und Schösslinge aufwärts; ihre Blätter werden mit der Zeit dunkelkupferrot; allein trotz dem anscheinenden Widerspruch, ist sie ein Immergrün[48]. Ferner fand ich einige schöne Lichenarten mit korallenfarbnen Mützchen auf den grauen hohlen Stielen, sie stehen in unregelmäßigen Büscheln zwischen dem trocknen Moose, noch häufiger aber bedecken sie die Wurzeln der Bäume oder halb verwitterten Baumstämme. Unter den mancherlei Pilzen sammelte ich einen hohlen Becher, von schönstem Scharlachrot an der innern Fläche und äußerlich blass rehfarben; eine andre sehr schöne Pilzart bestand aus kleinen Ästchen, wie weiße Korallenbäumchen, aber von so zartem Gefüge, dass sie bei der leisesten Berührung abbrachen.

Der Boden war an manchen Orten mit einem dicken Teppich von Erdbeeren mancherlei Art bedeckt, welche, so lange ihre Zeit ist, denen, die sich die Mühe nehmen, sie zu pflücken, ein stetes Dessert liefern; ich meines Teils würde gewiss von diesem Privilegium Gebrauch machen, wenn ich den Sommer über in ihrer Nähe wäre. Außer den Pflanzen, die ich selbst in der Blüte beobachtet habe, sollen Frühling und Sommer noch manche andre hervorbringen: eine orangenfarbne Lilie, die rote Pechnelke[49], die Mokassin Blume oder gelbe Scharte (Ginster); Maiblumen in Überfluss; und nach den Ufern des Baches oder des Otanabee zu bewegt die prächtige Kardinal Blume[50] ihre scharlachroten Blütenähren anmutig hin und her.

Ich ärgere mich ordentlich, dass man mir, wenn ich die Schönheit der kanadischen Blumen bewundre, jedes Mal wiederholt, sie seien geruchlos und daher kaum der Beachtung wert; als wenn sich das Auge nicht an den schönen Formen und Farben weiden könnte, wenn nicht zugleich dem Geruchssinn geschmeichelt wird.

Um dieses Land von dem Vorwurf zu befreien, den ihm ein sehr gescheuter Mann machte, mit welchem ich einst in London zusammentraf, dass nämlich die hiesigen Blumen ohne Geruch und die Vögel ohne Gesang seien, bemerke ich hier, dass mir bereits verschiedne äußerst wohlriechende Blumen und Kräuter zu Gesicht gekommen sind. Unter diesen darf ein schönes, strauchartiges Gewächs (*milkweed*), mit purpurfarbnen Blüten, die sich eben so sehr durch ihre Farbenpracht als ihren reichen Geruch auszeichnen, nicht vergessen werden.

---

48 Wahrscheinlich eine *Gaultheria*.

49 *The purple lichnidea*.

50 *Lobelia cardinalis*, Kardinals-Lobelie, W i l l d e n o w.

Ich gedenke nächstens ein Herbarium für E l i s a zu sammeln und eine Beschreibung der Pflanzen, ihres Wachstums und ihrer Eigenschaften beizufügen. Alle merkwürdigen Umstände hinsichtlich derselben werde ich sorgfältig aufzeichnen; und sagen Sie ihr, sie solle versichert sein, dass ich ihr von jeder vorkommenden Art bei günstiger Gelegenheit ein Exemplar, womöglich mit den Samen, übersenden werde.

Meines Erachtens dürfte dieses Land den Forschungen des Botanikers ein weites und fruchtbares Feld eröffnen. Ich bedaure jetzt sehr meine Nichtbeachtung der häufigen Aufforderungen Elisas, ein Studium zu verfolgen, welches ich einst für trocken hielt, jetzt aber höchst interessant finde und als eine fruchtbare Quelle geistigen Genusses besonders für diejenigen betrachte, welche im Busche (Urwälder) leben und demgemäß notwendigerweise von den Freuden und Vergnügungen, welche ein großer Kreis von Freunden, – und dem Wechsel, welchen eine Stadt oder auch nur ein Dorf darbieten, ausgeschlossen sind.

Am Sonntage ging ich in die Kirche; – die erste Gelegenheit, dem öffentlichen Gottesdienst beizuwohnen, seitdem ich die schottischen Hochlande verlassen; und gewiss hatte ich Ursache, vor dem barmherzigen Gott, der mich wohlbehalten durch die Gefahren der großen Tiefe (des Meeres) und der verderblichen Krankheit geführt, demutsvoll und dankbar meine Knie zu beugen. Noch nie erschien mir unsre schöne Liturgie so rührend und eindrucksvoll als an diesem Tage – in unsrer schlichten, aus rohen Baumstämmen mitten in der Wildnis erbauten Kirche.

Dieses einfache Gebände liegt am Fuße eines sanften Abhanges auf der Ebne, umgeben von Eichen- und Fichtengruppen, die, obgleich nicht so groß und stattlich wie die gewaltigen Eichen und Kiefern des Forstes, mit ihren in mannigfaltige und seltsame Formen verteilten Ästen dem Auge doch weit angenehmer sind. Der Rasen ist hier von smaragdnem Grün; mit einem Wort, es ist ein anmutiges Plätzchen, entfernt von dem geräuschvollen Treiben der Stadt, ein geeigneter Ort, Gott in Geist und Wahrheit zu verehren!

Nach den Smith-town Hügeln[51] hin und längs den Ufern, welche den Fluss überragen, gibt es manche herrliche Spaziergänge. Der Gipfel der Hügel ist unfruchtbar und dicht mit lockern, roten und grauen Granitblö-

---

51 Anm. des Verlags: Es ist nicht ganz nachzuvollziehen, welchem Ort es heute entspricht. Es könnte in der Stadt Peterborough in der Nähe des Smithtown Hill House sein.

cken und zwischen diesen, mit großen – in jeder Richtung ausgestreuten Kalksteinmassen bedeckt; letztere sind meistenteils durch die Einwirkung des Wassers glatt und zugerundet. Da sie losgetrennte Stücke sind und bloß die Oberfläche des Bodens einnehmen, so konnte ich mir nicht recht erklären, wie sie in diese Höhe gekommen. Ein Geolog würde ohne Zweifel dieses Rätsel in wenigen Minuten lösen. Die Eichen, welche auf dem hohen Ufer wachsen, sind eher größer und üppiger als die in den Tälern und auf andern fruchtbaren Bodenstellen.

Hinter der Stadt, in der Richtung der Cavan- und Emilien- (*Emily*) Straße[52], breitet sich ein weiter Raum aus, den ich *Squatters ground* nenne, weil er ganz mit Shanties bedeckt ist, worin die armen Auswandrer, ausgelöste Pensionäre[53] und dergleichen Leute sich mit ihren Familien niedergelassen haben. Einige bleiben hier, um, wie sie vorgeben, ein einstweiliges Obdach für ihre Weiber und Kinder zu haben, bis sie mit Errichtung eines Hauses auf dem ihnen bewilligten Grund und Boden zu deren Aufnahme zu Stande gekommen; aber nicht selten geschieht es, dass sie aus Trägheit oder wirklichem Unvermögen, das ihnen oft meilenweit von hier in den Urwäldern und in noch ganz unbebauten Ortschaften oder Stadtbezirken[54] zugeteilte Land zu bearbeiten, verkümmern, indem sich ihnen zu große Schwierigkeiten und Hindernisse entgegenstellen, deren Besiegung mehr Energie und Mut erfordert, als viele derselben besitzen. Andre, zu Müßiggang und Ausschweifungen geneigt, vergeuden das empfangene Geld und verkaufen das Land, wofür sie ihre Pensionen aufgaben und müssen dann notwendigerweise in Armut und Elend auf dem Shantygrunde hocken bleiben.

Die Shanty ist eine Art Hütte im ursprünglichen kanadischen Baustil und nichts weiter als ein aus unbehauenen Baumstämmen oder Scheiten (*logs*) zusammengezimmerter Schuppen; die Fugen zwischen den runden Rändern (*round edges*) der Baumstämme sind mit Schlamm oder Lehm, Moos oder Holzschnitzeln ausgefüllt; das Dach besteht häufig aus gespalt-

---

52 Anm. des Verlags: Es ist heute nicht mehr nachvollziehbar, um welche Straße innerhalb von Peterborough es sich handelt.

53 Das sind Leute, die ihr Gnadengehalt, den sie genossen, gegen ein Stück Land in den britischen Kolonien vertauscht haben.
    Anm. des Verlags: im Original „Pensionärs".

54 Der an die Auswandrer zu verteilende Flächengehalt ist vorläufig in Bezirke abgeteilt, welche *Townships* (Stadt- oder Gemeindekreise) heißen.

Loghaus

nen und mit der Axt ausgehöhlten Bäumen, die neben einander gelegt sind, so dass die Kanten auf einander ruhen; die hohlen und konvexen Flächen sehen abwechselnd nach oben und so bildet ein Scheit (gespaltner Baumstamm) um das andre eine Rinne zur Ableitung des Regens und schmelzenden Schnees. Die Traufen eines solchen Gebäudes gleichen den wellenförmigen Rändern einer Kammmuschel; allein so roh dieses Dach ist, entspricht es doch dem Zweck, das Innere trocken zu erhalten, weit wirksamer als die aus Rinde oder Brettern gebildeten Dächer, durchwelche der Regen nur zu leicht Eingang findet. Bisweilen hat die Shanty ein Fenster, bisweilen nur einen offnen Torweg, welcher das Licht ein- und den Rauch auslässt[55]. Eine rohe Esse, oft nichts weiter als ein in die obersten Dachbäume, über dem Herde geschnittne und in viereckiger Form, roh mit Brettern umgebne Öffnung dient zum Auslassen des Rauches; die einzige Vorsichtsmaßregel, um zu verhindern, dass die Scheitwände nicht Feuer fangen, besteht in Anbringung einiger großen Steine in halbkreisartiger Form oder noch gewöhnlicher, einer Lage trockner Erde zwischen Herd und Wand.

Nichts kann unbehaglicher sein als einige dieser mit Rauch und Schmutz gefüllten Shanties, der gemeinliche Zufluchtsort für Kinder, Schweine und Geflügel. Allein ich habe Ihnen bis jetzt nur die Schattenseite des Gemäldes gegeben; und es freut mich, Ihnen sagen zu können, dass nicht alle Shanties auf dem Squatters Grunde der geschilderten gleichen; im Gegenteil die Mehrzahl war von behenden muntern Leuten bewohnt und hatte sogar zwei Fenster und einen von Lehm regelrecht durch das Dach geführten Schornstein, ja einige waren sogar roh gedielt und fast eben so bequem eingerichtet, wie die kleinen Loghäuser.

Sie dürften es vielleicht befremdend finden, wenn ich Ihnen versichre, dass manche achtbare Emigranten mit ihren Weibern und Kindern, Perso-

---

55 Die Bemerkung eines kleinen irischen Knabens, den wir als Holzspeller und Wasserträger mieteten und der ein Bewohner einer dieser Shanties gewesen, belustigte mich nicht wenig. „Ma'am", sagte derselbe, „als das Wetterbeißend kalt war, konnten wir uns kaum warm erhalten; denn während wir, mit dem Gesicht vor dem Feuer, auf der einen Seite fast brateten, froren wir am Rücken, daher wendeten wir von Zeit bald die eine bald die andre Seite dem Feuer zu, gerade so, wie wenn man eine Gans am Spieße bratet. Die Mutter verwendete die Hälfte von dem Gelde, welches der Vater durchseine Stroharbeit (er war ein Strohsesselmacher) verdiente, in Branntwein, um uns auszuwärmen; allein ich glaube, ein reichliches Gericht gute heiße Kartoffeln, würde uns mehr gewärmt haben, als der Branntwein dies vermochte."

Hölzernes Dorf.
(Logdorf und Ankunft eines Postwagens)

nen von zartem Körperbau und ehe sie hierher kamen, an jede Bequemlichkeit gewöhnt, sich begnügt haben, während des ersten oder der zwei ersten Jahre ihrer Ansiedelung in den Wäldern eine dergleichen Hütte zu bewohnen.

Mit einiger Teilnahme habe ich die Erzählungen von den Beschwerden und Mühseligkeiten angehört, die einige der ersten Ansiedler in der Nachbarschaft, als Peterborough nur erst zwei Wohnhäuser enthielt, erduldet haben. Damals gab es hier weder durch die Waldung gehauene Straßen noch Boote zur Kommunikation mit den entlegnen, bereits angebauten Teilen des Distriktes; daher denn die Schwierigkeiten, sich die nötigen Mundvorräte und andre Bedürfnisse zu verschaffen, weit größer waren, als sich irgendeiner von den spätern Ankömmlingen vorstellen kann.

Als ich von einer ganzen Familie hörte, die keinen bessern Mehlvorrat hatte, als was täglich auf einer kleinen Handmühle gemahlen werden konnte und vier Wochen hindurch fast von allen nötigen Lebensbedürfnissen, selbst Brot nicht ausgenommen, entblößt war, konnte ich unmöglich meine Verwunderung verheimlichen, dass ich in den über Auswanderung erschienenen Büchern von dergleichen Übeln auch nicht ein Wort gelesen, das den künftigen Ansiedler darauf hätte vorbereiten können.

„Diese besondern Prüfungen", bemerkte mein verständiger Freund, „beschränken sich hauptsächlich auf die ersten Ankömmlinge, welche sich in den noch völlig unangebauten Teilen des Landes niederlassen, wie dies unser Fall war. Fragen Sie nur genau einige von den Familien der niedern Klasse, die sich weit von den Städten angesiedelt haben und die wenige oder keine Mittel zu ihrem Unterhalt während der ersten zwölf Monate besaßen, bis sie eine Ernte von ihrem Boden erhielten, so werden sie manche traurige Erzählung von Leiden und Mühseligkeiten vernehmen."

Schriftsteller über Auswanderung geben sich nicht die Mühe, nach diesen Dingen zu forschen, auch entspricht die Mitteilung unangenehmer Tatsachen ihrem Zweck nicht. Nur wenige haben ausschließlich über den „B u s c h" geschrieben. Reisende durcheilen in der Regel die seit langer Zeit angesiedelten in gutem Gedeihen begriffnen Teile des Landes, sie sehen einen Strich fruchtbaren angebauten Bodens, das Resultat vieljähriger Arbeit und Tätigkeit; sie sehen bequeme Wohnhäuser, reichlich ausgestattet mit allen wesentlichen Lebensbedürfnissen; die Frau des Meiereibesitzers macht ihre Seife, ihre Lichte und ihren Zucker selbst, die Familie ist in Zeuge gekleidet, die sie mit eigner Hand gesponnen und gewebt hat, sie trägt Strümpfe von eigner Fabrik. Brot, Bier, Butter, Käse, Fleisch, Federvieh u.s.w. sind insgesamt Erzeugnisse des eignen Bodens. Sie schließen daraus, dass Kanada ein zweites Kanaan sei und schreiben ein Buch, worin sie diese Vorteile auseinandersetzen, mit der Hinzufügung, dass man daselbst Grund und Boden für einen wahren Spottpreis erhalte; und raten jedem, der unabhängig und gegen Mangel gesichert zu sein wünscht, zur Auswanderung.

„Man vergisst, dass diese Vorteile das Resultat vieljähriger unablässiger Anstrengungen, dass sie der K r a n z nicht die e r s t e n F r ü c h t e der mühevollen Arbeit des Ansiedlers sind; und dass fast jede Klasse von Auswandrern in der Zwischenzeit sich manchen und großen Entbehrungen unterwerfen muss."

„Viele lassen sich bei ihrer ersten Ankunft, vorzüglich in den noch unangebauten Gemeindebezirken (*townships*), durch den wenig versprechenden Anblick der Gegenstände um sie her entmutigen. Sie finden keine von jenen Vorteilen und Bequemlichkeiten, wovon sie gehört und gelesen haben; und sie sind auf die gegenwärtigen Schwierigkeiten unvorbereitet; einige verzagen, andre verlassen den Ort, in ihren Erwartungen getäuscht und voll Unwillen."

„Ein wenig Überlegung würde ihnen gezeigt haben, dass jede Route Land von der dichten Waldung, womit sie bedeckt ist, befreit werden muss, ehe man eine Weizenpflanze erziehen kann; dass, nachdem die gefällten Bäume zerschnitten, geklaftert (*logged*) und verbrannt worden sind, das Feld eingefriedigt, die Saat gesät, geerntet und ausgebroschen werden muss, ehe an einen Gewinn zu denken ist; dass alles dies viel Zeit und Arbeit und wenn man letztere bezahlen muss, eine beträchtliche Auslage an barem Gelde nötig ist, und dass eine Familie mittlerweile essen und trinken will; dass im Fall einer größeren Entfernung von den Vorratsplätzen, jeder Artikel auf schlechten Straßen entweder durch Menschenhände oder auf der Axe zugeführt werden muss, wobei zu bemerken, dass in Verhältnis zu der Weglänge und den Schwierigkeiten rücksichtlich des Transports das Fuhr- und Trägerlohn mehr oder weniger kostspielig ist. Gewiss ist es besser, alle diese Dinge im Voraus zu kennen, weil man alsdann weiß, welchen Hindernissen man zu begegnen hat."

„Selbst ein Arbeiter, wenn er auch sein eignes Land hat, ist oft, ja ich möchte behaupten, im Allgemeinen genötigt, sich für das erste Jahr oder die beiden ersten Jahre als T a g e l ö h n e r z u v e r m i e t e n (*hire out*) um den für sich und seine Familie erforderlichen Lebensunterhalt zu erwerben; und viele der in Rede stehenden Klasse müssen manche Entbehrungen dulden, ehe sie die Früchte ihrer Unabhängigkeit ernten können. Hätten sie nicht die Hoffnung, ja die bestimmte Aussicht, ihren Zustand mit der Zeit zu verbessern, sie würden unter der Last, die sie zu tragen haben, erliegen; aber diese Hoffnung erhält sie aufrecht. Sie haben kein von Armut und Mangel getrübtes Alter zu fürchten; die gegenwärtigen Übel müssen der Betriebsamkeit und Ausdauer weichen; sie denken auch auf ihre Kinder und die Prüfungen der Gegenwart werden durch die Ahnung einer glücklichen Zukunft erleichtert."

„Jedenfalls", sagte ich, „kann man Kühe, Schweine und Federvieh halten; und Sie wissen, dass, wo es an Milch, Butter, Käse und Eiern, an Schweinfleisch und Geflügel nicht fehlt, man sich eben nicht schlecht befindet."

„Sehr wahr", erwiderte mein Freund, „allein ich muss Ihnen sagen, es ist leichter, im Anfange von dergleichen Tieren zu sprechen als sie zu halten, ausgenommen auf gelichtetem oder teilweise gelichtetem Boden; hier aber ist die Rede von einer e r s t e n Ansiedelung in den Urwäldern, Kühe, Schweine und Federvieh wollen fressen, allein wenn man ihnen nichts geben kann, als was man kauft und vielleicht aus der Ferne herbeiholen muss, so ist es besser, man belastet sich nicht damit, da die Beschwerde gewiss, der Vorteil aber zweifelhaft ist. Eine Kuh findet allenfalls während der warmen Monate im Busch ihr Futter, allein bisweilen verläuft sie sich, so dass man sie Tage lang vermisst und dann keinen Nutzen von ihr hat und möglicherweise viel Zeit mit Suchen verliert; dann aber muss man sie, außer Laub und Zweigsprossen, die sie den Winter hindurch erhält, auch noch mit anderm Futter versorgen[56] oder ich wette zehn gegen eins, sie wird im Frühjahr sterben; und da Kühe, wofern sie nicht sehr gut gehalten werden, in der kalten Jahreszeit ihre Milch verlieren, so ist es am besten, sie im Herbst zu verkaufen und im Frühjahr andre anzuschaffen, man müsste denn Überfluss an Futter für sie haben, was in dem ersten Winter nicht oft der Fall ist. Was die Schweine anlangt, so sind sie für eine neu angelegte Meierei eine große Plage, wofern man sie nicht aus der Hand mästen kann, allein dies geht nicht, ohne dass man Futter für sie kauft und dies würde

---

56   Das Vieh wird im Herbst und Winter größtenteils durch die zarten Zweigsprossen von Ahorn, Birken u.s.w. erhalten, die man auf den frisch gelichteten, brachliegenden Äckern findet. Man sollte ihnen aber auch Stroh und andres Futter geben, weil sie anders bei sehr strenger Witterung sterben.

anfänglich nicht vorteilhaft sein. Lässt man sie frei umherlaufen, so fügen sie sowohl den eignen Feldern als denen der Nachbarn, im Bereich einer halben (englischen) Meile, beträchtlichen Schaden zu; andres Vieh kann man allenfalls durch Umzäunung in der angegebnen Hinsicht unschädlich machen, aber nicht so Schweine; auch Federvieh bedarf, wenn es einigen Nutzen bringen soll, etwas mehr, als was es um das Haus herum aufpickt, wozu noch kommt, dass Adler, Igel, Füchse und Marder darauf erfolgreiche Jagd machen, bis man es hinreichend sichern kann."

„Wie aber sollen wir unter solchen Umständen unsre eigne Wolle spinnen, unsre eigne Seife und Lichte bereiten?" fragte ich. „Sobald Sie Ihre eignen Schafe, Schweine und Rinder schlachten oder Wolle und Talg werden kaufen können." – Als er mich hierüber etwas niedergeschlagen sah, fügte er tröstend hinzu: – „Nur nicht verzagt! Sie werden mit der Zeit alle diese Dinge haben und noch mehr als diese, aber gedulden müssen Sie sich und die Mittel zu ihrer Erlangung benutzen. Mittlerweile suchen Sie sich auf Entbehrungen vorzubereiten, denen Sie jetzt noch fremd sind; und wünschen Sie, Ihren Gatten glücklich und in seinen Unternehmungen begünstigt zu sehen, so machen Sie sich kluge Sparsamkeit und heitre Laune zur Regel. Nach einigen Jahren wird Sie Ihre Meierei mit allen Lebensbedürfnissen versorgen und nach und nach werden Sie sich auch mancher Luxusartikel erfreuen können. Dann erst beginnt der Ansiedler, die wirklichen und sichern Vorteile seiner Auswanderung zu ernten; dann wird er den Segen eines Landes inne, wo es weder Zölle noch Zehnten noch Armensteuern gibt; dann genießt er die Wohltaten der Unabhängigkeit. Diese glückliche Erfüllung seiner Wünsche im Auge, ebnet er den rauhen Pfad und erleichtert er sich die auf ihm lastenden Übel. Er sieht in Gedanken eine zahlreiche Familie um sich her, ohne jene angstvollen Sorgen, die einen Vater von geringem Vermögen in der alten Heimat drücken; denn er weiß ja, dass er sie einst nicht entblößt von rechtlichen Unterhaltsmitteln verlässt."

Trotz allen überstandnen Mühseligkeiten und Prüfungen fand ich diesen Mann so sehr für das Ansiedlerleben eingenommen, dass er erklärte, er würde um keinen Preis in sein Vaterland zurückkehren, um dort eine längere Zeit zu bleiben; auch ist er nicht der Einzige, den ich auf diese Weise sich habe äußern hören; vielmehr scheint dieselbe Vorliebe für ihre neue Heimat unter der niedern Emigrantenklasse allgemein zu sein. Sie fühlen sich durch das Beispiel Andrer, die sie in Genuss von Bequemlichkeiten sehen, woran zu Hause selbst bei der größten Anstrengung und mühe-vollsten Arbeit nicht zu denken war, ermutigt; denn sie bedenken weislich, dass sie, wären sie in ihrer Heimat geblieben, endloses Elend und harte Entbehrungen (sehr viele nämlich hat Mangel hierher getrieben) würden haben ertragen müssen, ohne die entfernteste Aussicht, ihren Zustand zu verbessern oder unumschränkte Landeigentümer zu werden.

„Was sind uns ein, zwei, drei, ja selbst vier mühevolle Jahre im Ver-gleich mit einem ganzen Leben von Plack und Armut", war die Bemerkung eines armen Arbeiters, der uns am andern Tage von den Mühseligkeiten erzählte, womit er in diesem Lande zu kämpfen gehabt. „Ich wusste", sagte er, „dass sie nur kurze Zeit dauern und durch Fleiß und Ausdauer bald zu besiegen sein würden."

Ich habe bereits zwei unsrer armen Nachbarn gesehen, die den Kirch-sprengel zwölf Monate vor uns verlassen hatten; sie haben sich in Kanada niedergelassen und bearbeiten gemeinschaftlich die ihnen zugeteilten Landparzellen; sie kommen in der Tat sichtlich vorwärts. Einige Morgen Landes haben sie bereits gelichtet, bestellt und abgeerntet, sind aber zur-zeit noch genötigt, sich zu vermieten, um ihre Familien erhalten zu kön-nen; ihr eignes Land bearbeiten sie, wenn es Zeit und Umstände erlau-ben. Die Männer sind guten Mutes und hoffen, nach wenigen Jahren im Besitz von manchem Lebensgenuss, mancher Bequemlichkeit zu sein, worauf sie in der Heimat, wenn sie auch vom frühen Morgen bis in die sin-kende Nacht gearbeitet, hätten verzichten müssen; dabei klagen sie aber, dass ihre Weiber beständig nach dem Vaterlande verlangen und ihre Reise übers Meer verwünschen. Dies scheint die allgemeine Klage unter allen Klassen zu sein; die Weiber sind unzufrieden und unglücklich. Nur wenige söhnen sich ganz mit dem Ansiedlerleben aus. Sie vermissen die kleinen häuslichen Bequemlichkeiten, deren sie sich zu Hause erfreuten, sie seh-nen sich nach ihren Freunden und Verwandten, die sie haben verlassen müssen; die Einsamkeit der Urwälder ist ihnen zuwider.

Diese Aussicht entmutigt mich nicht; ich weiß, dass ich im Hause zu tun genug finden werde und während meiner Ausflüge ins Freie dürfte es mir nicht an Unterhaltungsquellen fehlen, die jede üble Laune verscheu-chen. Habe ich überdies nicht guten Grund, meines Gatten wegen heiter und zufrieden zu sein? Er hat nicht mehr zu erwarten als ich; und sollte ich ihn, nachdem ich seinetwegen freiwillig meine Familie, meine Freunde, mein Vaterland verlassen, durch ewige Klagelieder verstimmen und trau-

rig machen? Ich fühle mich stets geneigt, den Worten meines Lieblings-
dichters G o l d s m i t h : –

Auf uns allein noch überall beschränkt,
Sind wir allein die Schöpfer unsers Glücks.

beizustimmen. Nun ich werde ja bald die Prüfung zu bestehen haben, da
wir Morgen um zehn Uhr diese Stadt zu verlassen gedenken; der Kauf der
Seeparzelle ist abgeschlossen, drei Morgen sind von Bäumen befreit und
eine Hütte (Shanty) ist ebenfalls fertig, indes kann letztre eben nicht für
ein wohnliches Obdach gelten, die Holzfäller haben sie bloß als einstweiligen Zufluchtsort errichtet; und ein Haus wird bald erbaut sein. Spät genug
sind wir eingetroffen, zu spät, um eine volle Ernte zu erzielen, da die Bäume
bloß gefällt sind, der Boden aber noch nicht gelichtet und völlig rein ist,
auch ist es bereits zu spät, das gefällte Holz zu klaftern und zu verbrennen
und den Weizen in den Boden zu bringen, aber für die Frühlingssaat wird er
bereit sein. Wir haben unser Besitztum den Acker mit sechstehalb Dollars
bezahlt; ein ziemlich hoher Preis für wildes Land, so weit von jeder Stadt
und in einem so dürftig angebauten Teile des Bezirks; allein die Lage ist gut
und hat den Vorzug, dass wir Wasser in der Nähe haben, wofür mein Gatte
gern etwas mehr bezahlte, als für eine weiter landeinwärts gelegne Parzelle.

Höchst wahrscheinlich werde ich nicht sobald Zeit und Muße haben,
wieder zur Feder zu greifen. Wir logieren einstweilen bei S –, bis unser
Haus in wohnlichem Zustande sein wird, was ungefähr gegen Weihnachten der Fall sein dürfte.

Siebenter Brief

ABREISE VON PETERBOROUGH. –KANADISCHE WÄLDER. – WAGEN
UND GESPANN. – ANKUNFT BEI EINEM LOGHAUSE AN DEN UFERN
DES SEES. – NIEDERLASSUNG UND ERSTE BESCHÄFTIGUNGEN.

Oktober 25, 1832

Ich beginne meinen Brief mit einer Schilderung unsrer Reise durch den
Busch (die Wälder) und so fort und füge dann unser Tun und Treiben
in und außer dem Hause hinzu. Ich weiß, dass die kleinen, das Hauswe-

sen betreffenden Umstände für Sie nicht uninteressant sein werden; und gewiss kann das Auge einer Mutter niemals ermüden, schriftliche Mitteilungen von der Hand eines abwesenden und geliebten Kindes zu lesen.

Nach einigen Schwierigkeiten glückte es uns, einen Wagen nebst Gespann, das ist ein paar starke Pferde, zu mieten, die uns und unser Gepäcke durch die Wälder an die Ufer eines von den Seen führten, wo S – unser wartete. Eine freie Straße war nicht vorhandensondern bloß ein angedeuteter, mit umgestürzten Bäumen bedeckter und durch einen großen Moor unterbrochner Pfad auf der einen Seite; in den Moor kann man knietief einsinken, indes brauchten wir die Vorsicht, unsern Weg längs den Stämmen der bemoosten und verwitternden Bäume zu nehmen oder auf einem willkommnen Granit- oder Kalksteinblock zu fußen. Was in der Buschsprache B l a z e (angedeuteter Pfad) heißt, ist nichts weiter als die durch Kerben und Rindenabschälung an den Bäumen vorgezeichnete Straßenlinie. Die Grenzen der verschiednen Parzellen sind oft durch einen gekerbten Baum angedeutet, das Nämliche gilt von den Konzessionslinien[57], allein dergleichen Zeichen sind nicht viel besser als Wegweiser in einer dunkeln Nacht.

Die Straße, welche wir einschlagen mussten, führte über die Ebnen von Peterborough, in der Richtung des Flusses, der mich durch seine Szenerie ungemein ergötzte, wiewohl diese keineswegs von Fruchtbarkeit zeigt, mit Ausnahme von zwei oder drei umfangsreichen gelichteten Stellen.

Ungefähr drei englische Meilen über Peterborough windet sich die Straße auf der Höhe einer steilen Firste hin, deren unterer Teil ganz das Ansehn hat, früher das Bett eines Seitenzweiges des gewaltigen Flusses oder vielleicht eines kleinen Sees, der seinen Kanal verlassen und sich mit dem Otanabee vereinigt hat, gewesen zu sein.

Auf beiden Seiten dieser Firste ist ein steiler Abhang; zur Rechten sieht man den Otanabee, der mit großer Gewalt durch sein felsiges Bett strömt und im Kleinen denen des Lorenz ähnliche Stromschnellen bildet, seine

---

57 Diese Konzessionslinien sind gewisse Abteilungen der abgesteckten Stadtbezirke; diese sind wieder in eben so viele Parzellen von 200 Morgen geteilt. Die Konzessionslinien pflegten durch weite, durch den Wald gehauene Alleen bezeichnet zu werden, so dass sie eine Kommunikation zwischen den einzelnen Abteilungen bildeten, allein dieser Plan machte zu viel Arbeit; in wenigen Jahren schossen junge Bäumchen auf und verschlossen den gelichteten Pfad dergestalt, dass er von geringem Nutzen war. Die Grenzen der neuerdings abgesteckten Stadtbezirke sind bloß durch gekerbte Bäume bezeichnet.

dunkeln Fichtenwälder verleihen der Szenerie eine höchst eindrucksvolle Erhabenheit. Zur Linken liegt unten ein anmutiges einsames, mit Epheu, Zedern, Schierlingstannen und Fichten bedecktes Tal. Durch dieses Tal führt ein Weg zu einer hübschen Meierei, deren grüne Triften durch das Nichtvorhandensein der abscheulichen Baumstummel, welche die gelichteten Orte in diesem Teil der Gegend entstellen, noch angenehmer sind; ein hübscher klarer Bach fließt durch die niedrige, am Fuße des Berges liegende Wiese, zu welcher herab ein steiler Pfad dicht neben einer Kornmühle führt, die durch das Wasser des Bachs getrieben wird, gerade an der Stelle, wo er mit den Flussschnellen zusammentrifft.

Ich nannte diesen Platz „Glen Morrison", teils zur Erinnerung an die liebliche Talschlucht Morrison in den (schottischen) Hochlanden, teils weil der Ansiedler, dem er gehört, so heißt.

Unsre Fortschritte waren nur langsam, wegen der Unebenheit der Straße, die mit unzähligen Hindernissen in Gestalt loser Granit- und Kalksteinblöcke, die auf den Ufern des Flusses und der Seen in Überfluss ausgestreut sind, bedeckt ist; nicht zu erwähnen der umgestürzten Bäume, vorspringenden dicken Wurzeln, Lachen und Knittelbrücken, über die der Fahrende, hop, hop, hop wegrumpelt, bis ihm jedes Glied schmerzt, gleichsam als wäre es ausgerenkt. Ein erfahrner Buschreisender vermeidet manchen harten Stoß, indem er sich bald erhebt, bald gegen die Seiten seines rohen Fuhrwerks drückt.

Da der Tag vorzüglich schön war, stieg ich oft aus dem Wagen und ging mit meinem Gatten eine englische Meile und darüber zu Fuße.

Bald verloren wir den Fluss gänzlich aus dem Gesicht und gelangten in die tiefe Einsamkeit des Waldes, wo nicht ein Laut die fast grauenvolle, rings um uns herrschende Stille unterbrach. Kaum ein Blatt oder Ast regte sich, nur dann und wann vernahm unser Ohr das Rauschen des Windes, der die hohen Häupter der Kiefern und Tannen in Bewegung setzte und eine rauhe und traurige Kadenz erweckte; dies und das Hämmern des rotköpfigen und grauen Baumhackers gegen die Stämme der verwitternden Bäume oder das gellende pfeifende Geschrei des kleinen gestreiften Eichhörnchens, von den Eingebornen T s c h i t m u n k genannt, waren die einzigen Laute, welche in das Schweigen der Wildnis hineintönten. Nicht minder befremdete mich die Abwesenheit animalischen Lebens. Mit Ausnahme des vorerwähnten T s c h i t m u n k kreuzte während unsrer langen Tagereise in den Wäldern kein lebendiges Wesen unsern Pfad.

In diesen ungeheuern Einöden, sollte man natürlicherweise meinen, müsse die Abwesenheit des Menschen einen Überfluss an wilden Tieren erzeugen, insofern diese frei und unbelästigt daselbst hausen, allein gerade das Gegenteil findet hier statt. Beinahe alle hiesige wilde Tiere trifft man häufiger in den gelichteten Distrikten als in den Wäldern. Die Betriebsamkeit des Menschen erleichtert ihre Existenz, sie können ihre Bedürfnisse in seiner Nähe besser befriedigen als in ihren dürftigen Wäldern.

Man hört beständig von Verheerungen, welche Wölfe, Bären, Waschbären, Luchse und Füchse in den seit langer Zeit angebauten Teilen der Provinz angerichtet haben. In den Urwäldern ist die Erscheinung eines wilden Tieres ein weit seltnerer Umstand.

Hinsichtlich der Waldbäume fand ich meine Erwartungen getäuscht, ich hatte geglaubt, große bemooste Riesen anzutreffen, fast von gleichem Alter mit dem Lande selbst und in majestätischem Wuchs den Bäumen meiner heimatlichen Inseln fast eben so sehr überlegen, als die ungeheuren Seen und gewaltigen Flüsse Kanadas den Teichen und Flüssen Britanniens überlegen sind.

Es mangelt hier den Wäldern an malerischer Schönheit. Bloß die noch jungen Bäumchen haben einige Ansprüche auf zierliche Formen; indes muss ich die Schierlingstanne ausnehmen, deren Wuchs äußerst schön und schlank ist und die durch ihr liebliches muntres Grün das Auge erfreut. Selbst wenn der Winter den Wald seines Laubes entkleidet, bleibt sie ein schöner grünender Baum. Die jungen Buchen nehmen sich ebenfalls recht hübsch aus; allein man vermisst jene schattigen Laubgewölbe, die in unsern heimatlichen Parken und Wäldern so entzückend und romantisch sind.

Die kanadischen Wälder entbehren jenes Ansehn ehrwürdigen Altertums. Hier gibt es keine weitspreizigen Eichen, welche man die Patriarchen des Waldes nennen könnte. Ein frühzeitiges Absterben scheint ihr Loos zu sein. Sie werden vom Sturme entwurzelt und sinken in ihrer ersten Reife zu Boden, um einer neuen Generation zu weichen, welche bestimmt ist, ihre Stelle auszufüllen.

Die Tannen und Fichten sind unstreitig die schönsten Bäume. Was Größe anlangt, werden sie von keinem übertroffen. Sie türmen sich über alle anderen Bäume empor, eine dunkle Linie bildend, die man in meilenweiter Entfernung unterscheiden kann. Aber gerade ihre Höhe ist schuld daran, dass sie vor ihren Brüdern dem Ungestüm der Winde nachgeben,

Ein durch die Urwälder gehauener Pfad

da ihre Gipfel der vollen und ungebrochnen Gewalt des Luftstroms ausgesetzt sind; daher kommt es, dass der Boden stets mit den verwitternden Stämmen riesenhafter Tannen und Fichten bestreut ist. Desgleichen scheinen sie der innern Verderbnis und der Verheerung durch Blitzstrahl und Feuer mehr ausgesetzt zu sein als andre Bäume.

Wie viel ich auch von der schlechten Beschaffenheit der Straßen Kanadas gelesen und gehört hatte, so war ich doch auf keine solche vorbereitet, wie wir an diesem Tage bereisten; für wahr, sie verdient kaum den Namen einer Straße, sie ist nichts weiter als ein durch den Wald gelichteter Pfad. Die Bäume sind umgehauen und auf die Seite gelegt, um einen Wagen passieren zu lassen.

Die Moräste und kleinen Waldbäche, welche gelegentlich den Weg unterbrechen, sind durch dicht nebeneinander gelegte Baumstämme passierbar gemacht; das furchige und streifige Ansehen dieser Brücken hat ihnen, nicht unpassend den Namen Corduroy (geripptes Zeug) verschafft.

Über diese abscheulichen Corduroys (Knüttelbrücken) rumpelt der Wagen, von Scheit zu Scheit springend, mit Stößen, wozu man gute Miene machen muss. Können Sie dergleichen Hoppas und Erschütterungen ohne ein saures Gesicht ertragen, so übertrifft Ihre Geduld und philosophischer Gleichmut die meinige bei weitem; bisweilen lachte ich, weil ich nicht weinen mochte.

Denken Sie sich Ihre Tochter auf Säcken, Koffern und allerlei Paketen sitzend und dies in einem Wagen, der nicht viel besser war als ein grob aus Tannenholz gezimmerter, auf Räder gesetzter Kasten; die Seiten davon waren bloß mit Pflöcken befestigt, so dass ich mich in eben keiner behaglichen Lage befand, da die nur erwähnten Seitenteile beständig heraussprangen. Gerade inmitten einer tiefen Kotlache brach das vordere Schutzbrett ab und mit ihm zugleich purzelte unser Wagenlenker, in Folge des erhaltnen Stoßes, in den Kot, der arme Teufel wusste gar nicht, wie ihm geschehn, als er sich plötzlich in einen Morast versetzt sah. Was mich anlangt, so blieb ich, weil ich nichts dabei tun konnte, ruhig auf meinem Sitze und erwartete geduldig die Wiederkehr der Ordnung. Diese war bald hergestellt und alles ging eine Weile wieder gut, bis wir gegen einen gewaltigen Fichtenstamm anfuhren, welcher den schlecht gezimmerten Wagen einen solchen Stoß versetzte, dass eins von den Brettern, die den Fußboden bildeten und mit diesen ein Sack Mehl und ein andrer mit eingesalznem Schweinfleisch, beide auf ihrer Wanderung nach dem Hause eines

Ansiedlers begriffen, an dessen Niederlassung unser Weg vorbeiführte, herabtanzten. Ein guter Wagenlenker lässt sich indes selten durch dergleichen Kleinigkeiten entmutigen.

Er ist oder sollte mit einer Axt versehen sein. Jede Karre, jeder Wagen, mit einem Wort, jede Art Reisefuhrwerk sollte ein dergleichen Werkzeug führen; da niemand die Hindernisse voraussehen kann, die sich seinen Fortschritten im Busche widersetzen dürften.

Den Unfällen, welche uns betrafen, ließ sich zum Glück leicht begegnen. Die Seitenteile erheischten bloß einen starken Pflock und die losen Bretter des Fußbodens waren bald wieder befestigt, worauf es abermals über Wurzeln, Baumstummel, Steine, Löcher und Knüttelbrücken wegging; und der Wagen, nach wie vor, bald an einen noch stehenden Stamm stieß und bald über einen umgestürzten Baum wegrumpelte und wir dabei natürlicherweise einen Stoß auszuhalten hatten, der ein leichteres Fuhrwerk, als ein kanadischer Wagen ist (?), gewiss zertrümmert haben würde; jedenfalls ist letzterer für Straßen, wie man sie im Busche findet, auf eine bewundernswürdige Weise geeignet.

Die Klugheit der Pferde in diesem Lande verdient wirklich Bewunderung. Ihre Geduld in Überwindung der Schwierigkeiten, welchen sie zu begegnen haben, ihre Geschicklichkeit in Vermeidung von Steinen und Löchern und ihr sicheres Fußen auf den runden, schlüpfrigen Baumstämmen der Scheitbrücken (*log bridges*) macht sie äußerst schätzbar. Was ihnen an Geist und Schnelligkeit, wodurch sich unsre (englische) Rassepferde auszeichnen, gebricht, ersetzen sie reichlich durch ihre Sanftmut, Stärke und Geduld. Dies sind in der Tat große Vorzüge und zum Reisen auf solchen Wegen, wie der eben geschilderte, sind sie, die Sicherheit des Kutschers und der Passagiere anlangend, unentbehrlich und würden durch kein britisches Pferd ersetzt werden können. Übrigens mangelt es den kanadischen Pferden, bei gutem Futter und gehöriger Pflege, keineswegs an schöner Farbe, Größe oder zierlicher Form. Zum Fortschaffen der gefällten Baumstämme braucht man sie selten, hierzu so wie zu allen rohen und schweren Arbeiten zieht man den Ochsen vor.

Eben als uns die zunehmende Dunkelheit des Waldes an die Annäherung des Abends erinnerte und ich müde und hungrig zu werden begann, äußerte unser Wagenlenker, mit einiger Beschämung, er fürchte, dass er den rechten Weg verfehlt habe, wie aber, wisse er nicht, da er doch nur einen Pfad vor sich sehe.

Wir waren ungefähr zwei englische Meilen von der letzten Ansiedlung entfernt, sollten aber, wie er sagte, wofern wir uns auf dem rechten Wege befänden, im Angesicht des Sees sein. Wir kamen als das Beste, was wir tun konnten, dahin überein, dass, während wir nebst dem Fuhrwerk zurückblieben, er selbst vorwärts gehen und erforschen sollte, ob wir in der Nähe des Wassers wären und das wir, wenn sich das Gegenteil ergäbe, nach dem Hause, an welchem wir vorbeigekommen, zurückkehren und nach dem rechten Wege fragen wollten.

Nachdem er wohl eine halbe englische Meile weit vorwärts gelaufen, kehrte er mit niedergeschlagner Miene zurück, erklärend, dass wir uns jedenfalls verirrt hätten, da er nirgends Wasser gesehen und die Straße, auf der wir uns befänden, sich in einen Zedernmoor zu endigen scheine. Denn je weiter er gekommen, desto dichter hätten die Schierlingstannen und Zedern gestanden; da wir nun kein Verlangen fühlten, unsre Ansiedlung mit einer Nachtherberge in einem Moraste zu beginnen, wo, wie sich unser Führer ausdrückte, die Zedern so dicht standen, wie die Haare auf einem Katzenrücken, so beschlossen wir, nach der bezeichneten Stelle zurückzukehren.

Nach einigen Schwierigkeiten war der Rumpelwagen umgelenkt und wir begannen langsam unsern Rückzug. Kaum hatten wir eine halbe englische Meile zurückgelegt, als ein Knabe des Weges daher kam und uns sagte, wir möchten nur immer wieder umkehren, da kein andrer Weg nach dem See führe; diesem Rate fügte er etwas spöttisch die Bemerkung hinzu: „Hättet Ihr den Busch so gut gekannt, wie ich ihn kenne, so würdet Ihr nicht so einfältig gewesen sein, wieder umzulenken, da Ihr doch auf dem rechten Wege waret. Es weiß ja jedes Kind, dass die Zedern und Schierlingstannen, je näher dem Wasser, desto dichter wachsen; jetzt müsst Ihr zu eurer Strafe den nämlichen Weg noch einmal machen."

Es war finster und nur die Sterne funkelten mit mehr als gewöhnlichem Glanze, als wir plötzlich aus dem tiefen Walddunkel an die Ufer eines schönen kleinen Sees hervortauchten, der uns zufolge des Kontrastes der dunkeln Laubmassen, die über ihn herabhingen und der turmhohen Fichten, die ihn umgeben, um so heller erschien.

Hier auf einem großen, mit einem weichen Mooskissen bedeckten Kalksteinblock, unter dem Schatten von Zedern, die den See bekränzen, – umgeben von Koffern, Kisten, Schachteln und Gepäck, die der Fuhrmann eilig vom Wagen geworfen, saß ich in angstvoller Erwartung einer antwortenden Stimme auf das lange und wiederholte Hollarufen meines Gatten.

Als aber das Echo seiner Stimme verhallt war, hörten wir nichts als das Brausen der Stromschnellen und das ferne und wilde Rauschen eines Wasserfalls, ungefähr eine halbe englische Meile unterhalb der letztern.

Nirgends konnten wir eine Spur von menschlichen Wohnungen, nirgends den tröstlichen Schimmer eines Lichtes vom Ufer her gewahren. Vergebens strengten wir unsre Ohren an, das Plätschern des Ruders oder den willkommnen Klang einer menschlichen Stimme oder das Bellen eines Haushundes zu vernehmen und hierdurch Gewissheit zu erlangen, dass wir die Nacht nicht in dem einsamen Walde zubringen würden.

Wir fürchteten jetzt, dass wir wirklich den Weg verloren. An einen Versuch, ohne Führer durch das wachsende Dunkel des Waldes in Aufsuchung der rechten Straße zurückzukehren, war nicht zu denken, denn diese war so undeutlich, dass wir uns bald in dem Dickicht verirrt haben würden. Das letzte Knarren der Wagenräder erstarb allmählich in unsern Ohren, das Fuhrwerk einzuholen würde uns unmöglich gewesen sein. Unter diesen Umständen bat mich mein Gatte, ruhig zu bleiben, wo ich war, während er sich selbst durch das dicht verschränkte Buschholz längs dem Ufer arbeitete, in der Hoffnung, eine Spur von dem Hause, welches wir suchten und das seiner Vermutung nach in der Nähe sein musste, wahrscheinlich aber durch eine dichte Baummasse unsern Augen verborgen war, zu erblicken.

Als ich so, von den Schatten der Nacht umhüllt, schweigend im Walde zubrachte, wanderten meine Gedanken allmählich über den atlantischen Ozean zu meiner teuren Mutter, zu meiner alten Heimat zurück; ich dachte mir Ihre Gefühle, wenn Sie mich in diesem Augenblick hätten sehen können, wie ich so einsam und in tiefem Schweigen auf dem alten bemoosten Steine in der waldigen Wildnis saß, viele hundert Meilen von allen jenen heiligen Banden der Blutsverwandtschaft, von jenen Szenen und Erinnerungen der Kindheit entfernt, welche die Heimat jedem so teuer machen. Es war ein Augenblick, der mich ganz die Wichtigkeit des Schrittes fühlen ließ, den ich getan, als ich freiwillig das Loos eines Emigranten teilte – mein Geburtsland verließ, das ich aller Wahrscheinlichkeit nach nie wiedersehen dürfte. Allein so groß das Opfer war, fühlte ich doch selbst in diesem Augenblick, in meiner seltsamen Lage, keine Reue, keine Entmutigung. Heiliger Friede zog in mein Herz ein, beschwichtigte meine aufgeregten Gefühle und versetzte meinen Geist in eine Ruhe und Stille, die eben so ungetrübt und ungestört waren, wie die sich zu meinen Füßen ausbreitende Wasserfläche.

Meine Träumerei wurde durch das leichte Plätschern eines Ruders unterbrochen und ein heller Lichtschein ließ mich einen über den See gleitenden Nachen erblicken. Nach wenigen Minuten grüßte mich eine wohlbekannte, freundliche Stimme, während die kleine Barke zwischen den Zedern gerade zu meinen Füßen angelegt wurde. Mein treuer Gefährte hatte einen vorspringenden Winkel des Ufers gewonnen und von da aus den willkommnen Schimmer des Holzfeuers in dem Loghause gesehn, nach einigen Schwierigkeiten war es ihm gelungen, die Aufmerksamkeit seiner Bewohner zu erregen. Man hatte daselbst die Hoffnung, dass wir an diesem Tage eintreffen würden, längst aufgegeben und unser erstes Rufen und Pfeifen war fälschlich für das ferne Geläute von Kuhglocken im Walde genommen worden; dies war an dem Aufschub schuld, der uns in so große Verlegenheit gebracht hatte.

An dem hellen, auf dem Herde des Loghauses, worin S – mit seiner Gattin recht bequem wohnte, lodernden Feuer, vergaßen wir bald unsre ermüdende Wanderung. Ich wurde der Dame vom Hause gebührendermaßen vorgestellt und trotz allen Einwürfen von Seiten der zärtlichen und besorgten Mutter wurden drei schlummernde Kinder, eins nach dem andern, aus ihren Wiegen genommen und von dem stolzen und entzückten Vater den Gästen gezeigt.

Wir wurden mit jener Zuvorkommenheit und Innigkeit willkommen geheißen, die dem Herzen so wohltätig ist, die Begrüßung war eben so aufrichtig als liebreich. Kein Mittel blieb unversucht, unsre einstweilige Einrichtung so bequem als möglich zu machen und wenn sie auch der Eleganz entbehrte, woran wir in England gewöhnt gewesen, so fehlte es ihr doch nicht an ländlicher Behaglichkeit; jedenfalls war sie von der Art, wie sie sich Ansiedler ersten Ranges nur immer wünschen können und gewiss sind viele derselben zu Anfange nicht halb so gut logiert gewesen, als wir es gegenwärtig sind.

In der Tat können wir uns glücklich schätzen, dass wir nicht sogleich die rohe Shanty zu beziehen brauchen, welche ich Ihnen als die einzige Wohnstätte auf unserm Grund und Boden geschildert habe. Diese Prüfung unsers Mutes hat uns S – gütig erspart, der durchaus darauf bestand, dass wir so lange unter seinem gastlichen Dache bleiben sollten, bis unser eignes Haus fertig und beziehbar sein würde. Hier also sind wir zurzeit f i x i e r t [58], wie sich die Kanadier ausdrücken; und wenn ich auch manche kleine Bequemlichkeiten und Luxusgegenstände entbehre, so erfreue ich mich doch einer

---

58   *Fixed* (einlogiert).

trefflichen Gesundheit und eines frischen Lebensmutes und fühle mich in der Gesellschaft meiner Umgebung wahrhaft glücklich.

Die Kinder sind bereits ganz in mich vernarrt. Sie haben meine Leidenschaft für Blumen entdeckt und suchen danach zwischen den Baumstummeln und längs dem Seeufer, um sie mir zu überbringen. Ich habe eine Sammlung angefangen und obgleich die Jahreszeit schon weit vorgeschritten ist, so kann sich mein Herbarium doch mancher schönen Farnkräuter rühmen; desgleichen enthält es das gelbe kanadische Veilchen, welches zweimal im Jahre, nämlich im Frühling und Herbst[59] blüht ; zwei Herbstmaßlieben[60] (*Michaelmas daesies*), wie man hier die strauchartigen Astern nennt, deren Varietäten sehr zierlich sind; und eine Ranke der Fichtenguirlande (*festoon pine*), ein allerliebstes Immergrün mit kriechenden Stengeln, die drei bis vier Yards auf der Erde hinlaufen. Es sendet in Entfernungen von fünf bis sechs Zoll gerade, steife, grüne Stengel nach oben und gleicht hinsichtlich seiner dunkeln, glänzend grünen, spelzartigen Blätter einigen unsrer Haidearten. Die Amerikaner schmücken ihre Fenster und Spiegel mit Guirlanden von dieser Pflanze und den getrockneten Blumen der oben erwähnten Immortelle (*life everlasting*); wir nennen diese hübschen weißen und gelben Blumen *Love everlasting* (ewige Liebe). Auf meinen Wanderungen im Walde unfern des Hauses habe ich ein kriechendes Gewächs entdeckt, welches ziemliche Ähnlichkeit mit der Zeder hat und nicht unpassend mit dem Namen der kriechenden Zeder (*ground or creeping cedar*) bezeichnet werden könnte.

Da sehr viel von der Flora dieser unangebauten Teile des Landes dem Naturkundigen unbekannt ist und die Pflanzen ganz namenlos (?) sind, so nehme ich mir die Freiheit, ihnen nach Neigung oder Laune Namen zu geben. Allein indem ich von Pflanzen und Blumen schreibe, vergesse ich, dass Sie lieber von den Schritten hören dürften, die wir auf unserm Grundeigentum getan haben.

Mein Gatte hat Leute zum Aufschichten (*log*) des Holzes, das ist die Zusammenlegung der gefällten Bäume in Haufen und deren Verbrennung, so wie auch zur Lichtung eines Platzes für ein zu erbauendes Haus gemietet. Er hat auch einen Vertrag mit einem jungen Ansiedler in der Nachbarschaft geschlossen, wonach dieser sich anheischig macht, unsre

---

59   *In the fall*, wie die Kanadier den Herbst ausdrucksvoll zu bezeichnen pflegen.

60   Anm. des Verlags: Hierbei handelt es sich um eine andere Bezeichnung für Gänseblümchen.

künftige Wohnung für eine bestimmte Summe, einem bestimmten Plan gemäß, von außen und innen völlig in Stand zu setzen. Wir werden indes „d i e B i e n e" rufen und für alles sorgen, was zur Unterhaltung unsers würdigen B i e n e n s t o c k s erforderlich ist. Nun müssen Sie wissen, dass eine B i e n e in amerikanischer Sprechweise oder Phraseologie, jene freundschaftliche Vereinigung von Nachbarn bedeutet, die nach erhaltener Aufforderung sich versammeln, um die Wände eines Hauses, einer Shanty, Scheune oder irgend eines andern Gebäudes aufzurichten: dies ist eine „aufrichtende Biene" (*raising bee*). Außerdem gibt es *logging bees*, welche die gefällten Bäume zusammenschichten und verbrennen; *husking bees*, die von den Stämmen die Rinde abschälen; *chopping bees*, welche den Boden lichten, u.s.w. Die Beschaffenheit der zu verrichtenden Arbeit gibt der Biene den Namen. In den volkreichen, seit langer Zeit angebauten Distrikten findet dieses Verfahren nur selten statt, allein es ist von großem Nutzen und für neue Ansiedler in abgelegnen Stadtbezirken, wo die Arbeitslöhne verhältnismäßig hoch und Arbeiter schwer zu erlangen sind, unentbehrlich.

Denken Sie sich die Lage eines Auswandrers, der mit Weib und Kindern, welche letztre möglicherweise noch zu klein sind, um ihm im Fällen und Wegräumen der Bäume, Errichtung einer Wohnstätte u.s.w. den geringsten Beistand leisten zu können, auf einer Parzelle wilden Landes anlangt, wie traurig muss dieselbe sein, wofern er nicht schnelle und tätige Hülfe von seinen nächsten Umgebungen erhält.

Dieses lobenswerte Verfahren ist ein Erzeugnis der Notwendigkeit, das jedoch auch seine Nachteile hat, als z.B. wenn die Zusammenberufung behufs einer Gegenhülfe zu einer den übrigen Ansiedlern ungelegnen Zeit geschieht; indes ist es eine unerlässliche Pflicht, freudig und willig den Zoll der Dankbarkeit zu entrichten und es wird in der Tat als eine Ehrenschuld betrachtet; man kann nicht gezwungen werden, zur Vergeltung des erhaltnen Beistandes einer dergleichen Versammlung (*bee*) beizuwohnen, aber gewiss wird sich keiner, wenn es nur irgend möglich ist und wofern ihn nicht dringende Umstände abhalten, weigern, dieses zu tun; und ist man nicht im Stande, persönlich zu erscheinen, so kann man einen Dienstboten oder Ersatzmann oder wenn man dergleichen hat, auch Zugvieh senden.

In keiner Lage und unter keinerlei andern Umständen zeigt sich das Gleichheitssystem Amerikas in einem so vorteilhaften Lichte als bei dergleichen Zusammenkünften. Alle Unterschiede, die Rang, Erziehung und

Reichtum erteilen, werden für die Zeit freiwillig auf die Seite gesetzt. Der wohlerzogne Sohn des Edelmanns und der des armen Handwerkers, Offiziere und Gemeine, der unabhängige Ansiedler und der Tagelöhner vereinigen sich freudig und ohne Widerspruch zu einem gemeinschaftlichen Werke. Jeder fühlt sich von dem wohlwollenden Verlangen getrieben, dem Hülflosen zu helfen und seine Kräfte zur Errichtung einer Wohnstätte für den Obdachlosen zu verwenden.

Gegenwärtig ist erst ein so kleiner Teil Wald auf unsrer Parzelle gelichtet, dass ich wenig oder nichts von dem Platze, wo wir uns häuslich niedergelassen, sagen kann, nur so viel will ich bemerken, dass er an eine schöne Wasserfläche stößt, welche eins von den Gliedern der Otanabeeseekette bildet. Das nächste Mal sollen Sie jedenfalls eine ausführlichere Schilderung erhalten.

Vor der Hand sage ich Ihnen Lebewohl!

Achter Brief

UNANNEHMLICHKEITEN, DIE MIT EINER NOCH NEUEN ANSIEDLUNG VERBUNDEN SIND. – SCHWIERIGKEIT, NAHRUNGSMITTEL UND ANDRE NÖTIGE ARTIKEL ZU ERLANGEN. – SCHNEESTURM UND ORKAN. – INDIANISCHER SOMMER UND EINTRITT DES WINTERS. – VERFAHREN BEI LICHTUNG DES BODENS.

November 20, 1832

Unser Loghaus ist jetzt zwar noch nicht fertig, schreitet aber seiner Vollendung rasch entgegen. Wir wohnen immer noch unter S – gastlichem Hause, da dies die erste Ansiedlung auf ihrem Boden ist, so haben sie, gleich allen übrigen Ansiedlern in den Urwäldern, im laufenden Jahre noch mancher Schwierigkeit zu begegnen. Sie besitzen ein schönes, trefflich gelegnes Stück Land; und S – lacht zu den gegenwärtigen Entbehrungen, welchen er einen heitern Mut und eine Entschlossenheit entgegensetzt, die ganz geeignet sind, über jede Schwierigkeit zu siegen. Sie sind jetzt im Begriff, ein größeres und bequemeres Haus zu beziehen, welches in diesem Herbste (*fall*) erbaut ist und werden uns die einstweilige Benutzung des alten bis zur Vollendung unsers eignen überlassen.

Wir fangen bereits an, uns mit unserm Robinsonleben zu versöhnen und der Gedanke, dass die gegenwärtigen Übel bloß vorübergehend sind, lässt uns frohen Mutes jedem Hindernis trotzen.

Eine der größten Unannehmlichkeiten, womit wir zu kämpfen haben, beruht auf der schlechten Beschaffenheit der Straßen und unsrer großen Entfernung von jedem Dorfe und jeder Stadt, woher wir unsre Bedürfnisse beziehen. Bis dahin, wo wir unser eignes Getreide erbauen und unser eignen Schweine, Schafe und Federvieh werden mästen können, müssen wir alle Nahrungsmittel den Vorratshändlern kaufen, wozu noch kommt, dass die Herbeischaffung derselben mit beträchtlichen Unkosten und Zeitverlust verbunden ist, da der Transport auf unsern trefflichen Buschstraßen geschieht, die, um mich der Worte einer armen Irländerin zu bedienen, nicht schlechter sein können. „Ach Madam", sagte sie, „die sind wahrlich schlecht genug und können nicht schlechter sein, sie sind wahrlich nicht so ilgant (elegant) als unsre Straßen in Irland."

Bestellen wir mehre Gewürze zu gleicher Zeit und lassen dieselben mit der nächsten Gelegenheit von Ort und Stelle abgehen, so finden wir, wenn der Wagen anlangt, bei Untersuchung unsrer Vorräte, Reis, Zucker, Korinthen, Pfeffer und Senf alles zu einem Chaos durcheinander Gewirrte. Was meinen Sie zu einem Reispudding, das tüchtig mit Pfeffer und vielleicht auch mit etwas Rappee[61] und dergleichen, um die Sauce pikanter zu machen, durchwürzt ist. Ich denke das Rezept würde in *Cooks Oracle* oder *Mrs. Dalgairns Practice of Cookery*[62] unter dem originellen Titel: B u s c h - p u d d i n g , Figur machen.

Aber Wehe und Verderben den irdnen Waren, welche zufällig über die holprigsten Straßen wandern. Glücklich kann man sich in der Tat preisen, wenn in Folge vorzüglicher Geschicklichkeit und Sorgfalt des Packers, mehr als die Hälfte unzertrümmert anlangt. Gegen dergleichen Unfälle haben wir keine Abhülfe. Der Warenhändler schiebt die Schuld auf den Fuhrmann und der Fuhrmann auf die schlechten Straßen, sich wundernd, wie er selbst während seiner Fahrt durch den Busch mit heiler Haut und ganzen Gliedmaßen davon gekommen.

---

61 Anm. des Verlags: Die einzige Möglichkeit, was hier gemeint sein könnte, bezieht sich auf das Englische Wort „rappee" und bedeutet übersetzt Schnupftabak.

62 Englische Kochbücher.

Wir leben jetzt in der schlimmsten Jahreszeit, der Eintritt und Ausgang des Winters machen dem Ansiedler viel zu schaffen. Kein andres Fuhrwerk als ein mit Ochsen bespannter Wagen und auch dieser nicht ohne Schwierigkeit, kann die Straße passieren und braucht zur Vollendung seines Weges zwei ganze Tage; das Schlimmste dabei ist, dass man die nötigsten Artikel bisweilen um keinen Preis erlangen kann.

Sie sehen aus allem, dass ein Buschsiedler nicht bloß auf alle Luxusgegenstände und Leckereien der Tafel, sondern bisweilen sogar auf die nötigsten Lebensbedürfnisse Verzicht leisten muss.

Zu einer Zeit ist kein Schweinfleisch zu haben; zu einer andern herrscht Mangel an Mehl, vielleicht in Folge eines Umstandes, der die Mühle außer Gang gesetzt hat oder weil es an Weizen zum Mahlen fehlt; oder Witterung und schlechte Wege hindern die Ankunft des Wagens oder den Abgang von Leuten zur Herbeischaffung des Nötigen. In diesem Falle muss man seine Zuflucht zu einem Nachbar nehmen, vorausgesetzt, dass man so glücklich ist, einen solchen in der Nähe zu haben – und im schlimmsten Fall muss man sich mit Kartoffeln begnügen. Die Kartoffel ist hier in der Tat ein großer Segen, neue Ansiedler würden ohne sie oft in eine unangenehme Lage geraten und der arme Mann und seine Familie, die ohne andre Hülfsmittel sind, müssten, hätten sie die Kartoffel nicht, verhungern.

Einmal war unser Teevorrat ausgegangen und wir konnten nirgends dergleichen erhalten. In dieser Verlegenheit würde Milch oder Kaffee ein treffliches Ersatzmittel gewesen sein, wofern wir im Besitz davon gewesen wären; allein wir hatten weder das eine noch das andre und so mussten wir zu Yankietee – einem Absud von Schierlingstannensprossen, unsre Zuflucht nehmen. Dies war für meinen Geschmack ein sehr schlechtes Getränk, wiewohl ich ein Kraut in dem Tee entdeckte, welches in London das Pfund zu fünf Schilling verkauft wird und nichts anders sein kann als getrocknete und pulverisierte Schierlingstannenblätter.

S – lachte über unsre sauren Gesichter und erklärte den Trank für vortrefflich; auch ging er uns allen mit einem guten Beispiel voran, indem er sechs Tassen von diesem echten Waldtee hinterschlürfte. Doch gelang es seiner Beredsamkeit nicht, einen von uns zu bekehren, wir mochten seiner Versicherung, dass er bloß jungen Hysontee nachstehe, keinen Glauben beimessen und erwiderten auf seine Bemerkung, das derselbe mit seinen andern guten Eigenschaften medizinische Tugenden verbinde, er sei wie alle Arzneien, dem Gaumen sehr zuwider.

„Nach allem", sagte S – mit einer gedankenvollen Miene, „verdanken sowohl die Segnungen als die Übel dieses Lebens ihre Hauptwirkung der Stärke des Kontrastes und müssen demnach hauptsächlich geschätzt werden. Wir würden die Genüsse, deren wir uns erfreuen, nicht halb so hoch schätzen, wenn wir ihrer nicht zuweilen entbehrten. Wie groß dürften uns die Annehmlichkeiten einer völlig gelichteten und gut angebauten Meierei erscheinen, wenn uns außer den nötigen Lebensbedürfnissen noch manche Luxusgegenstände zu Gebote stehen werden."

„Und wie wird uns grüner Tee nach diesem abscheulichen Getränk behagen", bemerkte ich.

„Sehr wahr und ein bequemes Haus, ein niedlicher Garten, schöne Weiden nach diesen dunkeln Wäldern, Loghäusern und völligem Mangel an Gärten."

„Und das Nichtvorhandensein der abscheulichen Baumstummel", fügte ich hinzu. „Gewiss! Glauben Sie mir, meine Teure, Ihr kanadisches Landgut wird Ihnen mit der Zeit, nach vollendeter Kultur des Bodens, als ein wahres Paradies erschienen und Sie werden mit desto größerm Vergnügen und Stolz darauf blicken, wenn sie sich erinnern, dass es einst eine Wüstenei war, die sich durch die Wirkungen von Fleiß und wohl angewendeten Mitteln in fruchtbare Felder verwandelt hat. Jede Annehmlichkeit, die sie um sich her erzeugen, wird ihr Glück vermehren; jede Verbesserung in oder außer dem Hause wird ein Gefühl von Dankbarkeit und Entzücken in Ihrem Herzen erzeugen, wovon diejenigen, welche stets in Überfluss und Wohlleben schwelgen oder auch nur die gewöhnlichsten Vorteile der Zivilisierung genießen, nichts wissen. Mein Wahlspruch ist, ‚Hoffnung! Entschlossenheit! und Ausdauer!'"

„Dies", sagt mein Gatte, „ist wahre Philosophie und sie wirkt um so nachdrücklicher, weil Sie ihre Wahrheit durch die Tat beweisen."

Ich hatte sehr auf den indianischen Sommer (Nachsommer) gezählt, wovon ich so entzückende Schilderungen gelesen, allein ich muss gestehen, dass derselbe weit hinter meinen Erwartungen zurückgeblieben ist. Gleich zu Anfange dieses Monats (November) hatten wir drei oder vier warme, trübe, mehr drückende und schwüle Tage. Die Sonne schimmerte rot durch die neblige Atmosphäre, die seltsam gestalteten Wolken, welche in raucharrtigen wellenförmigen Massen am Himmel hingen, mit safrangelbem und blasskarmesinrotem Lichte färbend, gerade so wie ich dergleichen an einem heißen schwülen Frühlingsmorgen gesehen habe.

Nicht ein Lüftchen kräuselte die Wasserfläche, nicht ein Blatt (denn die Blätter waren noch nicht alle gefallen) regte sich. Diese völlige Stockung der Luft ward plötzlich durch einen heftigen Sturmwind mit Schneegestöber unterbrochen, welcher ohne alle Vorzeichen heranbrauste. Ich stand in der Nähe einer hohen Fichtengruppe, die man inmitten des gelichteten Bodens hatte stehen lassen und sammelte eben einige karmesinrote Flechten (Lichenen); S – befand sich nur einige Schritt von mir, mit einem Gespann Ochsen, welche Brennholz zogen. Auf einmal vernahmen wir ein fernes hohles Rauschen, das mit jedem Augenblick zunahm, die Luft rings um uns her war vollkommen ruhig. Ich blickte empor und sah die bisher so regungslosen Wolken mit erstaunlicher Schnelligkeit in verschiednen Richtungen sich fortbewegen. Ein dichtes Dunkel verbreitete sich über den Himmel. S –, der emsig mit den Ochsen beschäftigt gewesen, hatte nicht gleich bemerkt, dass ich ihm so nahe war und rief mir jetzt zu, dass ich so schnell als möglich das Haus oder eine freie Stelle, fern von den Fichten, zu erreichen suchen möchte. Unwillkürlich wendete ich mich dem Hause zu, während das donnernde Getös der in allen Richtungen niederstürzenden Bäume, das Herabprasseln der Äste von den Fichten, die ich so eben verlassen, das Brausen der Windsbraut, welche über den See herabraste, mich die Gefahr erkennen ließen, die mir gedroht hatte.

Die brechenden Äste der Fichten, welche, vom Sturme fortgeführt über mir umherwirbelten, verfinsterten die Luft; dann kam das blindmachende Schneegestöber; allein Gott sei Dank! Ich konnte den Fortschritten des Unwetters in Sicherheit zusehen, da ich die Schwelle unsers Hauses gewonnen. Der Ochsentreiber hatte sich mit dem Gesicht auf die Erde geworfen, während die armen Tiere in Demut ihre Köpfe niederhielten und geduldig den Ausgang des schonungslos wütenden Sturmes abwarteten. S –, mein Gatte und alles, was zum Haushalt gehörte, hatte sich in eine Gruppe vereint und bewachte mit ängstlicher Spannung das wilde Toben der in Aufruhr begriffnen Elemente. Nicht ein Blatt blieb an den Bäumen, als der Orkan ausgewütet, standen sie nackt und kahl da. So endete die kurze Herrschaft des indianischen Sommers[63].

Meiner Ansicht nach ist die Meinung, welche einige Reisende hegen, dass nämlich der indianische Sommer durch das jährliche Abbrennen von Wäldern seitens derjenigen Indianer erzeugt werde, welche die undurch-

---

63   Nachsommer.

forschten Gegenden jenseits der größern Seen bewohnen, ungegründet. Man denke sich nur, welche ungeheure Waldstrecken jährlich in Flammen aufgehen müssten, um einen Einfluss auf ziemlich den ganzen Kontinent[64] von Nordamerika zu üben; übrigens finden die Waldbrände zu der Zeit im Jahre statt, wo das Feuer, wegen der durch die Herbstregengüsse bewirkten Feuchtigkeit des Bodens nicht leicht stark um sich greift.

Ich möchte vielmehr die besondre Wärme und schwüle düstre Beschaffenheit der Luft der Gärung jener ungeheuren Masse vegetabilischen Stoffs zuschreiben, welche während der letzten Hälfte des Oktobers in Zersetzung begriffen ist. Einige haben die Vermutung aufgestellt, dass eine große Veränderung hinsichtlich dieser Jahreszeit stattfinden werde, indem die fortschreitende Lichtung des Landes die Quantität verwitternder Vegetabilien fortwährend vermindere. Ja ich habe gehört, dass von denjenigen, welche seit langer Zeit mit dem amerikanischen Festlande bekannt sind, in der fraglichen Beziehung schon ein ziemlicher Unterschied bemerkt werde.

Bisher sind meine Erfahrungen, das Klima anlangend, günstig gewesen. Der Herbst war recht schön, obwohl die Fröste zeitig im September eintraten, anfangs waren sie gelind und kaum des Morgens fühlbar; aber gegen den Oktober zeigten sie sich schon strenger und dauernder. Allein wenn auch die eine Hälfte des Tages kalt ist, so sind doch die Mittags- und Nachmittagsstunden warm und angenehm.

Wir fühlen bereits den strengen Eintritt des Winters. Er begann entschieden mit dem Ende des indianischen Sommers. Der November gleicht bei weitem nicht demselben Monat in der Heimat (England). Die erste Hälfte war mild und warm, die letzte kalt, von scharfen Frösten und gelegentlichem Schneefall begleitet; allein er scheint nicht den düstern trüben Charakter unsers britischen Novembers zu besitzen. Indes reicht eine kurze Bekanntschaft mit dem Klima nicht hin, ein richtiges Urteil über seinen Charakter zu fällen, es bedarf hierzu einer genauen, während eines mehrjährigen Aufenthalts im Lande fortgesetzten Beobachtung seiner Eigentümlichkeiten und Wechsel.

Jetzt muss ich Ihnen erzählen, was mein Gatte auf unserm Grundstück vornimmt. Zehn Morgen hat er einigen irischen Holzfällern (*choppers*) übergeben, die sich auf die Dauer des Winters in der Shanty eingerichtet

---

64   Anm. des Verlags: im Original „das Kontinent".

Neu gelichtetes Land

haben. Sie erhalten für Lichtung und Einfriedigung des Ackers, das Verbrennen der gefällten Bäume mit inbegriffen, zehn Dollar. Der Boden muss bis auf die Baumstummel völlig rein sein, letztere bedürfen, um zu verwittern, neun bis zehn Jahre; die Fichte, Schierlingstanne und die Tanne halten sich viel länger. Die Entfernung der Stummel ist für neue Anfänger zu kostspielig; die Arbeitslöhne sind so hoch, dass man sich mit Ausführung des unumgänglich Notwendigen begnügen muss. Die Zeit, während welcher gearbeitet werden kann, ist sehr kurz, weil der Frost so lange in der Erde bleibt; mit Ausnahme des Fällens und Verbrennens der Bäume lässt sich nicht viel tun.

Diejenigen, welche die gehörige Behandlung ungelichteten Landes verstehen, schneiden zunächst alle kleineren Bäume und alles Unterholz weg, während diese noch belaubt sind; das gefällte Holz wird in Haufen gelegt und die vom Winde umgestürzten Bäume werden der Länge nach zersägt und im Frühjahr mit dem Winterschnitt (die im Winter gefällten Bäume) geklaftert. Der Ausgang des Sommers und des Herbstes sind die beste Zeit für besagte Arbeit. Die Blätter werden alsdann völlig trocken und erleichtern das so wichtige Verbrennen der dicken schweren Baumstämme um ein Bedeutendes. Ein andrer Grund dazu ist, dass nach hohem Schneefall das kleine leichte Holz (Unterholz) nicht dicht an der Erde weggeschnitten und die toten Äste und andre Abgänge nicht gesammelt und in Haufen gelegt werden können.

Wir werden ungefähr drei Morgen für die Frühlingssaat bereit haben, vorausgesetzt, dass wir mit dem Verbrennen des in der Nähe unsers Hauses bereits geklafterten Holzes nach Wunsch zu Stande kommen. – Wir gedenken dieselben mit Hafer, Kürbissen, indianischem Korn und Kartoffeln zu bepflanzen; die andern zehn Acker sollen für die Einsaat von Weizen ebenfalls fertig werden. Sie sehen daraus, dass wir noch lange auf eine Ernte zu warten haben. Selbst Frühlingsweizen, wenn er im Laufe des Jahres zur Reife kommen soll, können wir nicht mehr zeitig genug in die Erde bringen.

Im Frühjahr wollen wir uns womöglich zwei Kühe zulegen, da diese Tiere während des Frühlings, Sommers und Herbstes wenig Kosten verursachen; den Winter über werden wir Kürbisse und Haferstroh für sie haben.

Neunter Brief

Seehaus, April 18, 1833

Es wird Zeit, dass ich Ihnen endlich eine Beschreibung unsers Log- (Block-)
Hauses gebe, in welches wir einige Tage vor Weihnachten eingezogen sind.
Da manche unvorhergesehene Umstände seine Vollendung vor besagter Zeit
verhinderten, so glaubte ich schon, dass es nie würde bewohnbar werden.

Der erste Unfall, welcher uns traf, war der Verlust eines Gespanns Ochsen, die wir zum Herbeiziehen der Baumstämme für das zu errichtende Haus
gekauft hatten. Da sie den Busch nicht so angenehm finden mochten, als die
gelichteten Weideplätze ihres vorigen Herrn oder weil sie vielleicht harte
Arbeit für sich voraussahen, so kam es ihnen eines Morgens früh in den Kopf,
durch den See, gleich da, wo die Stromschnellen ihren Anfang nehmen, zu
setzen und sich davon zu machen, keine Spur ihrer Marschroute, außer einigen Fußstapfen am Wasserrande, zurücklassend. Nachdem wir einige Tage
vergebens danach gesucht, blieb die Arbeit liegen und einen ganzen Monat
hindurch waren sie weg, so dass wir schon alle Hoffnung aufgaben, jemals
wieder etwas von ihnen zu hören. Endlich erfuhren wir, dass sie etwa zwanzig (englische) Meilen von uns, in einem fernen Stadtbezirk (*township*) angelangt waren und ihren Weg durch Waldung und Moräste, Bäche und Seen
zu ihrem früheren Besitzer zurückgenommen hatten, von einem Instinkte
geleitet, der ihnen für den Mangel an Straßen und Kompass Ersatz leistete.

Man erzählt Fälle, wo dergleichen Tiere einen Strich wilden Landes dreißig oder vierzig (englische) Meilen weit bis zu ihren alten Weideplätzen in
gerader Linie und auf unbekannten Pfaden, wo ihnen das Gedächtnis nicht
zu Hülfe kommen konnte, durchwanderten. Beim Hunde betrachten wir
Geruch und Gedächtnis als Führer, die ihn zu seiner fernen Heimat zurück-
leiten; wie aber soll man sich die fraglichen Wanderungen jener Ochsen
erklären? Sie kehrten durch dichte endlose Wälder, wo der Mensch mit

107

all seiner Vernunft und Kenntnis den rechten Weg gewiss verfehlt haben würde, nach Hause zurück.

Der Oktober ging bereits zu Ende und noch standen nicht einmal die Wände unsers Hauses. Letzteres zu bewirken, riefen wir „eine Biene" zusammen: sechzehn unsrer Nachbarn folgten mit großer Bereitwilligkeit unsrer Aufforderung; und obschon der Tag nichts weniger als günstig war, so führte unsre Biene ihr Werk doch so treulich aus, dass mit Einbruch des Abends die Außenwände aufgerichtet waren.

Die Arbeit schritt unter Mithülfe einer reichlichen Quantität kanadischen Nektars (Branntweins), des Honigs, womit unsre Bienen gestärkt werden, rasch vorwärts. Einige tüchtige eingesalzne Schweinskeulen, ein Viertel Kartoffeln nebst einem Reispudding und ein Brot, so dick wie ein gewaltiger Cheshirekäse, bildeten das Mahl, womit die fleißigen Leute regaliert wurden. Dies alles wurde in der Shanty in einem ziemlich ländlichen Stil aufgetischt. Kurz, wir lachten und nannten es ein P i c k n i c k   i n   d e n   U r w ä l d e r n ; aber wie roh und einfach auch das Mahl war, so kann ich Ihnen doch versichern, dass sämtliche Gäste, hohe und niedre, sehr damit zufrieden waren und unsre „B i e n e " als eine sehr wohl versorgte priesen. Trotz der Rangverschiedenheit derer, welche die Biene bildeten, herrschte doch unter allen die größte Harmonie und die Gesellschaft ging wohl zufrieden mit ihrem Tagewerke und der Bewirtung auseinander.

Am folgenden Tage machte ich einen Ausflug, um das neu errichtete Gebäude in Augenschein zu nehmen; allein ich fand mich sehr unangenehm überrascht, da es keineswegs das Ansehn eines Hauses hatte. Es war ein bloßes Rechteck von übereinander befestigten Scheiten, mit offnen Räumen zwischen jeder Scheitreihe. Die Öffnungen für Türen und Fenster waren noch nicht geschnitten und die Dachbalken lagen noch nicht. Mit einem Wort, es war ein seltsamer Bau und ich kehrte etwas niedergeschlagen nach Hause zurück, mich nicht wenig wundernd, dass mein Gatte mit den gemachten Fortschritten so zufrieden war. Einen oder zwei Tage darauf stattete ich dem Neubau abermals einen Besuch ab. Die Tragbalken zur Aufnahme der Fußböden waren gelegt und die Öffnungen für die Türen und Fenster waren in das feste Holz geschnitten, so dass derselbe nicht mehr so sehr wie zuvor einem Vogelkäfig glich.

Nach Beschindelung des Dachs mussten wir wieder pausieren, da Bretter nicht näher als in Peterborough zu haben waren und mithin bedurfte es einer langen Tagereise über schreckliche Straßen. Zu dieser Zeit war noch an keine Sägemühle zu denken, jetzt aber ist eine dergleichen, nicht weit von uns, im Entstehen begriffen. Unsre Dielenbretter mussten alle mit der Hand gesägt werden und es währte ziemlich lange, ehe wir jemand zur Verrichtung dieses notwendigen Werkes finden konnten und das zu einem hohen Lohne, ein Shilling und Sechs pence für den Tag. Die Bretter langten endlich an, aber natürlicherweise von unabgepasstem Holze; dies war unvermeidlich und da sie nicht gehobelt werden konnten, mussten wir uns ihr rohes hässliches Ansehn gefallen lassen; denn es waren keine besseren zu haben. Ich erinnerte mich jetzt an die Bemerkung des alten Herrn, mit welchem wir von Cobourg nach dem Reissee fuhren. Wir trösten uns mit der Aussicht, dass mit dem nächsten Sommer sämtliche Bretter abgepasst sein werden, freilich bedarf es hierzu einer völligen Umkehrung des Hauses; denn die Bretter müssen von neuem gelegt, gehörig aneinandergefügt und gehobelt werden.

Der nächste Unfall, welcher uns betraf, war, dass das Gemisch von Lehm und Kalk, womit das Haus von innen und außen zwischen den Fugen der Baumscheite berappt werden sollte, in einer einzigen Nacht so hart wie Stein fror; das Werk war kaum zur Hälfte gediehen, als plötzlich Frost eintrat und der Arbeit auf einige Zeit ein Ende machte, denn der gefrorne Mörtel tauete weder im Feuer noch in heißem Wasser auf; letzteres fror ebenfalls, ehe es noch eine Wirkung auf die Masse geäußert und machte die Sache eher schlimmer. Alsdann verwundete sich der Zimmermann beim Glatthauen der Wände im Innern mit der breiten Axt und ward hierdurch auf einige Zeit zur Fortsetzung seiner Arbeit untüchtig.

Ich führe alles dies bloß darum an, um die Schwierigkeiten zu zeigen, welche uns in Vollführung unsrer Pläne hindern und dies erklärt zum großen Teil die schlechten Wohnungen, womit sich Ansiedler der achtbarsten Klasse bei ihrer ersten Ankunft in diesem Lande begnügen und dies keineswegs aus Neigung, sondern aus Notwendigkeit; ich könnte Ihnen Schilderungen der Art geben, die Sie in Erstaunen setzen würden. Jedenfalls dient es dazu, uns zufriedner und gleichgültiger zu machen, wenn wir um uns her nur wenige in bessern, ja viele, die mit uns von gleichem oder vielleicht noch höherem Range sind, in noch schlimmeren Verhältnissen erblicken, als dies, verhielte sich die Sache anders, der Fall sein würde.

Jedermann in diesem Lande muss selbst den Glaser machen; Sie werden darüber lachen, allein, will er keine zerbrochnen Fensterscheiben sehen und die davon herrührenden Unannehmlichkeiten fühlen, so muss er lernen, sie mit eigner Hand in seine Fensterrahmen einzuziehen. Handwerker sind, gerade wenn man sie braucht, in den Urwäldern nicht immer leicht zu haben und es hieße sehr verkehrt handeln, wenn man zur Ausbesserung seiner Fenster einen Glaser teuer bezahlen und auf seine Unkosten eine zweitägige Reise von der nächsten Stadt machen lassen wollte. Glastafeln von verschiedner Größe kann man bei den Vorratshändlern sehr wohlfeil kaufen. Mein Gatte machte sich ein Vergnügen daraus, das Glas in seine Fenster, ehe diese eingehängt wurden, selbst einzuziehen.

Eine genaue Bekanntschaft mit dem Gebrauch der Werkzeuge des Zimmermanns ist hier, glauben Sie mir, viel wert und ich empfehle jedem jungen Mann, der nach Kanada auswandern will, sich mit diesem schätzbaren Metier so viel als möglich bekannt zu machen, da er andernfalls oft in große Verlegenheit geraten dürfte.

Höchst lächerlich erschienen mir die Bemerkungen einer superfeinen Dame, der unwilligen Teilnehmerin an der Auswanderung ihres Gatten, als sie den Sohn eines Seeoffiziers von einigem Range im Dienste emsig mit Fertigung einer Axthandhabe aus einem Stück Felsenulme beschäftigt sah.

„Ich wundre mich, dass Sie, G e o r g e , sich so erniedrigen lassen", bemerkte sie, sich an dessen Vater wendend.

Der Kapitän blickte sie mit Verwunderung an, „Sich erniedrigen! Auf welche Weise Madam? Mein Sohn schwört nicht, trinkt keinen Branntwein und sagt keine Lügen."

„Allein Sie lassen ihn Arbeiten der niedrigsten Art verrichten. Um was ist er jetzt besser als ein gemeiner Zimmermann; und ich glaube, dass sie ihn auch Holz fällen lassen?

„Allerdings", war die Antwort, „das Holz dort auf dem Wagen hat er seit gestern, nach Beendigung seiner Lehrstunden, alles selbst gefällt."

„Lieber wollte ich meine Jungen tot sehen, ehe ich ihnen gleich gemeinen Arbeitern die Axt zu führen verstattete."

„Müßiggang ist aller Laster Anfang", sagte der Kapitän, „wie weit schlechter würde mein Sohn beschäftigt sein, wenn er sich mit böser Gesellschaft auf der Straße umhertriebe."

„Sie müssen doch zugeben, dass sich dieses Land nicht zum Aufenthalt für Gentlemen und Damen eignet", bemerkte die Lady.

„Es ist ein Land", erwiderte der Kapitän etwas derb, „worin Gentlemen, die nicht arbeiten mögen und die doch nicht außer demselben leben können, verhungern müssen und aus diesem Grunde gewöhne ich meine Söhne frühzeitig an eine stete und nützliche Tätigkeit."

„Meine Söhne sollen nie wie gemeine Handwerker arbeiten", erwiderte die Dame mit Unwillen.

„In diesem Fall Madam, werden Sie als Ansiedler zu nichts taugen; und es ist nur zu bedauern, dass Sie dieselben über den Ozean hierher gebracht haben."

„Wir waren dazu gezwungen, wir konnten nicht mehr auf dem Fuße leben, wie wir gewohnt waren, andernfalls würde ich nie in dieses abscheuliche Land gekommen sein."

„Da Sie aber nun einmal hier sind, so werden Sie sehr wohl tun, sich in die Umstände zu schicken, Kanada ist kein Land für müßige Leute, welche ihre Vermögensumstände zu verbessern wünschen. In einigen Teilen des Landes werden Sie die meisten Nahrungsmittel eben so teuer finden als in London, die Kleidung noch weit teurer und nicht so gut und dabei eben keine sonderliche Auswahl."

„Nun dann möchte ich doch wissen, wozu Kanada gut ist?'' war die ärgerliche Antwort.

„Es ist ein gutes Land für den rechtschaffnen fleißigen Handwerker. Es ist ein schönes Land für den armen Arbeiter, der nach wenigen Jahren harter Arbeit sich in seinem eignen Loghause niederlassen und sein Auge auf seinen eignen Grund und Boden schweifen lassen kann und seine Kinder für die Zukunft wohl versorgt und unabhängig weiß. Es ist ein großes wichtiges Land für den reichen Spekulanten, der eine beträchtliche Summe in Ankauf trefflichen ergiebigen Bodens anlegen kann; denn verfährt er nur einigermaßen klug, so kann er für sein Geld nach Verlauf einiger Jahre hundert Prozent Zinsen gewinnen. Aber es ist ein böses Land für den armen Gentleman, den seine Lebensweise und Gewohnheiten untüchtig zur Handarbeit gemacht haben. Er bringt Gesinnungen mit sich, die nicht zu seiner neuen Lage passen; und selbst wenn ihn die Not zur Anstrengung seiner Kräfte treibt, ist seine Arbeit von geringem Wert. Sein Fortkommen fällt ihm äußerst schwer. Die nicht zu umgehenden Arbeitslöhne und Ausgaben für den erforderlichen Lebensunterhalt sind beträchtlich und er muss, will er sich aufrecht und schuldenfrei erhalten, manche Entbehrungen erdulden. Hat er eine zahlreiche Familie und erzieht er sie auf eine vernünftige, seinen Umständen angemessne Weise, das heißt, macht er sie frühzeitig für das Ansiedlerleben geschickt, so erzeigt er ihnen eine wahre Wohltat und wird bald der guten Folgen für sein Grundeigentum inne; allein ist er selbst müßig und faul, seine Frau verschwenderisch und unzu-

111

frieden und lehrt er seine Kinder mit Verachtung auf anstrengende Arbeit herabzublicken; so eilt er seinem Verderben mit Riesenschritten entgegen. Mit einem Wort, das Land ist ein gutes Land für diejenigen, für welche es passt; wer sich aber nicht der Notwendigkeit fügen, wer keine Entbehrung dulden und nicht arbeiten will, der täte besser, er bliebe davon entfernt. Es liegt am Tage, dass Kanada nicht jeder Klasse von Leuten zusagen kann."

„Nun für mich und meine Familie passt es durchaus nicht", erwiderte die Dame verächtlich.

„Sehr wahr!" lautete die lakonische Antwort und so endete das Zwiegespräch.

Allein indem ich diese Bemerkungen nieder geschrieben, bin ich ganz von der Hauptsache abgekommen und habe mein armes Loghaus in unvollendetem Zustande gelassen. Endlich wurde mir gesagt, dass es fertig und bewohnbar sei und ich sah mich bald mitten in die mit dem Aus- und Einzuge verbundne Unruhe und Arbeit versetzt. Wir erhielten allen nötigen Beistand von S –, der stets bereit und willig ist, uns zu helfen. Er lachte und nannte unsre kleine Versammlung eine bewegende B i e n e (*moving bee*); ich sagte es sei eine feststellende Biene (*fixing bee*) und mein Gatte gab ihr den Namen ordnende Biene (*settling bee*); gewiss waren wir, ehe alles zu Stande kam, uneingerichtet genug. Welch eine wüste Höhle ist ein kleines Haus oder überhaupt jedes Haus unter solchen Umständen. Der Begriff von Chaos muss vom Aus- und Einräumen entlehnt worden sein, denn ich glaube, dass die Alten so gut hiermit zu tun hatten, als die Neuern.

Von irdnem Geschirr ging mancher wertvolle Artikel auf seiner kurzen, aber holperigen Wanderung durch die Wälder in Stücke. Friede und Ruhe ihren Manen! Ich hatte eine gute Hülfe an meinem irischen Mädchen, die bald ein tüchtiges Feuer auf dem neuen Herde anzündete und alles im Hause ordnete.

Wir fühlen uns jetzt in unsrer neuen Wohnstätte recht behaglich; ich will Ihnen eine Schilderung von dem kleinen Häuschen geben. Was fertig da steht, ist bloß ein Teil von dem ursprünglichen Plan, das Übrige muss im nächsten Frühjahr oder Herbst, wie es die Umstände erlauben, hinzugefügt werden.

Ein niedliches kleines Wohnstübchen mit Vorratskammer, Küche, Speise- und Schlafkammer bilden das Erdgeschoß; dazu kommt ein hübsches obres Stockwerk, welches drei Schlafgemächer abgeben wird.

„Welche Nussschale", höre ich Sie im Geiste ausrufen; eine solche ist es vor der Hand wirklich, allein wir gedenken einen schönen Vorbau daran zu fügen und warten hierzu nur auf Bretter von der Mühle; dies wird uns noch eine Stube, einen langen Saal und ein Schlafzimmer für vorkommende Fälle verschaffen. Die Fenster und Glastüre unsers jetzigen Wohnstübchens gewähren eine angenehme Aussicht auf die Seen im Westen und Süden. Nach Vollendung des Hauses werden wir vorn und nach der Südseite eine Veranda (Vorhalle) haben, eine angenehme Hinzufügung für den Sommer, da man sie als eine Art Vorgemach benutzen, darin speisen und die frische Luft, geschützt gegen die Sonne, genießen kann. Die Kanadier nennen diese Verandas „S t o u p s ", da sie nur aus Scheiten oder Brettwerk bestehen, so entbehren nur wenige Häuser derselben. Die Pfeiler oder Säulen, umwunden von üppigen Hopfenranken, der Scharlachbohne und der Morgenglorie[65], nehmen sich sehr hübsch aus. Gewiss sind diese Stoups eine vorzügliche Zierde, da sie zum großen Teil die rohen Scheite verbergen und das scheunenartige Äußre der Häuser maskieren.

Unser Wohnstübchen wärmt ein hübscher eiserner Ofen mit messingener Galerie und einer Schutzplatte. Das Hausgerät besteht in einem mit Messingblechen beschlagnen Sofa, das gelegentlich auch als Bett gebraucht wird, kanadischen angestrichnen Stühlen, einem gefleckten Tisch von Tannenholz, grünen und weißen Vorhängen und einer schönen indianischen Matte, welche den Fußboden bedeckt. Eine Seite des Zimmers nehmen unsre Bücher ein. Einige große Landkarten und verschiedne gute Kupferstiche verstecken so ziemlich die rohen Wände und bilden die Dekoration unsrer kleinen Wohnung. Unser Schlafzimmer ist auf dieselbe einfache Weise ausmöbliert. Indes fühlen wir uns gar nicht unbehaglich in unserm schlichten Häuschen; und wiewohl es keineswegs so beschaffen ist, um unsern Wünschen vollkommen zu genügen, entspricht es doch unter den bestehenden Umständen seinem Zwecke.

Ich harre sehnsüchtig dem Frühling entgegen, um vor dem Hause ein Gärtchen anlegen zu können; denn ich beabsichtige, einige der im Lande einheimischen Früchte und Blumen darin anzupflanzen, die meiner Überzeugung nach durch Kultur einer beträchtlichen Veredlung fähig sind. Die auf unsern Triften[66] und gelichteten Waldstellen wild wachsenden Erd-

---

65 *Morning glory* so nennen die Amerikaner ihre schönen und großen Winden (*Convolvulus*).

66 Anm. des Verlags: Laut Duden handelt es sich hierbei um ein „vom Vieh benutzter Weg mit spärlicher Grasnarbe zwischen der Weide und dem Stall, der Tränke oder dem Platz zum Melken."

beeren gehören verschiednen Varietäten an und tragen sehr reichlich, zum Einmachen eignen sie sich trefflich und ich gedenke einige Beete in meinem Garten damit zu bepflanzen. Auf unserm See befindet sich ein allerliebstes waldiges Inselchen, Erdbeereiland und ein andres *Raspberry island*; (Brombeereiland) benamt; sie enthalten einen Überfluss an allerlei Früchten – wilden Trauben, Brombeeren, schwarzen und roten Johannisbeeren; eine wilde Stachelbeere und eine schöne kleine rankende Pflanze, welche weiße Blumen trägt, wie die Brombeere, desgleichen eine dunkel purpurfarbne Frucht, bestehend aus einigen Samen von angenehmem, lebhaft säuerlichem Geschmack, der Taubeere nicht unähnlich, aber nicht ganz so süß. Die Blätter dieser Pflanze sind glänzend hellgrün und ungefähr wie die Blätter der Brombeere gestaltet, mit der sie (obgleich nicht so buschig und dornig) in einiger Hinsicht so große Ähnlichkeit hat, dass ich sie die k r i e c h e n d e (r a n k e n d e B r o m b e e r e) getauft habe.

Unsre wissenschaftlichen Botaniker dürften mich für sehr keck und anmaßend halten, dass ich mir die Freiheit nehme, den Blumen und Sträuchern, auf die ich in diesem Wäldernstoße, Namen beizulegen. Ich kann bloß sagen, dass es mich freut, womöglich die kanadischen oder selbst die indianischen Benennungen zu entdecken und wo sie fehlen, betrachte ich mich als ihre Taufmutter und benenne sie nach meinem Gefallen.

Unter unsern wilden Früchten haben wir eine Pflaume, die in einigen Gemeindedistrikten sehr gut und reichlich ist, sie eignet sich trefflich zum Einmachen vorzüglich wenn man sie, wie die amerikanischen Hausfrauen, in Ahornsirup kocht; wilde Kirschen, desgleichen eine Sorte Namens *choke cherries* (Würgkirschen) wegen ihrer stark zusammenziehenden Eigenschaften, hoch- und kleinsträuchige Moosbeeren[67] und Schwarzbeeren, welche von den Squaws in Birkenkörben herbeigebracht werden. Alle diese kommen auf den Ebnen und Bieberwiesen vor. Die kleinsträuchigen Moosbeeren werden von den Indiern in großer Menge in die Städte und Dörfer gebracht. Sie bilden eine stete Delikatesse (eingemacht) auf den Teetischen der meisten Ansiedler; allein was Trefflichkeit des Geschmacks und schönes Ansehn betrifft, so ziehe ich die hochbuschige Moosbeere vor; diese ist

---

67   Die Moosbeere (*Cranberry*), wovon es, wie aus dem Text hervorgeht, in Kanada zwei Spielarten gibt, gehört der Gattung *Vaccinium* an; diese Beere oder Frucht ist, nach erlangter Reife, rot und von der Größe einer kleinen Kirsche oder Schlehe und sitzt an einem dünnen gebognen Stiel. (*V. oxycoccos*). Die Pflanze heißt auch Moorbeere, weil sie auf Moorboden und an sumpfigen Stellen wächst. Eine verschiedne Art davon ist *Vaccinium macrocarpon* (großfrüchtige Moosbeere).

weniger begehrt, wegen der großen platten Samen, welche das Einmachen derselben verhindern: indes ist das Gelee davon sowohl in Farbe als Wohlgeschmack vortrefflich.

Der Strauch auf welchem diese Moosbeere wächst, gleicht der Guelderrose. Die Blüten sind rein weiß und stehen in losen Dolden; sie bilden nach ihrer Entfaltung in Wäldern und Mooren und am Wasserrande der Seen eine schöne Zierde. Die Beeren sind etwas länglich eirund und glänzend scharlachrot und wenn sie der Frost leicht gerührt hat, halb durchsichtig und sehen wie hängende Büschel scharlachfarbner Trauben aus.

An einem schönen Winternachmittage fühlte ich mich versucht, mit meinem Gatten einen Spaziergang auf dem Eise zu machen, welches, wie man mir vorher versichert, vollkommen trug und sicher war. Ich muss gestehen, dass ich während der ersten halben Meile (englisch) mich ziemlich furchtsam zeigte, vorzüglich an Stellen, wo das Eis so durchsichtig war, dass man jeden Kiesel, jedes Moos auf dem Boden des Wassers sehen konnte. Bisweilen war das Eis dick, weiß und vollkommen undurchsichtig. Während wir uns in geringer Entfernung vom Ufer hielten, überraschte mich das Erscheinen einiger glänzend roten Beeren an den laublosen Büschen, die über den Rand des Sees hingen und die sich bald als die oben erwähnten Moosbeeren erkannte. Mein Gatte streifte sogleich den lockenden Schatz von den Zweigen und ich eilte entzückt mit meiner Beute nach Hause und kochte die Früchte mit etwas Zucker, um sie nebst unserm Kuchen zum Tee zu genießen. Gewiss habe ich nie etwas so köstlich gefunden als diese Beere und dies vielleicht um so mehr, weil ich, mit Ausnahme von Eingemachtem während unsrer Reise und zu Peterborough, so lange keinerlei Art von Früchten genossen hatte.

Kurz darauf machte ich einen abermaligen Spaziergang auf dem Eise, wiewohl es nicht ganz so fest mehr war wie früher; dessen ungeachtet marschierten wir ziemlich dreiviertel Meile (englisch) weit. Bei unsrer Rückkehr wurden wir von S – mit einem Handschlitten, eine Art Schiebkarren wie die der Lastträger, – eingeholt. Dieses Fuhrwerk hat keine Seitenwände und ruht nicht auf einem Radesondern auf hölzernen Rollen, sodass man es, wenn es auch noch so schwer beladen ist, mit der größten Leichtigkeit über Schnee und Eis bewegen kann. S – bestand darauf, mich auf dem Eise nach Hause zu fahren, gleich einer lappländischen Dame auf ihrem Schlitten. Ich wählte meinen Sitz und in einer Minute fühlte ich mich mit einer Schnelligkeit fortgezogen, die mir fast den Atem raubte. Als ich am Ufer anlangte, war ich von Kopf bis zu Füßen eine Glut.

Die Lage unsers Hauses würde Ihnen gefallen. Der Platz, worauf es steht, ist der höchste Punkt eines sanft geneigten Ufers oberhalb des Sees, ungefähr zweihundert Schritt vom Wasserrande entfernt; die Breite des Sees von einem Ufer zum andern beträgt nicht ganz eine (englische) Meile. Nach Süden zu haben wir wieder eine ganz verschiedne Aussicht, die nach völliger Lichtung sehr schön ausfallen wird, – eine schöne ebne Wasserfläche, durch anmutige Inselchen unterbrochen, die sich aus ihrem Schoße gleich grünenden Hainen emporheben; – unterhalb derselben ist ein Fall von einigen Fuß, wo die Wasser der Seen, in einen engen Kanal zwischen Kalksteinschichten gezwängt, mit großem Ungestüm hinstürzen und Schaum und Nebelwolken emporschleudern.

Während des Sommers ist der Wasserstand weit niedriger und man kann eine ziemliche Strecke an den flachen Ufern hinwandern, die aus verschiednen, mit fossilen Überresten von offenbar frischer Formation gefüllten Kalksteinschichten bestehen. Jene Muschelgehäuse und Flussinsekten, welche, durch das Zurückweichen des Wassers zurückgelassen, über die Oberfläche des Kalksteins ausgestreut liegen, sind den Muscheln und Insekten ähnlich, die von der Kalksteinmasse inkrustiert sind. Man hat mir gesagt, dass das Bett eines der Seen (ich weiß nicht mehr, welches) oberhalb unsers Wohnorts aus Kalkstein bestehe; und das es reich an mannigfaltigen schönen Flussmuscheln sei, welche darin in ungeheurer Menge so wie auch in den längs den Ufern ausgestreuten Kalksteinblöcken schichtenweise abgelagert sind. Diese Muschelgehäuse werden auch in beträchtlicher Menge in dem Boden der Bieberwiesen gefunden.

Wenn ich dergleichen Dinge sehe oder davon höre, so tut es mir leid, dass ich nichts von Geologie oder Conchologie verstehe; weil ich mir anders manche Umstände würde erklären können, die gegenwärtig bloß meine Neugierde erregen.

Gerade unter dem oben erwähnten Wasserfall ist ein merkwürdiger natürlicher Bogen in dem Kalksteinfelsen, der sich an dieser Stelle zu einer Höhe von fünfzehn Fuß wie eine Mauer erhebt; er besteht aus großen Platten grauen Kalksteins, die eine auf der andern liegen; der Bogen erscheint wie eine Spalte in der Felsenwand, aber, möglicherweise durch die Gewalt des Wassers während einer beträchtlichen Überschwemmung, ausgewühlt und ausgehöhlt. Auf der Spitze des Felsens wachsen Bäume. Schierlingstannen und Zedern bewegen ihre Laubkronen hoch über dem wildbrausenden Wasser hin und her und bekleiden die steinerne Barriere mit einem düstern aber unvergänglichen Grün. Hier wuchern auch in üppiger Fülle die wilde Rebe, die oben erwähnte rote kriechende Pflanze und die Gifteiche und weben phantastische Lauben über die moosbedeckten Steinmassen. Eine schnelle Wendung dieses Ufers brachte uns zu einer breiten, vollkommen flachen und glatten Schichtung des nämlichen Gesteins, die eine Strecke von ziemlich fünfzig Fuß entlang dem Ufer einnimmt. Zwischen den Rissen und Spalten dieser Schicht fand ich einige Rosensträucher und mancherlei Blumen, die im Verlauf des Frühjahrs und Sommers, wo dieselbe vom Wasser entblößt und mithin seinem Einfluss nicht ausgesetzt ist, daraus hervorgesprosst waren.

Dieser Platz soll nächstens mit einer Säge- und Kornmühle bebaut werden, die, fürchte ich, seiner natürlichen Schönheit Abbruch tun wird. Ich glaube wohl, dass ich die einzige Person in der Nachbarschaft bin, welche die Errichtung eines für diesen Teil des Gemeindebezirkes so nützlichen und schätzbaren Gebäudes mit Bedauern sieht.

Sobald Sie mir wieder ein Päckchen oder Kistchen senden, vergessen Sie nicht, einige Blumensamen und Pflaumen-, Schlehen- und Apfelkerne der besten Sorte, wie dergleichen in der Heimat in Gärten und Obstpflanzungen gezogen werden, beizufügen; denn ich glaube, dass sich die Äpfel hier aus Samen ziehen lassen, ohne dass man die Bäume zu pfropfen braucht; indes ist das Obst von gepfropften Bäumen größer und wohlschmeckender. Sehr willkommen würden mir auch einige Nüsse von unsern schönen alten Stammnussbäumen sein. O die guten alten Bäume! Was sind wir nicht auf ihren Ästen herum geklettert, als ich noch leichten Herzens und so frei von Sorgen war, wie die Eichhörnchen, welche sich auf den höchsten Wipfeln über uns wiegten. „Recht schön!" werden Sie sagen, „aber je weniger eine kluge Frau von dergleichen wilden Streichen, wie das Herumklettern auf Nussbäumen, spricht, desto besser." Glücklicherweise geraten junge Damen hier nicht in Versuchung, da sie wohl einsehen, dass nur ein Eichhörnchen oder ein Bär unsre hohen Waldbäume erklettern kann; selbst ein Matrose würde sich nicht hinauf wagen.

Recht sehr wünsche ich, einige Samen von unsrer wilden Schlüsselblume und unserm Veilchen zu erhalten, um sie auf unsern Wiesen und in unserm Gärtchen auszustreuen; haben Sie die Güte, die Dorfkinder einige für mich sammeln zu lassen.

Mein Gatte bittet Sie um etwas Luzernsamen, den er mit Vorteil kultivieren zu können glaubt.

Zehnter Brief

ABWECHSELUNG IN TEMPERATUR UND WETTER. – ELEKTRISCHE ER-
SCHEINUNG. – KANADISCHER WINTER. – MANGEL AN POETISCHEN
ANKLÄNGEN IN DIESEM LANDE. – ZUCKERBEREITUNG. – ZEIT ZUM
FISCHFANG. – ART DES FISCHFANGS. – ENTENSCHIESSEN. – IN-
DIANERFAMILIEN. – PAPOUSEN[68] UND IHRE WINDELN- UND WI-
CKELBÄNDER. – INDIANISCHE MANUFAKTUREN. – FRÖSCHE. –

Seehaus, Mai 9, 1833

Wie ganz anders ist doch der Winter ausgefallen, als ich mir dachte. Der
Dezemberschnee taute beständig wieder weg. Am ersten Januar war auf
unsern gelichteten Äckern keine Flocke zu sehen, nur im Walde lag etwas.
Die Wärme der Sonne am ersten und zweiten Tage des neuen Jahres war
so groß, dass man im Freien den Mantel, ja selbst einen Schal kaum vertragen konnte; und im Zimmer wurde uns das Ofenfeuer fast lästig. Das
Wetter blieb ziemlich mild bis in die letzte Hälfte des Monats, dann aber
trat strenge Kälte ein und dauerte den ganzen Februar hindurch. Der erste
März war der kälteste Tag, den ich jemals erlebt habe; das Quecksilber
fiel im Hause bis fünfundzwanzig Grad unter Null und im Freien noch
tiefer. Das Gefühl von Kälte frühmorgens war äußerst schmerzhaft und
erzeugte ein unwillkührliches Schaudern und eine fast krampfhafte Empfindung in Brust und Magen. Der Hauch erstarrte an den Betten zu Reif.
Jeder metallne Gegenstand, den man berührte, schien die Finger erfrieren
zu machen. Dieser hohe Kältegrad hielt indes nur drei Tage an, worauf die
Temperatur allmählich gelinder wurde.

Während dieser äußerst kalten Witterung wurde ich durch die häufige
Wiederkehr eines Phänomens überrascht, welches mir von elektrischer
Natur zu sein schien. Wenn nämlich der Frost sehr heftig war, gab meine
Kleidung, die während der kalten Jahreszeit in einem wollenen oder mit
Flanell gefütterten Rocke bestand, beim Ausziehen eine Reihe knistern-
der prasselnder Töne, ungefähr wie ein aufloderndes Feuer, von sich und

---

68   Anm. des Verlags: Hier ist vermutlich Papoose (indianisches Kind) gemeint.

118

sprühete, wenn das Licht entfernt wurde, blasse weißlich blaue Funken, denen nicht unähnlich, welche sich erzeugen, wenn man Zucker im Dunkeln schlägt oder den Rücken einer schwarzen Katze streichelt; dieselbe Erscheinung bemerkte ich auch, wenn ich meine Haare kämmte[69].

Den Februar hindurch und bis zum neunzehnten März lag der Schnee sehr hoch; dann aber trat plötzliches Tauwetter ein und hielt ohne Unterbrechung so lange an, bis der Boden von seiner weißen Decke völlig befreit war, was im Verlauf von nicht ganz vierzehn Tagen geschah. Die Luft war während dieser Zeit weit wärmer und milder als in der Regel in England, wo während des fortschreitenden Tauwetters eine durchdringende Kälte herrscht.

Wiewohl der kanadische Winter seine Unannehmlichkeiten hat, so hat er auf der andern Seite auch seine Reize. Nach ein- oder zweitägigem starken Schneefall klärt sich der Himmel auf und die Luft wird außerordentlich hell und rein von Dünsten; der Rauch steigt in hohen gewundnen Säulen empor, bis er sich verliert; beobachtet man ihn des Abends oder früh an einem heitern Morgen, wenn der Reif an den Bäumen flimmert, im Widerschein eines safranfarbigen Himmels, so ist die Wirkung vorzüglich schön.

An heitern Wintertagen, wenn kein Wölkchen, nicht der Schatten eines Wölkchens das azurblaue Himmelsgewölbe über uns trübt, mache ich kleine Ausflüge in die Wälder und wäre nicht die weiße Silberdecke der Erde, so möchte ich, wenn ich mein Auge zu dem reinen Äther emporhebe, fast ausrufen: es ist Juni, der milde liebliche Juni ist da! Die stets grünen Kiefern, Zedern, Schierlingstannen und Balsamfichten krümmen ihre hängenden Äste unter der Schneelast, die bei der geringsten Bewegung in dichten Schauern rings umher niederrauscht, aber so leicht und trocken ist der Schnee, dass man ihn mit leichter Mühe und ohne im geringsten nass zu werden, abschütteln kann.

Die Spitzen der Baumstummel nehmen sich mit ihren Schneemützen oder Turbanen gar nicht übel aus; ein schwarzer Fichtenstummel mit seinem weißen Mützchen und Mantel erscheint bisweilen, wegen seiner seltsamen Bekleidung wie jemand, der uns plötzlich entgegentritt. Was Gespenster und Geister betrifft, so scheinen sie gänzlich aus Kanada verbannt zu sein. Hier gibt es keine historischen Erinnerungen, keine aben-

---

69   Diese Erscheinung ist bei trockner Luft überall sehr gewöhnlich.

teuerlichen Legenden von Ahnen und Vorvordern. Die Phantasie des Dichters würde in den Urwäldern aus Mangel an Wunderspeise zur Aufrechterhaltung ihrer Existenz verhungern. Wir haben weder Feen noch Elfen, weder Geister noch Kobolde, weder Satyre noch Waldnymphen; unsre Wälder selbst eignen sich nicht zum Schutz für Dryaden und Hamadryaden. Keine Najade haust an dem Schilfrande unser Seen oder heiligt durch ihre Gegenwart unsre Waldfirsten. Kein Druide nimmt unsre Eichen in Anspruch; und anstatt mit geheimnisvoller Ehrfurcht zwischen unsern, oft seltsam zusammengruppierten Kalkfelsen umherzuwandern, überlassen wir sie dem Geologen, um seinen Scharfsinn in Erklärung ihres Erscheinens zu üben; anstatt dieselben mit den ehrwürdigen Charakteren alter Tempel oder heidnischer Altäre zu bekleiden, blicken wir bloß mit dem wissbegierigen Auge der Naturphilosophie darauf.

Selbst die Irländer und Hochländer der niedrigsten Klasse scheinen, wenn sie Bewohner der Urwälder von Kanada werden, ihren alten Aberglauben bei Seite zu setzen. Ich hörte einen Freund, als die Rede von dem Mangel an romantischem Interesse in diesem Lande war, ausrufen: „Es ist unpoetischer als alle anderen Länder, die Einbildungskraft findet keinen Anhaltepunkt, kein Ziel!" – Hier ist alles neu – der Boden selbst scheint neuerdings gebildet zu sein; in diesen Wäldern herrscht keine große altertümliche Erhabenheit, hier gibt es keine mit dem Lande verknüpfte Erinnerungen ehemaliger Taten. Die einzigen Wesen, an welchen ich eignes Interesse nehme, sind die Indianer, allein es fehlt ihnen an dem kriegerischen Charakter, an jener Einsicht, in deren Besitz ich sie mir gedacht hatte."

Dies war die Klage eines Dichters. Nun besteht aber die Volksklasse, für welche dieses Land in hohem Grade passt, aus unbelesenen betriebsamen Arbeitern und Handwerkern. Sie fühlen kein Bedauern, dass das Land, welches sie bearbeiten, nicht durch die Feder eines Geschichtsschreibers oder den Gesang eines Dichters gepriesen worden ist. Die Erde gibt ihnen ihre Erzeugnisse eben so freigebig, als wenn sie durch das Blut von Heroen gedüngt worden wäre. Sie würden sich durch kein Gefühl von Ehrfurcht bestimmen lassen, die altersgraue Eiche zu schonen und sie aus keiner andern Rücksicht als ihres Holzes wegen achten. Sie haben keine Zeit, selbst wenn sie Geschmack dazu hätten, sich nach den Schönheiten der Natur umzusehen, allein ihre Unwissenheit ist Segen.

Überhaupt sind dies eingebildete Übel und können schwerlich als ein Grund zum Missfallen in dem Lande gelten und unter Leuten gewöhnlichen Schlages erregen sie wenig Sympathie, wiewohl sie jedenfalls für die Gebildeten und nach geistigen Genüssen verlangenden Glieder der Gesellschaft nicht ohne Gewicht sind; denn diese müssen natürlicherweise trauern, wenn Geschmack, Gelehrsamkeit und Genius aus ihrer Sphäre gerückt werden.

Was mich anlangt, wiewohl ich leicht in die Gefühle des Dichters und des enthusiastischen Liebhabers wilder und wundervoller Sagen und Märchen eingehen kann, so sehe ich doch schon, dass ich in diesem Lande recht glücklich und zufrieden sein werde. Bietet auch jetzt der für seine Geschichte bestimmte Band nur leere Seiten dar, so liegt doch das Buch der Natur offen da und zeigt beredsam für das Wirken des mächtigen Schöpfers und ich kann, wenn ich an den Ufern der Seen und Flüsse oder durch die Wälder wandre, aus ihm tausend Freuden und stets neuen Stoff zur Unterhaltung und Belehrung schöpfen.

Doch ich muss Ihnen jetzt etwas von unsrer Zuckerfabrikation sagen, woran ich tätigen Anteil nehme. Unsre Versuche waren auf einen geringen Maßstab beschränkt, da wir bloß einen Kessel und zwei eiserne Dreifüße hatten; indes reichten sie hin, um uns in die Kunst und das Geheimnis, betreffend die Einsiedung des Ahornsaftes zu Melasse und die endliche Verwandlung der letztern in Zucker einzuweihen.

Die erste hierzu erforderliche Arbeit ist das Anzapfen des Ahorns und die Auffangung des aus der Wunde hervorfließenden Saftes in kleinen rohen Trögen, die in weiter nichts als mit der Axt ausgehöhlten Fichtenscheitchen bestehen. Um den Baum anzuzapfen, macht man einen Einschnitt in die Rinde oder bohrt mit einem Bohrer ein Loch hinein; ersteres ist das leichtere und üblichere Verfahren. Ein leicht ausgehöhltes Stück Zeder- oder Holunderholz wird dann mit dem freien Ende etwas abwärts geneigt, in die Öffnung gesteckt und in den Trog gerichtet, so dass der Saft durch dasselbe in letztern fließt. Bisweilen habe ich einen bloßen flachen Span als Leiter des Saftes dienen sehen. Wie Sie sich wohl denken können, verfuhren wir ganz nach der Regel. Nach einer frostigen Nacht, worauf ein heller warmer Tag folgt, fließt der Saft ziemlich frei und reichlich; man muss ihn während des Tages in einem Fässchen oder Troge sammeln und diese Gefäße müssen hinreichend geräumig sein, um alles zu fassen, was am Abend desselben Tages gesotten werden kann; man darf den aufgefangnen Saft nicht über vierundzwanzig Stunden stehen lassen, weil er andernfalls in Gärung übergeht und dann nicht mehr zur Zuckerbildung taugt.

Mein Gatte begann mit Beihülfe eines irischen Knaben in der letzten Märzwoche den Saft zu sammeln. Eine Stange wurde über zwei in die Erde befestigte Holzgabeln gelegt, welche stark genug waren, das Gewicht des schweren Kessels zu tragen. Die Arbeit während des Tages bestand in Entleerung der Tröge und Fällung von Brennholz. Des Abends wurde das Feuer angeschürt und das Sieden oder Kochen des Saftes nahm seinen Anfang.

Es war ein recht erfreulicher und malerischer Anblick, die Zuckersieder bei ihrem helllodernden Feuer, zwischen den Bäumen, zu sehen, wie sie bald den brennenden Holzstoß anfachten, bald den Saft in den Kessel entleerten und mit einem gewaltigen Löffel umrührten. Als das Feuer recht lustig brannte, fing der Saft im Kessel an zu kochen und zu schäumen und es musste von Zeit zu Zeit frischer Saft nachgegossen werden, um sein Überlaufen zu verhindern.

Sobald sich der Saft zu Melasse eindickt, wird er zur Vollendung in den Zuckerkessel gebracht. Der Prozess ist einfach; er fordert bloß aufmerksames Abschäumen und Verhinderung des Überlaufens der Masse, bis sie den zur Zuckerbereitung erforderlichen Grad erreicht hat, was man erkennt, indem man etwas davon in kaltes Wasser tropfen lässt. Hat sie ziemlich die erwünschte Konsistenz erlangt, so füllt sich der Kessel oder Topf mit gelbem Schaume, bildet Gruben und vom Boden aufsteigende Blasen. Letztre platzen mit Entleerung von Dampf, ist die Melasse so weit gediehen, so kann sie bald in Zucker verwandelt werden. Diejenigen, welche mit großem Fleiße die Flüssigkeit vom Schaume frei erhalten und den zur Verwandlung der Melasse in Zucker erforderlichen Grad genau kennen, liefern einen Artikel, welcher der Muscovade nicht nachsteht[70].

Gewöhnlich sieht man den Ahornzucker in großen Broten oder Kuchen, so dicht und derb wie Wachsscheiben und ohne Spur von Kristallisation; allein am besten nimmt er sich aus, wenn er grobkörnig und glänzend ist, er bricht dann in rauhen ungleichen Massen, wie Zuckerkand.

Zum Gebrauch im Tee wird er geraspelt oder mit einem Messer klar geschabt, weil er sich anders zu langsam auflöst.

Ich beaufsichtigte den letzten Teil des Vorganges, nämlich das Einkochen der Melasse zu Zucker; und ich muss sagen, dass mir diese Arbeit, als

---

70 Guter, richtig bereiteter Ahornzucker hat mit jenem gepulverten Zucker, den alle Gewürzkrämer als einen trefflichen Artikel zur Versüßung des Kaffees verkaufen, große Ähnlichkeit.

ein erster Versuch, ohne einen erfahrnen Ratgeber zur Seite und ohne alle Anweisung, außer der, welche S – mir erteilt hatte, ziemlich gut gelang; ich erhielt einen Zucker von funkelndem Korn und guter Farbe. Außer dem Zucker, bereitete ich drei Gallonen Melasse, die uns sehr zu statten kam und eine angenehme Ingredienz in Kuchen so wie eine treffliche Sauce an Puddings bildet.

Die Yankies bedienen sich, wie man mir sagt, der Melasse zum Einmachen von Früchten; und ihre Fruchtgelees sollen vortrefflich sein. Die aus Ahornsaft bereitete Melasse soll in Farbe, Geschmack und Konsistenz von der westindischen sehr abweichen.

Außer Zucker und Melasse fabrizierten wir ein Fässchen Essig, der ziemlich gut auszufallen verspricht. Zu diesem Behuf kochten wir fünf volle Eimer Ahornsaft bis auf zwei ein und versetzten den Rückstand, nachdem er im Fasse war, durch Hefen in Gärung; stellten dann das Ganze in die Nähe des Feuers und ließen es diesem, in Vorzug vor der Sonnenhitze, ausgesetzt.

Was die Bereitung des Ahornzuckers im Allgemeinen betrifft, so hängt es von Umständen ab, ob sie für den Ansiedler (Landmann) vorteilhaft ist oder nicht. Muss er Hände zu dieser Arbeit mieten und sind die Arbeitslöhne hoch, so ist es keinesfalls ratsam, ihn selbst zu fabrizieren außer im Großen. Ein Umstand zu Gunsten der Fabrikation im Hause ist, dass die Zuckerzeit zu einer Periode ihren Anfang nimmt, wo sich im Freien, den Holzschlag ausgenommen, nicht viel tun lässt, da noch zu viel Frost im Boden ist, um die Aufnahme der Saat zu gestatten; daher ist die Zeit weniger kostbar als im Spätfrühjahr.

Bei einer zahlreichen Familie und wenn es auf dem Grundstück nicht an Ahornbäumen mangelt, ist die Fabrikation von Zucker und Melasse entschieden vorteilhaft und gewinnbringend; da man die jüngern Kinder zur Ausleerung der Tröge und Zutragung von Brennholz brauchen kann, während die ältern und stärkeren die Kessel besorgen und das Feuer, so lange der Prozess dauert, unterhalten und Frau und Töchter das Übrige im Hause vollenden können.

Ahornzucker wird das Pfund mit vier bis sechs Pence und bisweilen darüber, bezahlt. Anfangs wollte mir der Beigeschmack, den er dem Tee gibt, nicht recht zusagen, aber nach Verlauf einiger Zeit mundete er mir so gut, dass ich ihn bald dem Rohrzucker (Muscovade) vorzog; in Kuchen, Konfitüren und dergleichen finde ich ihn köstlich. Ich werde Ihnen bei nächster Gelegenheit ein Pröbchen davon schicken, damit Sie selbst über seine Trefflichkeit urteilen können.

Das Wetter ist jetzt sehr warm – drückend warm. Wir können die Hitze des Kochofens in der Küche kaum aushalten. Im Wohnzimmer brauchen wir fast gar kein Feuer, da ich gern an der offnen Tür sitze und das See-lüftchen genieße. Die Insekten fangen bereits an lästig zu werden, vorzüglich die schwarzen Fliegen, – ein abscheulicher Plaggeist, mit schwarzem Leibe und weißen Beinen und Flügeln; man fühlt in den ersten Minuten ihren Stich nicht, jedoch gibt er sich durch das aus der Wunde fließende Blut kund; nach einigen Stunden schwillt die verletzte Stelle an und wird äußerst schmerzhaft.

Diese Fliegen (*beasties*) beißen vorzüglich gern in die Seiten des Halses, in die Ohren und Wangen; und bei mir hielt die Geschwulst mehre Tage an. Die Musquitos sind ebenfalls unerträglich und noch unangenehmer ist mir das Geräusch, welches sie machen, als ihr Stich. Um sie vom Eindringen in das Haus abzuhalten, zünden wir kleine Häufchen feuchter Holzschnitzel an, deren Rauch sie vertreibt; indes ist dieses Mittel nicht so recht wirksam und an sich selbst lästig und unangenehm.

Jetzt ist die Zeit zum Fischfang. Unsre Seen enthalten den Masqui-nongé[71], Lachsforellen, Weißfische und manche andre. In dunkeln Nächten sehen wir oft von unsrer Türe aus die erleuchteten Nachen der Fischer auf ihrem Hin- und Herwege vorbeifahren. S – gilt als ein geschickter Speermann und nimmt so fleißig Teil an diesen Expeditionen, dass er selten eine günstige Nacht verfehlt. Je dunkler und stiller die Nacht ist, desto besser eignet sie sich zum Fischfang.

Es ist ein recht hübscher Anblick, die niedlichen Barken sich langsam aus einer kleinen Bucht der mit dunkeln Fichten bekleideten Ufer hervorstehlen und zwischen den Inseln auf den Seen manövrieren zu sehen; man erkennt sie trotz der Finsternis sehr leicht an dem hellen Schein, welchen der Jack – eine Art eiserner Korb, der an eine lange Stange am Bug des Schiffleins oder Canoes befestigt ist, über die Wasserfläche wirft. Dieser Drahtkorb ist mit einer sehr brennbaren Substanz, Kienholz, (*fat pine*) genannt, welche mit heller und starklodernder Flamme brennt oder auch mit zusammengeroll-ter Birkenrinde, ebenfalls ein sehr entzündbares Material, gefüllt.

---

71 Anm. des Verlags: Hierbei handelt es sich um eine andere Bezeichnung für die Fischart Muskellunge.

Das Licht von oben macht die Gegenstände unter der Wasserfläche deutlich sichtbar. Einer von den Fischern steht in der Mitte der Barke, mit seiner Harpune – einer Art eisernem Dreizack – bereit, den Fisch, welchen er in dem stillen Wasser unter seinen Augen vorbeigleiten sieht, zu durchbohren, während ein andrer mit der Ruderschaufel das Fahrzeug behutsam vorwärts steuert. Diese Jagd erfordert ein scharfes Auge, eine feste Hand und große Vorsicht von Seiten derer, die ihr nachhängen.

Mir macht es großes Vergnügen, diese Fischernachen mit ihrem lodernden Feuer so still die ruhige Wasserfläche durchschneiden zu sehen, welche auf mehre Schritte im Umkreise von einem hellen Lichtschimmer erleuchtet ist, der die Figur des in der Mitte des Bootes stehenden, bald nach der einen, bald nach der andern Seite blickenden und seine Waffe zum Stoß bereit haltenden Speermanns deutlich unterscheiden lässt. Zeigen sich vier oder fünf dieser erleuchteten Fahrzeuge zu gleicher Zeit auf dem Wasser, so ist die Wirkung überraschend und prächtig.

Die Indianer sind in dieser Art Fischerei sehr geübt und erfahren; die Squaws rudern ihre Nachen mit bewundernswürdiger Geschicklichkeit. Außerdem gibt es noch ein andres Verfahren zu demselben Behuf, worin diese Leute sich ebenfalls auszeichnen: ich meine das Fischen auf dem Eise, wenn die Seen zugefroren sind – ein Geschäft, welches viel Geduld erheischt.

Der Indianer, mit einem Tomahawk zur Öffnung des Eises, einem Speer, einem Betttuch oder Hemde und einem Lockfisch von Holz versehen, begibt sich an den ausersehnen Ort. Hat er ein Loch in das Eis gehauen, so legt er sich auf Hände und Knie nieder und wirft sein Betttuch über sich, um sowohl das Wasser zu verdunkeln als sich selbst zu verbergen; in dieser Lage verharrt er stundenlang, geduldig das Herannahen seiner Beute abwartend, die er, sobald sie im Bereich seiner Lanze erscheint, mit bewundernswürdiger Sicherheit durchbohrt.

Der auf die eben geschilderte Weise gefangene Masquinongé ist in Geschmack denjenigen überlegen, die später im Jahre gefangen werden, daher man ihn den Indianern gern abkauft, welche sich mit einer geringen Belohnung begnügen. Ich gab ein kleines Brot für einen Fisch, der achtzehn bis zwanzig Pfund wog. Der Masquinongé ist allem Anschein nach eine große Hechtart und besitzt die räuberischen Eigenschaften dieses Fisches.

Einer der schmalen Seen des Otanabee heißt der Forellensee, wegen der großen Menge von Lachsforellen, die darin hausen. Der Weißfisch kommt ebenfalls in diesen Gewässern vor und ist äußerst köstlich. Die großen Fischarten werden meistenteils mit der Lanze erlegt, nur wenige Leute in diesem Lande, wo es alle Hände voll zu tun gibt, haben Zeit zum Fischfang mit der Angel.

Sobald das Eis aufgeht, werden unsre Seen von zahllosen Flügen wilder Vögel besucht; einige Entenarten zeichnen sich durch ihr prächtiges Gefieder aus und sind von trefflichem Geschmack. Ich sehe diesen hübschen Tieren mit Vergnügen zu, wenn sie ruhig auf dem Wasser hinschwimmen, dann plötzlich auffliegen und längs dem Rande des mit Fichten gefranzten Ufers hinstreichen und sich dann wieder niederlassen, wie eine kleine vor Anker gehende Flotte. Bisweilen sieht man eine alte Ente ihre kleine Brut durch Schilf und Binsen führen; die unschuldigen weichen kleinen Dingerchen nehmen sich, wenn sie so um ihre Mutter herumsegeln, ganz allerliebst aus, aber beim geringsten Anschein von Gefahr tauchen sie sogleich unter und verschwinden. Die Frösche sind große Feinde der jungen Brut; desgleichen wird dieselbe häufig dem Masquinongé und wie ich glaube, auch andern großen Fischen, wovon diese Gewässer wimmeln, zur Beute.

Die Enten sind während der ersten Hälfte des Sommers äußerst wohlbeleibt, sie gehen zu dieser Zeit in ungeheuren Schaaren auf die grünen Reisfelder und werden von den noch grünen Pflanzen, die sie gierig verschlingen sehr fett.

Die Indianer sind im Entenschießen sehr glücklich, sie füllen ein Canoe mit grünen Reisern, so dass es einer Art schwimmender Insel gleicht; unter dieser Reiserdecke liegen sie verborgen und können, vermöge dieser List, weit näher an die scheuen Vögel herankommen, als dies andernfalls geschehen würde. Unsre Jäger machen ebenfalls häufig und mit großem Erfolg, von diesem Verfahren Gebrauch.

Eine Indianerfamilie hat ihre Zelte ganz in unsrer Nähe aufgeschlagen. Auf einer der Inseln in unserm See können wir den dünnen bläulichen Rauch ihrer Holzfeuer aus unsern Vorderfenster zwischen den Bäumen aufsteigen und sich in leichten Windungen über das Wasser kräuseln sehen.

Die Squaws haben mich mehre Male besucht, bisweilen aus Neugierde, bisweilen in der Absicht, ihre Körbe, Matten, Enten oder Wildbret, gegen Schweinfleisch, Mehl, Kartoffeln oder zur Kleidung gehörige Artikel zu vertauschen. Bisweilen muss ich ihnen den Kessel zum Kochen borgen, welchen sie mir jedes Mal pünktlich zurückgeben.

Eines Tages kam eine Indianerin, um ein Waschfass zu borgen, da ich aber ihre Sprache nicht verstehe, so konnte ich eine Zeitlang den Gegenstand ihres Begehrens nicht entdecken; indes hob sie einen Zipfel ihres Hemdes auf, deutete auf etwas in der Nähe liegende Seife, begann den Zipfel mit den Händen zu reiben und ahmte den beim Waschen üblichen Vorgang nach, dann lachte sie und zeigte auf ein Fass; endlich hob sie zwei Finger auf, um mir begreiflich zu machen, dass sie es zwei Tage lang zu behalten wünschte.

Dieses Volk scheint einen sanften und liebenswürdigen Charakter zu besitzen und so weit unsre Erfahrung reicht, ist es ehrlich. Eines Tages zwar erhielt der alte Jäger P e t e r etwas Brot von mir, wofür er ein paar Enten zu bringen versprach; als aber die Zeit der Zahlung kam und ich meine Enten verlangte, machte er ein betrübtes Gesicht und antwortete mit charakteristischer Kürze: „Keine Ente – Chippewa (damit meinte er S –, denn diesen Namen haben sie ihm aus Zuneigung gegeben), mit dem Canoe hinauf gegangen – kein Canoe – Ente mit der Zeit (*by and by*)“; *by and by* (mit der Zeit) ist ein Lieblingsausdruck der Indianer, womit sie eine unbestimmte Zeit bezeichnen, sie bedeutet eben so gut Morgen oder eine Woche, einen Monat, ein Jahr und darüber. Ein direktes Versprechen geben sie selten.

Da es nicht klug ist, sich betrügen zu lassen, wenn man es vermeiden kann, wies ich kalt jede fernere Aufforderung zum Tauschhandel mit den Indianern ab, bis meine Enten erschienen sein würden.

Einige Zeit darauf erhielt ich eine Ente durch einen Indianer namens M a q u i n , eine Art Galgenvogel; dieser Bursche ist ein buckliger Zwerg, sehr verschmitzt und ein wahrer kleiner Teufelsjunge; es scheint ihm großes Vergnügen zu machen die braunen kleinen Kinder in dem Wigwam zu necken oder die geduldigen Jagdhunde zu quälen. Er spricht das Englische sehr geläufig und schreibt als ein Indianerknabe ziemlich gut; er begleitet gewöhnlich die Weiber bei ihren Besuchen, dient ihnen als Dolmetscher und lächelt mit boshafter Freude zu dem schlechten Englisch seiner Mutter und meiner Verlegenheit, wenn ich ihre Zeichen nicht recht verstehe. Trotz seiner äußersten Hässlichkeit schien er mir einen guten Teil Eitelkeit zu besitzen, indem er sein Gesicht mit großer Selbstzufriedenheit im Spiegel betrachtete. Als ich nach seinem Namen fragte, antwortete er: „Indianischer Name M a q u i n , aber englischer Name M i s t e r W a l k e r , sehr guter Mann;“ dies war die Person, nach welcher man ihn getauft hatte.

Diese Indianer sind in ihrer Beobachtung des Sabbats sehr gewissenhaft und zeigen ein großes Widerstreben, an diesem Tage sich in irgendeinen Handel einzulassen oder ihren gewöhnlichen Geschäften, der Jagd oder dem Fischfang nachzugehen.

Die jungen Indianer sind sehr geschickt im Gebrauch eines langen Bogens mit hölzernen Pfeilen, die ziemlich schwer und an der Spitze stumpf sind. M a q u i n sagte mir, er könne Enten und kleine Vögel mit seinen Pfeilen schießen; indes scheinen sie mir wegen ihrer Schwere eben nicht geeignet, Gegenstände in großer Ferne zu erreichen.

Es ist angenehm, die Indianer sonntags abends ihre Hymnen singen zu hören; ihre reinen weichen Stimmen tönen eindrucksvoll durch die stille Nachtluft. Ich habe dem kleinen Chor dieser ihren Schöpfer in der Einfachheit und Inbrunst ihres Herzens preisenden Naturfinder oft mit Vergnügen gelauscht und ich fühlte einen heimlichen Vorwurf, indem ich die armen halb zivilisierten Wandrer allein sich versammeln sah, um das Lob des Allmächtigen in der Wildnis zu verkünden.

Die einfache Frömmigkeit der Frau unsers Freundes des Jägers P e t e r, einer stämmigen, schwarzbraunen Matrone von höchst liebenswürdigem Ausdruck gefiel mir ausnehmend. Wir tranken eben unsern Tee, als sie leise die Tür öffnete und hereinschaute; ein ermutigendes Lächeln bestimmte sie zum Eintritt, worauf sie eine braune Papouse (indianischer Name für Säugling oder kleines Kind) auf den Fußboden niederlegte und mit Neugierde und Entzücken in ihren Augen um sich blickte. Wir boten ihr etwas Tee und Brot an und winkten ihr, einen leeren Sitz neben dem Tische einzunehmen. Die Einladung schien ihr zu gefallen; sie nahm ihr Kleines auf den Schoß, goss etwas Tee in die Untertasse und gab dem Kinde zu trinken. Sie aß sehr mäßig, stand, als sie fertig war, auf, hüllte ihr Gesicht in die Falten ihres Umschlagetuchs, senkte ihr Haupt auf die Brust und betete. Dieser kleine Akt von Frömmigkeit verriet keine Spur von Scheinheiligkeit oder Heuchelei, sondern sprach ganz für herzliche Einfalt und Aufrichtigkeit. Hierauf dankte sie uns mit freudestrahlendem Gesicht und froher Laune, nahm ihre kleine R a c h e l in die Höhe und warf sie über die Schultern, mit einem Schwunge, der mich fürchten machte, dass die Arme des kleinen zarten Dinges dadurch ausgerenkt werden könnten, allein die Papouse schien mit dieser Behandlungsweise vollkommen zufrieden zu sein.

Bei langen Wanderungen werden die kleinen Kinder aufrecht in tiefe Körbe von eigentümlicher Form gesteckt und die Körbe durch Riemen von

Papousen

Rehleder um den Nacken der Mutter befestigt; aber der Säugling wird in eine Art flache und um das Herausfallen des zarten Inhalts zu verhindern, mit biegsamen Reifen oder Baststrängen umwundne Wiege gepackt. In dieser Maschine steckt er so fest, dass er kein Glied rühren kann. Die äußere Decke oder Umhüllung und die Binden, welche die Papouse einengen, sind mannigfaltig aufgeputzt.

An diese eigentümliche Wiege ist eine Schlinge oder ein Henkel befestigt, der um den Hals der Mutter geht; der Rücken des Kindes kommt auf den Rücken der Mutter zu ruhen und das Gesicht ist nach außen gekehrt. Das erste, was eine Squaw tut, wenn sie in ein Haus eintritt, ist, dass sie sich von ihrer Bürde befreit und dieselbe an eine Wand, einen Stuhl, Kasten oder jeden Gegenstand lehnt, der als Stütze dienen kann; und hier steht der passive Gefangene, einer Mumie in ihrem seltsamen Gehäuse nicht unähnlich. Ich habe das Bild der Jungfrau mit dem Jesuskinde in einigen alten illuminierten Messbüchern gesehen, wo letztres gerade wie eine Papouse in ihren Wickeltüchern und Bändern aussah.

Die Squaws zeigen sich gegen ihre Kleinen sehr zärtlich. Sanftmut und gute Laune scheinen die vorstechenden Züge in dem Charakter der Indianerinnen zu sein, ob ihnen dieselben angeboren und mit dem wilden Zustande gepaart oder durch die mildernden und sänftigenden Wirkungen des Christentums erzeugt und erworben sind, kann ich nicht sagen. Gewiss erscheint in keinem Fall die christliche Religion liebenswürdiger, als wenn sie sich, unbefleckt durch den Zweifel und Unglauben moderner Skeptiker, in der Handlungsweise der bekehrten Indianer entfaltet; sie zerbricht die Fesseln des Heidentums, verbannt das Böse und verbreitet die Früchte der Heiligkeit und Moralität. Die rohen Naturmenschen nehmen die Wahrheiten des Evangeliums wie Kinder mit unverdorbnem Herzen und ungeschwächtem Glauben an.

Die Squaws zeigen in manchen ihrer Handarbeiten großen Erfindungsgeist. Ihre Birkenrindenkörbe entsprechen vielen Zwecken auf das Vollkommenste. Mein Brotkorb, Messerbehälter, Zuckerkorb bestehen sämtlich aus diesem schlichten Material. Verzierte und mit gefärbten Federspulen gemusterte Körbe dieser Art sind, Sie können mir glauben, keineswegs unelegant. Die Squaws verfertigen allerlei Gefäße aus Birkenrinde so gut, dass man sie auf mancherlei Weise brauchen kann, z.B. zur Aufnahme von Wasser, Milch, Fleischbrühe und jeder andern Flüssigkeit; sie werden mit den zähen Wurzeln des Tamarak- oder Lärchenbaums oder auch mit Zederbaststreifen zusammengenäht oder vielmehr gestrickt.

Desgleichen verfertigen sie sehr brauchbare Körbe von der innern Rinde des Mattenholzes (*basswood*) und der weißen Esche. Einige dieser Körbe, von gröberer Sorte, werden zur Einsammlung von Kartoffeln, indianischem Korn oder weißen Rüben gebraucht. Die Ansiedler finden in denselben einen sehr guten Ersatz für die im alten Vaterlande üblichen Weidenkörbe.

Die Indianer sind im Besitz mancher Färbestoffe, womit sie ihre zierlichen Körbe und die Stachelschweinspuhlen färben. Unser Wohnstübchen ist mit verschiednen recht hübschen Artikeln ihrer Erfindung und Fabrik geschmückt, welche wir als Rutenfutterale, Briefkasten, Blumenvasen und Arbeitskörbe benutzen.

Sie scheinen indes nützliche Artikel höher zu schätzen als Gegenstände, die bloß zur Zierde dienen. In allen ihren Handelsgeschäften sind sie sehr schlau und eifrig und entfalten einen überraschenden Grad von Behutsamkeit in ihrem Tun und Treiben. Mit den Männern lässt sichs weit besser handeln als mit den Weibern; letztere zeigen sich in einigen Fällen äußerst hartnäckig. Haben sie ihre Wünsche auf irgend einen Artikel gerichtet, so kommen sie Tag für Tag und weisen alles andre, was man ihnen etwa anbietet, zurück. Eine von den Squaws hatte sich in einen bunten Zitzschlafrock meines Gatten verliebt und ob ich ihr denselben gleich rund abschlug, so kamen doch viele Squaws, eine nach der andern, um den „*Gown*" (Schlafrock), welches Wort sie mit einem eigentümlich klagenden[72] Ton aussprachen, zu bewundern; und als ich sagte: „Kein Schlafrock zu verkaufen", (*no Gown to sell*) so stießen sie einen melancholischen Klagelaut aus und gingen fort.

Nur selten verstehen sie sich dazu, einen Artikel, den man gerade notwendig braucht, zu verfertigen. Wünscht man Körbe von einem besondern Muster zu kaufen und haben sie nicht zufälligerweise dergleichen fertig, so erteilen sie die gewöhnliche unbestimmte Antwort: – „Mit der Zeit" (*by and by*). Wenn die Artikel, welche man ihnen für die ihrigen gibt, ihren Erwartungen nicht entsprechen, so sagen sie mit einem verdrüsslichen mürrischen Ausdruck in Blick und Stimme: – „*Car-car*" (Nein, nein) oder „Carwinni" was eine noch stärkere Verneinung ist. Gefällt ihnen dagegen das Geschäft, so geben sie ihre Zufriedenheit durch verschiedne bestätigende Winke und Kopfnicken und einen fast grunzenden Laut zu erkennen; Enten, Fische, Wildbret oder Körbe stellen sie vor den Käufer hin und nehmen dagegen die Tauschartikel in die weiten Falten ihrer Hemden oder Umschlagetücher

---

72   Anm. des Verlags: im Original „kagenden".

oder legen sie in eine Art von Binsenkoffer; nicht unähnlich jenen Stroh-körben, worin englische Zimmerleute ihre Werkzeuge tragen.

Die Weiber ahmen die Kleidung der Weißen nach. Manche der jungen Mädchen nähen sehr gut. Ich gebe ihnen oft Fleckchen Seide und Sammet oder Spitzen, wofür sie sich sehr dankbar zeigen.

Ich habe gegenwärtig sehr viel mit meinem Garten zu tun. Einige unsrer Sämereien sind bereits in der Erde, doch sagt man mir, dass ich etwas zu eilig gewesen; es seien zehn gegen eins zu wetten, dass die jungen Pflänz-chen durch die Spätfröste, welche sich oft den Mai hindurch, ja selbst noch zu Anfange Junis einstellen, umkommen werden.

Unser Garten hat vor der Hand noch nichts aufzuweisen, er ist nichts als ein mit einer rohen Latteneinfriedigung, zur Abwehr des Viehs von unsern Anpflanzungen, umgebnes Stück Land. Im nächsten Frühjahr hoffe ich ein hübsches Geländer darum und einige Beete mit Blumen bedeckt zu sehen. In gegenwärtigem Frühjahr gibt es so viel drängende Arbeit, um das Land zur Aufnahme der Saaten völlig zu lichten und zu reinigen, dass ich meine Ansprüche auf den Besitz eines Ziergartens gern in den Hintergrund tre-ten lasse.

Die Waldbäume sind ziemlich alle belaubt. Nie sah ich den Frühling schneller eintreten als in diesem Jahre. Das Grün der Blätter ist äußerst lebhaft. Tausend liebliche Blumen entfalten in den Wäldern und auf dem gelichteten Boden ihre zarten Blüten. Auch sind unsre kanadischen Sänger nicht stumm. Das lustige Gezwitscher des Rotkehlchens, die süßen Laute der Amsel und der Drossel nebst dem schwachen, aber nicht unangeneh-men Schlag eines kleinen Vogels namens T h i t a b e b e c und die liebli-chen Triller eines Zaunkönigs füllen unsre Wälder.

Was mich betrifft, so halte ich es weder für nötig noch weise, das Gute, was wir besitzen, zu tadeln, weil es nicht ganz für das Ersatz leistet, dessen wir uns früher erfreuten. Es ist meines Wissens unter den Reisenden lei-der die Mode eingerissen, zu behaupten, dass unsre gefiederten Schaaren teils stumm seien, teils höchst widrige, das Ohr zerreißende Töne aussto-ßen und mehr unangenehm als willkommener scheinen. Es würde eine Unwahrheit sein, wenn ich behaupten wollte, dass unsre Singvögel zahlrei-cher und melodienreicher seien als die europäischen; allein eben so wenig darf ich dulden, dass man mein neues Vaterland seiner Rechte beraubt, ohne ein Wort zur Verteidigung unsrer beflügelten Musiker zu sagen. Ja selbst den Fröschen Kanadas hat man, das Monotone ihrer Stimmen abge-

Grüne Frösche

rechnet, Unrecht getan, ihr Konzert erscheint mir in der Tat nicht ganz unmelodisch. Die grünen Frösche sind sehr schön, sie zeichnen sich durch braune eirunde Schilde auf dem lebhaftesten Grün aus; auch übertreffen sie an Größe die dicksten unsrer englischen Frösche und sind unstreitig weit schöner. Ihre Laute gleichen denen eines Vogels und haben nichts von jenem Geknarr in sich.

Die Ochsenfrösche sind von den grünen Fröschen sehr verschieden; anstatt über ihre seltsamen Töne ungehalten zu sein, kann ich mich vielmehr kaum des Lachens enthalten, wenn ein tüchtiger Kerl sein breites braunes Haupt hart am Wasserrande aus dem nassen Elemente hervor stößt und „W i l l i r o o, w i l l i r o o, w i l l i r o o" ruft, worauf ein andrer seines Gleichen an einer entfernten Stelle des Sumpfes in gröberen Accenten erwidert, „*Get out, get out, get out* (komm raus, komm raus, komm raus);" und gleich darauf lässt sich ein Chor von Alt und Jung vernehmen, gleichsam als suche jede Partei die andre zu überquäken.

In meinem nächsten Schreiben werde ich Ihnen einen Bericht von unsrer Klafterbiene (*logging bee*) geben, welche zu Ende dieses Monats stattfinden wird. Ich bin hinsichtlich der Verbrennung der geklafterten Holzhaufen auf dem brachliegenden Boden um unser Haus herum etwas besorgt, da mir die Sache gefährlich erscheint.

Ich werde Ihnen in Kurzem wieder schreiben. Leben Sie wohl.

Ochsenfrosch

Elfter Brief[73]

Welche Emigranten für Kanada passen. – Eigenschaften, die man besitzen muss, um eines günstigen Erfolgs gewiss zu sein. – Kapitalanlage. – Welche Artikel man wo möglich mit sich bringen muss. – Eigenschaften und Beschäftigungen einer Ansiedlerfamilie. – Mangel an Geduld und Energie bei einigen Frauen. – Besorgung der Milchwirtschaft. – Käse. – Indianisches Korn; seine Kultur. – Kartoffeln. – Arbeitslöhne.

August, 2, 1833

Die mancherlei Fragen, auf die Sie meine Aufmerksamkeit vorzüglich gerichtet wissen wollen, will ich, so gut es mir möglich ist, zu beantworten suchen, doch muss ich zu gleicher Zeit erinnern, dass Kürze im Briefschreiben eben keine meiner Haupttugenden ist. Sollte ich in Schilderung einfacher Tatsachen zu weitläufig werden, so müssen sie mit meiner Schwäche Nachsicht haben und es meiner weiblichen Schwatzlust zu Gute rechnen und sollte Ihr Auge dabei ermüden, so bleiben wenigstens Ihre Ohren verschont.

Ich will Ihre Fragen in derselben Ordnung beantworten, wie Sie dieselben an mich gerichtet haben. Zunächst wünschen Sie zu wissen, welche Art von Leuten sich am besten zu Buschansiedlern schickt.

Hierauf erwidre ich ohne Anstand: – Die armen, an harte Arbeit gewöhnten mäßigen Bauern, die sich durch Fleiß und Tätigkeit auszeichnen und für eine große Familie zu sorgen und einen lobenswerten Abscheu vor Arbeitshäusern und Bettelvogten haben; damit überwinden sie alle Mühseligkeiten und Entbehrungen, die mit einer ersten Ansiedlung in den Urwäldern verbunden sind und gelangen in kurzer Zeit zu einer ehrenvollen Unabhängigkeit, frei von Mangel – aber nicht von Arbeit und Betriebsamkeit. Handwerker jeder Art werden in den Dorfstädten (*village towns*) und seit langer Zeit gelichteten Distrikten besser bezahlt als bloße Buschsiedler.

---

73 Anm. des Verlags: im Original „Siebenter Brief". Anhand der Abfolge der anderen Briefe wird vermutet, dass es sich um den elften Brief handeln müsste.

„Welche eignen sich zunächst am besten zur Auswanderung?"

Leute von mäßigem Einkommen oder einem hübschen Kapital können in Kanada Geld gewinnen. Besitzen sie ein gesundes Urteil und können sie größere Summen verwenden, so werden sie durch gute Einkäufe und Wiederverkäufe ihr Kapital verdoppeln, ja selbst verdreifachen.

Allein noch besser wäre es, ich bezeichnete diejenigen, welche nicht zur Auswanderung taugen, als umgekehrt.

Der arme, an eine feine, zarte Lebensweise gewöhnte Gentleman, der nicht Arbeiter genug anstellen kann, um eine hinreichende Bodenfläche in urbaren Stand zu setzen und nicht selbst arbeiten mag, taugt nichts für Kanada, vorzüglich wenn seine Gewohnheiten kostspielig sind. Selbst der Mann, welcher ein kleines Einkommen hat, wofern er sich nicht dazu verstehen will, die Axt oder das Hackemesser in die Hand zu nehmen, wird es, sogar bei einer klugen und sparsamen Lebensweise nicht leicht finden, sich in den ersten zwei oder drei Jahren schuldenfrei zu erhalten. Manche der letztern Art sind indes vorwärtsgekommen, aber nicht ohne schweres Ringen.

Noch aber gibt es eine andre Klasse von Leuten, die nicht für die Wälder passt; dies sind die Weiber und Familien derjenigen, welche früher wohlhabende Krämer oder Handwerker und an den täglichen Genuss jedes Vergnügens, jedes Luxusartikels, welchen Geld verschaffen oder Mode erfinden konnte, gewöhnt waren; deren Begriffe von Glückseligkeit mit einem Kreise von Lustbarkeiten und Gesellschaften und allen Neuheiten, in Tracht und Unterhaltung, welche die feine Welt darbieten kann, unzertrennlich verbunden sind. Junge Dämchen, welche in vornehmen Pensionsanstalten erzogen worden sind und eine Verachtung gegen alles, was auf Nutzen und Ersparnis abzweckt, eingesogen haben, geben sehr schlechte Ansiedlerweiber ab. Nichts kann unglücklicher sein als die Lage so erzogner Personen in den Wäldern von Kanada; missvergnügt und missmutig über den unangenehmen Wechsel in ihrer Lebensweise, unzufrieden mit allen Gegenständen um sie her, finden sie jede Anstrengung lästig und jede Beschäftigung unter ihrer Würde.

Für Leute dieser Art (und leider stößt man nur auf zu viele in den Kolonien), ist Kanada das schlechteste Land von der Welt. Und ich wollte jedem, der weder Neigung noch die erforderlichen Eigenschaften dazu hat, abraten, den atlantischen Ozean hierher zu durchsegeln, denn er würde sicher elend, arm und unglücklich werden.

Der Emigrant, welcher in diesem Lande fortkommen, ja sein Glück machen will, muss folgende Eigenschaften besitzen: Beharrlichkeit, Geduld, Betriebsamkeit, Erfindungsgeist, Mäßigkeit, Selbstverleugnung und ist er ein Gentleman, so ist ein kleines Einkommen fast unerlässlich und ein reichliches noch wünschenswerter. Die Auslage für Ankauf und Urbarmachung von Grund und Boden, Anschaffung der nötigen Utensilien und Vorräte zur Unterhaltung einer Familie, Besoldung von Dienstboten, nebst manchen andern unvermeidlichen Ausgaben, können ohne Geldmittel nicht bestritten werden; und da der Bodenertrag in den ersten zwei oder drei Jahren nur gering ist, so würde es für einen Ansiedler ratsam sein, einige hundert Pfund mitzubringen, um sein Besitztum urbar zu machen und die eben erwähnten Ausgaben zu bestreiten, indem er sich andernfalls bald in große Schwierigkeiten verwickelt finden dürfte.

Jetzt zu Ihrer dritten Frage, „welches ist der vorteilhafteste Weg, sein Geld anzulegen, wofern man nämlich als Ansiedler mehr mit sich hierherbringt, als man für seinen Bedarf braucht?"

Hierüber kann ich natürlicherweise kein genügendes Urteil geben. Mein Gatte und seine Freunde, die mit dem Zustande und den Angelegenheiten der Kolonisten bekannter sind, sagen, man müsse sein Kapital gegen sichere Hypotheken auf Grundeigentum ausleihen. Der Ankauf von Land ist oft ebenfalls eine gute Spekulation, aber hinsichtlich des Gewinns nicht so bestimmt, da man keine Zinsen erhält; und wiewohl sie in Zukunft reichliche Früchte tragen dürfte; so ist es doch nicht immer leicht über den erkauften Grund und Boden, gerade wenn man dessen bedarf, vorteilhaft zu verfügen. Der Besitzer von mehren tausend Morgen Landes in verschiednen Gemeindebezirken kann oft wegen zwanzig Pfund Sterling in Verlegenheit geraten, wenn er diese plötzlich und unvorbereitet schaffen soll, daher es unratsam ist, sein ganzes Kapital auf die eben erwähnte Weise anzulegen.

Die Aufzählung der verschiednen Gelegenheiten, sein bares Geld vorteilhaft anzuwenden, würde mir schwerfallen. Es ist hier so wenig Geld im Umlauf, dass diejenigen, welche glücklich genug sind, dergleichen in Bereitschaft zu haben, fast alles, was sie wünschen, damit ausführen können.

„Welches sind die nützlichsten und notwendigsten Artikel, die ein Ansiedler wo möglich mitbringen muss?"

Werkzeuge, einen guten Vorrat an Kleidern und Schuhen, gute Betten, vorzüglich warme Bettdecken, da man dergleichen hier teuer bezahlen muss und sich doch in der Heimat zu weit billigeren Preisen, bei besserer Qualität, damit versorgen kann. Einen Vorrat guter Gartensämereien, da diejenigen, welche man bei den Produktenhändlern kauft, schlechtes Zeug sind; überdies sind letztere in Pakete gepackt, die man nicht eher öffnen darf, als nachdem man dafür bezahlt hat und leider pflegt man, wie es uns gegangen ist, nichts als Spreu, leere Hülsen und wurmstichige Samen für sein Geld zu erhalten. Dies ist, es tut mir leid, es sagen zu müssen, eine Betrügerei, die sich die Yankies erlauben; wiewohl ich nicht zweifle, dass John Bull (die gemeinen Engländer) bei sich darbietender Gelegenheit das Nämliche tun würde, denn Spitzbuben und Betrüger gibt es überall unter der Sonne.

Was Hausgerät und schwere Artikel aller Art anlangt, so tut man wohl, so wenig als möglich mitzunehmen. Eisenware ist hier nicht teuer oder vielleicht eben so wohlfeil als zu Hause und oft dem hiesigen Bedarf angemessener als die, welche man mit sich bringt; übrigens ist alles Landfuhrwerk teuer.

Wir verloren ein großes Paket Werkzeuge und waren nie im Stande, es von den Spediteuren[74] wieder zu erhalten, wiewohl wir die Fracht im Voraus zu Prescott bezahlen mussten. Das Beste ist daher, seine Güter zu versichern, in welchem Fall der Spediteur dafür verantwortlich ist.

Sie fragen mich, „ob Gewürze und andre zur Nahrung gehörige Haushaltartikel teuer oder wohlfeil sind?"

Dies ist je nach Ortslage und andern Umständen verschieden. In Städten und Dörfern, welche in längst urbargemachten Distrikten des Landes und nahe an Seen und schiffbaren Flüssen liegen, sind sie wohlfeiler als in der Heimat; allein in neu begründeten, von der Wasserkommunikation entfernten Gemeindebezirken, wo die Straßen schlecht sind und mithin der Gütertransport teuer ist, muss man fast das Doppelte dafür bezahlen. Wo die Produktion dem Bedarf nicht gewachsen ist, zufolge der Ansiedlung neuer Emigranten in spärlich angebauten Distrikten oder andrer Ursachen, werden alle Nahrungsmittel teuer verkauft und lassen sich überhaupt nicht so leicht erlangen. Allein dies sind bloß vorübergehende Übel, die bald ein Ende haben.

Konkurrenz macht die Preise in den kanadischen Städten eben so gut sinken als in England und man kauft jetzt Güter aller Art ziemlich eben so wohlfeil als in der Heimat.

---

74   Anm. des Verlags: im Original „Spediteurs".

Wo Preise von örtlichen Umständen abhängen, kann man keinen festen Maßstab geben; da das, was von der einen Stadt gilt, nicht auch auf eine andre angewendet werden kann und eine beständige Veränderung in allen bebauten oder halbbebauten Gemeindebezirken vor sich geht. Auf gleiche Weise sind die Viehpreise sehr verschieden, sie sind niedriger in alten Ansiedlungen und dies vorzüglich auf der amerikanischen Seite des Flusses oder der Seen, im Vergleich zu denen in den beiden Kanadas (Unter- und Oberkanada)[75].

Welche Eigenschaften muss die Frau eines Ansiedlers besitzen? Welches sind die gewöhnlichen Beschäftigungen des weiblichen Teils der Familie? „Sind Ihre nächsten Fragen."

Auf die erste erwidre ich: – Die Frau eines Ansiedlers muss tätig, fleißig, gewandt, erfinderisch und heitrer Laune sein; sie darf sich keiner Arbeit in der Hauswirtschaft scheuen und nicht zu stolz sein, um den Rat und die Erfahrung älterer Mitglieder der Gemeinde zu verschmähen, von denen sie manche treffliche Lehre praktischer Weisheit erhalten können.

Gleich jenem Muster aller guten Hausweiber, welches die kluge Mutter König L e m u e l s beschreibt, sollte man von der Gattin des Emigranten sagen können, „Sie legte ihre eine Hand an die Spindel und hielt mit der andern den Rocken, Sie suchte Wolle und Flachs und arbeitete willig mit ihren Händen; Sie besorgte fleißig ihre Wirtschaft und aß ihr Brot nicht umsonst."

Nichts spricht für einen größern Grad von gesundem Verstand und guten Gesinnungen als heitre und willige Fügung in die Umstände, wie sehr sie auch im Vergleich zu einem früheren Lose[76] zurückstehen mögen; gewiss wird niemand, der so fühlt und denkt, wie er fühlen und denken sollte, ein Frauenzimmer, wie zärtlich und vornehm es auch immer erzogen sein mag, deswegen verachten, weil es in den neuen Lebensverhältnissen, zu welchen es zu berufen, es Gott gefallen hat, redlich seine Pflicht erfüllt.

---

75 Die Einfuhrzölle von Gütern in den beiden Kanadas sind äußerst gering, woraus sich der Umstand erklärt, dass man daselbst manche Verbrauchsartikel an Orten, wo sich ihrem Transport keine erheblichen Schwierigkeiten von Seiten der Straßen entgegenstellen, weit billiger kaufen kann als in England; in den Urwäldern, wo man kaum angefangen hat, Straßen anzulegen, ist wegen des teuren Transports der größern Mäklerzahl, des größern Kapitalwertes und des damit in Verhältnis stehenden höhern Lokalprofites, u.s.w. alles weit teurer ist; was sich jedoch mit der fortschreitenden Kultur des Bodens ändern wird.

76 Anm. des Verlags: im Original „Loose".

Seitdem ich in dieses Land gekommen bin, habe ich die wohlerzognen, höchst gebildeten Töchter und Weiber von Männern, – sowohl See- als Landoffizieren – keineswegs niedern Ranges, kennenlernen, die ihre eignen Kühe melken, ihre eigne Butter bereiten und Arbeiten im Hauswesen verrichten, wozu sich wenige Pächterweiber verstanden haben würden. Anstatt diese nützlichen Beschäftigungen zu verachten, suchen manche Emigrantenfrauen vielmehr ihren Stolz darin, sich einiger Geschicklichkeit in dergleichen Dingen rühmen zu können. Je weniger dummen Stolz und je mehr praktische Kenntnisse eine Emigrantin mit sich bringt, desto eher darf sie und ihre Familie auf häusliches Glück und Gedeihen rechnen.

Ich bedaure, bemerken zu müssen, dass in manchen Fällen die weiblichen Familienglieder, welche hierher gekommen sind, sich dem Trübsinn hingeben und dadurch die Harmonie ihres häuslichen Herdes stören und die Energie ihrer Gatten und Bruder durch beständige nutzlose Klagen herabstimmen. Haben sie sich einmal entschlossen, ihren Gatten oder Freunden in dieses Land zu folgen, so wird es weiser und besser sein, sich mit gutem Anstand in die Umstände zu schicken und durch redliche Erfüllung ihrer Pflicht die Bürde der Auswandrung erträglich zu machen.

Eine arme Frau, die über das Elend des Landes klagte, musste doch anerkennen, dass ihre Aussichten viel besser wären als sie jemals in der alten Heimat gewesen. Was war denn aber eigentlich die Ursache ihrer Klagen und ihrer Unzufriedenheit? Ich konnte mich kaum des Lächelns enthalten, als sie sagte, dass sie Sonnabend abends nicht mehr in den Materialladen gehen könne, um für den Wochenlohn[77] ihres Mannes die nötigen Einkäufe zu machen und ein wenig mit ihren Nachbarn zu plaudern, während der Krämer seine Kunden bediene, – denn es gäbe ja leider im Busche keinen Kramladen und sie sei sozusagen lebendig tot. Wenn M r s . N . N . (mit der sie beiläufig gesagt, solange sie unter einem Dache lebten, beständig zankte), um sie gewesen, so habe sie sich doch nicht so ganz allein gefühlt.

Also aus Liebe zu einem gelegentlichen Geplauder, wobei sie sich mit dem Ellenbogen auf dem Verkaufstisch eines Dorfkramladens legen konnte; wollte diese alberne Frau die Vorteile, die wirklichen sichern Vorteile, aufgeben, Land, Vieh und Geflügel, gute Nahrung, eignes Obdach und Kleidung zu besitzen und alles dies als die Frucht angestrengter einige wenige Jahre

---

77 Anm. des Verlags: im Original „das Wochenlohn".

hindurch dauernder Arbeit, der sie sich, wie ihr Mann klüglich bemerkte, in der Heimat ebenfalls hätte unterziehen müssen und zwar mit keinem andern Ziel als ein durch Armut getrübtes Alter oder allenfalls eine Zuflucht gegen Hungerleiden in dem Arbeitshause ihres Kirchsprengels, im Auge.

Die weiblichen Glieder der mittlern oder bessern Klasse anlangend, so können sie den geselligen Kreis von Freunden und Verwandten, von denen sie vielleicht auf immer geschieden sind, nicht aus den Gedanken bringen; sie seufzen nach den kleinen häuslichen, von Eleganz und Verfeinerung des Lebens zeigenden Bequemlichkeiten, die sie in der Heimat um sich zu sehen gewohnt waren. Sie haben jetzt wenig oder keine Zeit für dergleichen Einrichtungen, die ihnen sowohl Beschäftigung als Unterhaltung gewährten. Die ihnen jetzt obliegenden Tätigkeiten sind von andrer Art: sie müssen im Zucker- und Seifesieden, im Bereiten und Backen großer Brote im Backkessel, wofern sie nicht so glücklich sind, einen steinernen oder Lehmofen zu besitzen, Geschicklichkeit und Erfahrung erwerben. Die Hausfrau muss sich mit der Hefenbereitung aus Hopfen für ihr Gebäck, mit dem Einsalzen von Fleisch und Fischen vertraut machen, sie muss Strümpfe, Handschuhe und dergleichen stricken, Garn mit dem großen Rade (dem französisch-kanadischen Spinnrade) spinnen, das Garn färben und zu Tuch und bunten Flanellen für Gatten und Kinder verweben, die Kleider für sich selbst, für Gatten und Kinder verfertigen lernen; denn im Busche gibt es weder Herren- noch Damenschneider.

Die Besorgung des Federviehs und der Milchwirtschaft darf nicht übergangen werden; denn hier zu Lande befolgt man meistens die irische oder schottische Methode, das ist, die Milch zu buttern, ein Verfahren, welches in unserm Teil von England unbekannt war. Ich meines Teils bin geneigt, der Rahmbutter den Vorzug zu geben, mir scheint Letztres ökonomischer, man müsste denn irische oder schottische Dienstleute haben; welche Buttermilch der süßen Milch vorziehen.

Gewiss hat jede von beiden Methoden ihre besondern Vorteile. Die Behandlung der Kälber ist hier sehr verschieden. Einige Ansiedler nehmen das Kalb gleich nach seiner Geburt von der Mutter und lassen es gar nicht saugen, das arme Tierchen muss die ersten vierundzwanzig Stunden hindurch fasten und wird hierauf mittels der Finger mit abgerahmter Milch gefüttert, die es bald mit großer Begierde zu sich nehmen lernt. Ich habe auf diese Weise Kälber sehr gut gedeihen sehen und bin Willens, den nämlichen Plan, als den am wenigsten beschwerlichen, zu verfolgen.

142

Die alten Ansiedler machen von einem entgegengesetzten Verfahren Gebrauch: sie lassen das Kalb, nämlich so lange saugen, bis es ein halbes Jahr alt ist, in der Meinung, dass dann sicherer auf den Milchertrag der Kuh zu zählen sei; da diese andernfalls bisweilen, vorzüglich wenn das Gras in der Nähe der Wohnstätte spärlich wächst, oft tagelang in den Wäldern umherschweift und man nicht nur die Benutzung der Milch verliert, sondern auch die Kuh, wegen der starken Ausdehnung des Euters, sich leicht wesentlich verlegt und dadurch wenigstens auf die Dauer der Melkzeit[78] unbrauchbar wird. Meiner Meinung nach würde es zur Vermeidung dieses Unfalls gut sein, wenn man seinem Vieh in der Nähe des Melkortes regelmäßig etwas Salz und eine kleine Quantität Futter, wenn auch noch so wenig, gäbe, weil sie dann selten lange ausbleiben würde. Kartoffelabgänge, die Blätter der alltäglichen Gartengemüse, nebst den obersten Schösslingen des indianischen Korns, welche man abschneidet, um das Bestocken der Pflanze zu befördern, bilden ein lockendes Futter für die Kühe und sichern ihre Rückkehr. Im Herbst und Winter befördern Kürbisse, Korn, Stroh oder irgendeine andre Futterart, die man gerade vorrätig hat, nebst dem Laube, das man von den gefällten Bäumen und Buschwerk erhält, ihr Gedeihen.

Den zu entwöhnenden Kälbern muss man abgerahmte Milch oder Buttermilch, nebst den laubigen Zweigen des Ahorns, wonach sie sehr begierig sind, geben. Ein warmer Schuppen oder eingefriedigter Hofraum ist dem Vieh während der strengen Wintermonate durchaus nötig; dies lässt man zu häufig unbeachtet, vorzüglich in neuen Ansiedlungen und daher trifft gar manchen Ansiedler der Unfall, dass er sein Vieh entweder durch Krankheit oder Kälte verliert. Von Natur ist das kanadische Vieh sehr robust und hart und trotzt, wofern man ihm nur einige Sorgfalt angedeihen lässt, selbst dem strengsten Winter; allein zufolge der Schwierigkeiten, welche sich einer ersten Ansiedlung im Busche entgegenstellen, sind die armen Tiere oft dem Hunger und der heftigen Kälte ausgesetzt, was ihnen eine oft verderbliche Krankheit, „H o h l - H o r n" (*Hollow Horn*) genannt, zuzieht.

Diese Krankheit geht vom Rückgrat aus und wird dadurch gelindert, dass man das Horn anbohrt und in die Öffnung Terpentin, Pfeffer oder andre erhitzende Substanzen einführt.

78　Anm. des Verlags: im Original „Melkezeit".

Hat ein neuer Ankömmling kein Winterfutter für sein Vieh, so tut er sehr wohl, es mit dem Eintritt des Herbstes zu verkaufen und im nächsten Frühjahr neues anzuschaffen; und wiewohl dies als ein Verlust erscheinen dürfte, so ist dieser doch gewiss weit geringer, als wenn man dasselbe ganz und gar verlöre. Diesen Plan befolgte mein Gatte und wir befanden ihn entschieden vorteilhaft und ersparten uns überdies manche Sorge, Störung und Plackerei.

Es sind mir einige gute Sorten hiesiger Käse zu Gesicht gekommen, die in der Tat alles Lob verdienen; insonderheit unsre Grasweide den britischen Triften bei weitem nicht gleichkommt. Ich will hierin meine Geschicklichkeit nächsten Sommer versuchen; wer weiß, ob ich dann nicht einen kanadischen Barden bestimmen dürfte, das Erzeugnis meiner Milcherei eben so zu verherrlichen, wie B l u m f i e l d den Suffolkkäse, B a n g zubenamt, verherrlicht hat. Sie erinnern sich doch der Stelle? – Denn B l u m f i e l d ist so gut Ihr Landsmann als der meinige – sie beginnt folgendermaßen: –

„Noch unerreicht o Giles ist dein Käse" u.s.w. Ich bin etwas lange bei der Milchwirtschaft stehen geblieben, da ich weiß, dass Sie alles, was Sie darüber erfahren können, Ihren Freundinnen mitteilen werden.

Sie ersuchen mich ferner um einige Nachrichten über die Kultur des indianischen Korns (Mais) und wünschen zu wissen, ob es eine nützliche und einträgliche Getreidefrucht ist.

Der Anbau des indianischen Korns auf neu gelichteten Boden ist sehr leicht und von wenig Arbeit begleitet; auf alten Feldern bedarf es deren mehr. Die Erde wird mit einer breiten Hacke geöffnet und drei oder vier Körner werden, nebst einem Kürbissamen ungefähr in jedes dritte oder vierte Loch und in abwechselnden Reihen, eingestreut; die Löcher müssen mehre Fuß voneinander abstehen. Kürbisse und Korn wachsen ganz verträglich miteinander auf, die breiten Blätter der erstern beschatten die jungen Kornpflänzchen und verhindern die zu große Verdünstung der Feuchtigkeit vom Boden; ihre Wurzeln verbreiten sich nicht allzu weit, so dass sie dem Korn nur sehr wenig Nahrung entziehen. Die eine Pflanze rankt sich zu einer erstaunlichen Länge an der Erde hin, während die andre mehre Fuß hoch darüber emporschießt. Sobald das Korn anfängt, sich zu verästeln, muss man den Boden nochmals durchschaufeln, um mehr Erdreich an die Wurzeln zu bringen und außerdem das der Saat nachteilige Unkraut ausjäten. Dies ist die ganze Arbeit, bis sich die Ähre anfängt zu bilden, wo die tauben und schwachen Schösslinge abgebrochen und nur vier oder fünf der kräftigsten und fruchtbarsten übrig gelassen werden. Sobald die seidenartigen Fäden braun werden und absterben, muss man sie entfernen, damit alle Nahrung den Körnern zufließe.

Wir hatten in letztem Sommer ein merkwürdiges Beispiel von Ruß an unserm Korn, die kranken Kolben hatten große weiße Blasen (Blattern), so dick wie kleine Bovist oder große Haselnüsse und diese waren, als man sie aufbrach, mit einer tintenartigen schwarzen Flüssigkeit gefüllt. An den nämlichen Pflanzen konnte man eine regelwidrige Befruchtung wahrnehmen: dem Kolben fehlten die Körner, welche durch einen eigentümlichen Zufall auf die Quaste oder männlichen Blumen versetzt waren. Botaniker mögen die Ursache dieser seltsamen Abweichung von der Regel erklären, ich berichte bloß die Tatsachen. Ich konnte nicht erfahren, ob der Ruß eine dem indianischen Korn gewöhnliche Krankheit ist, aber im letzten Jahre kam derselbe, hier zu Lande und vorzüglich in unsrer Gegend auch Staubkleien (*dust-bran*) genannt, an der Gerste und dem Weizen ziemlich häufig vor; überhaupt ist zu bemerken, dass Staaten auf neu urbar gemachten Boden dieser Krankheit am meisten ausgesetzt sind[79].

Die reifen Körner werden entweder von dem Kolben abgeklaubt, wie die Bohnen oder Erbsen bei uns oder man reiht und flicht die Kolben an Stränge wie die Zwiebeln und hängt sie an Stangen oder an den Dachsparren auf den Getreideböden und in den Scheunen auf. Das Abstreifen der Körner von den Kolben gibt zu einer geselligen Versammlung Anlass, welche *husking bee* (die enthülfende Biene) heißt und wie alle übrigen Bienen, von den Yankies herrührt, gegenwärtig aber unter der unabhängigeren und besseren Ansiedlerklasse nicht mehr so häufig wie früher stattfindet.

Das indianische Korn ist eine zarte und etwas unsichere Saat; jung leidet es häufig durch Frost, daher man es nie vor dem 20. Mai oder zu Anfange Junis säet, und selbst dann ist es noch nicht ganz sicher, auch hat es manche Feinde, als Bären, Waschbären, Eichhörnchen, Mäuse und Vögel und ist eine große Lockung für umherschweifendes Vieh, das, um dazu zu gelangen, selbst Einfriedigungen von hölzernen Pfählen, spanische Reiter und andere dergleichen Dinge, die man zum Schutz der Saat aufgestellt hat, umstürzt.

Selbst in Kanada bedarf diese Getreideart einen heißen Sommer, um zur vollkommnen Reife zu gelangen. Daher glaube ich, dass C o b b e t t

---

79 Anm. des Verlags: siehe Dritter Anhang Anmerkung 3.

unrecht hatte, als er den englischen Landmann zum Anbau im Vaterlande das indianische Korn als eine sehr einträgliche Getreidefrucht empfahl. Sehr einträglich und mehlreich ist es bei uns jedenfalls, indem es für alle Arten körnerfressernder Tiere eine sehr reiche und angenehme Nahrung abgibt, und zwar selbst solange es noch grün ist und in reifem oder halbreifem Zustande zur Mästung der Haustiere und Fütterung der Lastochsen sich trefflich eignet.

Der letzte Sommer war sehr günstig, die Saat gedieh auf das Üppigste, leider aber hatten nur wenige Ansiedler, in Folge des Missratens in den beiden vorher gehenden Jahren, diese Getreideart angebaut. Unser kleines Fleckchen lieferte eine reiche Ernte. Das Mehl gibt einen nahrhaften Brei, von den Amerikanern „S u p p o r n e " genannt, er wird mit Wasser bereitet und mit Milch genossen oder auch mit Milch vermischt. Er muss lange kochen. Brot wird nur selten oder niemals ohne einen reichlichen Zusatz von feinem Weizen- und Brotmehl daraus gebacken.

Was die Kultur andrer Getreidesorten anlangt, so kann ich Ihnen darüber nichts mitteilen, was Sie nicht in jedem Werke über Auswanderung finden. Die Kartoffel wird nicht in Löcher gesteckt, sondern in kleine Erdhügel, die man darüber häufelt, die Kartoffelfelder müssen durchschaufelt und von Unkraut gereinigt werden.

Was den gewöhnlichen Betrag der Arbeitslöhne anlangt, so richtet sich derselbe ebenfalls nach der größeren oder geringeren Bevölkerung des Ortes, wo man sich angesiedelt hat; im Allgemeinen indes erhält ein tätiger kräftiger Mann acht bis eilf Dollar monatlich; zehn Dollar also könnte man als Durchschnittssumme annehmen, junge Burschen (Handlanger) erhalten vier bis sechs und weibliche Dienstboten drei bis vier Dollar. Man kann auch junge Mädchen von neun bis zwölf Jahren bloß für Kleidung und Kost in Dienste nehmen, allein dies ist keineswegs ein Ersparnis, da Kleider und Schuhe sehr bald zerrissen sind und durch neue ersetzt werden müssen. Ein starkes Mädchen vermietet sich für zwei bis drittehalb Dollar monatlich und arbeitet, wird es verlangt, auch auf dem Felde, wo sie Korn und Kartoffeln behäufelt und jätet, in der Ernte die Garben binden hilft u.s.w. Ich habe ein sehr gutes Mädchen, die Tochter eines Emigranten von Wiltshire; sie ist sauber und verständig, höflich und fleißig und erhält dabei nur drei Dollar monatlich; sie gehört zu den glücklichen Beispielen aus der niedern Klasse englischer Auswandrer und ihre Familie kann für den Bezirk, worin sie lebt, als ein wahrer Gewinn betrachtet werden.

Ich glaube jetzt alle Ihre Fragen nach meiner besten Überzeugung beantwortet zu haben. Allein ich erinnere dabei, dass meine Erfahrung sich bloß auf einen kleinen Teil der Gemeindebezirke längs den Otanabeeseen beschränkt, mithin darf mein Bericht hinsichtlich seiner Gültigkeit bloß als örtlich gelten. Die Sachen können sich in andern Distrikten der Provinz anders verhalten, wenn sie auch vielleicht nicht wesentlich verschieden sind.

Ich muss Ihnen jetzt Lebewohl sagen. Sollten Sie sich jemals veranlasst fühlen, Ihr Glück diesseits des atlantischen Ozeans zu versuchen, so versichere ich Sie im Voraus des herzlichsten Empfanges in unserm kanadischen Hause.

Ihre Ihnen aufrichtig ergebne Freundin.

Zwölfter Brief

EINE „KLAFTERBIENE". – VERBRENNUNG DER GEKLAFTERTEN HAUFEN. – WIRTSCHAFTSSYSTEM. – PREIS DES WEIZENS IM VERGLEICH ZU DEM ARBEITSLOHN. – WAHL DES BODENS UND VERHÄLTNISMÄSSIGE VORTEILE. – LICHTUNG DES BODENS. – ORKAN IN DEN WÄLDERN. – VERÄNDERLICHE WITTERUNG. – INSEKTEN. –

November 2, 1833

Vielen, vielen Dank Teuerste Mutter für den Inhalt der Schachtel, die im August anlangte. Ich war voller Freude über die niedlichen Mützchen und gewirkten Käppchen, die Sie mir für mein Knäbchen gesendet haben, der kleine Kerl nimmt sich in seinem Anzuge ganz allerliebst aus, ja ich möchte behaupten, er sei sich der Vermehrung seiner Garderobe bewusst, so stolz scheint er auf seine neuen Kleider. Er wird recht rund und lebhaft und Sie können sich wohl vorstellen, mit welcher Zärtlichkeit und welchem Gefühl von Stolz das Herz seiner närrischen Mutter an ihm hängt.

Sein Papa, der ihn eben so sehr liebt, als ich, lacht oft über meine grenzenlose Zärtlichkeit und fragt mich, ob ich ihn nicht für das neunte Wunder der Welt halte; er hat auf dem Handschlitten für ihn einen Kasten befestigt, der nicht viel besser ist als eine Teekiste und mit einem schwarzen Bärenfell gefüttert; hierin sitzt der kleine Bursche ganz behaglich und hat sich schon mancher Fahrt über den gefrornen Boden erfreut.

Nichts konnte uns erwünschter kommen als das Legat meines Onkels, es hat uns in den Stand gesetzt, manchen nützlichen Ankauf für unsre Meierei zu machen, was andernfalls erst nach Verlauf manches Jährchens würde haben geschehen können. Für einen Teil davon haben wir ein Stück Land gekauft, welches nicht weit von unserm Hause liegt. Die Beschaffenheit dieser neuen Parzelle ist vortrefflich und erhöht durch ihre Lage den Wert des ganzen Besitztums.

Mit dem Verbrennen der gefällten und geklafterten, das ist, der Länge nach gespaltenen und mittels Ochsen in Haufen vereinigten Bäume auf dem gelichteten Boden kamen wir in diesem Sommer trefflich zu Stande. Um schneller damit fertig zu werden, ruften wir eine Biene (*logging bee*) zusammen. Viele Ansiedler folgten unsrer Aufforderung und eilten uns mit Ochsen und Leuten zu Hülfe. Nachdem dies vorüber, das ist, das Holz geklaftert war, setzte mein Gatte mit Hülfe der männlichen Dienstleute die gewaltigen Haufen in Flammen und ein prächtiges Schauspiel war es, rings umher den verheerenden Brand zu sehen. Ich war anfangs etwas unruhig und besorgt, indem einige Holzstöße sich unserm Hause ziemlich nahe befanden, indes braucht man stets die Vorsicht, sie nur, wenn der Wind in der Richtung vom Hause abwärts bläst, anzuzünden. Es haben sich bisweilen Unfälle ereignet, allein sie kommen doch weit seltner vor als man erwarten sollte, wenn man das leichte Umsichgreifen und die Wut des furchtbaren Elements bei dergleichen Gelegenheiten berücksichtigt.

Ist das Wetter sehr trocken und bläst ein scharfer Wind, so schreitet das Werk der Zerstörung mit erstaunlicher Schnelligkeit vorwärts; bisweilen teilt sich das Feuer dem Forste mit und läuft über mehre hundert Morgen weg. Dies gilt als kein günstiger Umstand für Lichtung und Urbarmachung des Bodens, da die Flammen das Gebüsch und weiches leichtes Holz verzehren, was zur Sicherung eines guten Brandes beiträgt. Bei alle dem ist es ein prächtiger Anblick, die flammenden Bäume zu sehen und die grauenvollen Fortschritte des um sich greifenden, alles verzehrenden und den Waldwuchs auf mehre Jahre vernichtenden Elementes zu beobachten.

Ist der Boden sehr trocken, so läuft das Feuer in allen Richtungen darüber, das dürre Laub, Reisig und die Wurzeln zerstörend. In der Nacht ist die Wirkung noch sichtbarer; bisweilen weht der Wind brennende Reiser und dergleichen in die hohlen Fichten und verwitternden Stummel, diese fangen sehr bald Feuer und bieten dem Auge ein Schauspiel dar, welches äußerst schön und seltsam ist. Feuersäulen, deren Basis in dichte Rauchwirbel gehüllt ist, zeigen sich in jeder Richtung und senden dichte Funkenschauer aufwärts, welche, durch den Wind umhergewirbelt, wie Schwärmer und Feuerräder erscheinen. Einige von diesen hohen Stummeln nehmen sich, wenn das Feuer ihre Spitze erreicht hat, wie Gaslaternenpfähle aus. Das Feuer dauert bisweilen tagelang nacheinander fort.

Nachdem es erlöscht ist, werden die Brände[80] gesammelt, in Haufen gelegt und nachmals angezündet; und so befremdend es Ihnen vorkommen mag, – ich möchte behaupten, es gebe kein interessanteres und aufregenderes Werk als das Errichten der Holzhaufen, das Aufstören und Einschließen der sterbenden Flammen und ihre Ernährung durch frisches Brennmaterial.

Es finden stets zwei dergleichen Verbrennungen statt, zuerst nämlich werden die Reisighaufen, welche den Winter über unversehrt gelegen haben, nachdem sie durch die trocknenden Stürme und die heiße April- und Maisonne gehörig ausgedörrt sind, in Flammen gesetzt, dies geschieht jedes Mal vor Klafterung der Baumstämme.

Ist das Wetter trocken und bläst ein lebhafter Wind, so wird viel von dem leichteren Holze verzehrt und die größeren Bäume werden zu gleicher Zeit zerkleinert. Nachdem dies vorüber ist; wird das Übrige für das zweite Feuer gefällt, geschnitten und gehäuft; endlich sammelt man die Brändte und unverzehrten Überbleibsel, um sie ebenfalls dem Feuer zu überliefern, bis der Boden von allen Hindernissen, mit Ausnahme der Baumstummel, welche selten mit verbrennen und mehre Jahre hindurch ein wahrer Dorn für das Auge bleiben, befreit ist. Hierauf wird die Asche umhergestreut und das Feld mit gespaltnen Baumstämmen eingefriedigt – der Boden ist jetzt gelichtet und urbar.

Unsre Aussaat in diesem Jahre besteht in Hafer, indianischem Korn, Kürbissen, Kartoffeln und etwas weißen Rüben; nächsten Herbst werden wir Weizen, Roggen, Kartoffeln und indianisches Korn haben und dadurch im Stande sein, unsern Viehstand zu vermehren. Gegenwärtig haben wir bloß ein Joch Ochsen: B u c k und B r i g h t , (die Namen von drei Vierteln[81] aller Zugochsen in Kanada), zwei Kühe, zwei Kälber und

---

80 Anm. des Verlags: im Original „Brändte".
81 Anm. des Verlags: im Original „Vierteilen".

zwei kleine Schweine, zehn Hühner, drei Enten und einen niedlichen brauen Klepper[82], welcher aber leider ein so geschickter Springer ist, dass er fast über jede Einfriedigung wegsetzt, daher wir uns wohl von ihm werden trennen müssen.

Alles Vieh, das sich gern losreißt und umherstreift, ist ein bedeutender Friedenstörer und löst manche nachbarliche Freundschaft auf, weshalb jeder Ansiedler, dem es auf ein gutes Vernehmen mit seinen Nachbarn ankommt, dergleichen Vieh und wenn es übrigens noch so brauchbar wäre, lieber veräußert.

Ein kleiner Pächter im Mutterlande dürfte eben keine hohe Meinung von unsern kanadischen Besitzungen hegen, besonders wenn ich hinzufüge, dass unsre ganzen Ackergerätschaften aus zwei Sensen, verschiednen Äxten, einem Spaten und einigen Hacken bestehen. Hierzu kommt noch eine seltsame Art von Egge, in Gestalt eines Dreiecks, um besser zwischen den Baumstummeln durchkommen zu können. Dies ist im Vergleich mit den neu angestrichnen Werkzeugen der Art, welche ich in England gesehen habe, eine grobe Maschine. Ihre einzelnen Teile sind roh zugehauen und ohne Rücksichtnahme auf ein gefälliges Äußere miteinander verbunden; die möglichste Tauglichkeit ist alles, worauf man hier sieht. Der Pflug kommt selten vor dem dritten oder vierten Jahre ins Land, auch ist dies nicht erforderlich; der allgemein übliche Feldwirtschaftsplan, den neuerdings urbar gemachten Boden mit Weizen oder Hafer und außer dem Getreide, mit Grassämereien zu besäen, (letzteres, um Weide für das Vieh zu erhalten), macht den Pflug nicht eher nötig, als bis die Zeit eintritt, wo das Grasland aufgerissen werden muss. Diese Methode verfolgen die meisten Ansiedler, solange sie mit Lichtung des Waldbodens beschäftigt sind; sie lichten stets so viel, als zur Unterhaltung einer regelmäßigen Aufeinanderfolge von Weizen- und Frühlingssaaten erforderlich ist, während sie das früher gelichtete Land mit Gras besäen.

Der niedrige Preis, wofür jetzt fast jede Getreidesorte zu haben ist – der Scheffel (*Bushel*) Weizen kostet nur zwei Schillinge vier Pence bis höchstens vier Schillinge – macht seine Kultur weniger wichtig als die Aufziehung und Mästung von Vieh. Die Arbeitslöhne stehen mit dem Preis der Erzeugnisse in keinem Verhältnis; ein Arbeiter erhält zehn, ja sogar eilf Dollar monatlich, nebst Kost; während der Weizen, wie bereits

---

82 Anm. des Verlags: laut Duden handelt es sich hierbei um ein „ausgemergeltes Pferd".

gezeigt worden, nur drei Schillinge, drei Schillinge und sechs Pence oder vier Schillinge, ja bisweilen nicht einmal so viel gilt. Der Ertrag wird wenig oder nicht mit der Auslage verglichen, welche die Bestellung des Bodens erheischt, übrigens bringt das Land auch nicht den großen Überfluss hervor, den manche von neu urbar gemachtem Boden zu erwarten pflegen. Der Ertrag muss indes, je nach Lage und Fruchtbarkeit der Felder, die in der Regel in der Nähe der Flüsse und Seen weniger produktiv sind, als etwas weiter davon entfernt, weil der Boden daselbst entweder morastig oder steinig, mit Fichten oder mit Kalkstein- und Granitblöcken bedeckt und der Unterboden arm und sandig ist, verschieden ausfallen.

Dies ist der Fall an den kleinen Seen und an den Ufern des Otanabee; die davon entfernt liegenden Parzellen sind gemeiniglich von weit bessrer Beschaffenheit, sie tragen hartes Holz, z.B. Eichen, Ahorn, Buchen, Eisenholz u.s.w., welche Bäume stets einen fruchtbarern Boden verraten, als die Familie der Nadelhölzer.

Trotz der geringeren Bodenbeschaffenheit wird beim Ankauf von Land doch ein Wasservordergrund als eine Sache von großer Wichtigkeit betrachtet; und Parzellen mit Wasserbenutzung stehen gewöhnlich in weit höherem Preise als solche, die weiter davon entfernt sind. Erstere sind im Allgemeinen im Besitz der Ansiedler höheren Ranges, die noch etwas extra für eine gute Lage und die Aussicht künftiger Verschönerungen, wenn das Land sich unter einem höheren Kulturgrad befinden und dichter bevölkert sein wird, zahlen können.

Wir können nicht anders als mit unendlicher Zufriedenheit die wenigen Morgen Landes betrachten, welche im Umkreise unsers Hauses gelichtet und mit Saaten bedeckt sind. Ein Platz dieser Art inmitten des dichten Waldes erfüllt das Herz mit einer Wonne, wovon diejenigen, welche in einer offnen oder auch nur teilweise bewaldeten Gegend wohnen, keine Vorstellung haben können. Die hellen Sonnenstrahlen und der blaue Himmel, die, nicht mehr durch ein dichtes Laubdach zurückgehalten, frei und ungehindert auf uns hereinbrechen, laben das Auge und erfreuen das Herz gewiss eben so sehr, als der kühle erquickende Schatten eines Palmenhains den armen abgematteten Wandrer in der afrikanischen Wüste labt und erquickt.

Wenn wir dies so merklich fühlen, die wir uns der Aussicht auf einen offnen See gerade vor unsern Frontfenstern erfreuen, wie müssen diejenigen tun, die für ihre Niederlassung nur erst ein kleines Fleckchen im Herzen

des Waldes gelichtet haben, die ringsum von einer dichten Baumwand eingehemmt sind, deren endlose Schatten, welche das Auge, in Aufsuchung
andrer Gegenstände und Szenen, vergebens zu durchdringen strebt; denn
so dicht stehen die Bäume, dass alles, außer der gelichteten Stelle, in dichtes Dunkel gehüllt ist. Ein Ansiedler, der sich zuerst auf der ihm zu Teil
gewordnen Parzelle niederlässt, weiß nicht mehr von ihren Grenzen und
natürlichen Zügen als von der nordwestlichen Durchfahrt.

Unter solchen Übelständen kann es vielleicht unter zehn Fällen nur
einmal treffen, dass der Ankömmling die beste Lage für sein künftiges
Haus wählt. Dies ist ein sehr hinreichender Grund, nicht eher ein größere Unkosten erforderndes Haus zu bauen, als bis das Land zur Genüge
gelichtet ist, so dass die Vorteile und Nachteile der dafür zu erwählenden
Stelle besser ins Auge fallen. Manche zu dem in Rede stehenden Behuf
vorzüglich geeignete Stellen bieten sich oft dem Auge des Ansiedlers, während er in Lichtung seines Bodens fortfährt, dar und lassen ihn bedauern,
dass er sein Haus an einem Platze erbaut hat, den er noch nicht kennen-
gelernt hatte. Allein Umstände verstatten selten, den Hausbau im Busche
aufzuschieben; eine Wohnung muss so schnell als möglich errichtet werden und dies gewöhnlich auf dem ersten gelichteten Acker. Der Emigrant
tröstet sich indes dabei mit der Zukunft, er hofft auf eine nicht allzuferne
Periode, wo er durch Aufführung einer schönern und bessern Wohnstätte
als sein Blockhaus (Loghaus) oder seine Shanty ist, die er bloß als einstweiliges Obdach betrachtet, sowohl seinem Geschmack als seiner Liebe
zur Bequemlichkeit wird genügen können.

Bei meiner ersten Ankunft in diesem Lande überraschte mich nichts
mehr als der völlige Mangel an Bäumen um die Wohnhäuser und auf dem
gelichteten Boden, die Axt des Holzfällers stürzt unermüdlich alles vor
sich nieder. Der Mensch scheint mit den Bäumen des Waldes zu kämpfen,
gleichsam als wären sie seine schädlichsten Feinde; denn er schont weder
das junge Bäumchen in seinem jugendlichen Grün noch den bejahrten
Stamm in seinem hohen stattlichen Wuchse; er kriegt gegen den Forst mit
Feuer und Stahl.

Es lassen sich für diesen anscheinenden Mangel an Geschmack verschiedne Gründe angeben. Die Waldbäume wachsen so dicht nebeneinander, dass es ihnen an Raum gebricht, sich auszubreiten und Seitenäste
zu entsenden; im Gegenteil schießen sie zu einer beträchtlichen Höhe
empor, nicht unähnlich jungen Saatpflanzen in einem Treibbeete, die

nicht gehörig gedünnt worden sind. Dergleichen Bäume sind schlank und schwach und entbehren völlig jener angenehmen Umrisse und jener schönen Laubkrone, die sie als eine Verzierung der Landschaft wünschenswert machen würde; allein dies ist noch nicht der dringenste Grund zu ihrer Entfernung, vorausgesetzt, dass unter ihnen doch manche von nicht eben ungefälligen Formen vorkommen mögen.

Anstatt tiefe Wurzeln zu treiben, haben die Waldbäume mit Ausnahme der Fichten nur einen sehr oberflächlichen Halt in der Erde; die Wurzeln laufen an der Oberfläche des Bodens hin und haben daher nicht Kraft genug, den Stürmen zu widerstehen, welche gegen die Wipfel wüten und diese wirken so als mächtige Hebel, um sie aus dem Erdreich heraus zu reißen.

Je höher und schlanker der Baum ist, desto leichter wird er von den Stürmen entwurzelt; und wenn selbst diejenigen fallen, welche im Herzen des Waldes stehen und von allen Seiten eingehemmt sind, so kann man über das gewisse Schicksal eines einzeln stehenden, seiner früheren Beschützer beraubten Baumes, sobald er gegen den Sturm kämpfen soll, nicht zweifeln. Er muss fallen und kann dann leicht durch seinen Sturz in der Nähe befindliches Vieh beschädigen; dies ist der wichtigste Grund, warum man nicht einzelne Bäume auf dem gelichteten Boden stehen lässt. Übrigens ist es nicht so leicht, bei Lichtung des Waldes diesen oder jenen Baum zu schonen, als ich mir dies anfangs dachte; der Fall eines Baumes zieht oft den von zwei, drei oder mehren kleineren, die in der Nähe stehen, nach sich. Ein geschickter Holzfäller sucht dies so sehr als möglich zu befördern, indem er kleine Bäume in der Richtung, in welcher er einen großen zu fällen beabsichtigt, nur zum Teil durchschneidet.

Ich wünschte sehr, einige hübsche Buchenbäumchen, die mir gefielen, zu erhalten und bat daher die Holzfäller, dieselben wo möglich zu verschonen. Allein der einzige, welcher der zerstörenden Axt entging, musste bald eine Feuerprobe bestehen, wodurch seine frischen grünen Blätter augenblicklich welk und versengt wurden; er steht jetzt als ein trauriger Beweis der Unmöglichkeit da, dergleichen von der Axt verschonte Bäume zu erhalten. Das Einzige, was man tun kann, wenn man Bäume in der Nähe seines Hauses zu haben wünscht, ist, dass man junge dergleichen in günstigen Lagen anpflanzt, wo sie tief einwurzeln und ihre Äste eben so ausbreiten können, wie die Bäume in unsern Parken und Hecken.

Ein andrer Plan, den wir auf unserm Boden zu verfolgen Willens sind, ist, mehre Acker Wald in passender Lage stehen zu lassen, die alten Bäume als Brennholz von Zeit zu Zeit herauszuschlagen und den jungen Wuchs als Zierde zu verschonen. Dieses Verfahren, ein Wäldchen zu erhalten, unterliegt nicht den früher dagegen gemachten Einwürfen und vereinigt das Nützliche mit dem Schönen.

Man fühlt sich, sieht man eine der gigantischen Eichen oder Fichten fällen, seltsam erregt. Stolz und unbeweglich scheinen sie zuerst dem Hagel von Axtschlägen; die von drei oder vier Holzfällern gegen ihren Stamm geführt werden, zu trotzen. Allein nachdem das Werk der Zerstörung eine Zeitlang gedauert hat, nimmt man alsbald eine leichte Bewegung – ein fast unmerkliches Zittern der Äste wahr. Ganz langsam und allmählich beginnt der Waldriese, sich zu neigen, während das laute Krachen des Stammes endlich anzeigt, dass sein letzter Halt in der Erde aufgehört hat. Die Axt des Holzfällers hat ihre Pflicht getan; die Bewegung des stürzenden Baumes wird mit jedem Augenblick beschleunigt, bis er unter donnerartigem Geprassel, welches die Erde erschüttert, während die benachbarten Bäume erbeben und sich vor ihm neigen, zu Boden sinkt.

Obschon entschieden weniger windig als unsre britischen Inseln, wird Kanada doch zu Zeiten von plötzlichen Stürmen, die sich bisweilen fast dem Orkan und der sogenannten Windsbraut nähern, heimgesucht. Eine Schilderung eines solchen Sturmes habe ich Ihnen in einem früheren Briefe gegeben. Im Verlauf des jetzigen Sommers bin ich Zeuge von einem andern Orkan gewesen, der in seinen Wirkungen noch heftiger und verheerender war.

Der Himmel überzog sich plötzlich mit Wolken, die sehr elektrisch waren. Der Sturm brauste von Nordwesten heran und seine Wut schien auf eine Breite von einigen hundert Schritten beschränkt. Ich beobachtete mit einigem Interesse die schnellen Bewegungen der grauen, schwarzen und kupferfarbnen Wolken, die über den See hinzogen, als mich plötzlich das Krachen stürzender Bäume auf dem jenseitigen Ufer und noch mehr der Anblick der mit den umherwirbelnden Fichtenreisern angefüllten Luft, kaum hundert Schritt vom Hause, während auf dem ebnen Boden, wo ich stand, keine Spur von Wind zu fühlen war, nicht wenig überraschte.

In wenigen Sekunden hatte sich der Orkan über die Wasserfläche verbreitet und streckte mit unwiderstehlicher Gewalt nicht weniger als dreißig oder vierzig Bäume zu Boden, während er andre wie Schilfrohr niederbog. Es war grauenvoll zu sehen, wie der hohe Forst vor dem Toben des Sturmes zitterte und schwankte und wie ein Riesenstamm nach dem andern stürzte, wie ein Spiel Karten, die ein Hauch zerstreut. Glücklicherweise ging der Luftstrom bloß über unsre gelichteten Äcker weg und fügte uns keinen Schaden weiter zu, als dass er auf dem hohen Ufer über dem See drei starke Fichten entwurzelte. Allein in der Richtung unsers Nachbars stiftete er großen Schaden an, er zerstörte einen großen Teil der Einfriedigung, zerschmetterte die Saaten durch die niederstürzenden Stämme und Äste und bewirkte für den Besitzer einen großen Verlust und viel Arbeit, um den Schaden wieder gut zu machen.

Die aufwärts gekehrten Wurzeln der vom Winde umgestürzten Bäume sind eine große Plage auf dem gelichteten Boden, entstellen die Landschaft und sind weit schwieriger zu entfernen als die mit der Axt gefällten Bäume. Einige von den Stummeln dieser durch den Sturm umgeworfnen Bäume richten sich, wenn sie gleich nach ihrem Umsturz von ihren Ästen befreit worden sind, wieder empor, das Gewicht der Wurzeln und des damit emporgerissnen Erdreichs zieht sie an ihre alte Stelle zurück; wir haben diesen Umstand sehr häufig benutzt.

Diesen Sommer über herrschte die veränderlichste Witterung, welche man sich denken kann. Der Frühling war warm und angenehm, aber vom Ende des Mais bis zur Mitte des Herbstes hatten wir schwere Regengüsse, bewölkten Himmel und feuchte heiße Tage; heftige, furchtbar großartige Gewitter, aber wie es scheint, weniger verheerend als in England, sind hier zu Hause. Es ist wohl möglich, dass die hohen Waldbäume die Gefahr von den niedrigen Gebäuden abwenden, die hinreichend gegen die Wirkungen des Blitzes geschützt sind. Auch der Herbst war feucht, aber kalt. Ich muss hier gestehen, dass ich zurzeit eben keine günstige Meinung vom hiesigen Klima hege; indes ist es Unrecht, nach einer so kurzen Bekanntschaft damit über dasselbe aburteilen zu wollen, besonders da jedermann sagt, dass dieser Sommer seinen Vorgängern völlig ungleich gewesen.

Die Insekten waren eine große Plage für uns und ich bewillkommnete den herannahenden Herbst als einen Befreier von ihren Angriffen; denn diese Plaggeister sind zahlreich und von mancherlei Art und achten keine Persönlichkeit, wie ich zu meinem Leiden erfahren habe.

Ich sehne mich nach Briefen aus der Heimat; lassen Sie mich bald von Ihnen hören.

Dreizehnter Brief

GESUNDHEITSGEFÜHL INMITTEN DER STRENGSTEN WINTERMO-
NATE. – UNANNEHMLICHKEIT, WELCHE DIE GLÄNZENDE WEISSE
DES SCHNEES VERURSACHT. – SCHLITTENFAHRT. – INDIANISCHE
ORTHOGRAPHIE. – BESUCH IN EINEM INDIANERLAGER. – EIN
INDIANISCHER KRÜPPEL. – KANADISCHE ORNITHOLOGIE.

Seehaus, März 14, 1834

Ich erhielt Ihren letzten liebevollen und höchst interessanten Brief erst
diesen Abend. In Folge eines Fehlers in der Aufschrift hatte er die Runde
in zwei Gemeindebezirken gemacht, ehe er in Peterborough anlangte; und
ob er gleich fast eben so viele Aufschriften hatte als ein Matrosenmesser
neue Klingen und Hefte, so kam er doch zuletzt in meine Hände und war
mir, trotz seinem etwas beschmutzten und abgenutzten Reisegewande,
nicht minder willkommen und schätzbar.

Ich freute mich, von Ihrer wiederkehrenden Gesundheit und frohen
Laune zu hören; – mögen sie von langem Bestand sein. Ihre Klagen über
mein Exil, wie Sie meinen Aufenthalt in diesem Lande nennen, gingen mir
sehr zu Herzen. Lassen Sie meine Versicherung, dass ich mich gegenwärtig eben so glücklich fühle, als zurzeit, wo ich meine Heimat verließ, sich
zum Trost wegen meiner Entfernung von Ihnen dienen. Ist auch meine
Lage verändert, so ist es doch nicht mein Herz. Mein Geist ist so lebhaft
und heiter wie je zuvor und zu Zeiten fühle ich eine Aufgewecktheit und
Frische in mir, die jeder Sorge Trotz bietet.

Sie fürchten, dass mich die Strenge des kanadischen Winters aufreiben
werde. Ich erfreute mich nie einer bessern Gesundheit, als seitdem er seinen Anfang genommen. Das Blut wird von der Frische und Reinheit der
Luft dergestalt durchströmt und gekräftigt, dass man sich ganz heiter und
wohl fühlt. Selbst der Schnee erscheint weißer und schöner als in unserm
feuchten nebligen Klima. An sehr kalten hellen Wintertagen sieht man hier
oft die Luft mit kleinen gefrornen Wasserteilchen gefüllt, die völlig trocken
sind und das Gesicht ganz leicht wie Nadelspitzen berühren, während der
Himmel blau und heiter ist. Es herrscht zwischen dem ersten Schneefall

und dem in der Mitte des Winters ein merklicher Unterschied. Der erste zeichnet sich durch große weiche Flocken aus und liegt selten lange, ohne zu tauen, aber die Flocken des zweiten, nachdem regelmäßig anhaltende Kälte eingetreten ist, sind kleiner, trockner und von den schönsten Formen, bisweilen spitzig wie Strahlenbüschel oder sonst auf die merkwürdigste Weise gefiedert.

Meinen Augen ist die blendende Weiße und das Funkeln des Schnees an heitern sonnigen Tagen sehr zuwider und macht mein Gesicht, wenn es derselben ausgesetzt gewesen, auf mehre Stunden äußerst schwach, sodass ich die mich umgebenden Gegenstände nicht deutlich unterscheiden kann. Ich möchte jedem raten, der hierher kommt, sich mit grünen oder blauen Brillengläsern[83] zu versehen und den Damen ja grüne Kreppschleier mit zu bringen. Große grüne Brillen, wie sie der arme M o s e s kaufte, würde in Kanada als kein so schlechtes Geschäft gegolten haben[84].

Vor einigen Tagen kehrte ich von einem Besuche bei einer kranken Freundin zurück und weidete mich auf meinem Wege an den Wirkungen des Frostes. Erdboden, Bäume, jedes Reis, jedes dürre Blatt, jeder Stein, worauf mein Auge stieß, blitzten gleichsam von Diamanten, als wären sie von einem Zauberstab berührt worden; Gegenstände, vorher roh und jeder Schönheit ledig, hatten plötzlich einen unbeschreiblich blendenden Glanz angenommen. Man glaubte sich fast in S i n d b a d s Diamantental versetzt[85]. Überdies war die Luft keineswegs unangenehm oder unerträglich kalt.

Ich habe an windigen Tagen in England weit mehr Kälte empfunden als in Kanada, bei einem weit niedrigeren Temperaturgrade. Es herrscht hier in kalten Nächten eine fast entzückende Stille in der Luft, welche die Unannehmlichkeit der Kälteempfindung verringert.

Allerdings treten im Verlauf des Winters einige sehr kalte Tage ein, allein diese niedrige Temperatur hält selten länger als dreimal vierundzwanzig Stunden an. Der kälteste Teil des Tages ist von ein oder zwei Uhr vor Sonnenaufgang bis ungefähr um neun Uhr morgens; bis dahin haben unser prasselndes Holzfeuer (*log fire*) oder unsre eisernen Öfen das Haus durchwärmt, sodass man sich um die draußen herrschende Kälte gar nicht

---

83 Okulisten verwerfen gefärbte Brillengläser, schwachen Augen wegen der Hitze, welche sie erzeugen, als nachteilig. Grün oder blau gefärbte Gläser sind hier vorzuziehen.

84 Anspielung auf ein Abenteuer im *Vicar of Wakefield*.

85 Anspielung auf S i n d b a d s Reisen in Tausend und einer Nacht.

bekümmert. Im Freien fühlt man sich bei gehöriger Bewegung und hinreichender Bekleidung weit weniger unbehaglich, als man glauben sollte. Ohren und Nase sind der Kälte am meisten ausgesetzt.

Leute, die von einer langen Reise kommen, bilden bisweilen eine seltsame Erscheinung, die einem, wären sie nicht zu bemitleiden, ein Lächeln entlocken würde.

Haare, Schnurrbart, Augenwimpern, Bart, alles ist mit Reif überzogen. Ich habe junge Damen in Abendgesellschaften gehen sehen, mit Locken, so dunkel wie die Ihrigen, die aber bald durch den kalten Lufthauch in Silberweiß verwandelt wurden, sodass man fast auf die Idee geriet, die schönen Mädchen wären in ihre alten Großmütter metamorphosiert worden, glücklicherweise für Jugend und Schönheit sind dergleichen Verwandlungen nur vorübergehend.

In den Städten und volkreichen Teilen der Provinz begrüßt man die Annäherung des Winters, anstatt sie zu fürchten, mit wahrer Freude. Reisen sind dann ungehindert und angenehm; selbst unsre elenden Buschstraßen gewinnen im eigentlichen Sinne des Wortes an Wert; und sollte man auch während einer Lustfahrt eins oder zweimal umgeworfen werden, so sind doch dergleichen Zufälle von keiner großen Gefahr begleitet, auch erweckt ein Purzelbaum[86] in den Schnee vielmehr Gelächter als Mitleiden; daher ist es bei dergleichen Gelegenheiten das Beste, das bisschen Schnee, was man etwa aufgeladen, mit gutem Anstand abzuschütteln und in die Lust und Späße der Gesellschaft einzugehen.

Das Reisen auf dem Schlitten ist in der Tat höchst angenehm; je mehr Schnee, desto besser die Schlittenzeit; und je härter er wird, desto leichter ist die Bewegung des Fuhrwerks. Die Pferde sind sämtlich mit Glockengeläute und Schellen sowohl um den Hals als auf dem Rücken geschmückt und das lustige Geklingel ist keineswegs unangenehm.

Sobald eine hinreichende Menge Schnee gefallen ist, wird alles Fuhrwerk von der Staatskarosse bis zur Radeberge auf eisenbeschlagne Kufen – den Schlittschuheisen nicht unähnlich – gesetzt. Die gewöhnlichen Reiseequipagen sind der Doppelschlitten (*double sligh*), der leichte Wagen und der Cutter; die beiden ersten werden von zwei Pferden nebeneinander gezogen, der letzte dagegen, bei weitem das eleganteste Fuhrwerk dieser Art, ist bloß für ein Pferd bestimmt und entspricht mehr dem Gig oder der Chaise.

---

86   Anm. des Verlags: im Original „Burzelbaum".

Die Pranie

In Büffelhäute gehüllt fühlt man keine Unannehmlichkeit von der Kälte, ausgenommen im Gesicht, das man durch einen warmen Biber, einen Hut oder eine Mütze schützen muss; Mützen werden hier selten oder niemals getragen und zwar aus dem lächerlichen Grunde, weil es nicht Mode ist.

Das rote, graue und schwarze Eichhörnchen ist in unsern Wäldern häufig. Die Moschuskatze bewohnt kleine Häuser, die sie in den binsenreichen Teilen der Seen erbaut. Diese Wohnungen bestehen aus Riethgras und Binsenwurzeln, Stöcken und andern ähnlichen Materialien und sind mit Schlamm ausgekleidet, ein dichtes, die Wasserfläche einen Fuß und mehr überragendes Schilfdach schützt das Gebäude von oben; es ist von runder domartiger Gestalt und vom Ufer aus in einiger Entfernung sichtbar. Die Indianer stellen Fallen, um die Tierchen in ihrer Wohnung zu fangen und verkaufen ihre Felle, welche gegen den Winter sehr dicht und glänzend sind. Der Biber, der Bär, der schwarze Luchs und Füchse werden ebenfalls getötet und von den Jägern an die Vorratshändler gegen Waren oder Geld verkauft.

Die Indianer richten die Rehhäute zur Verfertigung von Mokassins zu, die von den Ansiedlern in diesen Teilen sehr gesucht werden; sie sind in Schneewetter sehr behaglich und halten die Füße sehr warm, indes umwickelt man den Fuß, ehe man sie anlegt, mit einigen Tüchern. Ich trug den ganzen letzten Winter hindurch ein schönes Paar dergleichen Stiefel; sie waren mit Stachelschweinspuhlen genäht und mit scharlachnen Bindebändern versehn; eine alte Squaw, die Frau des Jägers P e t e r, sie kennen ihn bereits aus einem früheren Briefe, war die Meisterin, welche sie verfertigt. Bei dieser Gelegenheit erhielt ich ein Pröbchen indianischer Orthographie, das die Mokassins begleitete und mir nicht wenig Spaß machte; ich will Ihnen die paar Zeilen, einem Notchen (Rechnung) nicht unähnlich, hier mitteilen.

Sir

Pleas if you would give something; you must git in ordir in store is woyth (worth) them mocsin purcupine quill on et. One dollers foure yard.

Dieses seltsame Billett war das Machwerk von P e t e r s ältestem Sohne und sollte mich dahin bedeuten, dass, wofern ich Lust hätte, die Mokassins zu kaufen, der Preis dafür ein Dollar oder eine Anweisung an ein Vorratshaus auf vier Ellen Kattun sei, denn so verdollmetschte mir die Squaw sei-

Peter, der Jäger

nen Inhalt. Die Anweisung auf vier Ellen gedruckten Kattun wurde an Mrs. Peter überliefert, die sie sorgfältig mit Nadeln in die Falten ihres Busentuches befestigte; und wohlzufrieden mit der Zahlung ging sie von dannen.

Dies erinnert mich an einen Besuch, den wir letzte Woche den Indianern abstatteten. Da ich einiges Verlangen in mir fühlte, das seltsame Völkchen in seinem Winterlager zu sehen, so äußerte ich meinen Wunsch gegen S –, der bei dem alten Jäger und seiner Familie in großer Gunst steht; als einen Beweis von Auszeichnung haben sie ihm den Titel Chippewa, den Namen ihres Stammes, gegeben. Die Gelegenheit, im Indianerwigwam die Honneurs zu machen, kam ihm ganz erwünscht und es wurde beschlossen, dass er bei uns mit einigen seiner Schwäger und Schwägerinnen, die zufällig auf Besuch bei ihm waren, Tee trinken sollte und dass wir dann in Gesellschaft einen Ausflug nach dem Lager im Walde machen wollten.

Eine lustige Gesellschaft brachen wir an besagtem Abende bei dem prächtigsten Sternenlicht nach dem verabredeten Orte auf; der Schnee funkelte mit tausend Diamanten auf seiner gefrornen Oberfläche, über die wir mit dem leichtesten Herzen, so leicht wie es nur in dieser sorgenvollen Welt sein kann, wegsetzten. Und gewiss hatte ich nie einen lieblicheren Anblick, als die Wälder darboten; es war am vorhergehenden Tage viel Schnee gefallen und in Folge der völligen Windstille war auch nicht die kleinste Menge von den Bäumen abgeschüttelt worden. Die stets grünen Nadelhölzer bogen sich unter ihrer glänzenden Last, jeder Zweig, jedes Blatt, jeder Zapfen war bedeckt und einige dünne Bäumchen lagen vom Schnee niedergedrückt fast auf der Erde und bildeten die niedlichsten seltsamsten Lauben und Arkaden über unserm Pfade. Sah man nach den Wipfeln der Bäume empor, so schien der dunkelblaue Himmel von einem silbernen Schleier bedeckt zu sein, durch welchen die hellleuchtenden Sterne mit keuschem Glanze herabblickten.

Ich war stets eine Liebhaberin von Schneelandschaften, aber weder in diesem Lande noch in der Heimat sah ich je etwas so über alle Vorstellungen Liebliches, als wie mir der Wald in dieser Nacht erschien.

Wir verließen die breite Straße und schlugen einen Nebenweg ein, den die Indianer festgetreten hatten und bald bemerkten wir den Wigwam an dem rötlichen Rauche, der aus dem offnen, korbgeflechtartigen Dache der kleinen Hütte hervor qualmte. Letztere besteht zunächst aus leichten Stangen, die, in einem Kreise in die Erde befestigt, einen runden Raum von zehn bis zwölf Fuß Durchmesser einschließen. Zwischen diese Stangen sind lange Birkenrindenschichten gezogen oder geflochten und zwar sowohl innerlich als äußerlich; nach oben, wo die Stangen gegen einander geneigt sind ist eine Öffnung gelassen, zum Entweichen des Rauches; die Außenwände waren auch mit Schnee belegt oder umdämmt, so dass von unten gar keine Luft eindringen konnte.

Einige von unsrer Gesellschaft, die jünger und leicht füßiger waren als wir gesetzten verheirateten Leute, liefen voraus, sodass wir, als das Tuch, welches als Türe diente, weggenommen wurde, eine buntscheckige Gesellschaft von dunkelfarbigen Häuten und blassen (weißen) Gesichtern auf den weichen Tüchern und Fellen gelagert fanden, die rings an den Wänden in dem Wigwam ausgebreitet waren.

Die dunkelbraune Hautfarbe, das buschige schwarze Haar und das eigentümliche Kostüm bildeten einen auffallenden Kontrast mit den weißen Europäern, die unter die Indianer gemischt da saßen, der seltsame Anblick wurde noch durch das flackernde, in der Mitte lodernde Holzfeuer erhöht, welches die Gruppe mit seinem rötlichen Schimmer bestrahlte. Die Jagdhunde lagen in träger Behaglichkeit dicht neben dem Holzstoß, während drei oder vier dunkelfarbige kleine Wilde miteinander spielten oder ihrer Erzürnung über die beständigen Neckereien und Affenstreiche des buckligen M a q u i n , mit welchem ich Sie bereits bekannt gemacht habe, durch lautes Schreien Luft machten; denn dieser indianische Spiegelberg schien sein größtes Vergnügen im Necken und Quälen der kleinen Papousen zu finden, wobei er von Zeit zu Zeit voll schadenfroher Laune nach den Gästen schielte und gleich darauf wieder, wenn er die Blicke eines Vaters oder der Squaws auf sich gerichtet glaubte, die ernsteste Miene von der Welt annahm.

Ein leichtes Geräusch unter den Anwesenden bezeichnete unsre Ankunft, als wir eins nach dem andern durch die Tür in die Hütte traten. Unsre Freunde empfingen uns mit fröhlichem Lachen, welches mehr als einer der männlichen Indianer nachhallte, während die Squaws ein eigentümliches Kichern vernehmen ließen.

C h i p p e w a (S –) erhielt einen Ehrenplatz neben dem J ä g e r P e t e r ; und Squaw P e t e r (P e t e r s Frau) räumte mir mit großer Zuvorkommenheit und freundlichem Gesicht einen Platz auf ihrem Betttuch ein, zu welchem Behuf zwei Papousen und ein Jagdhund schreiend und wehklagend in die Nachbarschaft ihres Quälgeistes M a q u i n verwiesen wurden.

Die reizendsten Personen in dem Wigwam waren zwei Indianermädchen, eine von ungefähr achtzehn Jahren, – J o h a n n a , des Jägers älteste Tochter und ihre Cousine M a r g a r e t . Die Schönheit der erstern überraschte mich nicht wenig, ihre Züge waren im buchstäblichen Sinne des Worts fein und trotz ihrer Zigeunerschwärze fand ich doch das Purpurrot ihrer Wangen und Lippen, wo nicht schön, – wenigstens angenehm und sehr anziehend. Ihr Haar war pechschwarz, weich und glänzend und dabei sauber über die Stirn gefaltet und nicht in zottigen Massen unordentlich und wild herabhängend, wie gewöhnlich bei den Squaws. J o h a n n a war sich ihrer überlegnen Reize augenscheinlich bewusst, sie konnte als eine indianische Schönheit gelten, auch legte sie ihre Eitelkeit durch die vorzügliche Sorgfalt an den Tag, womit sie ihren schwarzen Tuchmantel angeordnet hatte, er war oben mit einem zierlich über die eine Schulter geschlagnen scharlachnen Stück Zeuge besetzt und auf der linken Seite durch ein vergoldetes Schlösschen befestigt. M a r g a r e t war jünger und kleiner von Statur und wiewohl man sie lebhaft und recht hübsch nennen konnte, so fehlte ihr doch die ruhige Würde ihrer Cousine, sie hatte in Gesicht und Figur mehr von der Squaw. Die beiden Mädchen nahmen eine Bettdecke für sich ein und waren mit Verfertigung einiger höchst eleganter Futterale aus Rehleder beschäftigt, die sie mit gefärbten Perlen und Spulen überzogen; Perlen und Spulen lagen in einer kleinen zinnernen Tortenpfanne auf ihren Knien; meine alte Squaw dagegen hielt ihre Stachelschweinspulen im Munde und die feinen getrockneten Sehnen, ebenfalls von Rehen, deren sie sich anstatt Zwirns zu dieser Art Arbeit bediente, hatte sie im Busen.

Als ich den Wunsch äußerte, einige von den Stachelschweinspulen zu besitzen, gab sie mir einige von verschiedner Farbe, womit sie ein paar Mokassins durchwirkte, bemerkte aber dabei, dass es ihr an P e r l e n   z u   d e n   M o k a s s i n s fehle und ich verstand recht wohl, dass sie dergleichen für die Spulen von mir zu erhalten wünsche. Indianer verschenken nie etwas, seitdem sie mit den Weißen zu verkehren gelernt haben.

Meine Lobsprüche, die ich J o h a n n a s Schönheit zollte, entzückten die gute Matrone. Sie erzählte mir, dass das hübsche Mädchen bald mit einem jungen Indianer verheiratet werden würde, der an ihrer Seite saß, in allem Stolze, welchen ein neuer Mantel, eine rote Schärpe, gestickte Pulvertasche und ein großes vergoldetes Schloss an dem Kragen seines Mantels, der so warm und so weiß erschien wie ein frischgewaschnes Schaffell, verleihen konnten. Die alte Squaw tat sich auf das junge Pärchen offenbar nicht wenig zugute; sie blickte oft danach und wiederholte fast stets die Worte: „Johannas Gatte“ – mit der Zeit heiraten. –

Wir hatten den Indianern oft mit Vergnügen gelauscht, wenn sie sonntags abends ihre frommen Lieder sangen; daher ich sie jetzt bat, uns einige zum Besten zu geben; der alte Jäger nickte mir seine Einwilligung zu und erließ mit dem Ernst und Phlegma eines Holländers, ohne seine Pfeife aus dem Munde zu nehmen, seine Befehle, welchen von den jüngern Gliedern der Gesellschaft augenblicklich Folge geleistet wurde und bald füllte ein Chor reicher wohltönender Stimmen die kleine Hütte mit einer Melodie, welche uns bis ins Herz drang.

Das Lied ertönte in der Sprache der Indianer, welche vorzüglich wohlklingend und weich in ihren Kadenzen ist und sehr vokalreich zu sein scheint. Ich konnte der bescheidnen Miene der Mädchen meinen Beifall nicht versagen; sie schienen gleichsam ängstlich, Beobachtung zu vermeiden, die sie, wie sie recht gut empfanden, durch ihre lieblichen Stimmen auf sich ziehen mussten, sie suchten ihr Gesicht den Blicken der Fremden zu entziehen, in dem sie einander ansahen und den Kopf auf ihre Arbeit niedersenkten, die sie noch immer in den Händen hielten. Ihre Haltung, welche die der orientalischen Nationen ist; ihre Kleidung, ihr schwarzes Haar, ihre dunkeln Augen, ihr olivenfarbner Teint, das erhöhte Rot ihrer Wangen und der bescheidne Ausdruck ihres Gesichts würden ein Studium für den Maler gebildet haben. Ich wünschte, Sie hätten der Szene beiwohnen können; Sie würden dieselbe nicht leicht vergessen haben. Sehr gefiel mir auch die tiefe Ehrfurcht in den Gesichtszügen der ältern Glieder der Indianerfamilie, während sie ihren Kindern lauschten, welche ihre Stimmen zur Verherrlichung Gottes und des Erlösers, die sie zu fürchten und lieben gelernt hatten, ertönen ließen.

Die Indianer scheinen sehr zärtliche Eltern zu sein; es ist erfreulich, die liebevolle Weise zu sehen, wie sie die kleinen Kinder behandeln, ihre Blicke strömen, wenn sie dieselben liebkosen, von Zärtlichkeit und Freude. Während des Gesanges kroch jede Papouse zu den Füßen ihrer Eltern und diejenigen, welche noch zu jung waren, um ihre Stimmen mit dem kleinen Chor vereinigen zu können, verharrten von Anfang bis zu Ende in der tiefsten Stille. Ein kleines Mädchen, eine dicke braune Trutschel von drei Jahren, schlug den Takt auf ihres Vaters Knie und mengte von Zeit zu Zeit ihre kindliche Stimme ein; jedenfalls besaß sie ein gutes Ohr und natürliche Anlage zur Musik.

Ich konnte nicht begreifen, wo die Indianer ihre Vorräte, Kleider und andre bewegliche Artikel aufbewahrten, da der Wigwam so klein war, dass außer für ihre Person und ihre Hunde, kein Platz vorhanden zu sein schien. Ihr Erfindungsgeist hatte ihnen indes für den Mangel an Raum Ersatz geleistet und ich entdeckte bald eine Einrichtung, die dem Zweck von Verschlüssen, Säcken, Schachteln u.s.w. vollkommen entsprach, nämlich die innern Birkenrindenschichten waren so zwischen die Stangen, (welche das Gerippe der Hütte bedeckten) gezogen, dass sie ringsherum Taschen bildeten; in diesen Taschen staken die Habe und Nahrungsvorräte der Bewohner: eine Abteilung enthielt gedörrtes Rehfleisch, eine andre gedörrte Fische, eine dritte einige flache Kuchen, welche sie, wie mir gesagt worden ist, auf eine ihnen eigentümliche Weise mittelst heißer Asche, darüber und darunter, backen, die aber eben deshalb meines Bedünkens dem Gaumen nicht sonderlich zusagen können; ihre Kleider, das Material zu ihren verschiednerlei Arbeiten, als Perlen, Spulen, Tuchfleckchen, Seide und tausend andre Kleinigkeiten nahmen die übrigen derartigen Behälter ein.

Trotz der ziemlich weiten Öffnung nach oben war das Innere des Wigwams doch so heiß, dass ich kaum atmen konnte und während meines Aufenthalts darin alle Tücher ablegen musste. Ehe wir unsern Heimweg antraten, bestand der Jäger darauf, uns ein Spiel zu zeigen, welches einige Ähnlichkeit mit unserm Bilboquet[87] (*cup and ball*) hat, aber komplizierter ist und mehr Behändigkeit erfordert; den Indianern machte unser Mangel an Geschicklichkeit offenbar nicht wenig Spaß. Außerdem zeigten sie uns ein andres Spiel, (*ninepins*) dem Kegelspiel einigermaßen verwandt, nur das die Anzahl der in die Erde befestigten Stöcke größer war. Ich konnte unmöglich länger bleiben, um die kleine Reihe Stöcke umwerfen zu sehen, da die Hitze des Wigwams mich fast erstickte und fühlte mich ordentlich glücklich, als ich wieder frische Luft einatmen konnte.

In einem andern Klima würde man sich schwerlich einem so plötzlichen und auffallenden Temperaturwechsel ohne eine starke Erkältung aussetzen können, allein glücklicherweise ist jenes fatale Übel, *catchée le cold* (Schnupfen), wie es die Franzosen nennen, in Kanada nicht so vorherrschend als in der Heimat.

Vor etwa zwanzig Jahren, als sich die britischen Ansiedler, in Folge der Erinnerung an die während des Freiheitskrieges ausgeübten Grausamkei-

---

87   Anm. des Verlags: im Original „Bilboket".

ten, eines Gefühls von Furcht vor den Indianern noch nicht ganz erwehren konnten, wurde eine arme Frau, die Witwe eines Emigranten, welche auf einer Meierei in einem der dünn bevölkerten Gemeindebezirke jenseits des Ontario wohnte, durch das plötzliche Erscheinen eines Indianers im Innern ihrer Blockhütte erschreckt. Er hatte sich so still hineingeschlichen, dass er nicht eher bemerkt wurde, als bis er sich vor das prasselnde Feuer, der überraschten Witwe und ihren Kleinen gerade gegenüber, gestellt hatte; natürlicherweise zitterten die armen Kinder und zogen sich mit schlecht verhehlter Furcht in den äußersten Winkel der Stube zurück.

Ohne auf die Störung, welche sein Erscheinen verursachte Rücksicht zu nehmen, fing der Indianer an, sich seiner Jagdkleider zu entledigen; hierauf band er seine nassen Mokassins los, die er zum Trocknen am Feuer aufhing und gab deutlich seine Absicht zu verstehen, dass er unter dem Dache der Witwe übernachten wolle, indem es schon ziemlich dunkel sei und der Schnee in schweren Schauern vom Himmel falle.

Kaum wagend, einen hörbaren Atemzug zu tun, bewachte die kleine Gruppe mit ängstlichen Blicken die Bewegungen ihres unwillkommnen Gastes. Denken Sie sich ihren Schreck, als sie ihn aus seinem Gürtel ein Jagdmesser hervorziehen und mit bedächtiger Miene dessen Schneide prüfen sahen. Nach diesem unterwarf er seine lange Flinte und sein Tomahawk einer ähnlichen Untersuchung.

Die Verzweiflung der von Furcht und Schrecken betäubten Mutter hatte jetzt ihre höchste Stufe erreicht. Sie sah schon in Gedanken die grauenvoll verstümmelten Leichname ihrer ermordeten Kinder an jenem Herde, welcher so oft der Tummelplatz bei ihren unschuldigen Spielen gewesen war. Instinktmäßig faltete sie die zwei jüngsten bei einer vorwärts gerichteten Bewegung des Indianers an ihre Brust und wollte sich eben, als er mit den gefürchteten Waffen auf sie zuging, mit tränenden Augen zu seinen Füßen niederwerfen und um Barmherzigkeit für sich und ihre kleinen Lieblinge flehen. Wie groß aber war ihr Erstaunen und ihre Freude, als er mit sanfter friedfertiger Miene Flinte, Messer und Tomahawk neben ihr niederlegte und durch diese Handlung zeigte, dass er nichts Arges gegen sie im Schilde führe[88].

---

88 Es ist gegenwärtig fast unabänderlich Sitte unter den Indianern, dass sie bei dem Eintritt in ein Wohnhaus alle ihre Waffen, als Flinte, Tomahawk u.s.w. vor der Tür niederlegen, selbst wenn das Wetter noch so nass ist; denn sie halten es für unhöflich, eine befreundete Wohnung bewaffnet zu betreten.

Die Begnadigung eines zum Tode verurteilten Verbrechers im Augenblick vor seiner Hinrichtung konnte nicht willkommner sein, als das friedfertige Benehmen des Indianers gegen die arme Witwe. Voll Eifer, zu gleicher Zeit ihr Zutrauen und ihre Dankbarkeit zu äußern, beeilte sie sich, dem nicht länger gefürchteten Gaste ein Mahl zu seiner Erfrischung zu bereitete und von dem ältesten ihrer Kinder unterstützt, breitete sie ein frisches Betttuch über ihr eignes Lager, welches sie freudig dem Fremdlinge abtrat. Ein ausdrucksvolles „H u g h ! h u g h !" war die Erwiderung auf diesen Beweis von Gastfreundschaft; als er aber Besitz von diesem, für ihn üppigen Lager nahm, geriet er in sichtbare Verlegenheit. Es war offenbar, dass der Indianer niemals ein europäisches Bett gesehen und noch weniger in einem geschlafen hatte. Nach genauer Untersuchung der Kissen und Bettdecken, welche einige Minuten dauerte, sprang er mit freudigem Lachen auf das weiche Lager, rollte sich wie ein Hund zusammen und war bald in tiefen Schlaf versunken.

In der Dämmerung des Morgens brach der Wilde wieder auf und nahm Abschied von der gastlichen Hütte. So oft er nachmals das Jagdrevier in der Nachbarschaft der Witwe betrat, konnte diese mit Gewissheit auf einen Besuch von ihm rechnen. Die Kinder, welche sich nicht länger vor seinem geschwärzten Gesicht und seinen kriegerischen Waffen fürchteten, drängten sich dann um ihn her, setzten sich auf seine Knie, bewunderten seine mit Federn geschmückte Pulvertasche und betasteten die schön gestickte Scheide, welche sein Jagdmesser enthielt oder die sauber gewirkten Mokassins und Beinbekleidung, während er den kleinen Dingern den Kopf streichelte und seine Liebkosungen zwischen ihnen und seinen Jagdhunden teilte.

So lautet die Geschichte, welche mir ein junger Missionär erzählte. Ich habe dieselbe mitgeteilt, weil sie mir als Charakterschilderung eines Häuptlings dieses merkwürdigen Völkerstammes nicht uninteressant schien. C h i b o y a (so hieß der eben erwähnte Wilde) war einer der Chippewas vom Reissee, deren Mehrzahl gegenwärtig zum Christentum bekehrt ist und in der Gesittung und Ackerbaukunde beträchtliche Fortschritte macht. Jagd und Fischerei scheinen indes ihre Lieblingsbeschäftigungen zu sein; diesen nachzuhängen, verlassen sie die bequemen Häuser der Indianerdörfer und kehren zu bestimmten Zeiten im Jahre nach ihren Jagdrevieren im Walde zurück. Irr' ich nicht, so ist man allgemein der Meinung, dass ihre Zahl abnimmt und einige Stämme in Kanada sind ziemlich, wo nicht ganz und gar, ausgetilgt[89]. Die Rasse verschwindet langsam von der Erde oder vermischt sich allmählich mit den Kolonisten und vielleicht dürften nach Verlauf einiger Jahrhunderte kaum noch ihre Namen bekannt sein, um von ihrer ehemaligen Existenz Zeugnis zu geben.

Wenn Sie das nächste Mal ein Kistchen oder Päckchen senden, so fügen Sie doch gefälligst einige gute Gesangbücher bei, denn ein solches Geschenk ist den bekehrten Indianern besonders willkommen. Ich lege das religiöse Lied bei, welches sie uns an jedem Abend in dem Wigwam sangen; es ist die indianische Übersetzung und von dem ältesten Sohn des Jägers P e t e r geschrieben; er war sehr erfreut, als ich ihm sagte, dass ich es von ihm kopiert zu erhalten wünschte, weil ich es über Meer in mein Vaterland zu senden gesonnen sei, um den Engländern zu zeigen, wie gut die Indianer schreiben können.

Der Krüppel M a q u i n hat mir ein Miniaturcanoe von Birkenrinde gemacht, welches ich ebenfalls als eine Merkwürdigkeit und ein kleines Andenken für Sie beifüge. Die roten und schwarzen Kaninchenfelle sind für H a n n c h e n ; die Federfächer und Federtapeten für S a r a h . Sagen Sie letzterer, dass ich meiner nächsten Sendung einige Exemplare unsers schönen Rotvogels zum Ausstopfen für sie beifügen werde; es ist jedenfalls die virginische Nachtigall; er langt im Mai oder April an und verlässt uns spät im Sommer; er gleicht ganz genau einer ausgestopften virginischen Nachtigall, die ich in einer schönen Sammlung von amerikanischen Vögeln gesehen habe[90].

Der blaue Vogel ist nicht weniger hübsch und lieblich und wandert ziemlich zu derselben Zeit; sein Gefieder ist himmelblau; allein ich habe noch nie einen außer im Fluge gesehn, daher ich ihn nicht beschreiben kann[91]. Die Kreuzschnäbel sind allerliebste Tierchen; Männchen und

---

89 Bekanntlich hat die Nordwest Kompagnie eine Schätzung sämtlicher Stämme vorgenommen, woraus sich ergeben, dass die ganze indianische Bevölkerung jenes unermesslichen Kontinents sich gegenwärtig nicht über hunderttausend Seelen beläuft. In einer Parlamentsurkunde von 1834 ist die Gesamtzahl der Indianer von Unterkanada auf 3437 und die von Oberkanada auf 13,700 Köpfe bestimmt; die letztere soll die Indianer am Huronensee und nach Westen zu in sich begreifen. –

90 Der rote Sommervogel (*Tanagra aestiva, Wilson*) baut in den Wäldern auf die horizontalen Äste noch nicht ausgewachsener Bäume, z.B. eines Epheubaums, zehn oder zwölf Fuß von der Erde entfernt, die Außenseite seines Nestes versieht er mit einem Geflecht von Pflanzenstengeln und dürrem Flachs und kleidet es inwendig mit seinem Grase aus.

91 Anm. des Verlags: siehe Dritter Anhang Anmerkung 4.

Der rote Sommervogel

Der blaue Vogel

Weibchen sind in Farbe ganz verschieden voneinander, ersteres zeigt ein angenehmes Gemisch von Scharlachrot und Orangengelb, welches auf der Brust in Olivengrün und Braun verläuft; letzteres gleicht mehr unsrer Goldammer, nur dass seine Farben nicht so glänzend sind und überdies ist es weit sanfter und sieht unschuldiger und harmloser aus; sie kommen im Winter eben so traulich und furchtlos, wie die Rotkehlchen in der Heimat, an unsre Fenster und Türen.

Bei Annäherung der strengen Jahreszeit ziehen die meisten unsrer Vögel fort; selbst das hohltönende Gehämmer des rotköpfigen und des kleinen grau und weiß gefleckten Baumhackers wird nicht mehr vernommen. Das scharfe Geschrei des Eichhörnchens ertönt seltner; und Stille, unheimliche und ununterbrochne Stille herrschen im Herzen des Winters.

Beinahe hätte ich meine kleinen Lieblinge vergessen, eine Meisenart, die uns nie ganz verlässt. An hellen warmen sonnigen Tagen sehen wir ganze Flüge dieser zarten Vögel sich auf den gefiederten Zweigen der Schierlingstannen oder strauchigen Fichten auf den Ebnen oder im Walde schaukeln; und oft bin ich auf meinem Wege stehen geblieben, um ihren muntern Scherzen zuzuschauen und ihrem fröhlichen Gezwitscher zu lauschen. Ich bin nicht ganz gewiss, glaube aber, dass dies der nämliche kleine Vogel ist, welchen die Eingebornen T h i t - a - b e - b e e nennen; sein Gesang, obwohl schwach und ziemlich einförmig, ist nicht unangenehm; und wir schätzen ihn um so mehr, da er fast der einzige Vogel ist, der während des Winters singt.

Ich hatte viel von der Schneeammer gehört, aber niemals eine gesehen, außer vor Kurzem und dann nicht nahe genug, um ihre Form und Farbe genau zu unterscheiden. Es war ein ungewöhnlich heitrer Tag, der Himmel wolkenlos und die Luft fast warm, als mich bei einem Blick nach den See die Erscheinung einer Fichte hart am Ufer überraschte; der Baum schien gleichsam mit silbernen Sternen bedeckt, die gegen den blauen Himmel glänzten. Dieses mir neue Schauspiel erfüllte mich mit so großer Freude, dass ich hinaus lief, um die Sache näher ins Auge zu fassen; aber wer schildert mein Erstaunen! Als meine Sterne sämtlich nach einem andern Baume flogen, wo sie durch das beständige Flattern und Wedeln ihrer kleinen weißen Fittiche gegen das Sonnenlicht jene schöne Wirkung hervorbrachten, die zuerst meine Aufmerksamkeit erregt hatte; bald waren sämtliche Fichten von diesen lieblichen Geschöpfen gleichsam erleuchtet. Gegen Mittag zogen sie wieder fort und ich habe sie seitdem nur ein einzi-

Schneeammern

ges Mal gesehn. Sie sehen sich nie auf die Erde oder einen niedrigen Baum oder Ast, daher ich sie nicht näher beobachten konnte.

Von unsern Singvögeln sind das Rotkehlchen, die Amsel und ein kleines niedliches Vögelchen, das unserm gemeinen Zaunkönig gleicht, diejenigen, womit ich am bekanntesten bin. Das kanadische Rotkehlchen ist um vieles größer als unser heimatliches Rotkehlchen, es ist ein zu grober und großer Vogel, um unserm kleinen Liebling, „dem Hausvogel mit dem roten Brustlatz", wie ihn Bischof C a r e y in einem an E l i s a b e t h , Tochter J a k o b s I., bei ihrer Hochzeit mit dem unglücklichen Pfalzgrafen F r i e d r i c h , gerichteten Sonett nennt, zu gleichen.

Der Gesang des kanadischen Rotkehlchens ist keineswegs zu verachten; seine Töne sind klar, angenehm und mannigfaltig; er besitzt denselben muntern lebhaften Charakter, wodurch sich der seines Namensverwandten auszeichnet; aber in ihren allgemeinen Gewohnheiten weichen beide Vögel sehr voneinander ab. Das kanadische Rotkehlchen zeigt sich weniger zutraulich gegen den Menschen, dagegen ist es mit seines Gleichen befreundeter; die Tierchen versammeln sich bald nach der Brütezeit in ganzen Herden und scheinen sehr gesellig und vertraulich untereinander; aber sie nähern sich selten oder niemals unsern Wohnungen. Die Brust des Vogels ist hellrot, der Kopf schwarz; der Rücken, sozusagen, stahlblau oder schieferfarben; in Größe gleicht er einer Drossel.

Die Amsel ist vielleicht unser bester Sänger, wenigstens meinem Geschmack nach; ihr Gesang gibt dem unsrer englischen Amsel nichts nach, dabei ist der Vogel selbst weit schöner von Gefieder, welches glänzend, schillernd und grünlich schwarz ist. Der obere Flügelteil der ausgewachsenen männlichen Amsel ist lebhaft orangefarben; bei den jüngern Vögeln und beim Weibchen, welches leicht gefleckt ist, bemerkt man nichts davon.

Gegen die Mitte des Sommers, wenn die Saaten zu reifen anfangen, versammeln sich diese Vögel in großen Herden; ihre Plünderungen und Raubzüge scheinen von den ältesten Gliedern der Familie geleitet und beaufsichtigt zu werden. Wollen sie sich auf ein Hafer- oder Weizenfeld niederlassen, so stellen sie zwei oder drei Schildwachen aus, die bei Annäherung von Gefahr D s e c k - d s e c k - d s e c k schreien. Diese Vorsicht scheint indes überflüssig und unnötig zu sein, denn sie sind so verwegen, dass sie sich nicht leicht verscheuchen lassen und fliegen sie ja auf, so geschieht es bloß, um in geringer Entfernung wieder in dasselbe Feld einzufallen oder sie begeben sich auf die Bäume, wo ihre Vorposten Wache halten.

Sie lassen zu Zeiten einen eigentümlichen kläglich tönenden Lockruf vernehmen, der genau dem plötzlichen Erklingen einer Harfensaite gleicht und eine oder zwei Sekunden lang an das Ohr schlägt. Wahrscheinlich machen sie davon Gebrauch, ihre zerstreuten Kameraden herbeizurufen, da ich ihn nie vernommen habe, wenn sie alle beisammen waren. Bisweilen saßen einige unweit unsrer Wohnung auf einem Baume am Rande des Sees und ließen mich ihren Lockruf vernehmen; ich habe sie H a r f n e r (*harpers*) getauft. Ich werde Sie wohl mit meinen ornithologischen Skizzen ermüden, indes muss ich noch zwei oder drei Vögel anführen.

Der weißköpfige Adler[92] fliegt oft über unsre Ansiedlung, er hat dunkles Gefieder, der Leib und Kopf ist schneeweiß. Den Hühnerhöfen fügt er bisweilen Schaden zu; diejenigen, welche uns zu Gesicht kamen, verschmähten indes dergleichen geringes Wildbret und schwebten in majestätischem Fluge über den See weg.

Der Fischfalke streift gelegentlich über die vor unsern Blicken ausgebreitete Wasserfläche; Leute, welche dem weiter oben geschilderten Fischfang mit dem Speer nachhängen, betrachten ihn als einen Feind.

Außerdem haben wir die Nacht - oder Musquitoeule, welche auf die in den hohen Regionen schwärmenden Insekten Jagd macht, während sie näher an der Erde von ganzen Schaaren großer Stechfliegen verfolgt wird; trotz ihrem Beistande setzt uns doch das abscheuliche Ungeziefer, ich meine die Musquitos und schwarzen Fliegen, unbarmherzig zu.

Der rotköpfige Specht[93] zeichnet sich durch sein prächtiges Gefieder aus, Kopf und Hals sind reich karmesinfarben; Rücken, Flügel und Brust teilen sich in Schneeweiß und Pechschwarz. Das unaufhörliche Hämmern der Baumhacker und das gellende unharmonische Geschrei des blauen Hehers[94] ertönen, sobald völliger Frühling eingetreten ist, von Sonnenaufgang bis Sonnenuntergang.

Ich fand in letztem Frühjahr eine kleine Baumhackerfamilie recht behaglich in einer alten Fichte eingenistet und zwar zwischen der Rinde und dem Stamme, wo erstere sich losgetrennt und einen hohlen Raum gelassen hatte, in welchem die alten Vögel ein weiches aber loses und keine große Sorgfalt verratendes Nest gebaut hatten; die niedlichen Geschöpfe schienen recht glücklich, sie steckten gelegentlich ihre possierlichen kahlen Köpfchen her-

---

92   Anm. des Verlags: siehe Dritter Anhang Anmerkung 5.

93   Anm. des Verlags: siehe Dritter Anhang Anmerkung 6.

94   Anm. des Verlags: siehe Dritter Anhang Anmerkung 7.

vor, um die Eltern zu begrüßen, welche die alten Bäume in der Nachbarschaft entrindeten und Futter für ihre kleine Familie sammelten, sie betrieben ihr Werk mit demselben Eifer, wie eben so viele fleißige Zimmerleute.

Ein höchst seltsames Nest erhielt ich von einem unsrer Holzfäller; es war über eine Zweiggabel gebaut und schien gleichsam mit grauem Zwirn oder dünnem Bindfaden an den Ast genäht zu sein. Es war bloß auf den beiden Seiten, welche den Winkel bildeten, gesichert, aber so gut befestigt, dass es jedem mäßigen Gewicht oder Druck Widerstand geleistet haben dürfte; es bestand aus den Fasern der Bastbaumrinde, die sehr fadig ist und sich sehr dünn ausziehen lässt; mit einem Wort, es war ein seltsames Beispiel von dem Mutterwitz der kleinen Baukünstler. Ich konnte letztere nicht entdecken, allein wahrscheinlich mochte es ein Werk meines kleinen Lieblings, der oben erwähnten, bei uns überwinternden Meise (*titmouse*) sein.

Die nächste Abbildung stellt den Baltimore Feuervogel dar, der sein Nest gegen die Angriffe der schwarzen Schlange verteidigt[95].

Das Nest des kanadischen Rotkehlchens, welches ich zufällig entdeckte, als ich nach einem Hühnerneste in einem Reisighaufen am fernsten Ende unsrer Ansiedlung suchte, ist dem unsers heimatlichen Rotkehlchens sehr ähnlich, jedoch größer, da der Vogel selbst größer ist und auch in den Materialien etwas verschieden; die Eier, fünf an Zahl, waren dunkelblau.

Bevor ich meinen ornithologischen Bericht schließe, muss ich nochmals der kleinen Häuser erwähnen, welche die Amerikaner für die Schwalbe bauen; ich habe seitdem gefunden, dass sie hierzu einen sehr triftigen Grund haben. Es scheint zwischen diesem nützlichen Vogel und dem Stößergeschlecht die eingewurzeltste Antipathie zu bestehen und kein Habicht mag in seiner Nachbarschaft bleiben; die Schwalben verfolgen diesen Räuber meilenweit und necken und quälen ihn dabei auf jede nur mögliche Weise, wie einen bösen Genius; es ist höchst merkwürdig, dass ein kleines Geschöpf, wie die Schwalbe, einen so vielen Vogelarten furchtbaren Feind dergestalt vertreibt. Ich würde nicht recht daran geglaubt haben, hätte ich mich nicht selbst von der Wahrheit der Sache überzeugt.

Ich sah an einem schönen heiteren Sommertage aus dem Fenster einen großen Raubvogel langsamen Fluges längs dem See hinstreichen; der arme Kerl stieß schreiende Klaglaute aus; etwa zwei Schritt von ihm

---

95 Anm. des Verlags: siehe Dritter Anhang Anmerkung 8.

Der Baltimore Feuervogel

bemerkte ich einen kleinen Vogel, – in der Entfernung erschien er mir sehr klein, – der ihn hart verfolgte und ebenfalls schrie. Ich sah dem seltsamen Paare nach, bis es hinter dem Fichtenwalde meinen Augen entschwand; so oft ich mich an diese merkwürdige Erscheinung erinnerte, wurde meine Verwunderung von neuem rege; endlich erfuhr ich den Grund von einem sehr gebildeten Franzosen, welcher durch Kanada reiste, die Sache erklärte und zugleich bemerkte, dass diese kleinen Vögel sehr geschätzt seien und dass man sehr viel dafür bezahle, um sie in die verschiednen Teile der Provinz zu versenden. Sie verlassen, sobald sie einmal einheimisch geworden, niemals ihre alten Reviere und die nämlichen Pärchen kehren Jahr für Jahr nach ihrer alten Wohnung zurück.

Der Umstand, dass diese Schwalben den Stößer aus ihrem Reviere vertreiben, verdient alle Aufmerksamkeit, da er hinlänglich verbürgt ist und als ein neuer Beweis für den von Naturkundigen gerühmten vorzüglichen Instinkt derselben gelten kann.

Ich habe indes so viele Seiten vollgeschrieben, dass ich fürchten muss, mein langer Brief werde Sie langweilen. Adieu.

Zwölfter Brief

NUTZEN BOTANISCHER KENNTNISSE. – DAS FEUERKRAUT (FIRE-WEED) GARSAPARILLAPFLANZEN. – PRÄCHTIGE WASSERLILIE. – REISBEETE. – INDIANISCHE ERDBEERE. – SCHARLACHFARBNER AKELEI (COLOMBINE). – FARNKRÄUTER. – GRÄSER. –

Juli 13, 1834.

Der Winter scheint uns in diesem Jahre ziemlich zeitig verlassen zu wollen, zu Ende Februars war der Boden völlig frei von Schnee und den ganzen März hindurch hielt milde und freundliche Witterung an, jedoch nicht so warm und überhaupt veränderlicher als im vorigen Jahre. In der letzten Aprilwoche und zu Anfange Mais waren sämtliche Waldbäume belaubt und prangten im schönsten lieblichsten Grün.

Am 14., 15. und 16. Mai wurde die Luft plötzlich kalt, ein scharfer Wind blies aus Nordwesten und heftige Schneestürme knickten die jungen

Knospen und zerstörten manche Frühsaat; glücklicherweise hatten wir uns mit unserm Säen nicht sehr beeilt und dies war unter solchen Umständen sehr gut.

Unsre Wälder und Lichtungen sind jetzt mit schönen Blumen gefüllt. Sie werden sich aus den getrockneten Exemplaren, die ich Ihnen übersende, eine Vorstellung davon machen können. Sie werden darunter manche Lieblinge unsrer englischen Gärten und Gewächshäuser erkennen, welche die verschwenderische Hand der Natur nachlässig in den kanadischen Wäldern und Wildnissen ausgestreut hat.

Wie oft wünsche ich Sie an meine Seite, wenn ich durch die Wälder und Lichtungen streife; die Aufsuchung unsrer botanischen Schätze würde Ihnen große Freude gewähren.

Ich bedaure jetzt nur zu sehr, dass ich, als ich noch in der Heimat war, Ihr gütiges Anerbieten, mich im Blumenmalen unterrichten zu wollen, ausgeschlagen habe; Sie sagten mir damals oft, die Zeit würde kommen, wo ich Ursache haben dürfte, die Vernachlässigung der sich mir darbietenden günstigen Gelegenheit zu bereuen.

Sie haben mir richtig prophezeit; denn ich beklage jetzt täglich, dass ich Ihnen keine genauen Schilderungen von den Pflanzen meiner neuen Heimat geben oder denselben ihren Platz im System anweisen kann, wie Sie dies tun würden. Mit einigen derselben habe ich mich bekannt gemacht, jedoch traue ich meinen botanischen Kenntnissen zu wenig, um eine wissenschaftliche Beschreibung zu wagen; denn ich fühle nur zu gut, dass ein Verstoß leicht entdeckt werden und dass ich, wollte ich mich mit Kenntnissen brüsten, die ich nicht besitze, mich lächerlich und verächtlich machen würde. Das einzige botanische Werk, das mir zu Gebote steht, ist P u r s h s [96] nordamerikanische Flora, aus welcher ich einige Belehrung geschöpft habe; allein ich muss gestehen, dass mir die Entzifferung der lateinischen Beschreibungen, da ich kein Latein verstehe, außer was mich mein bisschen Italienisch erraten lässt, viel Mühe und Langeweile verursacht.

Ich habe von den vorzüglichsten, der Aufmerksamkeit würdigsten Pflanzen in unsrer Nähe, ein Verzeichnis entworfen, es gibt indes noch viele andere in dem Gemeindebezirk, die mir fremd sind; von einigen derselben weiß ich nicht einmal die Namen. Ich füge von denjenigen Blumen,

---

96 Anm. des Verlags: gemeint ist hier vermutlich der Botaniker und Gärtner Frederick Traugott Pursh (1774-1830) und sein 1813 veröffentlichtes Werk *Flora americae septentrionalis; or A Systematic Arrangement and Description of The Plants of North America*.

die mir am meisten gefallen oder die sich durch irgendeine erwähnungs-
werte Eigenschaft auszeichnen, eine leichte Skizze bei, aber nicht mit dem
Pinsel sondern mit der Feder.

Auf dem gelichteten Boden wachsen nicht mehr dieselben Pflanzen,
welche früher, als er noch mit Waldbäumen bedeckt war, darauf wucher-
ten. Eine andre Pflanzenwelt kommt zum Vorschein, sobald das Feuer den
Boden gereinigt hat. Das Nämliche lässt sich hinsichtlich unsrer Waldbäume
sagen. So wie eine Generation abstirbt und verwittert, tritt eine neue, aber
von ihr verschiedne an ihre Stelle. Ein zur Erläuterung dieses Umstandes
dienendes Beispiel liefert das sogenannte Fichtenfett, eine harzige Substanz, die man gewöhnlich an Orten findet, wo die lebende Fichte weniger
häufig wächst und wo Eichen, Eschen, Ahorn u.s.w. den Boden einnehmen.

Das Feuerkraut, eine Art schlanke Distel von niedrigem, unangeneh-
mem Geruch, ist die erste Pflanze, welche erscheint, nachdem der Boden
durch Feuer entwaldet ist; bleibt ein Stück Land den ersten Sommer nach
seiner Lichtung ungepflügt liegen, so schießt im nächsten Frühjahr dieses
Unkraut in dichten Massen hervor. Die nächste Pflanze, welche sich zeigt,
ist der Sumach mit seinem flaumbedeckten Stengeln und sammetartigen
hochroten Blumen, die einen aufrechtstehenden stumpfen Büschel an den
Zweigspitzen bilden; die Blätter werden im Spätsommer scharlachfarben.
Dieser Strauch, wiewohl er sich sehr schön ausnimmt und recht wohl als
Ziergewächs dienen kann, wird doch in alten Lichtungen als eine große
Plage betrachtet, weil seine Wurzeln ausschlagen und zahlreiche Schöß-
linge treiben. Hierauf folgen die Brombeeren und die wilde Stachelbeere
in großer Menge und zahllose Erdbeerpflanzen von mancherlei Art überziehen den Boden gleich einem Teppich und vermischen sich mit dem
Gras der Weide. Ich sah mich dieses Frühjahr genötigt, mit schonungs-
loser Hand hunderte von Sarsaparillapflanzen so wie auch den berühmten
Ginseng, welcher in unsern Wäldern sehr häufig ist, mit der Wurzel auszu-
reißen; der Ginseng war früherhin ein Ausfuhrartikel, den die Vereinigten
Staaten nach China sendeten, weil seine Wurzel von den Chinesen besonders geschätzt wird.

Letzte Woche bemerkte ich eine saftige Pflanze, die auf einem trocknen
sandigen Gange in meinem Garten den Boden durchbrochen hatte; sie
scheint eine Art *Mesembryanthemum* (?) zu sein; sie hat sich so schnell ausgebreitet, dass sie bereits einen ziemlichen Raum einnimmt. Die Zweige
gehen von der Mitte der Pflanze aus und treiben aus jedem Gelenk Schöß-

180

linge hervor. Die Blätter sind mehr klein, dreikantig und zugespitzt, dick und saftig, wie die gewöhnlichen Sedumarten; wenn man sie quetscht, so fließt eine grünliche Flüssigkeit aus. Die Stengel sind dick und rund, hellrot und kriechen an der Erde hin; die Blätter entspringen aus den Gelenken und mit ihnen in ununterbrochner Aufeinanderfolge gelbe Sternblumen, die sich ungefähr eine Stunde nach ihrer ersten Entfaltung wieder schließen. Ich werde Ihnen einige Samen von dieser Pflanze schicken, ich bemerkte nämlich eine Anzahl kleiner Schoten, die wie Knospen aussahen, aber bei näherer Untersuchung sich als die Samenbehälter erwiesen. Die Pflanze bedeckt den Erdboden gleich einer dicken Matte und ist, wo ihr dieser zusagt, wie man mir sagt, ein lästiges Unkraut.

Ich bedaure nur, dass ich unter meinen getrockneten Pflanzen nicht einige unsrer prachtvollen Wasserlilien und Irisarten erhalten konnte; allein sie waren zu groß und zu saftig, um sich gut trocknen zu lassen. Da ich Ihnen diese meine Lieblinge nicht mitsenden kann, so will ich sie Ihnen wenigstens beschreiben.

Die erste davon ist eine herrliche Wasserlilie (*Nymphaea*), welche ich der Unterscheidung halber „K ö n i g i n d e r S e e n" genannt habe, denn sie prangt gleich einer Krone auf den Gewässern; diese prächtige Blume gleicht in Umfang einer mäßig großen Dahlia, sie erscheint wie gefüllt und jede Blumenblätterreihe nimmt nach der Mitte zu allmählich an Größe ab und geht in Farbe nach und nach von dem reinsten Weiß in das lichteste Zitronengelb über. Die noch nicht entfalteten Blüten nehmen sich sehr hübsch aus, man kann sie unter der Oberfläche des Wassers auf verschiednen Stufen ihrer Entwicklung wahrnehmen: – von der noch völlig geschlossnen und in ihren olivengrünen Kelch gehüllten Knospe bis zu der halb aufgeplatzten Blume, welche bereit ist, aus ihrem Wasserkerker hervorzutauchen und in all ihrer jugendlichen Schönheit ihren schönen weißen Busen dem hellen Sonnenstrahl und der milden Luft zu entfalten. Aber die Schönheit der Blume ist nicht ihr einziger Liebreiz; sobald sie sich entfaltet hat, verbreitet sie einen reichen Wohlgeruch, dem von frischen Zitronen nicht unähnlich. Nicht weniger Aufmerksamkeit verdienen die Blätter: anfangs zeigen sie ein schönes Dunkelgrün, aber mit dem Abwelken der Blume vertauschen sie diese Farbe nach und nach mit einem lebhaften Karmesin. Wo viele dergleichen Lilien dicht beisammen wachsen, verleihen sie der Wasserfläche einen unbeschreiblich schönen Anblick, der schon in einiger Entfernung das Auge auf sich zieht.

Die gelbe Spezies dieser Gattung ist ebenfalls sehr schön, jedoch fehlt ihr das seidenartige Gewebe und die zarte Farbe der erstern; ich nenne sie „Wasserkönig." Die Blume bietet einen dunkel goldgelben Becher dar, dessen ausgebauchte Blätter in der Mitte eine rötlich braune Schattierung zeigen, welche gegen die hellfarbigen, wie goldne Franzen übereinander herabhängenden Antheren stark absticht, die sehr zahlreichen Antheren sind in dicht aufeinanderfolgenden Reihen angeordnet und füllen den hohlen Blumenbecher völlig aus.

Die seichten Stellen unsrer Seen strotzen von mannigfaltigen zierlichen Wasserpflanzen; ich kenne keinen lieblichern Anblick als diese kleinen schwimmenden Gärten. Hier erblickt man unfern des Ufers ein Beet mit azurnen, *Fleurs de lis*[97], vom blassesten Perlfarben bis zum dunkelsten Violett. Näher am Ufer, wo das Wasser am seichtesten ist, sendet die rosenfarbne *Persecaria* ihre prächtigen Blüten empor, deren Stiele sich unter der Wasserfläche hinranken, man sieht die roten Stengel und glatten dunkelgrünen, an der untern Fläche rosenrot geaderten Blätter; es ist eine höchst reizende Varietät dieser schönen Pflanzengattung. Auf diese folgt eine Schicht weißer Nymphäen, meine Lieblinge, alle in voller Blüte, die auf dem Wasser schwimmen und ihre gefüllten Blumenkronen an der Sonne entfalten; unweit dieser erhebt sich in stolzer Schöne eine hohe schlanke Pflanze, mit dunkelgrünen lanzettförmigen Blättern und einer dicken Ähre von hellblauen Blüten. Ich kann den Namen dieser prächtigen Blume nicht ausfindig machen und habe leider ihren botanischen Bau nicht untersucht, daher ich Ihnen keinen näheren Aufschluss zur Auffindung ihres Namens und ihrer Gattung geben kann.

Unsre Reisbeete verdienen ebenfalls Bewunderung; aus der Ferne gesehen, erscheinen sie wie grüne Inseln auf den Seen, nimmt man seinen Weg über ein solches Beet, wenn der Reis in der Blüte steht, so gewährt dieser, mit seinen breiten grasigen Blättern und leichten wogenden Ähren einen lieblichen Anblick; die Ähren sind mit blassgelben oder grünen, zart purpurrötlich schattierten Blumen besetzt, aus welchen drei zierliche strohfarbne Staubfäden hervorragen, die sich bei jedem Lufthauch, bei der leichtesten Erschütterung des Wassers hin und her bewegen. Ich sammelte mehre Ähren, die sich eben erst geöffnet, aber leider zerbröckelten sie bald

---

97   Anm. des Verlags: gemeint ist hier vermutlich die in der Heraldik (Wappenkunde) vorkommende Figur, die sich durch ihre drei durch ein Band verbundene Blätter auszeichnet.

182

nach der Trocknung. Nächsten Sommer werde ich einen abermaligen Versuch machen, einige zu trocknen und vielleicht dürfte ich einen bessern Erfolg haben.

Das niedrige Ufer des Sees ist über und über mit Strauchwerk und Stauden überzogen. Wir haben ein recht hübsches Johanniskraut, mit schönen gelben Blumen. Auch schöne Geißblattarten kamen hier vor, Strauchgewächse von ungefähr drei Fuß Höhe; die Blüten stehen in Pärchen oder zu vieren und hängen unterhalb der lichtgrünen Blätter; sie sind zierlich trompetenförmig und zart grünlich weiß, es folgen ihnen rubinrote Beeren. Betrachtet man einen Zweig dieser Pflanze, so fällt besonders die zierliche Anordnung der Blüten längs dem untern Teil der Stengel in die Augen, die beiden Blüten sind an den Nektarien auf eine eigentümliche Weise miteinander verbunden. Die Amerikaner nennen diese Geißblattart *twinflower* (Zwillingsblume). Ich habe unter den Blüten derselben einige rosenrote bemerkt, im Ganzen genommen ist sie einer der schönsten Ziersträucher, welche wir besitzen. Ich verpflanzte im letzten Frühjahr einige junge Exemplare in meinen Garten und sie versprechen ein gutes Gedeihen. In P u r s h s Flora finde ich nirgends eine Beschreibung davon; indes weiß ich gewiss, dass das Gewächs zu den Geißblattarten gehört, Klasse und Ordnung, Gestalt und Farbe der Blätter, die Blütenstengel, die trompetenförmigen Blumen, alle gleichen einigermaßen unserm heimatlichen Geißblatt.

Ferner ist ein hoher, gerade aufschießender Strauch mit großen gelben trompetenartigen Blüten zu erwähnen, welche an den Zweigspitzen erscheinen; das Involucrum (Hülle) bildet einen bootförmigen Becher, welcher die Blüten, die daraus zu entspringen scheinen, wie bei unserm scharlachblumigen Jelängerjelieber, kreisförmig umschließt. Blätter und Blüten dieser Gewächse sind grob und keineswegs mit denen der zuerst beschriebnen Art zu vergleichen.

Wir haben eine große Mannigfaltigkeit von merkwürdigen Orchideen (Ragwurz): gelbe, braune blassfleischfarbne und scharlachstreifige; eine weiße von trefflichem Geruch und eine zarte rosenrote, mit einem runden Blumenköpfchen und zart gefranzten Blumen, wie die Wassernelken, welche in unsern Sümpfen wachsen; dies ist eine allerliebste Blume, sie kommt auf den Biberwiesen vor.

Letzten Herbst bemerkte ich in dem Fichtenwäldchen unfern unsrer Wohnung ein höchst merkwürdiges Gewächs, es kam mit nackten braunen Stämmchen, die sich wie die Äste eines Baumes *en miniature* verbreiteten, aus der Erde hervor; die Stengel und Stiele dieser Pflanze waren braun, leicht gefleckt und mit kleinen Knötchen besetzt. Ich beobachtete aufmerksam und mit nicht geringem Interesse das Fortschreiten ihres Wachstums und Reifens bis ziemlich Ende Oktobers; die kleinen Knötchen, die aus zwei eckigen, harten Hüllen bestanden und wenn man sie völlig ablöste, Ähnlichkeit mit einem Boote hatten, bersteten entzwei und ließen eine blassstrohgelbe, spreuartige Substanz, die wie feine Sägespäne aussah, wahrnehmen, wahrscheinlich waren dies die Antheren (Staubwege), jedoch glichen sie mehr Samen; dieses sonderbare Gewächs hätte mit einem Mikroskop untersucht werden sollen. Eine Eigentümlichkeit, die ich bemerkte, war, dass ich beim Ausreißen eines Exemplars mit der Wurzel, die Blüten sich unter der Erde öffnen sah, sie entsprangen von den untersten Enden der Blumenstiele und waren in ihrer Reife eben so weit vorgeschritten, als die, welche an den überirdischen Stengeln saßen; ausgenommen, dass sie etwas bleicher waren, ein leicht erklärlicher Umstand, da die Luft nicht auf sie einwirken konnte. Ich kann keine Beschreibung von dieser Pflanze finden, auch scheint niemand außer mir Notiz davon genommen zu haben. Das Exemplar, welches ich für Sie bestimmt hatte, zerbröckelte, als es trocken war.

Ich habe versprochen, einige der merkwürdigsten der hier wachsenden Blumen für einen der Professoren an der Universität Edinburg[98] zu sammeln.

Wir haben eine sehr schöne Pflanze, die unsrer Kartoffel in ihrem Blütenbau sehr verwandt zu sein scheint; sie wird in günstigen Lagen zwei bis drei Fuß hoch und sendet manche Seitenzweige ab; die Blumen sind groß, rein weiß, nahe am Boden der Corolle (Blumenkrone) mit bräunlich gelben Flecken gezeichnet, die Blumenkrone ist ganz (ungeteilt); jedenfalls ist dieses Gewächs von der kultivierten Kartoffel nicht verschieden (?!), jedoch scheinen sich an seiner Wurzel keine Knollen zu bilden. Die Frucht ist sehr schön, eiförmig und nach erlangter Reife schön aprikosenfarben und von glänzendem lockendem Ansehn; der Geruch indes verrät ihre giftige Natur: öffnet man sie, so bemerkt man einen weichen Brei, der mit glänzend schwarzen Samen gehüllt ist. Die Pflanze blüht vom Juni an, bis die ersten Fröste ihre Blätter welken machen; sie ist bei weitem nicht so grob als die Kartoffel; die Blüte gleicht, sobald sie sich völlig entfaltet,

---

98   Anm. des Verlags: Hierbei handelt es sich vermutlich um das heutige Edinburgh in Schottland.

einem halben Kronenstück und ist ganz flach, ich glaube man nennt dies präsentiertellerförmig. Leichter lehmiger Boden sagt ihr vorzüglich zu, sie wächst auf den aufwärts gekehrten Wurzeln umgestürzter Bäume, wo das Erdreich etwas sandig ist; ich habe sie nie anderswo als auf unsrer eignen Brache gesehn.

Die Hepatica (*Anemone hepatica*, Leberanemone) ist die erste Blume des kanadischen Frühlings; sie erfreut uns mit ihren blauen, roten und weißen Blumen schon in den ersten Tagen des Aprils, nachdem der Schnee kaum von der Erde gewichen ist. Die Kanadier nennen sie Schneeblume (*snow flower*), weil sie, wie eben gesagt worden, bald nach Entfernung des Schnees erscheint. Wir sehen ihre lieblichen Bouquets in den offnen Lichtungen und den Tiefen des Waldes; auch ihre Blätter sind eine dauernde Zierde in der milden Jahreszeit; man sieht sie auf jedem kleinen Rasenhügel, jeder moosbedeckten Wurzel; die blauen Nuancen sind äußerst mannigfaltig und zart; die weißen Staubwege stechen gefällig von den blauen Blumenblättern ab.

Die Waldkresse oder Ingwerkresse (*ginger cress*) ist eine hübsche weiße Kreuzblume und äußerst aromatisch; sie hat eine weiße, fleischfarbige Wurzel von stechendem meerrettichartigem Geschmack. Die Blätter sind mattgrün, scharf eingekerbt und dreilappig. Reiche feuchte Dammerde sagt dieser Pflanze am besten zu und man findet sie hauptsächlich auf niedrigem, etwas morastigem Boden; der Blütenstengel ist bisweilen nackt, bisweilen mit Blättern besetzt und endet mit einer losen Ähre von weißlichen kreuzförmigen Blumen.

Es gibt hier auch eine Kresse, welche in hübschen grünen Büscheln auf dem Boden des Wassers in Buchten und Bächen wächst. Sie ist zarter und von angenehmerem Geschmack als irgendeine Landkresse; die Blätter zeigen ein blasses, zartes Grün, sind geflügelt und schlank; die Pflanze nimmt sich unter dem Wasser wie ein grünes Kissen aus. Die Blumen sind gelb, kreuzförmig und unbedeutend. Sie gibt in der ersten Hälfte des Frühlings und im Herbste einen recht angenehmen Salat. Außerdem kommen mehre Arten Landkresse vor, desgleichen einige Gewächse, die einigen unsrer Kohl- und Krautarten gleichen und als Frühjahrsgemüse benutzt werden dürften. Ferner findet man verschiedne Spinatarten: eine davon ist hier, unter dem Namen *Lambs quarter* (Lammsviertel) bekannt; sie wächst in beträchtlicher Menge um unsre Gärten und wird in reicherem Boden zwei Fuß hoch; ihr Blätterwuchs ist äußerst üppig. Die ersten Triebe dieser

Pflanze werden an Schweinfleisch gekocht und sind in Ermangelung zarterer Gemüsearten sehr nützlich.

Ferner haben wir die indianische Rübe, eine sehr schöne Aronwurz (*Arum*), deren Wurzel, gekocht, der Cassave gleichen soll; die Blätter derselben nehmen sich recht hübsch aus, sie zeichnen sich durch einen schwachen Purpurschein aus; die Indianer brauchen die Wurzel als Medizin und auch als Nahrungsmittel; die Ansiedler essen sie oft als Gemüse; ich selbst habe sie noch nie gekostet. P u r s h nennt diese Art *Arum atropurpureum*.

Ich darf hier eine unsrer größten Zierden nicht übergehen, nämlich den Erdbeerspinat[99] oder den indianischen Erdbeerstrauch, wie er verschiedentlich genannt wird. Dieses Gewächs treibt aus einem Hauptstamme viele Seitenäste, die mit schönen Blättern besetzt sind und ihrer äußern Erscheinung nach unserm langblättrigen Gartenspinat gleichen, die Frucht dieses Strauches ist hell karmesinrot und breiartig, wie die Erdbeere und enthält eine Anzahl purpurfarbner Samen, die teilweise in der Oberfläche des Fleisches sitzen, gerade so wie die Samen der Erdbeere. Die Früchte sitzen dicht am Stengel, umgeben ihn vollkommen und bilden eine reiche Ähre von schönroten Beeren. Ich habe fußlange Zweige gepflückt, die dicht mit diesen schönen Beeren bedeckt waren und bedauerte nur, dass ich sie wegen ihres faden Geschmacks nicht essen konnte. An den Ufern der Einbuchten und auf reicherem Boden wächst dieser Erdbeerstrauch sehr üppig, eine einzige Wurzel treibt zwanzig bis dreißig Äste empor, die sich unter dem Gewicht ihrer schönen Bürde niederbeugen. Wenn die mittlern und obern Stengel reifen und abwelken, wachsen die Seitenäste in die Höhe und so trägt der Strauch vom Juli an ununterbrochen Früchte, bis im September die Fröste ihn seiner Schöne berauben.

Die Indianer benutzen den Saft dieser Pflanze zum färben und sollen auch die Beeren essen; man bedient sich ihres Saftes oft als roter Tinte, allein er verschießt sehr schnell, wofern er nicht mit Alaun vermischt ist. Eine meiner Freundinnen erzählte mir, dass sie einen Brief an einen ihrer Verwandten in England mit dieser Erdbeertinte durchkreuzt[100], allein da sie nicht die Vorsicht beobachtet, denselben zu fixieren, so sei die eine Hälfte des sehnlich erwarteten Sendschreibens, als es endlich an seine Adresse gelangt, weil die rote Tinte fast ganz verschossen, durchaus unleserlich gewesen; und so habe

---

99 *Blitum (Strawberry-bearing spinach, Indian Strawberry).*

100 Die Engländer durchkreuzen häufig in ihren Briefen die der Quere nach mit schwarzer Tinte geschriebnen Zeilen mit andern der Länge nach verlaufenden, wozu sie rote Tinte nehmen.

es, anstatt den gehegten Erwartungen zu genügen, dem Leser nur Quälerei und Verwirrung und ihr selbst Verdruss und Ärger verursacht.

Die Blutwurzel (*Sanguinaria*) oder *puccoon*, wie sie von einigen der eingebornen Stämme genannt wird, verdient von der Blüthe bis zur Wurzel unsre Aufmerksamkeit. Sobald als die Aprilsonne den Erdboden erwärmt und von seinen eisigen Fesseln befreit hat, gewahrt man eine Anzahl rein weißer Knospen, die auf nackten Stielen stehen und teilweise in ein schönes, rebenartig gestaltetes Blatt gehüllt sind. Das Blatt ist blass bräunlich grün und an der untern Seite seltsam mit blass orangenfarbnen Adern bezeichnet, es entspringt einzeln aus einer dicken saftreichen fasrigen Wurzel, die, wenn man sie zerbricht, aus ihren Poren eine Quantität hell orangenroten Saftes ausschwitzt; dieser Saft wird von den Indianern zum Färben und zur Heilung von Rheumatismen und Hautausschlägen benutzt. Die Blüten der Sanguinaria gleichen dem weißen Krokus sehr genau; bei ihrem ersten Hervorbrechen wird die Knospe von dem oben beschriebnen Blatt unterstützt und ist damit umwickelt; die Blume erhebt sich indes bald über ihren Beschützer, während das Blatt, nachdem es seine Pflicht, als Hülle der zarten Knospe, erfüllt hat, sich zu seiner vollen Ausdehnung entfaltet. Eine reiche schwarze Dammerde am Saume der Lichtungen scheint diesem Gewächs besonders zuzusagen.

Der scharlachfarbige Akelei ist ebenfalls eine Lieblingsblume von mir; sie ist hellrot, mit gelben Streifen an den Röhren. Die Nektarien sind länger als bei dem Gartenakelei und bilden eine an den Spitzen mit kleinen Kugeln besetzte Mauerkrone. Gewiss verdient der Akelei, mit seinen glänzenden hängenden Blumen, eine schlanke, zierliche Pflanze genannt zu werden; er wächst im Sonnenschein eben so gut als im Schatten, jedoch wohl nicht in tiefen schattigen Wäldern, sondern da, wo das Unterholz durch das laufende Feuer oder die Axt des Holzfällers entfernt worden ist; er scheint sogar auf armem steinigen Boden fortzukommen und ist fast um jede Wohnstätte herum zu finden. Der gefiederte Akelei liebt nassen, freien Moorboden und die Ufer der Bäche; er erreicht eine Höhe von drei, ja sogar vier und fünf Fuß und ist eine wahre Zierde.

Veilchen haben wir von jeder Größe und Gestalt, nur das wohlriechende Veilchen (*Viola odorata*) unsrer heimatlichen Wälder fehlt uns; doch wüsste ich nicht, warum wir mit diesen zarten Töchtern des Frühlings hadern sollten, weil sie nicht mit dem Wohlgeruch ihrer mehr begünstigten Schwestern begabt sind. Viele Ihrer Waldveilchen, obwohl äußerst schön, sind ebenfalls geruchlos, hier muss die Mannigfaltigkeit der Farben für den Mangel an Parfume einigermaßen Ersatz leisten. Wir haben Veilchen von jedem Blau, einige mit Purpur gestreift, andre mit dunklerem Blau schattiert. Wir haben das zarte, mit Purpur gezeichnete, das hell schwefelgelbe schwarzgeaderte, das blassgelbe dunkelblaugeaderte Veilchen; die beiden letzten zeichnen sich durch den üppigen Wuchs ihrer Blätter aus; die Blüten entspringen büschelweise, also mehre aus jedem Gelenk und hinterlassen nach ihrem Abwelken große, mit einem dicken weißen baumwollenartigen Flaum bedeckte Samenkapseln.

In den Wäldern kommt ein Veilchen vor, dessen Blätter außerordentlich groß sind; dasselbe gilt von den Samengefäßen; dagegen ist die Blüte so klein und unbedeutend, dass man sie bloß bei genauerer Untersuchung der Pflanze wahrnimmt; dies hat zu dem Glauben Veranlassung gegeben, dass das fragliche Veilchen (seine Blumen sind blass grünlich gelb) unterirdische Blüten habe. B r y a n t s [101] schönes Gedicht „d a s   g e l b e   V e i l c h e n" enthält eine genaue Schilderung von den zuerst erwähnten Veilchen.

Man findet hier ein hübsches Stiefmütterchen (*Viola tricolor*), welches im Herbste blüht. Seine Farben sind reinweiß, blass purpurn und blass violett, die obern Blumenblätter sind weiß, die Unterlippe (die untern Blumenblätter) purpurn und die Flügel (seitlichen Blumenblätter) rötlich blassviolett. Die Schönheit dieser seltnen Blume fesselte mein Auge, als ich während unsrer Reise nach Cobourg einen Abstecher nach Peterborough machte; ich war nicht im Stande, die gesammelten Exemplare zu erhalten und habe seitdem jene Straße nicht wieder bereist. Die Blume wuchs unter wildem Klee, auf der offnen Seite der Straße; die Blätter waren klein, rundlich und matt dunkelgrün.

Unter den strauchartigen Astern haben wir verschiedne schöne Varietäten, mit großen, blass holunderblauen oder weißen Blumen; noch andre haben sehr kleine weiße Blumen und karmesinrote Antheren, welche wie rote, mit Goldstaub bepuderte Flaumbüschel erscheinen. Diese Staubwege stehen gegen die weißen, sternartig angeordneten Blumenblätter sehr angenehm ab. Eine Varietät der hochstämmigen Aster kommt auf den Ebnen vor, sie hat Blüten von der Größe eines Sechspencestückes und von sanft perlblauer Farbe, mit braunen Staubwegen. Diese Pflanze erreicht

---

101   Anm. des Verlags: Hier ist vermutlich der amerikanische Schriftsteller, Jurist und Journalist William Cullen Bryants (1794-1878).

eine ansehnliche Höhe und von den Hauptstämmen gehen zahlreiche zierliche Blütenäste ab; die Blätter dieser Art sind an der untern Seite purpurrot, fast herzförmig gestaltet und eben so wie die Stengel mit feinen Härchen besetzt.

Ich fürchte nicht, Ihnen mit meinen botanischen Skizzen beschwerlich zu werden; ich habe noch mehre Pflanzen zu beschreiben: unter diesen sind jene zierlichen kleinen Immergrünarten, wovon, unter dem Namen Winterimmergrün dieses Land Überfluss hat; drei oder vier zeichnen sich durch ihr schönes Laubwerk, ihre schönen Blumen und Früchte vorzüglich aus. Eins dieser Wintergrüne, welches sehr häufig in unsern Fichtenwäldern wächst, ist außerordentlich schön; es wird selten über sechs Zoll hoch; die Blätter sind hell glänzend grün, lang, schmal, eiförmig und zart gekerbt, wie ein Rosenblatt; die Pflanze kommt in den ersten Monaten des Jahres beim ersten Tauwetter unter dem Schnee hervor, eben so frisch und grün wie zuvor, als sie unter der weißen Decke begraben wurde. Es scheint selten zu blühen. Ich habe es nur zweimal in der Blüte gesehen; diese blühenden Exemplare hob ich sorgfältig für Sie auf, aber die getrocknete Pflanze kann Ihnen bloß eine unvollkommne Vorstellung von dem geben, was sie einst in ihrer Frische und Schönheit war. Ich erinnere mich noch recht gut, dass Sie Ihre getrockneten Exemplare immer nur Pflanzenleichname nannten und dabei bemerkten, dass gute Gemälde davon der Wirklichkeit weit, näherkämen. Der Blütenstengel erhebt sich zwei bis drei Zoll über den Mittelpunkt der Pflanze und ist mit runden karmesinroten Knospen und Blüten gekrönt. Die Blüte besteht aus fünf Blumenblättern, deren Farbe sich vom blassesten rosenrot bis zum dunkelsten inkarnat vertieft; die Narbe (Stigma) ist smaragdgrün und bildet gleichsam einen schwach gerippten Turban in der Mitte; um dieselbe stehen zehn amethystfarbene Staubfäden, kurz, dies ist eine von den Juwelen der Blumenwelt und ließe sich mit einem von Amethysten umgebnen Smaragdringe vergleichen. Der Farbenkontrast bei dieser Blume ist äußerst angenehm und gefällig und die schönroten Knospen und glänzenden, immer grünen Blätter erregen fast die nämliche Bewunderung, wie die Blüte. Sie würden dieses schöne Gewächs gewiss für einen großen Gewinn für Ihre Sammlung von amerikanischen Sträuchern halten, allein ich zweifle, dass es, entfernt aus den Schatten der Fichtenwälder, zur Blüte kommen würde. Es scheint die von P u r s h beschriebne *Chimaphila corymbosa* zu sein, nur dass dieser Botaniker in Angabe der Farbe der Blumenblätter von den meinigen etwas abweicht.

Ein andres bei uns heimisches Wintergrün wächst in großer Menge auf den Reisebnen; diese Pflanze wird nicht über vier Zoll hoch; die Blüten stehen in kleinen losen Büscheln, sind blass grünlich weiß und gleichen in Gestalt den Blüten der Sandbeere (*Arbutus*); die Beeren sind hell scharlachrot und unter dem Namen Winter- und Rebhuhnbeere bekannt; jedenfalls ist dies die *Gaultheria procumbens*. Ein noch schöneres kleines Immergrün derselben Gattung wächst in unsern Zedernmooren, unter dem Namen Taubenbeere (*pigeon berry*), es gleicht der Sandbeere in Blatt und Blüte mehr als die zuvor erwähnte Pflanze; die scharlachrote Beere sitzt in einem Kelche oder Behälter, der am Rande in fünf Spitzen ausläuft, fleischig ist und mit der Frucht selbst von einerlei Beschaffenheit zu sein scheint. Die Blüten dieses hübschen kleinen Strauches erscheinen, wie die des Arbutus, wovon er gleichsam das Miniaturbild ist, in hängenden Büscheln zu der nämlichen Zeit, wo die Beere des vorigen Jahres ihre vollkommne Reife erlangt hat; dieser Umstand trägt nicht wenig zu der reizenden Erscheinung der Pflanze bei. Wenn ich mich nicht irre, so ist es die *Gaultheria Shallon*, welche P u r s h mit dem *Arbutus* vergleicht; sie gehört ebenfalls zu unsern Immergrünen.

Wir haben ferner eine niedliche kriechende Pflanze, mit zarten kleinen trichterförmigen Blumen und einem Überfluss an kleinen dunkelgrünen runden buntfarbigen Knospen und hellroten Beeren, die an den Zweigenden sitzen. Die Blüten dieser Pflanze stehen paarweise und sind am Fruchtknoten so eng miteinander verbunden, dass die scharlachrote Frucht, welche der Blüte folgt, einer doppelten Beere gleicht, – jede Beere enthält die Samen beider Blüten und ein doppeltes Auge. Die Pflanze wird auch Wintergrün oder Zwillingsbeere (*twin berry*) genannt; sie gleicht keinem der andern Wintergrüne; sie wächst in moosreichen Wäldern, kriecht an der Erde hin und scheint gern kleine Hügelchen und Ungleichheiten des Bodens zu überziehen. In Zierlichkeit des Wuchses, Zartheit der Blume und Farbenglanz der Beere, steht dieses Wintergrün den zuvor beschriebnen wenig nach.

In unsern Wäldern kommt eine Pflanze vor, welche unter dem Namen *Man-drake* (Mandragore), *May-apple* (Maiapfel) und *Ducks-foot* (Entenfuß) bekannt ist. Die Botaniker nennen sie *Podophyllum*[102] und sie gehört, was Klasse und Ordnung betrifft, der *Polyandria monogynia* an. Ihre Blüte

---

102 Nach Willdenow ist die Wurzel dieser Pflanze arzneikräftig.

ist gelblich weiß, die Blumenkrone besteht aus sechs Blumenblättern; die Frucht ist länglich rund und reif, grünlich gelb; in Größe gleicht dieselbe einer Olive oder großen Mandel; nach Erlangung ihrer völligen Reife schmeckt sie, wie eingemachte Tamarinden, angenehm säuerlich; sie scheint wenig zu tragen, wiewohl sie auf reichem nassem Waldboden schnell Überhand nimmt. Die handförmigen Blätter kommen einzeln hervor und beschatten, stehen mehre Pflanzen beisammen, den Boden ziemlich dicht, sind mit ihrem Mittelpunkt an den Blattstiel befestigt und gleichen, wenn sie zuerst über der Erde erscheinen, zusammen gefalteten Regen- oder Sonnenschirmen, indem ihre Kanten sämtlich abwärts stehen, mit der Zeit entfalten sie sich und bilden eben so viele kleine, schwach konvexe Baldachins. Die Frucht dürfte sich mit Zucker sehr gut zum Einmachen eignen.

Das Liliengeschlecht bietet eine große Mannigfaltigkeit, von den kleinsten bis zu den größten Blumen, dar. Die rote Martagonlilie (Gelbwurz) wächst in großer Menge auf unsern Ebnen. Der gemeine Hundszahn (*Erythronium dens-canis*), mit seinen gefleckten Blättern, glockenförmigen hängenden, gelben, inwendig mit hochroten Tüpfeln zart gefleckten und auswendig mit seinen Purpurlinien gezeichneten Blumen, verleiht unsern Wäldern, wo er sich schnell vermehrt, einen großen Reiz; er bildet ein schönes Blumenbeet, die Blätter kommen einzeln hervor, von jeder besondern Knolle eins. Es gibt zwei Varietäten von dieser Pflanze, die blassgelbe, ohne Tüpfeln und Linien und die dunkelgelbe, mit Tüpfeln und Linien; die Staubwege der letztern sind rötlich orangenfarben und dick mit feinen Blumenstaub bepudert[103].

Der Daffodil unsrer Wälder ist eine zarte hängende, blassgelbe Blume; die Blätter stehen längs dem Blumenschaft, von einer Entfernung zur andern; drei oder mehre Blüten folgen gewöhnlich an der Spitze des Schaftes, eine nach der andern; dieses Gewächs liebt dunkelschattige, feuchte Waldstellen.

Eine sehr schöne Pflanze, dem Liliengeschlecht angehörig, wächst in großer Menge in unsern Wäldern und Lichtungen; in Ermangelung eines passenderen Namens nenne ich dieselbe D o u r i - L i l i e , wiewohl sie weit über einen großen Teil des Kontinents verbreitet ist. Die Amerikaner nennen die weiße und rote Spielart dieser Spezies „weißen und roten Tod."

---

103   Der gemeine Hundszahn wächst auch im südlichen Europa. Die knollige weiße Wurzel ist schleimig und nahrhaft, sie kann wie der Salep als ein Nahrungsmittel für Entkräftete und Abzehrende gebraucht werden.

Die Blume ist entweder dunkelrot oder glänzend weiß, jedoch findet man die weiße bisweilen mit einem zarten Rosenrot oder einem dunkeln Grün betupft; letztere Farbe scheint durch den Übergang des Kelches in das Blumenblatt bewirkt zu werden. Warum sie einen so furchtbaren Namen erhalten, ist mir bis jetzt ein Rätsel geblieben. Die Blumenkrone besteht aus drei Blumenblättern, der Kelch ist dreiteilig; sie gehört der *Hexandria monogynia* an, der Griffel ist dreispaltig; der Samenbehälter dreiklappig; sie liebt trockne Wälder und gelichteten Boden; die Blätter stehen zu dreien, entspringen von den Gelenken, sind groß, rund und an den Enden etwas zugespitzt.

Wir haben Maiblumen (*lilies of the valley*) und die mit ihnen zugleich erscheinende Meisterwurz, einen kleinblumigen Türkenbund von blassgelber Farbe, nebst einer endlosen Mannigfaltigkeit von kleinen Liliaceen, die sich sowohl durch ihre schönen Blätter als ihre zarten Formen auszeichnen.

Unsre Farnkräuter sind sehr zierlich gestaltet und zahlreich; ich habe nicht weniger als acht verschiedne Arten in unsrer unmittelbaren Nachbarschaft gesammelt; einige davon nehmen sich ganz allerliebst aus, vorzüglich eine, welche ich wegen ihrer leichten zierlichen Form „Elfen-Farn" (*fairy fern*) nenne. Ein elastischer Stamm von purpurartigem Rot trägt mehre leichte Seitenzweige, die sich mannigfaltig verästeln und mit zahllosen Blättchen besetzt sind; jedes Blättchen hat einen Stiel, welcher es mit dem Zweige verbindet und dieser Stiel ist so leicht und haarartig, dass der leiseste Luftzug die ganze Pflanze in Bewegung setzt.

Könnte man sich nur einbilden, dass Kanada einst der Schauplatz von Elfenfesten gewesen, so würde ich ohne weiteres behaupten, dass dieses zierliche Gewächs sich wohl geeignet, den Elfenhof von O b e r o n und T i t a n i a zu beschatten.

Wenn dieses Farnkraut zuerst über der Erde erscheint, so ist es von dem verwitterten Holze der umgestürzten Fichten kaum zu unterscheiden; es hat dann eine licht rötlich braune Farbe und ist seltsam zusammengerollt. Im Mai und Juni entfalten sich die Blätter und nehmen bald das zarteste Grün an; sie sind fast durchsichtig; das Vieh frisst sehr gern davon.

Die Mokassinblume (Ginster) Frauenschuh[104], (bemerken Sie die seltsame Ähnlichkeit zwischen der indianischen und unsrer Benennung der

---

104 *Lady's slipper.*

Pflanze) ist eine unsrer bemerkenswertesten Blumen, sowohl wegen ihres eigentümlichen Baues als auch wegen ihrer Schönheit. Unsre Ebnen und trocknen sonnigen Weideplätze bringen verschiedne Spielarten hervor; unter diesen sind der gelbe Frauenschuh[105], (*Cypripedium pubescens*) und *Cypripedium Arietinum* die schönsten.

Die Honiglippe des erstern ist lebhaft kanariengelb und mit dunkel karmesinroten Flecken betupft. Die obern Blumenblätter bestehen in zwei kurzen und zwei langen; in Gefüge und Farbe gleichen sie der Scheide von einigen der Narzissengattungen; die kurzen stehen aufrecht, wie ein paar Ohren, die langen oder seitlichen sind dreimal so lang als die erstern, sehr schmal und zierlich gewunden, wie die spiralförmigen Hörner des walachischen Widders; lüftet man eine dicke gelbe fleischige Art von Deckel, in der Mitte der Blume, so sieht man das genaue Gesicht eines indianischen Hundes, vollkommen in allen seinen Teilen, – Nase, Augen und Schnauze; darunter hängt ein offner Sack herab, der rings um die Öffnung leicht zusammen gezogen ist, wodurch er ein hohles und bauchiges Ansehn erhält; die innere Seite dieses Sackes ist zart mit Dunkelkarmesin getupft oder schwarzgefleckt; der Blumenschaft schwillt nach oben zu an und bildet eine Krümmung; die Blätter sind groß, oval, etwas zugespitzt und gerippt. Die Pflanze wird nicht viel über sechs Zoll hoch; die schöne Farbe und das seidenartige Gewebe der Unterlippe oder des Sackes macht, dass ich für meinen Teil ihrer Blüte den Vorzug vor der purpurnen und weißen Varietät gebe, wiewohl letztre wegen der Größe der Blume und der Blätter, außer dem Kontrast zwischen der weißen und roten oder weißen und purpurnen Farbe, weit mehr in die Augen fällt.

In Bildung und Struktur gleicht diese Spezies der andern, nur mit dem Unterschiede, dass die Hörner nicht gewunden sind und das Gesicht mehr dem eines Affen ähnelt; sogar der komische Ausdruck des Tieres ist mit so bewundernswürdiger Treue nachgeahmt, dass man bei Erblickung der seltsamen, unruhig erscheinenden Fratze mit ihren schwarzen unter ihrer Kapuze hervorschauenden Augen unwillkürlich lächeln muss.

Diese Pflanzen gehören der *Gynandria diandria* an; P u r s h beschreibt sie mit einigen Abweichungen und vergleicht z.B. das Gesicht der letztern mit dem des Schafs; wenn aber ein Schaf zu diesem Gemälde saß, so muss es das verschmitzteste und boshafteste der ganzen Herde gewesen sein.

---

105 *The yellow mocassin flower.*

Ein seltsames Wassergewächs kommt in seichten, stockenden und langsam fließenden Gewässern vor; es enthält ein ganzes Weinglas Wasser. Ein armer Soldat brachte mir ein Exemplar und fügte die Bemerkung hinzu, es gleiche einer Pflanze, die er oft in Ägypten gesehn und die von den Soldaten „S o l d a t e n b e c h e r " genannt werde und dass er selbst manchen Trunk frischen Wassers daraus geschlürft habe.

Ein andres Exemplar erhielt ich von einem Herrn, der meine Vorliebe für fremde Gewächse kannte, er gab ihm sehr passend den Namen Krugpflanze (*pitcher plant*) höchst wahrscheinlich gehört sie zu dem Geschlecht, welches diesen Namen führt.

Die geruchreichsten und würzigsten Blumen sind unsre wilden Rosen, welche die Luft mit den angenehmsten Düften füllen, die purpurne Monarde, die von der Blüte bis zur Wurzel Wohlgeruch ist, selbst nachdem sie Monate lang der kalten Winteratmosphäre ausgesetzt gewesen; ihre getrockneten Blätter der Samenbehälter sind so aromatisch, dass sie Händen und Kleidern ihren angenehmen Parfume mitteilen. Alle unsre Münzen haben einen sehr starken aromatischen Geruch; das Maiblümchen verbreitet den süßesten Duft; hierher gehören auch meine Königin der Seen (die weiße Wasserlilie) und ihr Gefährte, der Wasserkönig, nebst vielen andern Blumen, die ich jetzt nicht aufzählen kann. Gewiss ist indes, dass es unter einem so großen Verein von Blumen, verhältnismäßig nur wenige gibt, welche aromatische Gerüche aushauchen; einige unsrer Waldbäume verbreiten einen angenehmen Parfume. Ich bin auf meinen Spaziergängen oft stehen geblieben, um an sonnigen Tagen den wohlriechenden Duft von einem Zedernmoor, während die dicht verschränkten Äste und Zweige noch voll Tautropfen von einem frischgefallnen Schauer hingen, in vollen Zügen einzuatmen.

Nicht unerwähnt darf hier die Balsampappel oder Tacamahaca bleiben, welche die Luft um sich her mit Wohlgerüchen schwängert, vorzüglich wenn die Gummiknospen sich eben zu entfalten anfangen; die Balsampappel bildet sich zu einem schönen zierlichen Baume aus, versteht sich, wo sie Raum genug zur Ausbreitung ihrer Äste hat. Sie wächst vorzüglich an den Ufern der Seen und in offnen Mooren, bildet aber auch eine Hauptzierde unsrer Ebnen und nimmt sich mit ihren silberfarbigem runden, wehenden Laube sehr schön aus; die Rinde schwitzt ein klares Gummiharz in durchsichtigen Kügelchen aus und die Knospen überziehen sich mit einer in hohem Grade aromatischen gummösen Flüssigkeit.

Unsre Gräser verdienen alle Aufmerksamkeit; es gibt hier Varietäten, die mir ganz neu sind und getrocknet eine elegante Zierde unsrer Kamine bilden; auf dem Kopfe einer Dame würden sie sich sehr hübsch ausnehmen, wenn nur nicht die Mode stets künstlichen Putz dem natürlichen vorzöge.

Eine oder zwei Grasarten, die ich gesammelt habe, zeigten, ihre Kleinheit abgerechnet, große Ähnlichkeit mit dem indianischen Korn; sie haben eine Troddel oder Quaste und eine achtseitige Ähre; die kleinen Körner sind reihenweise um die Spindel angeordnet. Das *Sisyrinchium* oder blauäugige Gras hat eine niedliche kleine azurblaue Blume mit einem goldfarbigen Fleck an der Basis jedes Blumenblattes; die Blätter sind steif und fahnenartig; diese niedliche Pflanze wächst büschelweise auf leichtem sandigen Boden.

Ich habe Ihnen in Vorliegendem eine Beschreibung der bemerkenswertesten Pflanzen gegeben; und wenn auch meine Mitteilungen zum Teil der echt botanischen Nomenklatur nicht ganz entsprechen mögen, so habe ich sie doch mindestens gerade so geschildert, wie sie mir erschienen sind.

Mein holdes Knäbchen scheint bereits Geschmack an Blumen zu finden und ich will diesen so sehr als möglich befördern. Botanik ist ein Studium, welches zur Veredlung und Verfeinerung der Seele beiträgt, es kann auf eine einfache Weise zur Himmelsleiter gemacht werden, wenn man ein Kind lehrt, mit Liebe und Bewunderung auf jenen allmächtigen und gütigen Gott zu blicken, der die Blumen so schön schuf und bildete, um diese Erde zu befruchten und zu schmücken.

Leben Sie wohl Teuerste Freundin.

Fünfzehnter Brief

NOCHMALIGE BETRACHTUNG VERSCHIEDNER PUNKTE. – FORT-
SCHRITTE DER ANSIEDLUNGEN. – KANADA, DAS LAND DER HOFF-
NUNG. – BESUCH BEI DER FAMILIE EINES SEEOFFIZIERS. – EICH-
HÖRNCHEN. – BESUCH BEI EINEM AUSGEWANDERTEN GEISTLICHEN;
SEINE GESCHICHTE. – SCHWIERIGKEITEN, WOMIT ER ANFANGS ZU
KÄMPFEN HATTE. – TEMPERAMENT, CHARAKTER UND GEWOHN-
HEITEN DER EMIGRANTEN SIND VON GROSSEM EINFLUSS AUF
DAS GEDEIHEN ODER NICHTGEDEIHEN IHRER ANSIEDLUNG.

September 26, 1834

Ich versprach bei meiner Abreise von England, Ihnen sobald als möglich
eine genügende Auskunft von unsrer Niederlassung in Kanada zu geben.

Ich werde jetzt mein Bestes tun, um meinem Versprechen nachzukom-
men und Ihnen eine kleine Skizze von unsern Unternehmungen, Tun und
Treiben vorzulegen, nebst solchen Bemerkungen über die natürlichen
Züge des Ortes, wo wir unsre Heimat aufgeschlagen, die Ihnen, meines Bedünkens, Interesse und Unterhaltung gewähren dürften. Machen
Sie sich also, Teuerste Freundin, auf einen langen abschweifenden Brief
gefasst, worin ich etwas von der Natur des Irrlichts zeigen und nachdem
ich Sie, mir in meinen regellosen Wanderungen, –

Über Berg, über Tal,
Durch Busch und Dorngesträuch,
Über Feld und Auen,
Durch Fluten durch Feuer

zu folgen bestimmt, Sie möglicherweise mitten in einem dichten
Zedernmoor oder in dem pfadlosen Dickichte unsrer wilden Wälder ohne
Führer oder auch nur ein Zeichen, das Ihnen den Weg andeuten könnte,
verlassen werde.

Sie werden aus meinen Briefen an meine teure Mutter, von unsrer glücklichen Ankunft zu Quebec, von meiner Krankheit zu Montreal, von allen
unsern Abenteuern und Widerwärtigkeiten während unsrer Reise landeinwärts gehört haben und wie wir nach einer ermüdenden Wanderung

endlich bei einem liebreichen Verwandten, den wir, nach einer mehrjährigen Trennung wieder in die Arme zu schließen, glücklich genug waren, endlich einen Ruheplatz gefunden.

Da meinem Gatten sehr viel daran gelegen war, sich in der Nachbarschaft eines so nahen Verwandten von mir niederzulassen, indem er wohl denken mochte, dass der Wald dadurch etwas von jener Einsamkeit verlieren würde, worüber die meisten Frauen sich so bitter beklagen, so kaufte er ein Stück Land an den Ufern eines schönen Sees, dem Gliede einer Kette der kleinen Seen, die dem Otanabee angehören.

Hier also haben wir uns angebaut, fünfundzwanzig Acker unsers Besitztums sind bereits gelichtet und urbar gemacht und ein nettes Häuschen ist ebenfalls seit geraumer Zeit fertig und dient uns als Schutz und Obdach, die Lage unsrer Meierei ist sehr angenehm und jeder Tag erhöht ihren Wert. Als wir zuerst im Busche anlangten, hatten wir, mit Ausnahme von S –, bloß zwei oder drei Ansiedler in unsrer Nähe und an Kommunikationswege war gar nicht zu denken. Die einzige Straße, die zum Gütertransport aus dem nächsten Städtchen allenfalls taugte, lag auf der andern Seite des Wassers, über welches man auf einem Block- (Log-) Kahn oder einem Canoe von Birkenrinde setzen muss. Ersteres ist nichts weiter als ein mit der Axt ausgehöhlter Fichtenstamm, der ungefähr drei oder vier Personen fasst, einen flachen Kiel hat, schmal ist und daher sehr gut in seichtem Wasser gebraucht werden kann. Das Rindencanoe ist aus Birkenrindenschichten gezimmert, welche die Indianer kunstreich zuzurichten und unter einander zu verbinden verstehen; Letzteres geschieht durch Zusammennähen, wozu sie sich der zähen Wurzeln der Zeder, jungen Fichte oder Lärche (Tamarak, wie sie von den Eingebornen genannt wird) bedienen. Diese Fahrzeuge sind außerordentlich leicht, so dass sie von zwei Personen, ja von einer, ohne Mühe getragen werden können. Dies also waren unsre Fahrboote, gewiss sehr zerbrechliche Fahrzeuge, die zu ihrer Führung große Geschicklichkeit und Vorsicht erfordern; sie werden durch Ruderschaufeln in Bewegung gesetzt, wobei der Rudernde entweder kniet oder steht. Die Squaws sind in Steuerung der Canoes sehr geübt und behaupten ihre Balance mit großer Geschicklichkeit, sie stehen bei ihrer Ruderarbeit und steuern in kleinen leichten Nachen mit großer Geschwindigkeit durch das Wasser.

Sehr groß ist die Veränderung, welche wenige Jahre in unsrer Lage bewirkt haben. Eine Anzahl sehr achtbarer Ansiedler hat sich längs den

Seen angekauft, so dass es uns nicht länger an Gesellschaft fehlt. Die Straßen oberhalb unsrer Niederlassung sind jetzt meilenweit durch den Wald gehauen und können, obschon bei weitem nicht tadelfrei, mit Wagen und Schlitten bereist werden und sind doch gewiss besser als gar keine.

Da, wo früher ein dichter Fichtenwald den Boden bedeckte, ist ein Dorf wie aus der Erde hervor gesprungen; wir haben jetzt in geringer Entfernung von unsrer Meierei eine treffliche Sägemühle, eine Grützmühle und ein Vorratsmagazin nebst einer Schenke und manchen hübschen Wohngebäuden.

Eine hübsche hölzerne Brücke, auf steinernen Pfeilern, ist im vorigen Winter gebaut worden, um die Gemeindebezirke auf beiden Flussufern mit einander zu verbinden und den Abstand von Peterborough zu vermindern; und ob sich gleich unglücklicherweise in der ersten Hälfte des letzten Frühjahrs durch das ungewöhnliche Steigen der Otanabeeseen fort geführt worden ist, so hat doch ein tätiger und unternehmender junger Schotte, der Gründer des Dorfes, auf ihren Trümmern eine neue errichtet.

Allein das große Werk, welches früher oder später diesen Teil des Distriktes seinem gegenwärtigen Dunkel entreißen wird und muss, ist die Eröffnung einer Schifffahrtslinie vom Huronensee[106] durch den Simcoe-See, so wie durch unsre Kette kleiner Seen bis zum Reissee und endlich durch den Trent bis zur Bay von Quinte. Dieses großartige Werk dürfte von unberechenbarem Vorteil sein, indem dadurch eine direkte Kommunikation zwischen dem Huronensee und den weiter einwärts im Lande jenseits des Otanabee gelegnen Gemeindebezirken mit dem St. Lorenz eröffnet werden würde. Dieses Projekt ist bereits der Regierung zur Beratung vorgelegt worden und ist gegenwärtig ein Gegenstand des allgemeinen Gesprächs im Lande; jedenfalls wird es früher oder später zur Ausführung kommen. Es ist mit einigen Schwierigkeiten und Kosten verbunden, wird aber notwendigerweise nicht wenig zum Gedeihen und Wohlstande des Landes beitragen und das Mittel zur Ansiedlung der jenseits des Otanabee längs diesen Seen gelegnen Gemeindebezirken werden.

Ich muss es erfahrnern Leuten, als ich bin, überlassen, die Ersprießlichkeit und Trefflichkeit des fraglichen Plans zu beurteilen; und da Sie, wie ich denke, nicht willens sind, nach unsern Urwäldern auszuwandern, so dürfte Ihnen eine flüchtige Andeutung des Unternehmens genügen und Sie wer-

---

106   Anm. des Verlags: Hierbei handelt es sich vermutlich um den heutigen Huronsee.

den schon aus Freundschaft zu mir, – dafür stimmen, dass die Eröffnung eines Marktes für inländische Erzeugnisse nicht anders als höchst wünschenswert sein könne.

Kanada ist das Land der Hoffnung, hier ist alles neu, alles schreitet hier vorwärts, es ist für Künste und Wissenschaften, für Ackerbau und Manufakturwesen fast unmöglich, Rückschritte zu tun; sie müssen beständig vorwärts gehen und wenn auch in einigen Teilen des Landes diese Fortschritte langsam erscheinen mögen, so sind sie doch in andern verhältnismäßig eben so reißend.

Die Tatkraft, der Unternehmungsgeist der Auswandrer, besonders in den nur teilweise besiedelten Gemeindebezirken, wird in fortwährender Anregung erhalten, ein Umstand, der sie in hohem Grade vor Entmutigung und Verzagtheit schützt.

Die Ankunft eines unternehmenden Mannes wirkt anspornend auf die um ihn her, eine gewinnversprechende Spekulation kommt in Vorschlag und siehe, das Land in der Nachbarschaft steigt an Wert um das Doppelte, ja Dreifache gegen früher; auf diese Weise befreundet und fördert er ohne gerade die Absicht zu haben, seine Nachbarn; die Pläne eines Ansiedlers sind, so bald sie in Ausführung treten, für viele wohltätig. Wir haben bereits die wohltätige Wirkung der Ansiedlung neuer achtbarer Emigranten in unserm Gemeindebezirk gefühlt, indem der Wert unsers Bodeneigentums dadurch um das Dreifache gestiegen ist.

Alles dies liebe Freundin, werden Sie sagen, ist recht gut und dürfte verständigen Männern viel Stoff zu einer lehrreichen Unterhaltung gewähren, aber uns Frauen wollen dergleiche ernsthafte Erörterungen nicht recht behagen; daher bitte ich Sie, ein andres Thema zu wählen und mir lieber zu erzählen, wie Sie Ihre Zeit unter den Bären und Wölfen Kanadas zubringen.

An einem schönen Tage im letzten Juni besuchte ich zu Wasser die Braut eines jungen Seeoffiziers, der ein sehr hübsches Stück Land, etwa zwei (englische) Meilen oberhalb des Sees gekauft hatte; unsre Gesellschaft bestand aus meinem Gatten, meinem Knäbchen und meiner Wenigkeit; wir trafen einige angenehme Freunde an und belustigten uns ganz zu unsrer Zufriedenheit. Das Mittagsmahl wurde in dem S t o u p aufgetischt, das ist, (denn Sie möchten schwerlich wissen, was das Wort bedeutet), eine Art weite Vorhalle (Veranda), die auf Pfeilern, häufig unabgerindeten Baumstämmen ruht; der Fußboden besteht entweder aus hart getretnem

Erdreich oder Dielen (Brettern). Das Dach ist mit Rindenschichten oder Schindeln gedeckt. Diese Stoups sind holländischen Ursprungs und wie man mir gesagt hat, von den ersten holländischen Ansiedlern in den Staaten eingeführt worden; seitdem haben sie ihren Weg in alle übrigen Kolonien gefunden.

Von der Scharlachranke, einer in unsern Wäldern und Wildnissen einheimischen Pflanze, der wilden Rebe und der Hopfenpflanze, die hier sehr üppig und ohne Arbeit oder Aufmerksamkeit auf ihre Kultur gedeiht, bekränzt, haben die Stoups ein recht ländliches Ansehn; im Sommer dienen sie als offnes Vorzimmer, wo man sein Mahl einnehmen und das Anwehen der frischen Luft genießen kann, ohne von der heftigen Hitze der Mittagssonne belästigt zu werden.

Diese Lage unsers Hauses ist vorzüglich gut gewählt, gerade auf dem höchsten Punkte einer kleinen aufsteigenden Ebne, die sich ziemlich steil nach einem kleinen Tale herabneigt, in dessen Grunde ein klarer Bach den Garten von den ihm gegenüberliegenden Kornfeldern, die das Ufer bekränzen, scheidet. Gerade im Angesicht der Vorhalle (Stoup), wo wir im Sommer unser Mittagsmahl einnehmen, ist der Garten angelegt, mit einem weichen, von Blumenrabatten umsäumten Rasenplätzchen und von einem reifenden Weizenfelde durch ein kleines Geländer, an welchem sich der üppige Hopfen mit seinen Gäbelchen und zierlichen Blüten hinauf rankt, geschieden. Bei dieser Gelegenheit muss ich Ihnen sagen, dass der Hopfen zur Bereitung von Hefen für das Brot gezogen wird. Da sie an Gegenständen, die den Haushalt betreffen, großes Wohlgefallen finden, so will ich ein Rezept, die Bereitung von Hopfenhefen, wie wir sie nennen, betreffend, für Sie beilegen[107].

Die Yankies bedienen sich eines Sauerteigs aus Salz, warmem Wasser oder Milch; allein obschon der mit Salz bereitete Sauerteig recht gut aussehende Brote gibt, indem sie viel weißer und fester erscheinen, als die mit Hopfenhefen bereiteten Brote, so wird doch durch ersteres Verfahren dem Brotteige ein Beigeschmack mitgeteilt, der nicht jedermanns Gaumen behagt, wozu noch kommt dass bei sehr kaltem Wetter jener Sauerteig fast seine Dienste versagt.

Nachdem ich Ihnen so mein Rezept mitgeteilt habe, will ich in die Veranda zu meiner Gesellschaft zurückkehren, die, ich kann Ihnen ver-

---

107 Siehe Erster Anhang.

sichern, sehr angenehm und traulich war und wo jeder nach Kräften das Seinige zur Unterhaltung beitrug.

Wir hatten Bücher und Zeichnungen und eine Menge indianischer Tändeleien und Putzgerätschaften, die Sammlung mancher langen Reise an ferne Gestade, zu besehen und zu bewundern. Bald nach Sonnenuntergang brachen wir auf und nahmen unsern Weg durch die Wälder nach dem Landungsplatze am Seeufer, wo wir unser Rindencanoe bereit fanden, uns nach Hause zu führen.

Während unsrer Fahrt, gerade beim Anfange der Stromschnellen zog ein kleiner Gegenstand im Wasser, der schnell dahin schwamm, unsre Aufmerksamkeit auf sich; die Meinungen über den kleinen Schwimmer waren verschieden: Einige glaubten, es wäre eine Wasserschlange, andre hielten ihn für ein Eichhörnchen oder eine Moschuskatze; einige schnelle Ruderschläge brachten uns dem rätselhaften Wandrer näher, so dass wir ihm den Weg versperrten; es war ein hübsches rotes Eichhörnchen von einer benachbarten Insel und wahrscheinlich auf einer Entdeckungsreise begriffen. Das niedliche Tierchen, anstatt sein Heil in der Flucht nach einer entgegengesetzten Richtung zu suchen, sprang mit einer Beherztheit und Geschicklichkeit, die seine Verfolger in Erstaunen setzte, leicht an der aufgehobnen Ruderschaufel in die Höhe und von dieser meinem erschrocknen Knaben gerade nach dem Kopfe und nachdem es meine Schulter gewonnen, wieder ins Wasser und steuerte geraden Weges dem Ufer zu, ohne auch nur einen einzigen Strich von der Linie abzuweichen, welche es verfolgte, als es zuerst unsers Canoes ansichtig wurde. Die Behändigkeit und der Mut dieses harmlosen Geschöpfs, überraschten und unterhielten mich; ich hätte der Sache kaum Glauben schenken können, wäre ich nicht selbst Augenzeuge von seinem Benehmen gewesen und überdies an den Schultern durch das von seinem Pelze träufelnde Wasser tüchtig durchnässt worden.

Vielleicht erscheint Ihnen meine Eichhörnchenanekdote unglaublich; allein ich kann mit meiner persönlichen Erfahrung für ihre Wahrheit bürgen, da ich den muntern Springer nicht nur sah, sondern auch fühlte. Die schwarzen Eichhörnchen sind sehr liebenswürdige und hübsche Tierchen und beträchtlich größer als die roten, grauen und gestreiften; die letztern werden von den Indianern „Tshit-munks (*chit-munks*)" genannt.

Letzten Sommer wurden wir von diesen kleinen Räubern tüchtig geplündert, die roten Eichhörnchen stahlen uns große Quantitäten indianischen Korns, nicht bloß vom Stengel, als die Saat in der Reife begriffen war, sondern sie kamen sogar durch einige Lücken in den Blockwänden in die Scheunen und schleppten sehr viel Getreide (indianisches Kern) fort, das sie sehr geschickt von der Spindel abzulösen und nach ihren Vorratsmagazinen, in hohlen Bäumen oder unterirdischen Höhlen, zu transportieren verstanden.

Die kleinen Tierchen sind sehr begierig nach Kürbiskörnern, man sieht sie häufig unter dem Vieh umher schnellen und wenn dieses die Kürbisse zerfleischt, mit den herausfallenden Samen davon eilen. Nicht weniger gern fressen sie die Samen der Sonnenblumen, welche in unsern Gärten und Lichtungen eine riesenhafte Höhe erreichen. Das Federvieh liebt die Sonnenblumenkörner ebenfalls sehr und ich sammelte die reifen Blumen, in der Absicht, einen guten Vorrat dieser Delikatesse für meine armen Hühnchen während des Winters zu haben. Eines Tages ging ich, die reifen Köpfe abzuschneiden, wovon die größten einem großen Präsentierteller glichen, sah aber zu meinem Ärger zwei diebische rote Eichhörnchen emsig in Sammlung der Samen, wie Sie wohl denken können, nicht für mich, sondern für sich selbst beschäftigt.

Nicht zufrieden mit Ablösung der Samen, durchsägten die kleinen Diebe mit ihren scharfen Zähnen geschickt die Blumenstengel und schleppten ganze Samenköpfe auf einmal fort, dabei waren sie so keck, dass sie sich durch meine Annäherung nicht im Geringsten stören ließen und wichen nicht eher, als bis sie sich ihrer Beute bemächtigt hatten und mit einer Ladung, die wohl zweimal so schwer war, als ihr leichter Körper, über Geländer, Wurzeln, Baumstummel und Holzblöcke pfeilschnell davon eilten, so dass sie jede Verfolgung von meiner Seite vergeblich machten.

Groß war der Verdruss, den das kleine muntre Pärchen an den Tag legte, als es behufs einer zweiten Ladung wieder kam und die Pflanzen ihrer Köpfe beraubt fand. Ich hatte alles, was noch übrig war, abgeschnitten und in einem Korbe auf einen kleinen Block, gleich neben einer offnen Glastüre, an die Sonne gestellt; ich saß eben auf der Türschwelle und hülste einige Samenbohnen aus, als die Eichhörnchen durch ihre scharfen scheltenden Töne, wobei sie ihre leichten federartigen Schweife empor hoben, als wollten sie den lebhaftesten Unwillen über meine Eingriffe in ihre vermeintlichen Rechte zu erkennen geben, meine Aufmerksamkeit in Anspruch nahmen; es währte gar nicht lange, so hatten sie den indianischen Korb mit dem ihnen entrissenen Schatze entdeckt; einige rasche Bewegungen brachte das kleine Pärchen an das Gitter, nur wenige Schritte

Rote Eichhörnchen

von mir und den Samenköpfen; hier machten sie Halt, setzten sich nieder und blickten mich mit bittender Miene an. Ihre Verlegenheit machte mir zu viel Vergnügen, als dass ich ihnen hätte daraus helfen sollen, allein kaum hatte ich meinen Kopf gedreht, um mit meinem Kinde zu sprechen, so schossen sie vorwärts und in einer andern Minute hatten sie sich eines der größten Samenköpfe bemächtigt, den sie fortschleppten; zuerst trug ihn das eine einige Schritte weit, dann packte das andere an, denn er war zu groß und schwer, als dass ihn eins hätte lange tragen können. Kurz ihre kleinen Manöver[108] machten mir so viel Spaß, dass ich mich meines ganzen Vorrats berauben ließ.

Im Frühjahr sah ich eine kleine Eichhörnchenfamilie auf dem Gipfel eines hohlen Blockes spielen und ich kann wohl sagen, dass sie, mir unter allen Tieren als die lebhaftesten und niedlichsten Geschöpfe erscheinen, die man nur immer sehen kann.

Das fliegende Eichhörnchen ist in unsern Wäldern zu Hause und übertrifft, meines Bedünkens, in Schönheit alle seine Gattungsverwandten. Seine Farbe ist das weichste zarteste Grau; das Pelzhaar ist dick und kurz und so seidenartig wie Sammet; die Augen sind, wie bei allen Eichhörnchenarten groß, voll und sanft, die Schnurren und das lange Haar um die Nase sind schwarz; die Membran, welche dem Tierchen zum Fliegen dient, ist zart und von weichem Gefüge, wie der Pelz des Chinchilla (Ohrmaus), sie bildet zwischen den Vorder- und Hinterbeinen eine Bürste; der Schweif gleicht einer zierlichen breiten grauen Feder. Die Erscheinung dieses allerliebsten kleinen Geschöpfes überraschte mich sehr angenehm; die Zeichnungen welche ich davon gesehen, gaben ihm ein höchst plumpes und fledermausartiges, fast ekelhaftes Ansehen. Die Jungen lassen sich leicht zähmen und sind in der Gefangenschaft sehr zutraulich und zum Spielen geneigt.

Wie würde sich meine kleine Freundin E m i l i e , über einen solchen Spielkameraden freuen. Sagen Sie ihr, dass ich ihr, sollte ich jemals in mein teures Vaterland zurückkehren, wo möglich ein dergleichen Tierchen mitbringen werde; vor der Hand aber muss sie sich mit den ausgestopften Exemplaren der roten, schwarzen und gestreiften Art begnügen, die ich meinem Pakete einverleibt habe. Ich wünschte, Ihnen ein wertvolleres Geschenk machen zu können, allein unsre Kunstsachen und Manufaktu-

---

108   Anm. des Verlags: im Original „Manövres".

Fliegendes Eichhörnchen

ren sind durchaus britisch, mit Ausnahme der Kleinigkeiten, welche die Indianer verfertigen und es würde mir daher schwerfallen, Ihnen etwas der Aufmerksamkeit Wertes zu schicken, weshalb ich meine Zuflucht zu den natürlichen Erzeugnissen unsrer Wälder als Zeichen der Erinnerung an meine Freunde und Verwandten in der Heimat – denn so nennen wir stets unser teures Geburtsland, – nehmen muss.

Sie wünschen zu wissen, ob ich glücklich und mit meiner Lage zufrieden bin oder ob sich mein Herz nach dem alten Vaterlande sehnt. Ich will Ihnen aufrichtig antworten und spreche daher hier ein für alle Mal aus, dass ich, in Bezug auf Geschmackssachen und frühzeitige Gedankenverbindungen und alle jene heiligen Bande der Verwandtschaft und alte Freundschaftsbündnisse, welche die Heimat allen und jedem, von welcher Nation er auch sei, so teuer machen, England den Vorzug gebe.

Auf der andern Seite mindert der Gedanke an die freiwillig übernommenen Pflichten und ein Gefühl von Zufriedenheit mit meiner Lage das Bedauern, welchem ich nachzuhängen, mich geneigt finden möchte. Überdies gibt es für mich neue und heilige Banden, die mich an Kanada fesseln; ich habe viel häusliches Glück genossen, seitdem ich hierher gekommen bin; – und ist Kanada nicht das Geburtsland meines teuren Kindes? Habe ich nicht hier zum ersten Male jenes Entzücken genossen, welches von mütterlichen Gefühlen entspringt? Wenn mein Auge auf meinem lächelnden Bübchen ruht oder wenn ich seinen warmen Atem an meiner Wange fühle, so füllt meine Brust eine Wonne, die ich gegen kein Vergnügen auf Erden vertauschen möchte. „Recht gut", hör' ich Sie im Geiste erwidern, „allein diese Empfindungen sind ja nicht auf eure einsamen kanadischen Wälder beschränkt." Ich weiß dies wohl, aber hier stört mich nichts in meiner Zärtlichkeit, in den Liebkosungen meines teuren Kindes. Hier wird man nicht durch rauschende weltliche Vergnügungen zur Vernachlässigung seiner Mutterpflichten veranlasst, hier kann nichts den holden Knaben aus meinem Herzen verdrängen; seine Gegenwart macht mir jeden Ort teuer und wert, ich lerne die Stelle lieben, wo er geboren worden ist und denke mit Wohlgefallen an meine neue Heimat, weil sie sein Vaterland ist; und blicke ich in die Zukunft und fasse ich sein künftiges Wohlergehn ins Auge, so fühle ich mich mit doppelter Anhänglichkeit an die Erdscholle gefesselt, welche er eines Tages sein nennen wird.

Vielleicht würdige ich das Land nur nach meinen eignen Gefühlen; und wenn ich bei einer unparteiischen Prüfung meines gegenwärtigen Lebens finde, dass ich eben so glücklich oder noch glücklicher bin als in der alten Heimat, so muss ich es schätzen und lieben.

Wollte ich mich über die Vorteile, die ich besitze, ins Einzelne einlassen, so würden sie in den Augen von Leuten, die in all dem Glanze, all der Herrlichkeit und Fülle schwelgen, die Reichtum in einem durch Natur sowohl als Kunst den rauschenden Vergnügungen der Welt so günstigen Lande verschaffen kann, in einem sehr negativen Charakter erscheinen; allein ich habe ja nie dem Wohlleben und der Modesucht gefrönt. Große Gesellschaften und die alltäglichen Vergnügungen der eleganten Welt verursachten mir stets Langeweile, wo nicht Ekel. Durch all dieses hofartige Treiben wird das Herz nicht befriedigt, wie sich ein Dichter äußert und ich pflichte dem Ausspruch völlig bei.

Ich war immer nur zu sehr geneigt, mit Ungeduld die Fesseln von mir zu spornen, welche Etikette und Mode der Gesellschaft anzulegen pflegen, bis sie ihren Jüngern alle Freiheit und Unabhängigkeit des Willens rauben und dieselben sich bald genötigt sehen, für eine Welt zu leben, die sie im Stillen verachten und satt haben, für eine Welt, die sie noch dazu mit Geringschätzung betrachtet, weil sie nicht mit einer Unabhängigkeit handeln dürfen, die so wie sie sich äußert, gleich zu Boden gedrückt werden würde.

Ja ich muss Ihnen offen bekennen, dass meine gegenwärtige Freiheit in diesem Lande ein großer Genuss für mich ist. Hier besitzen wir einen Vorteil vor Ihnen, so wie auch vor denjenigen, welche die Städte und Dörfer meines neuen Vaterlandes bewohnen, denn leider herrscht in diesen ein lächerliches Streben, einen Schein zu unterhalten, welcher der Lage derer, die ihn annehmen, durchaus nicht entspricht. Wenige, sehr wenige Emigranten kommen in die Kolonien, außer mit der Absicht, für sich und ihre Kinder Unabhängigkeit zu erlangen. Diejenigen, welchen es nicht an Mitteln zu einem behaglichen Leben in der Heimat gebricht, würden sich wohl schwerlich jemals den Entbehrungen und Unannehmlichkeiten eines Ansiedlerlebens in Kanada aussetzen; der natürliche Schluss aus allem diesem ist, dass der Emigrant mit dem Wunsche und der Hoffnung hierher gekommen, seinen Zustand zu verbessern und die Wohlfahrt einer Familie zu sichern, die er in der Heimat anständig zu versorgen, nicht die Mittel hatte. Es ist mithin wirklich närrisch und ungereimt, eine Lebensweise anzunehmen, die, wie jeder weiß, nicht behauptet werden kann; dergleichen Leute sollten doch viel mehr in dem Bewusstsein, dass sie, wenn es ihnen gefällt, ihren Umständen gemäß leben können, ohne wegen ihrer Sparsamkeit, Klugheit und Tätigkeit minder geachtet zu werden, ihre Glückseligkeit suchen.

Wir B u s c h s i e d l e r unsers Teils sind weit unabhängiger, wir tun, was uns beliebt, wir kleiden uns, wie es uns am passendsten und bequemsten dünkt; wir haben nichts von einem Mr. und einen Mrs. G r u n d y zu fürchten; und da wir die Fesseln des G r u n d y i s m u s abgeschüttelt haben, so lachen wir über die Torheit derjenigen, welche von neuem ihre Kette schmieden und gleichsam umarmen.

Statten uns unsre Freunde einen unerwarteten Besuch ab, so nehmen wir sie unter unsern niedrigen Dache gastlich auf und geben ihnen das Beste, was wir haben; und ist unsre Kost noch so gering, so tischen wir sie mit gutem Willen auf und eine Entschuldigung wird weder gemacht noch erwartet; da jedermann mit den misslichen Verhältnissen einer neuen Ansiedlung bekannt ist; ja eine Apologie wegen Mangel an Vielfältigkeit oder Leckereien der Tafel würde in dem Gaste einen Selbstvorwurf erzeugen, dass er unsre Gastfreundschaft zur ungelegnen Zeit auf die Probe gestellt.

Unsre Gesellschaft besteht meist aus See- und Landoffizieren, so dass wir in diesem Punkte in unsrer Sphäre sind und auf feinen Anstand und gute Sitten zählen können und an eine Abweichung von jenen Gesetzen, die guter Geschmack, gesunder Verstand und ein richtiges moralisches Gefühl unter Leuten unsers Standes begründet haben, nicht zu denken ist.

Indes gereicht es hier zu Lande der Frau eines Offiziers oder Gentleman keineswegs zur Unehre, wenn sie in der Hauswirtschaft selbst Hand anlegt oder alle häusliche Pflichten, sobald es die Gelegenheit erfordert, allein verrichtet. Erfahrenheit in den Geheimnissen der Seifen-, Lichter- und Zuckerbereitung, im Brotbacken, Buttern und Käsemachen, im Melken der Kühe, im Stricken, Spinnen und der Zubereitung der Wolle für den Webstuhl, ist für sie von unendlichem Wert und macht sie zu einem ehrenwerten Mitgliede der Gesellschaft. In dergleichen Dingen strafen wir B u s c h d a m e n , die, welche die Nasen rümpfen und die vornehmen Bemerkungen, welche ein Mr. oder eine Mrs. N . N . in der Heimat machen würde, mit gebührender Verachtung. Wir rühmen uns unsrer Fügung in die Umstände; und da ein britischer Offizier notwendigerweise ein feiner, gebildeter Mann und seine Gattin eine feine Dame sein muss, so trösten wir uns mit dem Besitz dieser Eigenschaften als dem unwiderleglichen Beweis einer höheren Bildung und lassen uns in unsrer nutzvollen

208

Tätigkeit nicht im mindesten stören, da hierdurch unsre Sittenfeinheit keinen Abbruch erleiden kann.

Unsre Gatten verfolgen eine ähnliche Lebensweise; der Offizier vertauscht seinen Degen mit dem Pflugschaar, seine Lanze mit der Sichel und wer ihn zwischen den Baumstummeln den Boden aufhacken oder auf seinem Grundstück Bäume fällen sieht, denkt deswegen nicht geringer von ihm und seinem Stande oder hält ihn darum weniger für einen Gentleman, wie früher, als er noch in allem Glanze und aller Würde militärischer Etikette, mit Feldbinde, Degen und Epauletten auf dem Paradeplatze erschien. Es ist alles ganz so, wie es in einem Lande sein muss, wo Unabhängigkeit von Betriebsamkeit und Fleiß unzertrennlich ist und gerade dieser Umstand macht es mir so schätzenswert.

Unter mehren Vorteilen, deren wir uns in diesem Gemeindebezirk erfreuen, halte ich den nicht für unbeträchtlich, dass die niedere arbeitende Ansiedlerklasse aus ordentlichen, gutwilligen und von den widrigen Yankiesitten, wodurch sich manche der früher angesiedelten Gemeindebezirke zu ihrem Nachteil unterscheiden, völlig freien Leuten besteht. Unsre Dienstboten sind eben so oder fast eben so ehrerbietig, als die in der Heimat; auch werden sie nicht an unsere Tische gezogen oder auf gleichen Fuß mit uns gestellt, ausgenommen als „B i e n e n" und bei ähnlichen öffentlichen Versammlungen; wobei sie sich in der Regel anständig und geziemend benehmen, so dass sie manchen, die sich Gentleman nennen, nämlich jungen Leuten, die willkürlich jene Beschränkungen auf die Seite setzen, welche die Gesellschaft von solchen, die einen achtbaren Posten ausfüllen, erwartet, als Muster dienen könnten.

Unmäßigkeit ist leider ein nur zu vorherrschendes Laster unter allen Volksklassen in diesem Lande; allein ich erröte, indem ich es sage, dass sich vorzüglich diejenigen desselben schuldig machen, welche dem bessern Stande angehören wollen. Solche mögen doch ja nicht über die Freiheiten klagen, welche sich die arbeitende Klasse gegen sie heraus nimmt und dass sie ihnen auf eine Weise begegnet, als wäre sie ihres Gleichen, denn sie stellen sich ja selbst durch ihr Betragen unter den anständigen, nüchternen, wenn auch armen Ansiedler. Wenn sich die Söhne von Gentlemen selbst erniedrigen, so darf es ja gar nicht befremden, dass die Söhne armer Leute in einem Lande, wo alle einander auf gleichem Boden begegnen und nur ein anständiges feines Benehmen Unterschiede zwischen den verschiednen Klassen bildet, sich über sie zu erheben suchen.

Als ich vor einigen Monaten bei einer Freundin in einem entfernten Teile des Landes zum Besuch war, begleitete ich sie in die Wohnung eines Geistlichen, des Predigers in einem blühenden Dorfe in dem Gemeindebezirk, wo sie einige Tage bleiben wollte – die patriarchalische Einfachheit des Hauses und seiner Bewohner überraschte mich. Wir wurden in das kleine Familienzimmer geführt, dessen Fußboden nach der unter den Yankies üblichen Sitte angestrichen war, die Wände hatten keine Tapeten, sondern bestanden aus Tannenholz ohne alle Verzierung, das Hausgeräte entsprach der allgemeinen Einfachheit. Ein großes Spinnrad schnurrte unter den fleißigen Händen einer sauber gekleideten Matrone von milden, feine Bildung verratenden Zügen; ihre kleinen Töchter saßen mit ihren Strickstrümpfen am Kaminfeuer, während der Vater mit Unterrichtung von zwei seiner Söhne beschäftigt war; ein dritter saß behaglich auf einem kleinen Strohstuhl zwischen seinen Füßen und ein vierter schwang seine Axt mit nervigen Armen im Hofe und warf von Zeit zu Zeit durch das Stubenfenster sehnsuchtsvolle Blicke nach dem traulichen Familienkreise im Innern.

Die Kleidung der Kinder bestand aus einer groben Art Zeug, einem Gemisch von Wolle und Flachs (Zwirn), dem Erzeugnis der kleinen Meierei und des rühmlichen Fleißes ihrer Mutter. Strümpfe, Socken, Müffchen und warme Umschlagetücher waren sämtlich Hausfabrikate. Mädchen sowohl als Knaben trugen Mokassins, die sie selbst gefertigt hatten. Gesunder Verstand, Fleiß und Ordnung herrschten unter den Gliedern dieses kleinen Haushaltes.

Mädchen und Knaben handelten, wie es schien, nach dem Grundsatz, dass nichts entehrend sei, als was unmoralisch und unschicklich ist.

Gastfreundschaft ohne Übertreibung, Freundlichkeit ohne geheuchelte Sprache bezeichneten das Benehmen unsrer würdigen Freunde. Alles und jedes im Hauswesen geschah mit Rücksichtnahme auf Ordnung und Bequemlichkeit, das Besitztum (ich sollte wohl lieber sagen, das Einkommen) der Familie war nur gering; sie besaß einige Acker an das kleine Häuschen stoßendes Torfland aber durch Tätigkeit und Fleiß außer und im Hause, so wie durch Sparsamkeit und gute Wirtschaft sah sie sich im Stande, zwar einfach aber doch auf anständigem Fuße zu leben; mit einem Wort, wir erfreuten uns während unsres Aufenthaltes bei diesen guten Menschen mancher von jenen Genüssen, die eine völlig urbare kanadische Meierei darbieten kann; Geflügel aller Art, hausschlachtenes Rindfleisch, treffliches Schöpsenfleisch und Geräuchertes waren in Überfluss vorhanden; zum Tee hatten wir mancherlei Delikatessen: Eingemachtes, Honig in Scheiben, treffliche Butter und guten Käse nebst verschiednen Sorten Kuchen; eine Art kleine Pfannkuchen von Buchweizenmehl, in einer kleinen Pfanne mit Hefen geknetet und nachmals in heißen Speck gestürzt und gebacken; ein Präparat von indianischem Kornmehl, namens Suppornekuchen (*supporne cake*), in Schnitzeln geschmort und gebacken und mit Ahornsirup gegessen, gehörten ebenfalls unter die Raritäten unsers Frühstücks.

Als ich eines Morgens ein Völkchen sehr schönen Geflügels im Hühnerhofe bewunderte, sagte meine Wirtin lächelnd zu mir, „ich weiß nicht, ob Sie glauben, dass ich auf rechtlichem Wege dazu gekommen bin."

„O ich bin gewiss, Sie erlangten die hübschen Tierchen nicht durch unerlaubte Mittel", erwiderte ich lachend, „für Ihre Grundsätze in dieser Hinsicht will ich bürgen."

„Schön", sagte meine Wirtin, „sie sind mir weder gegeben noch verkauft worden und doch habe ich sie auch nicht gestohlen. Ich fand den ursprünglichen Stamm auf folgende Weise. Eine alte schwarze Henne erschien eines Morgens ganz unerwartet vor unsrer Tür; wir begrüßten den Ankömmling mit Staunen und Freude; denn wir konnten zu dieser Zeit unter unsrer kleinen Kolonie keinen einzigen Hausvogel aufweisen. Wir haben nie recht erfahren können, wie die Henne in unsern Besitz kam, vermuten aber, dass eine landeinwärts reisende Auswandrerfamilie dieselbe unterwegs verloren haben muss; diese Henne legte zehn Eier und brütete sie glücklich aus; die kleine Brut war der Stamm von unsern Hühnern und wir konnten bald unsre Nachbarn mit dergleichen Geflügel versorgen. Wir schätzen diese Vögel nicht bloß wegen ihrer vorzüglichen Größe, sondern auch wegen der eigentümlichen Weise, auf die wir sie erhalten haben und die uns als ein Beweis von Gottes Fürsorge für unsre Angelegenheiten erschien."

Sehr viel Unterhaltung gewährte mir die leichte Skizze, welche uns der Prediger eines Abends zum Besten gab, als wir alle um ein prasselndes Holzfeuer herum saßen, das in dem, mit seinem steinernen Mauerwerk weit vorspringenden und zu beiden Seiten ziemlich tiefe Winkel bildenden Kamin hoch emporloderte.

Er bezog sich auf seine erste Ansiedlung und bemerkte Nachstehendes: –

„Es herrschte eine trostlose Wildnis von finstern dichtstehenden Waldbäumen, als wir zuerst unser Zelt hier aufschlugen, zu dieser Zeit war noch keine Axt an die Wurzel auch nur eines einzigen Baumes gelegt worden, noch kein Feuer, außer von umherstreifenden Indianern, war in diesen Wäldern angezündet worden."

„Ich kann immer noch den Ort zeigen, wo mein Weib und meine Kleinen ihr erstes Mal verzehrten und ihre schwachen Stimmen mit dankerfüllten Herzen zu jenem allmächtigen und barmherzigen Wesen erhoben, welches sie glücklich und wohlbehalten mitten durch die Gefahren des Ozeans hierher geführt hatte."

„Wir glichen einer kleinen, in einer großen Wüste, unter dem besondern Schutze eines mächtigen Hirten, wandernden Herde."

„Ich habe Sie meine liebe junge Freundin", (diese Worte galten meiner Gefährtin), von den Entbehrungen und Mühseligkeiten im Busche sprechen hören; aber glauben Sie mir, Sie haben im Vergleich mit denen, die vor einigen Jahren hierher kamen, nur wenig davon erfahren.

„Fragen Sie nur meine ältern Kinder und meine Frau, wie beschaffen die Beschwerden und Mühseligkeiten des Buschsiedlerlebens noch vor zehn Jahren waren, sie werden Ihnen sagen, dass sie Hunger und Kälte und alle damit verbundne Übel zu erdulden hatten, dass es zu Zeiten an jedem nötigsten Nahrungsartikel fehlte. Was die feinen Lebensgenüsse und Luxusartikel anlangt, so wussten wir nichts davon; und wie konnten wir auch? Wir waren weit von jeder Gelegenheit entfernt, dergleichen Dinge zu erlangen; Kartoffeln, Schweinfleisch und Mehl waren unsre einzigen Vorräte und oft gingen uns die beiden letztern aus; und es dauerte eine ziemliche Weile, ehe wir neue erlangen konnten. Die nächsten Mühlen waren dreizehn (englische) Meilen von uns entfernt und der Weg dahin führte durch bloß angedeutete Waldpfade; und überdies hatten wir keinen einzigen Ansiedler in der Nähe. Jetzt sehen Sie uns in einer gelichteten, völlig urbar gemachten Gegend, umgeben von blühenden Meiereien und entstehenden Dörfern; aber zu der Zeit, wovon ich spreche, war es nicht so; damals gab es weder Gewürzläden, noch Vorratshäuser, wir hatten keine Fleischbänke, keine gelichteten Meierein, keine Milcherei, keine Obstgärten; auf diese Dinge mussten wir geduldig warten, bis Fleiß und Betriebsamkeit sie herbeiführen würden.

„Unsre Kost bestand in nichts anderm, als eingepökeltem Schweinfleisch, Kartoffeln und bisweilen in Brot zum Frühstück; Schweinfleisch und Kartoffeln bildeten unser Mittagsmahl, Kartoffeln und Schweinfleisch unsern Abendtisch, nebst einem Brei aus indianischem Korn für die Kinder. Bisweilen mussten wir uns mit Kartoffeln ohne Schweinfleisch, bisweilen mit Schweinfleisch ohne Kartoffeln begnügen; dies war unsre tägliche Kost im ersten Jahre. Nach und nach erhielten wir etwas Korn von unserm eignen Boden, woraus wir uns mittels einer Handmühle ein grobes Mehl bereiteten; denn wir hatten weder Wasser- noch Windmühlen in unsrer Kolonie und gutes Brot war in der Tat ein Luxusartikel für uns, den wir nicht oft hatten."

„Wir brachten eine Kuh mit, die uns während des Frühlings und Sommers mit Milch versorgte; aber wegen des wilden Knoblauchs (ein in unsern Wäldern sehr häufiges Unkraut), welchen sie fraß, war ihre Milch kaum genießbar, sie starb im folgenden Winter, zu unserm nicht geringen Kummer; wir lernten, dass Erfahrung in dieser so wie in vielen andern Angelegenheiten, hoch zu stehen kommt, jetzt aber genießen wir den Vorteil davon."

„Bestimmten Sie die Schwierigkeiten, worauf Sie damals stießen, nicht bisweilen zu Missmut und zur Reue über die freiwillige Wahl einer von ihrer frühern so verschiednen Lebensweise?" fragte ich.

„Sie dürften diese Wirkung wohl herbeigeführt haben, hätte nicht ein höherer Beweggrund, als bloßer weltlicher Vorteil mich veranlasst, meiner Heimat Lebwohl zu sagen und hierher zu kommen. Sehen Sie, die Sache verhielt sich so: ich war mehre Jahre Prediger eines kleinen Dörfchens in den Grubendistrikten von Cumberland gewesen. Ich war den Herzen meiner Gemeinde teuer, sie war meine Freude und meine Krone. Eine Anzahl meiner Kirchgänger, durch Armut und schlechte Zeiten gedrückt, beschloss, nach Kanada auszuwandern."

„Betrieben von dem natürlichen und nicht ungesetzmäßigen Verlangen, ihre Lage zu verbessern, erschien ihnen eine Reise über das atlantische Meer das beste Mittel dazu und überdies ermutigte sie das Versprechen, dass ihnen ein beträchtlicher Flächenraum wilden Bodens bewilligt werden sollte; denn damals war die Regierung in dergleichen Schenkungen an Leute, welche Kolonisten werden wollten, sehr freigebig."

„Allein vor Ausführung dieses Unternehmens kamen mehre der achtbarsten von ihnen zu mir und setzten mich von ihrem Plan und ihren Gründen zu einem so wichtigen Schritt, den sie im Begriff zu tun waren, in Kenntnis; und zu gleicher Zeit baten sie mich in den rührendsten Ausdrücken, im Namen der ganzen Gesellhaft, die sich zur Auswanderung bestimmt hatte, sie in die Wildnisse des Westens zu begleiten, damit sie nicht Gefahr liefen, ihren Herrn und Erlöser zu vergessen, wenn sie sich von ihrem geistigen Führer und Beistand verlassen sähen."

„Anfangs verursachte mir der Vorschlag keine geringe Bestürzung; es schien mir ein wildes und abenteuerliches Unternehmen; allein nach und nach begann ich, mit Vergnügen bei der Sache zu verweilen. Ich hatte, außer in meinem Geburtsdorfe, wenige Bekannte, die mich an das Heimatsland fesselten; das Einkommen von meiner Predigerstelle war so gering, dass es kein großes Hindernis abgeben konnte; gleich G o l d s m i t h s Pastor galt ich „f ü r r e i c h , m i t v i e r z i g P f u n d d a s J a h r ." Mein Herz hing mit inniger Liebe an meiner kleinen Herde; zehn Jahr hindurch war ich ihr Führer und Seelsorger gewesen; ich war der Freund der Alten und der Lehrer der Jugend. Meine M a r i e hatte ich aus ihrer Mitte gewählt; sie hatte keine fremden Banden, um sie in weiter Ferne mit Reue und Bedauern auf die Bewohner der Heimat blicken zu machen, ihre Jugend und ihre Reife hatte sie unter ihnen erlebt, so dass sie mir, als ich ihr den Vorschlag meiner Pfarrkinder mitgeteilt und zugleich meine Wünsche zu erkennen gegeben hatte, nach Unterdrückung eines bangen schmerzlichen Gefühls in ihrer Brust, mit R u t h s Worten erwiderte –

„Dein Land soll mein Land, dein Volk das meinige sein; wo du stirbst, will auch ich sterben und begraben sein; der Herr tue mir so und so, wenn mich etwas anderes als der Tod trennen sollte."

„Eine liebreiche zärtliche Lebensgefährtin bist Du mir immer gewesen, meine M a r i e ", schaltete der gute Mann hier ein, indem er seine Augen voll Zärtlichkeit auf das milde Antlitz der würdigen Matrone richtete, deren ausdrucksvolle Miene besser als Worte die Gefühle ausdrückten, welche ihre Brust bewegten. Sie erwiderte nicht mit Worten, aber ich sah die dicken glänzenden Tränen auf die Arbeit in ihrer Hand fallen. Sie entsprangen von Bewegungen, die zu heilig waren, um durch neugierige Augen gestört zu werden und ich wendete eilig meinen Blick von ihrem Gesicht; während der Prediger in Erzählung der Umstände, die sein Scheiden von der Heimat, seine Reise und endlich seine Ankunft in dem Lande begleitet, welches der kleinen Kolonie in den noch ungelichteten Teile des Gemeindebezirks bewilligt worden war, fortfuhr.

„Wir hatten vor unsrer Ankunft in diesem Distrikte viele nützliche Ratschläge und allen nützlichen Beistand von den Regierungsagenten erhalten und auch einige Holzspeller gegen hohe Löhne gemietet, um uns in der Kunst, Bäume zu fällen, aufzuschichten, zu verbrennen und den

Boden zu reinigen, zu unterrichten; da es unser Hauptziel war, irgend eine Feldfrucht zu erbauen und einzuernten, so legten wir ohne weitern Aufschub, als den die Errichtung eines einstweiligen Obdachs für Weib und Kind erheischte, so gleich Hand ans Werk und bereiteten den Boden zur Aufnahme von Frühlingssaat vor, wobei wir einer dem andern mit Zugvieh und Arbeit beistanden. Und hier muss ich bemerken, dass mir jede Aufmerksamkeit und Unterstützung von meinen Freunden zu Teil ward. Meine Mittel waren gering und meine Familie war zu jung, um mir einige Dienste leisten zu können. Indes fehlte es mir nicht an Hülfe und bald hatte ich die Freude, ein kleines Fleckchen zur Erbauung von Kartoffeln und Korn gelichtet und gereinigt zu sehen, ein Resultat, das ich durch meine alleinigen Anstrengungen nimmermehr herbeigeführt haben würde."

„Mein ältester Sohn J o h a n n war erst neun Jahr alt, W i l l i e sieben und die andern alle noch hülfloser; die beiden Kleinen, die Sie hier sehen, sind erst nach meiner Ankunft in diesem Lande geboren worden. Die blonde Dirne, welche neben Ihnen sitzt und strickt, war noch ein Säugling, ein hülflos weinendes Kind, so schwach und kränklich, ehe wir hier eintrafen, dass sie selten aus den Armen ihrer Mutter kam; allein sie wuchs und gedieh unter der abhärtenden Behandlung einer Buschsiedlerfamilie zusehends."

„Wir hatten kein Haus, keine Art von Obdach zu unsrer Aufnahme, als wir an dem Orte unsrer zukünftigen Bestimmung anlangen; und die ersten beiden Nächte brachten wir auf den Ufern der Einbucht am Fuße des Berges in einer Hütte von Zedern- und Schierlingstannenästen zu, die ich mit meiner Axt und mit Hülfe einiger meiner Gefährten zum Schutz meiner Gattin und der Kleinen errichtete."

„Obgleich in der Mitte Mais, waren die Nächte doch noch sehr kalt und wir waren froh, als ein tüchtiges Holzfeuer vor dem Eingange der Hütte loderte, welches uns nicht nur gegen die Kälte, sondern auch vor den Stichen der Musquitos sicherte, die in Myriaden vom Flusse her über uns herfielen und uns das Ufer weiter hinauftrieben."

„Sobald als möglich, errichteten wir eine Shanty, die jetzt als Schuppen für das junge Vieh dient; ich wollte sie nicht niederreißen, wiewohl ich oft gedrängt wurde, dies zu tun, da sie eine angenehme Aussicht vom Fenster aus verhindert; allein ich blicke gar zu gern darauf und erinnere mich dabei an die ersten Jahre, die ich unter ihrem niedrigen Dache verlebt habe. Wir bedürfen solcher Gegenstände, um uns an unsre ehemalige Lage zu erinnern; denn wir werden nur zu leicht stolz und hören dann auf, unsre gegenwärtigen Annehmlichkeiten gebührend zu schätzen."

„Unser erster Sabbat wurde unter freiem Himmel gefeiert; meine Kanzel war ein aus rohen Baumstämmen aufgeschichteter Pfeiler, meine Kirche der tiefe Schatten des Waldes, unter welchem wir uns versammelten; aber von einer aufrichtigeren Frömmigkeit und Inbrunst als an diesem Tage, bin ich nie Zeuge gewesen. Ich erinnere mich noch recht gut an den von mir gewählten Text; ich entlehnte ihn aus dem achten Kapitel des fünften Buches Mosis, Vers 6, 7 und 9, die mir auf unsre damaligen Umstände anwendbar zu sein schienen."

„Im folgenden Jahre errichteten wir ein kleines Blockhaus, das uns als Schule und Kirche diente. Anfangs waren unsre Fortschritte in Lichtung des Bodens nur langsam; denn wir mussten erst Lehrgeld bezahlen und Erfahrung kaufen und mancherlei und groß waren die Täuschungen und Entbehrungen, denen wir in den ersten fünf Jahren zu begegnen hatten. Zu einer Zeit litten wir alle am Fieber und keiner war im Stande, dem andern beizustehen; dies war eine traurige Zeit; allein bessere Tage warteten unser. Die Anzahl der Auswandrer nahm fortan zu und die kleine Niederlassung, welche wir begründet, stand in gutem Rufe. Ein neuer Ankömmling erbaute eine Sägemühle; ein andrer eine Kornmühle; bald folgte auch ein Magazin und diesem ein zweites und drittes, bis wir ein blühendes Dorf um uns her emporsteigen sahen. Nun fing das Land an Wert an zu gewinnen und manche von den alten Ansiedlern verkauften die ihnen zugefallnen Parzellen mit Vorteil und zogen weiter waldeinwärts."

„In demselben Verhältnis, als das Dorf wuchs, nahmen natürlicherweise auch meine amtlichen Pflichten zu, die mir in den ersten Jahren meine kleine Herde durch freiwillige Liebesdienste und Geschenke vergalt; jetzt genieße ich die Zufriedenheit, meinen Lohn zu ernten, ohne dass ich meinen Pfarrkindern zur Last falle. Mein Grundstück nimmt an Wert zu und außer meinem Honorar als Prediger erhalte ich noch für die Schule eine kleine Zulage, welche die Regierung zahlt. Wir können uns jetzt glücklich preisen, dass wir hier sind; denn Gott hat unsre Bemühungen gesegnet."

Ich habe manche interessante Umstände vergessen, die mit den Prüfungen und Entbehrungen, welchen diese Familie ausgesetzt war, in Verbindung standen; indes erzählte uns der Prediger genug, um mich mit meiner Lage auszusöhnen und ich kehrte nach einem angenehmen mehrtägigen Aufenthalte bei diesen liebenswürdigen Menschen, mit erhöhter Zufriedenheit und einigen nützlichen praktischen Lehren, die mich mein ganzes Leben hindurch begleiten werden, nach Hause zurück.

Ich interessiere mich gegenwärtig nicht wenig für einen jungen Schotten, der von England hierher gekommen ist, um die kanadische Feldwirtschaft zu lernen; der arme Junge hatte sich höchst romantische Vorstellungen von dem Leben eines Ansiedlers gebildet und zwar teils aus den Berichten, die er gelesen, teils durch eine lebhafte Phantasie verführt, welche die Täuschung vollendet und in ihm den Glauben erzeugt hatte, dass er seine Zeit hauptsächlich mit den bezaubernden Vergnügungen und Abenteuern, welche die Jagd auf Rehe und andres Wild, das Schießen nach Tauben und Enten, das Erlegen des Fuchses mit dem Speer, bei Fackellicht, das Umhersteuern auf den Seen in einem Canoe von Birkenrinde während des Sommers, das Schlittschuhlaufen oder Schlittenfahren, nach Art der Lappländer, über den gefrornen Schnee, mit einer Schnelligkeit von zwölf (englischen) Meilen und unter dem muntern Geläute von Glöckchen und Schellen u.s.w. darbieten, zubringen werde. Welch anmutiges Leben, um einen Knaben von vierzehn Jahren für sich einzunehmen, der eben erst den lästigen Beschränkungen einer Pensionsanstalt entflohen ist.

Wie wenig mochte ihn von den Plackerein und Mühseligkeiten träumen, welche von den Pflichten eines Burschen seines Alters in einem Lande, wo Alt und Jung, Herr und Diener in gleichem Grade und ohne Rücksicht auf frühere Lage und Rang, Hand ans Werk legen müssen, unzertrennlich sind.

Hier muss der Sohn eines Gentleman selbst Holz spellen und Wasser hohlen; er lernt hier Bäume fällen, Holzpfeiler errichten, Gitterwerk zuschneiden, das Feuer während der Brennzeit bewachen und ist dabei in einen groben Überwurf von hanfnem Zeuge (*logging shirt*) und entsprechende Pantalons gekleidet und mit einem Yankiestrohhut auf dem Kopfe und einem Spieß zur Handhabung der lodernden Feuerbrändte versehen. Beschicken, Anschirren und Fähren des Zugviehs, Pflügen, Säen, das Pflanzen von indianischem Korn und Kürbissen, das Legen von Kartoffeln gehört unter die Verrichtungen des jungen Emigranten. Seine Erholungen sind vergleichungsweise nur wenige, allein eben wegen ihrer Seltenheit haben sie einen um so viel größeren Reiz und gewähren einen um so größeren Genuss.

Sie können sich denken, wie der arme Junge niedergeschlagen sein musste, als er seine schönen Träume von Belustigungen aller Art, vor der ernsten, nüchternen Wirklichkeit und der mühseligen Geschäftigkeit, welche einem jungen Ansiedler in den Urwäldern obliegt, in Nichts zerrinnen sah.

Jugend ist indes das passendste Alter zur Auswanderung in dieses Land; der Mensch fügt sich dann bald in seine neue Lage und versöhnt sich nicht nur im Verlauf der Zeit mit der Veränderung seiner Lebensverhältnisse, sondern gewinnt sie sogar lieb. Einen Trost gewährt es ihm auch, wenn er sieht, dass er nicht mehr tut, als andre von gleichen Ansprüchen auf Rang und Erziehung verrichten müssen, wenn sie fortkommen und gedeihen wollen; und vielleicht wird er in der Zukunft das Land segnen und preisen, welches ihn von einem Teil jenes dummen Stolzes befreit hat, welcher ihn mit Verachtung auf, diejenigen herabblicken machte, deren Beschäftigungen von niedrer Art waren.

Es wäre ein himmelschreiendes Unrecht, wenn man Leute, welche auszuwandern wünschen, mit falschen und schmeichelnden Gemälden von den in diesem Lande zu erwartenden Vorteilen vorsätzlich hintergehen wollte. Man mache sie in seinen Berichten mit dem Für und Wider genau bekannt; und der Leser brauche seinen besten, von Vorurteilen oder Gewinnsucht in einer Sache von solcher Wichtigkeit nicht sowohl für ihn selbst, sondern auch für diejenigen, zu deren Führer und Beschützer ihn die Natur bestimmt hat, unbehinderten Verstand. Es ist indes weit schwieriger über Auswanderung und die damit verbundnen Umstände zu schreiben, als viele sich einbilden; der Gegenstand umfasst ein so weites Feld, dass, was in Bezug auf einen Teil der Provinz vollkommen richtig sein mag, dieses hinsichtlich eines andern keineswegs sein dürfte. Ein Distrikt unterscheidet sich von dem andern, ein Gemeindebezirk von dem andern, je nach seinen natürlichen Vorteilen; es frägt sich hier, ob er seit langer Zeit angesiedelt ist oder nicht, ob er Wasser besitzt oder nicht; der Boden, ja selbst das Klima sind je nach Lage und andern Umständen verschieden.

Viel, sehr viel hängt hier von dem Temperament, der Gewohnheit und dem Charakter der Emigrantin selbst ab. Was dem einen frommt, passt nicht auch für den andern; eine Familie wird gedeihen und alle Bequemlichkeiten um ihre Wohnstätte her versammeln, während andere in Armut und Missmut leben. Es würden ganze Bände nötig sein, um jedes Argument für und wider zu erörtern und genau anzugeben, welche Personen sich zur Auswanderung eignen und welche nicht.

Haben Sie Dr. D u n l o p s geistreich und witzig geschriebnen „Backwoodsman" gelesen? Sollte dies nicht der Fall sein, so suchen Sie ihn so bald als möglich zu bekommen, er wird Sie unterhalten. Ich denke eine Urwaldsiedlerin (*Backwoodswoman*) könnte in demselben Tone geschrieben werden; einige Seiten, die Geschichte von dergleichen Damen enthaltend, würden als Beispiel für unser Geschlecht dienen. In der Tat bedürfen wir einiger heilsamen Ermahnungen hinsichtlich unsrer Pflichten so wie der Torheit, zu bereuen, dass wir unsern Gatten gefolgt sind und ihr Loos mit ihnen teilen, dass wir denen gefolgt sind, welchen wir einst in glücklichern Stunden ewige Liebe und Treue – in Reichtum und Armut, in Leiden und Freuden, Gesundheit und Krankheit –angelobt haben. Nur zu viele tun dieses Gelübde, ohne seine Wichtigkeit zu bedenken und ohne die Zufälligkeiten zu berechnen, welche ihre Treue auf eine harte Probe setzen dürften, wie z.B. wenn es sich darum handelt, Verwandte, Freunde und Vaterland zu verlassen und sich dem harten Loose eines Ansiedlerlebens zu unterziehen; gewiss kein geringes Opfer; allein die treue liebende Gattin wird es bringen, ja sie wird sich zu noch größeren Schwierigkeiten verstehen, wenn es der Mann ihrer Wahl von ihr fordert.

Allein es ist Zeit, dass ich Ihnen Lebewohl sage; mein Brief ist zu einem furchtbaren Paket angeschwollen, er wird Sie gewiss langweilen und Sie werden ihn auf den Boden des atlantischen Ozeans herabwünschen.

Sechszehnter Brief

INDIANISCHE JÄGER. – SEGEL AUF EINEM CANOE. – MANGEL AN BIBLIOTHEKEN IN DEN URWÄLDERN. – NEUES DORF. – FORTSCHRITTE UND VERBESSERUNGEN. – LEUCHTENDE INSEKTEN (JOHANNISWÜRMCHEN).

Ich habe Ihnen in einem früheren Briefe von einem Winterbesuch bei den Indianern erzählt; ich will Ihnen jetzt einiges über ihr Sommerlager mitteilen, das ich an einem schönen Juninachmittage in Begleitung meines Gatten und einiger Freunde, die zu uns kamen, um den Tag mit uns zuzubringen, in Augenschein genommen habe.

Die Indianer hatten ihr Lager auf einer kleinen, zwischen den beiden Seen hervorspringenden Halbinsel aufgeschlagen; unser nächster Weg dahin würde durch den Busch geführt haben, allein der Boden war so mit umgestürzten Bäumen bestreut, dass wir eine Fahrt im Canoe vorzogen. Der Tag war warm, ohne drückend heiß zu sein, wie dies nur zu oft während der Sommermonate der Fall ist; und o Wunder! die Musquitos und schwarzen Stechfliegen waren so höflich, dass sie uns gar nicht beschwerlich fielen. Unsre leichte Barke glitt leicht und ruhig über die ruhige Wasserfläche im Schatten der überhängenden Äste von Zedern, Schierlingstannen und Balsampappeln, welche köstliche Wohlgerüche verbreiten, wenn die wehenden Lüfte durch ihre Laubkrone streichen. Ein Beet blauer Schwertlilien (*iris*), untermengt mit schneeweißen Nymphäen, über die unser Canoe wegsegelte, entzückte mein Auge. Als wir um einen felsigen Ufervorsprung gesteuert waren, sahen wir den dünnen bläulichen Rauch aus dem Indianerlager sich über die Bäume kräuseln und bald war unser Canoe sicher an einem derselben, auf der Seite des Indianerlagers, angelegt und mit Hülfe der weitspreizigen Zweige und des Unterholzes gelang es mir, mich einen steilen Pfad hinan zu arbeiten und bald stand ich gerade vor dem Zelte. Es war Sonntag nachmittags; sämtliche Männer waren zu Hause; einige der jüngern Familienglieder (drei Familien bewohnten den Wigwam) warfen zum Zeitvertreib den Tomahawk nach einer Kerbe, die in die Rinde eines fern stehenden Baums gehauen war oder schossen mit ihren Bogen und Pfeilen nach dem Ziele, während die ältern teils auf ihren Bettdecken im Schatten schliefen, teils lasen, teils rauchten und die Geschicklichkeit der jungen, mit einander wetteifernden Schützen ernsten Auges prüften.

Bloß eine von den Squaws war zu Hause und zwar meine alte Freundin, die Gattin des Jägers, die auf einer Bettdecke saß; ihr jüngstes Kind, der kleine D a v i d , eine Papouse von drei Jahren, die noch nicht entwöhnt war, ruhte zwischen ihren Füßen; sie beäugelte ihn oft mit liebevollen zärtlichen Blicken und klopfte ihn von Zeit zu Zeit sanft auf das zottige Köpfchen. P e t e r , der eine Art angesehner Mann, wenn auch gerade kein Häuptling ist; saß neben seiner Frau, in einen hübschen blauen Schlafrock gekleidet, den eine rote gewirkte Binde über der Hüfte zusammenhielt. Er rauchte aus einer kurzen Pfeife und betrachtete die vor der Tür des Zeltes versammelte Gesellschaft mit einem Ausdruck ruhiger Teilnahme; bisweilen nahm er seine Pfeife auf einige Augenblicke aus dem Munde und bezeichnete durch eine Art innern Ausruf den Erfolg oder das Fehlschlagen der Versuche seiner Söhne, das Ziel am Baume zu treffen. Die alte Squaw, winkte mir, sobald sie meiner ansichtig wurde, zu, näher zu treten und gab mir mit wohlmeinendem Lächeln zu verstehen, indem sie auf eine freie Stelle ihrer Bettdecke hinwies, dass ich neben ihr Platz nehmen möchte, was ich auch tat. Die Durchmusterung des Wigwams und seiner

Bewohner machten mir viel Unterhaltung. Das Gebäude war von länglicher Form und an beiden Enden offen, jedoch wurden die Öffnungen, wie man mir sagte, des Nachts durch Tücher oder Matten verschlossen; der obere Teil des Dachs war ebenfalls offen; die Seitenwände bestanden aus rohem Pfahlwerk mit großen Schichten zwischen die Stöcke, welche das Gerippe des Zeltes bildeten, gezogner Birkenrinde; eine lange dünne Stange von Eisenholz bildet einen niedern Tragbalken, woran verschiedne eiserne und kupferne Töpfe und Kessel, desgleichen einige Keulen frisch getöteten Wildbrets und gedörrte Fische hingen; das Feuer nahm den Mittelpunkt der Hütte ein und um die glühende Asche her lagen mehre friedliche Jagdhunde; sie zeigten etwas von der ruhigen Apathie ihrer Herren, sie öffneten beim Eintreten der Fremdlinge bloß die Augen und als sie bemerkten, dass alles in Ordnung war, überließen sie sich wieder ihrem Schlummer und kümmerten sich nicht weiter um uns.

Die Jägerfamilie nahm eine ganze Seite des Gebäudes ein, während Joseph Muskrat mit seiner Familie und Joseph Botans und seine Squaw die entgegengesetzte Wand teilten; die verschiednen Abteilungen waren durch Bettdecken, Fischerspeere, lange Flinten, Tomahawks und andres Eigentum bezeichnet und geschieden; das Kochgeräte anlangend, so schien es mir wegen seiner Spärlichkeit allen gemeinschaftlich anzugehören; es herrschte vollkommne Freundschaft und Einigkeit zwischen den drei Familien und nach dem äußern Anschein zu urteilen, waren alle glücklich und zufrieden. Ein Blick auf die Bücher in den Händen der jungen Männer überzeugte mich, dass es fromme Lieder und Abhandlungen waren; die eine Seite enthielt den englischen Text, die andere die indianische Übersetzung. Auf unsre Bitten sangen die Männer eins von den Liedern, welches recht gut klang, allein wir vermissten die süßen Stimmen der indianischen Mädchen, die ich vor dem Hause gelassen hatte, wo sie auf einem Fichtenstamme saßen und sich mit meinem Knäbchen unterhielten, welches ihnen nebst seiner Wärterin sehr zu gefallen schien.

An der Außenseite des Zeltes zeigte mir die Squaw ein Canoe von Birkenrinde, dessen Bau noch nicht vollendet war. Die Gestalt des kleinen Fahrzeugs war durch eine Anzahl in regelmäßigen Abständen von einander in die Erde gesteckte Stöcke angedeutet; die Birkenrindenschichten waren angefeuchtet und jede an dem geeigneten Platze durch Zedernlatten befestigt, die so gekrümmt sind, dass sie als Rippen oder Fachwerk dienen; die Rindenschichten sind mit den zähen Wurzeln des Tamarak

(Lärchenbaum) zusammengestrickt; und die Ränder des Canoes sind mit demselben Material besäumt oder umflochten; das Ganze wird, ist es so weit vollendet, mit dickem Gummi überzogen.

Ich hatte die Ehre, von Mrs. P e t e r nach Hause gerudert zu werden und zwar in einem neuen Canoe, das eben erst von Stapel gelassen worden war; die Bewegung war in höchstem Grade angenehm, ich saß auf dem Boden des kleinen Fahrzeugs auf einigen leichten Schierlingstannenzweigen und meine Heimfahrt war sehr ergötzlich und angenehm. Das Canoe, durch den Arm der schwärzlichen Amazone in Bewegung setzt, flog schnell über das Wasser und bald landeten wir in einer kleinen Bucht in geringer Entfernung von meinem Hause. Zur Vergeltung der mir von der Squaw erwiesnen Aufmerksamkeit, erfreute ich sie durch das Geschenk einiger Perlen zum Einwirken in Messerscheiden und Mokassins womit sie sehr zufrieden zu sein schien; sie verbarg ihren Schatz sorgfältig im Busentuche und befestigte ihn noch überdies mit einem Stückchen Bande.

Gepaart mit einer eigentümlichen Zurückgehaltenheit und ernstem Temperament zeigen die Indianer in einigen Stücken zu gleicher Zeit einen Grad von kindischem Wesen. Ich gab dem Jäger und seinem Sohne eines Tages einige kolorierte Kupferstiche, die ihnen viel Spaß zu machen schienen, denn sie lachten gewaltig über die modisch gekleideten Figuren. Nachdem sie das Haus verlassen, setzten sie sich auf einen gefallenen Baum, versammelten ihre Hunde um sich und breiteten vor jedem besonders die Gemälde aus.

Die armen Tiere, anstatt die bunt gekleideten Herren und Damen aufmerksam zu betrachten, streckten ihre Köpfe in die Höhe und leckten ihren Herren Hände und Gesicht; allein der alte P e t e r hatte sich einmal vorgenommen, dass die Hunde das Vergnügen der Gemäldeschau teilen sollten, daher drückte er sie mit der Nase auf die Kupferstiche und hielt sie an ihren langen Ohren fest, wenn sie Miene machten, zu entweichen. Ich hätte den alten ernsten Indianer eines so kindischen albernen Benehmens kaum für fähig gehalten.

Diese halbzivilisierten Wilden scheinen gegenwärtig nicht mehr so eingenommen für bunten glänzenden Putz wie früher und beobachten in ihrer Kleidung mehr einen europäischen Stil; es ist nichts Ungewöhnliches, einen Indianer in einen feinen Tuchoberrock und Pantalons gekleidet zu sehen, wiewohl ich gestehen muss, dass die weiten Überhemden, womit die Regierung sie versorgt und die einen Teil ihrer jährlichen Geschenke

222

bilden, ihnen weit besser stehen und bequemer sind. Die Squaws ziehen baumwollene oder wollene Röcke, Schürzen und Tücher und andre dergleichen nützliche Artikel vor; wiewohl sie ihre Kleinen gern recht herausputzen und ihre Wiegendecken mit Seide und Perlen sticken und an ihren Schultern Flügel von Vögeln befestigen. Wie viel Vergnügen machte mir die Erscheinung eines dieser indianischen Cupidos, der mit den Fittichen des amerikanischen Streitvogels, eines sehr schönen Tieres, geschmückt war. Der erwähnte Vogel ist unserm britischen Buchfinken nicht unähnlich, nur das die Farben seines Gefieders lebhafter sind; Brust und Unterfedern der Flügel schmückt das glänzendste Karminrot, dass mit Schwarz und Weiß schattiert ist. Man hat diesen Vogel deshalb Streit- oder Kriegsvogel genannt, weil er zuerst während des letzten amerikanischen Krieges in Kanada erschienen ist, ein Umstand, der, meines Bedünkens, wohl verbürgt ist oder wenigstens allgemein Glauben gefunden hat.

Über Ihre Bemerkung, dass wir in den Urwäldern leicht zu einer Leihbibliothek unsre Zuflucht nehmen dürften, konnte ich mich kaum des Lächelns enthalten. In einer Hinsicht, sind Sie in der Tat nicht so weit von der Wahrheit entfernt; denn die Bibliothek eines jeden Ansiedlers kann eine zirkulierende genannt werden, insofern die Bücher von einem Freund zum andern wandern; und glücklicherweise haben wir einige recht wohl bestellte und reichhaltige Bibliotheken in unsrer Nachbarschaft, die uns stets offen stehen. Zu York ist eine öffentliche Bibliothek, allein von dieser können wir eben so wenig Gebrauch machen, als wenn sie sich auf der andern Seite des atlantischen Ozeans befände.

Ich weiß recht gut, wie sich die Sache verhält; in der Heimat hat man dieselbe Vorstellung von der Leichtigkeit, in diesem Lande zu reisen, die ich ehemals hatte; jetzt aber weiß ich, was Buschstraßen sind, eine Reise von nur wenigen Stunden scheint ein abenteuerliches verhängnisvolles Unternehmen. Erinnern Sie sich wohl meines Berichtes von einer Tagereise durch den Wald? Es tut mir leid, sagen zu müssen, dass sich die Wege seitdem nur wenig verbessert haben. Ich habe nur noch einmal eine ähnliche Fahrt gewagt, die mir mehre sehr beschwerdevolle Stunden verursachte und mehr durch gutes Glück als in Folge eines andern Umstandes langte ich ganzbeinig an dem Orte meiner Bestimmung an. Ich musste dabei über die häufigen Beteuerungen des Wagenlenkers, eines schlauen Burschen aus Yorkshire, lachen: – „O! Wenn ich nur seine Excellenz den Gouverneur über diese Straße zu fahren hätte, wie wollte ich die Pferde über diese Stummel und Steine traben lassen; aber bald darauf schrie er wieder: Ich wette, er würde alles dafür tun, ehe er wieder darauf führe."

Unglücklicherweise haben wir auf dieser Seite des Flusses keine von der Regierung angelegte Straße; sie ist bloß von den Ansiedlern zu größrer Bequemlichkeit durch den Wald gehauen worden, daher ich fürchte, dass nichts zu ihrer Verbesserung getan werden dürfte, wofern die Einwohner nicht selbst Hand anlegen.

Wir hoffen bald einen nähern Markt für unser Getreide zu haben, als Peterborough ist; eine Kornmühle ist erst kürzlich in dem neuen Dorfe errichtet worden. Dies wird ein großer Vorteil für uns sein. Die Herbeischaffung von Mehl auf den schlechten Fahrwegen verursacht großen Kostenaufwand und der Zeitverlust, den diejenigen erleiden, welche ihren Weizen zum Mahlen nach der Stadt senden müssen, ist ein großes Übel; allein das wird bald anders werden, zur großen Freude der ganzen Nachbarschaft.

Sie können sich gar nicht vorstellen, wie wichtig dergleichen Verbesserungen sind und welchen Einfluss sie auf Ermutigung des Emigranten haben, wozu noch kommt, dass sie den Wert seines Besitztums in keinem geringen Grade vermehren; wir haben uns bereits von den Vorteilen überzeugt, welche die Nähe der Sägemühle für uns hat, indem wir nun mehr nicht nur billiger bauen sondern auch rohe Stämme gegen zugeschnittnes Holz austauschen können. Die großen Fichtenstämme, welche unter andern Umständen nichts als ein Hindernis bei Lichtung des Bodens sein würden, sind, wenn sie in der für die Behandlung auf der Sägemühle erforderlichen Form gefällt werden, was sich leicht tun lässt, wo sie in der Nähe des Wassers stehen, sehr gewinnbringend, die Stämme müssen eine gewisse Länge haben und werden von Ochsen während des Winters, wenn der Boden fest gefroren ist, hart an den Rand des Sees geschleift; sobald das Eis aufbricht, schwimmen die Baumstämme mit der Flut stromabwärts und gelangen so in den Mühlgraben; ich habe den See unsern Fenstern gegenüber mit dergleichen schwimmenden, auf seinem Wege zur Sägemühle begriffnen Holze bedeckt gesehen.

Wie schätzbar würden die großen Eichen und riesenhaften Fichten in einem englischen Besitztum sein; während man sie hier nicht mehr achtet, als man in der Heimat kleine unbedeutende Bäumchen achtet. Einige Jahre später dürfte, man indes die gewaltigen Stämme, welche jetzt verbrannt werden, im Bauwesen vermissen. Die Eichen eignen sich vorzüglich zu Umpfählungen und Gitterwerk, weil ihr Holz sehr dauerhaft ist; Fichten, Zedern und weiße Äschen werden vorzüglich zu Schlagbäumen und dergleichen verwendet; Ahorn und Buchen liefern das beste Brennholz; weiße Äsche brennt gut. Zur Bereitung von Seifenlauge nimmt man keine andre als Asche von hartem Holz: als Eiche, Äsche, Ahorn und Buche; alle harzhaltigen Bäume taugen nicht zu diesem Behuf, die Lauge von dergleichen Asche verbindet sich beim Sieden nicht mit dem Fett, zum großen Verdruss des nicht eingeweihten Seifensieders, der, hätte er den eben erwähnten Umstand gekannt, viel Zeit und Mühe und was das Wichtigste ist, viel von dem seit Monaten sorgfältig gesammelten Material erspart haben würde.

Die Frau eines amerikanischen Ansiedlers erzählte mir dies und riet mir, bei Bereitung meiner Seifenlauge sorgfältig alle Fichtenasche auszuschließen. Und hier muss ich bemerken, dass unter allen Ansiedlern die Yankies, wie sie genannt werden, die fleißigsten und erfindungsreichsten sind; sie sind nie wegen eines Auskunftsmittels in Verlegenheit; wenn ihnen der eine Plan fehlschlägt, so ergreifen sie mit einer Gedankenschnelligkeit, die mich mit Staunen erfüllt, während sie bei ihnen ganz natürlich zu sein scheint, einen andern. Sie scheinen eine Art angeborne Geistesgegenwart zu besitzen und anstatt ihre Energie in Worten darzutun, h a n d e l n sie.

Die alten Ansiedler, welche lange unter ihnen gewesen, scheinen sich dieselben Gewohnheiten anzueignen, so dass es schwer hält, sie von den Yankies zu unterscheiden. Ich habe die Amerikaner ein geschwätziges Volk nennen hören; allein, so weit meine Bekanntschaft mit ihnen reicht, möchte ich sie vielmehr für lakonisch halten und wenn ich sie nicht recht leiden kann, so ist vielmehr ihr kaltes kurzangebundnes Benehmen daran schuld, welches eine Schranke zwischen uns zu ziehen scheint.

Die Bemerkungen eines wandernden Uhrmachers, aus dem Staate Ohio gebürtig, befremdete mich ein wenig. Nachdem er nämlich die Vorzüglichkeit des Ohio-Klimas in Vergleich mit dem unsrigen (in Kanada) gerühmt, sagte er, in Beantwortung einiger von meinem Gatten an ihn gerichteten Fragen; er wundre sich, dass alle Leute von feiner Bildung Kanada, besonders den Busch, wo sie manches liebe Jahr hindurch alle höheren Annehmlichkeiten und verfeinerten Genüsse des Lebens entbehren müssten; den reichen, halbkultivierten und fruchtbaren Ohio-Staat, wo man noch dazu Land, sowohl wildes als gelichtetes, weit billiger kaufen könne, vorzögen.

Hierauf antworteten wir, dass erstens britische Untertanen lieber unter britischer Botmäßigkeit ständen und dass dieselben überdies den Sitten seiner Landsleute abgeneigt wären. Er erkannte freimütig den ersten Einwurf als richtig, bemerkte aber hinsichtlich des andern das man die Amerikaner im Allgemeinen nicht nach den einzelnen, in den britischen Kolonien vorkommenden Beispielen beurteilen dürfe. Da letztere in der Regel Leute von eben nicht sonderlichem Ruf wären, viele derselben hätten sich Schulden oder andrer schlechter Streiche wegen, nach Kanada geflüchtet; „es wäre hart", fügte er hinzu, „wenn man die Engländer nach den nach Botany Bay transportierten Verbrechern beurteilen wollte."

Nun war nichts Ungefälliges oder Rohes in dem Benehmen dieses Fremden und die Verteidigung seiner Nation war ruhig und vernünftig, mit einem Wort von der Art, dass jeder Vorurteilsfreie ihn deswegen nur achten musste.

So eben unterbricht mich ein Freund und sagt mir, dass er Gelegenheit habe, eine portofreie Sendung nach London oder Liverpool zu machen und dass er in der Kiste, die er für England packe, ein Paket von mir einschließen wolle.

Das Anerbieten ist mir sehr willkommen, nur bedaure ich, dass ich nichts als einige Blumensamen, einige indianische Fabrikate und etliche Schmetterlinge zu senden habe – die letzten sind für J a n e bestimmt. Ich hoffe, dass nicht alle das Schicksal der letzten teilen werden. S a r a h hat mir geschrieben, dass sie von der grünen Nachteule, die ich das letzte Mal in der kleinen Schachtel mitgeschickt, nichts weiter gefunden habe als etwas Staub und einige rote Füße. Es ist mir, jedoch nicht ohne Schwierigkeit geglückt, ein andres und schöneres Exemplar zu erlangen; aber, aus Furcht, dass ihm ein ähnliches Schicksal widerfahren könnte, will ich wenigstens durch nachstehende Beschreibung das Andenken seiner Schönheit zu erhalten suchen.

Er misst von einer Flügelspitze zur andern gerade fünf Zoll; der Leib ist so dick, wie mein kleiner Finger, schneeweiß und mit langem seidnen Haar bedeckt; die Beine und Fühlhörner sind hellrot, letztere sind auf den beiden Seiten gezahnt wie ein Kamm; beide Flügel, Ober- und Unterflügel zeichnen sich durch schönes Blassgrün aus und haben an den Rändern goldne Franzen; jeden Flügel schmückt ein kleiner Halbmond von Blassblau, Rot und Orangenfarben; das Blau nimmt die Mitte ein, wie ein halbgeschlossnes Auge; die untern Flügel sind tief ausgeschnitten, sie bilden dergestalt zwei lange Schwänze, wie bei dem sogenannten Schwalbenschwanz (Schmetterling) von ungefähr einem vollen Zoll in Länge und sind tief gefranzt; mit einem Wort, dieser Schmetterling ist das reizendste Insekt, welches ich je gesehn habe.

Wir besitzen eine große Mannigfaltigkeit an Pfauenaugen (Schmetterlinge), die sich durch Farbenpracht und unzählige Augen auf den Flügeln auszeichnen. Der gelbe Schwalbenschwanz, der schwarz und blaue Admiral und der rot, weiß und schwarze Admiral, nebst manchen andern prächtigen Varietäten, die ich nicht beschreiben kann, sind ebenfalls sehr gemein. Der größte Schmetterling, den ich bis jetzt gesehn, zeichnet sich durch ein muntres Vermilion aus, welches durch ein über seine großen Schwingen verbreitetes Netz von schwarzen Linien noch mehr hervorgehoben wird.

Das Libellengeschlecht anlangend, so haben wir dergleichen von jeder Größe, Gestalt und Farbe. Vorzüglich erfreute mich ein Pärchen prächtig blauer, die ich häufig auf meinen Spaziergängen sah, wenn ich meine Schwester besuchte. Sie waren so groß wie Schmetterlinge, mit schwarzen Florflügeln, auf jedem Flügelpaar prangte ein mit Scharlachrot schattierter Halbmond vom glänzendsten Azurblau; der Leib dieser schönen Tierchen war ebenfalls blau. Außerdem bin ich auf scharlachfarbne und schwarze, gelb und schwarze, kupferfarbne, grüne und braune gestoßen; letztere sind große Feinde der Musquitos und andrer kleiner Insekten und schwärmen des Abends in Aufsuchung von Beute in großen Schaaren überall umher.

Die Feuerfliegen dürfen nicht vergessen werden, denn unter allen andern sind sie die merkwürdigsten, ihre Erscheinung kündet gemeiniglich Regen an; man sieht sie oft, nach Eintritt der Dunkelheit, an milden feuchten Abenden, zwischen den Zedern am Saume der Wälder und besonders in der Nähe von Lachen und Sümpfen umherschwärmen und sie erleuchten die Luft mit ihrem glänzenden tanzenden Lichte. Bisweilen sieht man sie in Gruppen, gleich Sternschnuppen in der mittlern Luftregion schweben oder so tief herabsteigen, dass sie in die Zimmer geraten und um die Bett- und Fenstervorhänge herumgaukeln; das Licht, welches sie verbreiten ist heller und glänzender als das des Johanniswürmchens, aber es geht auf dieselbe Weise, wie bei diesem von dem untern Teile des Leibes aus. Auch das Johanniswürmchen ist keine seltne Erscheinung, man sieht es sogar noch im September, versteht sich in milden warmen tauigen Nächten.

Wir haben Überfluss an großen und kleinen Käfern, einige sind sehr prachtvoll grün und golden, rosenfarben, rot und schwarz; einige völlig schwarz, furchtbar groß, mit weitspreizigen ästigen Hörnern. Wespen sind nicht so lästig wie in England, allein ich glaube, dies ist bloß darum der Fall, weil wir diesen räuberischen Insekten nicht die nämlichen Lockungen darbieten können, wie unsre heimatlichen Gärten.

Einer unsrer Holzfäller brachte mir eines Tages ein Hornissennest, wie er es nannte, es war jedenfalls ein schönes und zartes Werk für ein so großes Insekt; und ich vermute vielmehr, dass es einem schönen goldfarbigen Insekt, Wespenfliege (*wesp fly*) genannt, angehört, indes weiß ich dies nicht gewiss. Das Nest glich in Größe und Gestalt einem Truthahnei und bestand aus sechs papiernen Bechern, die einer in den andern geschoben und immer einer kleiner als der zunächst vorhergehende äußere waren und der innerste erschien nicht viel größer als ein Taubenei. Ein prüfender Blick durch die Öffnung des letzten Bechers, ließ mich im Innern eine kleine Scheibe mit zwölf Zellen von vorzüglicher Nettigkeit und von weit größrer Regelmäßigkeit, als die Zellen der gemeinen Hausbiene zu sein pflegen, wahrnehmen; in Größe glich eine Zelle nur dem dritten Teil von denen der Honigbiene. Die Substanz, woraus die Becher bestanden, war ein feines, silbergraues, seidenartiges Gewebe, so fein als das feinste chinesische Seidenpapier und äußerst spröde; wenn man es schwach netzte, so wurde es klebrig und haftete etwas an dem berührenden Finger; das Ganze war sorgfältig an einen Stock befestigt, ich habe seitdem ein dergleichen Netz an eine rohe Gitterstange befestigt gesehen. Ich konnte nicht umhin, die instinktmäßige Sorgfalt zu bewundern, welche in der Bildung dieses Meisterstücks von Insektenbaukunst zur Schützung des Embryos gegen schädliche Einflüsse, namentlich gegen die Gefräßigkeit von Vögeln, so wie gegen Regen und Unwetter zu Tage lag; der Regen konnte wohl kaum einen Eingang in das Innere finden.

Ich hatte – wenigstens glaubte ich so – meinen Schatz sorgfältig in einem Tischkasten verwahrt, allein ein ruchloser kleiner Spitzbube von Maus machte ihn ausfindig und zerriss ihn in Stücke, um des bisschen Honigs willen, das in einer oder zwei Zellen enthalten war. Ich war sehr ärgerlich darüber, denn ich hatte mir fest vorgenommen, das hübsche Nest bei günstiger Gelegenheit einem lieben Freunde in Gloucester Place zu senden, der ein großer Freund von dergleichen Naturmerkwürdigkeiten ist und mir einst ein Nest von ähnlicher Form zeigte, welches in einem

Bienenstock gefunden worden war; doch war bei diesem das Material weit gröber, auch hatte es, erinnere ich mich recht, nicht sechs, sondern nur zwei Zellen.

Ich bin stets sehr begierig darauf gewesen, das Nest eines Kolibris zu sehen, war aber bisher nicht so glücklich, meinen Wunsch befriedigen zu können. Diesen Sommer hatte ich einige Beete mit Kartäusernelken und andern Blumen; besonders einigen prächtigen Convolvulusarten (*morning gloves*), wie sie die Amerikaner nennen, bepflanzt; diese lieblichen Blumen lockten die Kolibris an, meinen Garten zu besuchen und ich hatte das Vergnügen, ein Pärchen dieser schönen Vögel zu sehen, allein ihr Flug ist so eigentümlich, dass man kaum einen vollkommnen Anblick ihrer mannigfaltigen Farben erlangen kann; ihre Bewegung, wenn sie auf dem Flittig schweben, gleicht dem Umkreisen eines Spinnrades und das Geräusch, das sie dabei erregen, dem Schnarren oder Sumsen eines im Gange begriffnen Rades; ich will jetzt recht viel Blumen anpflanzen, um die niedlichen Tiere zum Nisten in unsrer Nähe zu bestimmen.

Ich fürchte bisweilen, dass ich Ihnen mit meinem langen uninteressanten Briefe beschwerlich falle; die einzige Quelle, woraus ich schöpfen kann, ist das Hauswesen und die Naturgeschichte des Landes und hiervon teile ich Ihnen alles dasjenige mit, was durch seine Neuheit Ihre Aufmerksamkeit fesseln dürfte. Wahrscheinlich mag ich bisweilen Ihre Erwartung täuschen, indem ich Ihnen Dinge erzähle, welche den Zustand eines Emigranten in ein ungünstiges Licht setzen; allein ich trage die Sachen ganz so vor, wie ich sie gesehen oder gehört habe. Ich könnte Ihnen manche günstig lautende Berichte von den Ansiedlern in diesem Lande geben; ich könnte das Gemälde auch umkehren und Sie würden endlich zu dem Schlusse gelangen, dass es an Gründen für und wider Auswanderung nicht fehle. Der erste und wichtigste Grund indes ist und bleibt N o t w e n d i g - k e i t und dieser wird stets die Waagschale zu Gunsten der Auswanderung kehren; und dieselbe befehlshaberische und herrische Dame N o t w e n - d i g k e i t sagt mir, dass es n o t w e n d i g sei, meinen Brief zu schließen.

Leben Sie wohl, ich unterzeichne mich in Liebe und Achtung Ihre
ergebenste Freundin.

Siebzehnter Brief

KALTES FIEBER. – UNWOHLSEIN DER FAMILIE. – WAHRSCHEIN-
LICHE URSACHE. – WURZELHAUS. – EINTRITT DES WINTERS. –
INSEKT, DER SÄGER GENANNT. – EINSTWEILIGE KIRCHE. –

November 28, 1834

Mein mehrmonatliches Stillschweigen wird Sie gewiss befremdet haben, allein wenn ich Ihnen erzähle, dass Krankheit daran Schuld war, so werden Sie sich nicht mehr darüber wundern, dass ich nicht eher als heute wieder geschrieben habe.

Mein guter Mann, meine Magd, mein armer Kleiner und ich selbst wurden alle zu gleicher Zeit vom Fieber befallen und ans Bett gefesselt. Sie wissen nur zu gut, wie mich das kalte Fieber stets zu Hause gequält hat und dürfen sich daher nicht wundern, wenn ich Ihnen sage, dass meine Leiden, in einem Lande, wo Sumpffieber und alle Arten von Wechselfiebern zu Hause sind, nicht gering waren.

Wenige Emigranten kommen durch das erste Jahr, ohne von diesen Übeln heimgesucht zu werden; die Behandlungsweise besteht in wiederholten Gaben Calomel (versüßtes Quecksilber) nebst Biber-Öl oder Salzen, worauf China angewendet wird. Diejenigen, welche dabei von ärztlicher Behandlung nichts wissen wollen, kurieren sich mit Wachholder- oder starken Aufgüssen von Hyson oder einem andern starken grünen Tee, Pfeffer und Branntwein, nebst manchen andern Mittelchen, denen Gewohnheit oder Quacksalberei das Wort redet.

Ich will nicht länger bei dieser traurigen Zeit stehen bleiben, als nötig ist, um Ihnen zu sagen, dass wir die Ursache unsers Erkrankens in einer übeln Ausdünstung suchen, die wohl von einem Keller unter der Küche ausgehen mochte. Als der Schnee schmolz, füllte sich dieser Keller zur Hälfte mit Wasser, entweder in Folge der Nässe, welche durch den schwammigen Boden eindrang oder aus einem Quell, der unter dem Hause entspringen mochte; wie dem auch sei, die Hitze des Koch- und Bratofens in der Küche bewirkte eine Gärung in der stockenden Flüssigkeit, ehe sie entfernt werden konnte; die schädlichen Dünste, welche sich aus dieser Masse fauligen

Wassers entwickelten, waren uns allen nachteilig; die Hausmagd, welche dem schädlichen Einfluss am meisten ausgesetzt war, erkrankte zuerst – und kurz darauf folgten wir alle nach, so dass bald keiner mehr dem andern Beistand leisten konnte. Ich glaube, meine Krankheit steigerte sich noch dadurch, dass ich die Leiden meines guten Gatten und meines teuren Kindes mit ansehen musste.

Das Fieber, Dank sei es dem Calomel und dem Quinin, verließ mich nach Verlauf von vierzehn Tagen wieder; und eben so mein Kind und seine Wärterin. Meinem Gatten aber hing es den ganzen Sommer hindurch an, hemmte ihn in seiner Tätigkeit und stimmte ihn missmutig und verdrießlich; letztres ist eine unausbleibliche Folge des Fiebers, es macht eben so kleinmütig und verzagt und stimmt die Lebensgeister eben so sehr herab, wie ein Nervenfieber. Mein Knabe ist, seitdem er am Wechselfieber gelitten, noch nie wieder recht gesund gewesen und sieht sehr blass und grillig aus.

Wir würden uns, da weder eine Magd, noch eine Wartefrau, noch sonst ein dergleichen Dienstbote zu erlangen war, in einer sehr schlimmen Lage befunden haben, wofern uns nicht M a r i e und S u s a n n e beigestanden hätten. Ich wusste wirklich nicht, was unter so misslichen Umständen, ohne diese Hülfe, aus uns hätte werden sollen.

Dieser Sommer ist ausnehmend heiß und trocken gewesen; das Wasser in den Seen und Flüssen war ausgetrocknet, mehre Wochen hindurch fiel auch nicht ein Tropfen Regen. Die äußerste Dürre vernichtete die Kartoffelernte völlig. Unser indianisches Korn dagegen stand sehr schön, desgleichen gerieten die Kürbisse gut. Wir hatten einige schöne Gemüse im Garten, vorzüglich Erbsen und Melonen, die letztern waren sehr groß und zart. Die Kultur der Melone ist sehr einfach; man häuft zuerst vermittelst einer breiten Hacke die umgebende Erde zusammen; die Mitte dieses Haufens wird dann leicht ausgehöhlt, so dass sie gleichsam ein Becken bildet und die Erde am Rande wird noch etwas gehoben; in diese Höhlung steckt man mehre Melonensamen und überlässt sie dann der Sonnenhitze, indes ist es gut, wenn man den Pflanzen von Zeit zu Zeit etwas Wasser gibt; der Boden muss wo möglich in schöner schwarzer Dammerde bestehen; und wenn die kleinen Hügelchen eine Niedrigung einnehmen, so dass immer etwas Wasser im Umkreise stehen bleibt, desto besser geraten die Melonen. Es ist die Meinung mehrer praktischer Leute, welche durch mehrjährige Bekanntschaft mit dem Lande, Erfahrung eingeerntet haben, dass man bei Anlegung und Anpflanzung eines Gartens die Beete nicht emporheben soll, wie dies gewöhnlich der Fall ist; sie geben als Grund dafür an, dass die Sonnenhitze die Feuchtigkeit, wenn das Beet hoch ist, leichter vom Erdreich wegziehe, als im entgegengesetzten Fall und dass in Folge der Dürre des Bodens die Pflanzen welken.

Da einige Wahrheit in dieser Bemerkung zu sein scheint, so bin ich geneigt, das Verfahren anzunehmen.

Gemüse sind im Allgemeinen gut und gelangen schnell zur Reife, wenn man bedenkt, wie spät im Jahre sie gepflanzt werden. Erbsen sind stets gut, besonders die großen englischen Erbsen (*marrowfats*), welche bisweilen auf den Feldern in gelichtetem Boden, welcher unter dem Pfluge ist, gezogen werden. Wir haben eine große Mannigfaltigkeit an Bohnen, alle der französischen Sorte (Schminkbohne) angehörig; von einer sehr ergiebigen Laufbohne lege ich einige Samen für Sie bei; das Verfahren beim Legen derselben besteht kürzlich in Folgendem: man macht einen kleinen Hügel von Dammerde indem man die Erde mittels einer Hacke zusammen häuft; drückt ihn an der Spitze platt oder höhlt ihn etwas aus, so dass die Vertiefung gerade die Mitte einnimmt und legt längs den Rändern vier oder fünf Samen hinein; sobald die Bohne aufgeht und Ranken treibt, steckt man in die Mitte des kleinen Hügels eine fünf bis sechs Fuß lange Stange; sämtliche Pflanzen vereinigen sich an der Stange, winden sich um dieselbe empor und tragen eine zahllose Menge Schoten (Bohnen), welche wie die Scharlachbohnen geschnitten und gekocht oder auch in ihrem trocknen und reifen Zustande benutzt, nämlich geschmort und mit eingesalznem Fleische genossen werden; letztres ist, glaube ich, das gewöhnliche Verfahren. Die zeitige Buschbohne ist eine Zwergart mit glänzendgelben Samen.

Unser Salat ist gut und leicht zu erbauen, man erhält ihn sehr zeitig, wenn man die Saatlinge verpflanzt, welche, gleich nachdem der Schnee gewichen ist, über der Erde erscheinen. Kraut und alle Wurzelarten werden den Winter über in Kellern oder Wurzelhäusern aufbewahrt; aber von der nachteiligen Gewohnheit, grüne Gemüse in den seichten feuchten Kellern unter der Küche aufzuheben, mögen manche Krankheiten herrühren, wovon die Ansiedler, unter der Form von Sumpf-, Wechsel- und andern nachlassenden Fiebern heimgesucht werden.

Manche, besonders von der niedern Klasse sind nicht hinreichend sorgsam in Befreiung dieser Keller von den verwitternden Überbleibseln vegetabilischen Stoffes, die man oft jahrelang sich anhäufen lässt und hierdurch muss natürlicherweise die Atmosphäre in den Häusern verdorben werden.

Ist das Haus klein und die Familie zahlreich und mithin den schädlichen Einflüssen während der Nacht ausgesetzt, so kann man sich die traurigen Folgen leicht vorstellen.

„Man spreche nur nicht von Seen und Morästen, als der Ursache von Fiebern und Rheumatismen; man richte sein Augenmerk hierbei besonders auf die Keller", war der Ausspruch eines erfahrnen Yankiedoktors. Und wirklich glaube ich, dass der Keller unsers Hauses schuld an unserm Erkranken war und dass seine Ausdünstungen das Übel den ganzen Frühling und Sommer hindurch unterhielten.

Ein Wurzelhaus ist zur Bequemlichkeit einer Ansiedlerfamilie durchaus erforderlich; bei gehöriger Konstruktion, mit doppelten Blockwänden und bei gehöriger Verwahrung des Daches gegen das Durchsickern des Regens oder schmelzenden Schnees, kann man darin Gemüse, Fleisch und Milch lange und unversehrt aufbewaren. Sie werden fragen, warum, wenn der Nutzen wirklich so groß und die Bequemlichkeit so wesentlich ist, nicht jeder Ansiedler ein dergleichen Nebengebäude errichtet?

Das, liebe Mutter, ist gerade die Bemerkung, welche jeder neue Ankömmling macht; allein er überzeugt sich nur zu bald von den Schwierigkeiten, welche einer Einrichtung der Art zu Anfange entgegen stehen; er müsste denn, was aber leider nicht oft der Fall ist, bares Geld in Überfluss besitzen, um die erforderliche Arbeiterzahl mieten zu können. Arbeitslöhne sind so kostspielig und die Zeit zur Arbeit ist so kurz, dass die Aufführung manches nützlichen, zur Bequemlichkeit dienenden Gebäudes für die Zukunft aufgespart werden muss; ein Keller, den ein Mann, vorausgesetzt, dass er fleißig arbeitet, in zwei Tagen graben kann, ist alles, worauf man vor der Hand zählen darf, bis die Zeit kommt, wo man mehr Muse hat oder die Notwendigkeit ein Wurzelhaus erheischt. Wir selbst können uns als Beispiel dieses eben nicht willkommnen Aufschubs anführen; allein nunmehr sind die Blöcke dazu geschnitten und wir werden in nächstem Frühjahr eine so nützliche Anstalt besitzen. Ich würde aber doch jedem raten, gleich von vornherein oder doch so bald als möglich ein Wurzelhaus zu bauen, so wie auch einen Brunnen zu graben; das nur wenige Fuß unter der Erde befindliche Quellwasser machen letzte Arbeit weder schwierig noch sehr kostspielig. Die Bäche und kleinen Wasserbehälter versiechen bei sehr trocknem Wetter nicht selten und das See- und Flusswasser wird im Frühjahr und Sommer warm und ekelhaft. Das Quellwasser ist in der Regel kalt, – selbst in der heißesten Jahreszeit – und in hohem Grade erfrischend.

Der Winter scheint jetzt in seiner ganzen Strenge einzutreten, Schnee ist seit Mitte Oktobers bereits zweimal gefallen, aber eben so oft wieder verschwunden, allein jetzt ist der Boden steinhart gefroren; der kühne Nordwestwind bläst eiskalt über die öde Flur und alles und jedes um uns her erscheint frostig und winterhaft. Die dunkle Fichtenlinie, welche die entgegengesetzte Seite des Sees begrenzt, ist bereits mit Reif und Schnee bedeckt und der halbgefrorne See zeigt eine dunkle Bleifarbe, deren Einförmigkeit bloß die in langen Spitzen hervorschießenden Eismassen, welche gleichsam Baien und Halbinseln bilden, unterbrechen. Die Mitte des Stroms, wo die Gewalt des Wassers am größten ist, ist noch nicht ganz mit Eis belegt, sondern fließt in dunkeln Wogen dahin, wie ein Fluss zwischen seinen gefrornen Ufern. An einigen Stellen, wo die Ufer abschüssig und mit Wurzeln und Strauchwerk überwachsen sind, nehmen der gefallne Schnee und das Wasser die seltsamsten Formen an.

Ich bin an heitern Wintertagen stundenlang stehen geblieben und habe meine Augen mit namenlosem Entzücken auf den mimischen Wasserfällen weilen lassen, die längs dem Ufer zu festen Eismassen erstarrt sind und als ich von dem Mühlendamm aus diese niedlichen Spielereien Vater Frosts betrachtete, malte ich mir im Geiste die erhabne Szenerie der arktischen Welt.

Trotz seiner sehr langen Dauer und äußersten Strenge habe ich doch den kanadischen Winter gern; er ist entschieden die gesundeste Jahreszeit; und es ist kein kleiner Genuss, von den Plagen der Insekten Schwärme befreit zu sein, die der Annehmlichkeit der schönen Sommermonate keinen geringen Abbruch tun.

Wir haben so eben Ihr letztes Paket erhalten; tausend, tausend Dank für den Inhalt! Wir alle freuen uns über Ihre nützlichen Geschenke, vorzüglich über die warmen Schals und Merinos. Mein kleiner J a m e s (J a c o b) nimmt sich in seinem neuen Röckchen ganz allerliebst aus, es wird ihn recht gut gegen die Kälte schützen; er küsste die schönen mit Pelz gefütterten Pantoffeln, die Sie für mich beigelegt haben und sagte „Pussy, Pussy"; bei dieser Gelegenheit will ich erwähnen, dass wir eine hübsche Katze haben, welche N o r a   C r e n a heißt und die Abschiedsgabe unsrer Freundin *** ist, die sie meinem Knaben zum Andenken hinterließ. J a m e s ist ganz vernarrt in das Tier; und ich muss Ihnen sagen, dass ich sie fast als eine zweite W i t t i n g - t o n s Katze betrachte; weder Maus noch Tschitmunk hat sich seit ihrer Gegenwart in unsre vier Pfähle gewagt; selbst die Heimchen, welche uns mit ihrem ewigen Gezirp von früh bis in die sinkende Nacht beschwerlich fielen, haben ihre alte Behausung verlassen. Außer den Heimchen, die oft in solcher Menge umher schwirren, dass sie eine wahre Plage abgeben und tuchene und wollene Kleider verderben, werden wir von großen schwarzen Ameisen heimgesucht, die überall umher galoppieren und Zucker, Eingemachtes, Kuchen, kurz jede Leckerei, wozu sie nur immer gelangen können, verzehren; diese Insekten sind dreimal so groß als die schwarzen Ameisen in England und haben einen entsetzlichen Appetit; wenn sie keine bessere Beute finden können, so tötet die eine die andre und dies mit dem Ingrimm und der Geschicklichkeit der Spinne. Sie scheinen in ihrer Lebensweise weniger gesellig zu sein als andre Ameisen; wiewohl ich mich, bei Berücksichtigung der beträchtlichen Anzahl, die in unser Zimmer dringt, zu dem Schlusse geneigt fühle, dass sie eben so, wie die übrigen Arten der Gattung, einen Verein bilden und in Gemeinschaft mit einander leben.

Während des ersten Jahres seines Aufenthalts in einem neuen Blockhause wird man durch ein beständiges knarrendes, den Ohren äußerst unangenehmes Geräusch belästigt, bis man sich daran gewöhnt hat; dies wird durch ein Insekt, gewöhnlich der S ä g e r genannt, verursacht. Es sind die Larven einer Fliege, die ihre Eier in die Rinde der Fichtenbäume legt, das Tierchen in seinem unreifen Zustande ist von weißlicher Farbe, der Körper besteht aus eilf Ringen; der Kopf ist mit einer kurzen harten Zange bewaffnet, die Haut des Sägers ist so rauh, dass man beim Darüberwegfahren mit dem Finger eine Raspel zu berühren scheint und doch erscheint sie dem Auge völlig glatt und eben. Sie würden sich wundern, wenn Sie den Haufen feiner Sägespäne unter dem Loche sähen, woran er die ganze Nacht hindurch gearbeitet hat. Diese Säger sind ein gutes Futter für die Baumhacker und in Gemeinschaft mit einander tragen sie zur schnellen Zerstörung der gigantischen Waldbäume bei, die andernfalls die Erde Jahrhunderte hindurch belasten würden. Wie unendlich groß ist die Weisheit, welche die physische Welt regelt und beherrscht! Wie oft sehen wir große, gewaltige Ereignisse, die durch scheinbar unbedeutende Umstände herbeigeführt werden! Aber alle, so klein sie auch erscheinen mögen, sind Diener, welche den Willen ihres Herrn und Gebieters vollstrecken. Einem großen Mangel, nämlich dem Mangel an öffentlichem Gottesdienst an Sonn- und Festtagen wird nun bald abgeholfen werden. Man geht damit um, eine Subskription unter den Ansiedlern dieses und eines Teils der benachbarten Gemeinde zur Aufführung eines kleinen Gebäudes zu eröffnen, welches zugleich den Zwecken einer Kirche und eines Schulhauses entsprechen und überdies die Besoldung eines Predigers für seine Bemühungen decken soll. – Er hat sein Gesellschaftszimmer zur einstweiligen Versammlung der Andächtigen hergegeben und ein sehr achtbarer junger schottischer Geistlicher hat schon verschiedne Male darin Gottesdienst gehalten; ich kann Ihnen versichern, dass unsre religiösen Versammlungen, trotz dem, dass die Emigranten teils der katholischen, teils der bischöflichen u.s.w. Kirche angehören, ziemlich zahlreich ausfallen.

Die Unterschiede zwischen den verschiednen Glaubensgenossen fallen in diesem Lande nicht so in die Augen, als in der Heimat; besonders weil man den Mangel an religiösen Zusammenkünften nur zu merklich fühlt und mehr den großen allgemeinen Zweck aufrichtiger und inniger Gottesverehrung ins Auge fasst. Das Wort „G o t t" ist ein Wohlklang für das Ohr. Möge der Segen des Himmels denjenigen zu Teil werden, welche in Geist und Wahrheit bestrebt sind, die öffentlichen Gebräuche des Sabbats wieder herzustellen, die, wenn sie unsrer eignen Leitung überlassen blieben, nur zu leicht in Vergessenheit geraten dürften.

Leben Sie wohl!

Achtzehnter Brief

Geschäftsreiches Frühjahr. – Zunahme der Gesellschaft und Bequemlichkeit. – Erinnerungen an die Heimat. – Nordlicht.

Dies ist ein geschäftsreiches Frühjahr für uns gewesen; zuerst hatten wir Zucker zu sieden und diesmal in größerer Menge als früher, als wir unsern ersten Versuch machten. – Alsdann hatten wir Werkleute, indem unser Haus mancher Erweiterung bedurfte; wir haben eine große und bequeme Küche bauen lassen, die alte dient jetzt als Schlafgemach; das Wurzelhaus und die Milcherei sind ziemlich vollendet. – Wir haben einen Brunnen mit trefflichem Wasser gleich vor der Tür und eine hübsche hölzerne Scheune ist diese Woche fertig geworden, sie enthält zugleich einen Getreideboden und einen Stall, mit einer Abteilung für das Federvieh, welches mir viel Unterhaltung und Freude gewährt.

Außer einem hübschen Hühnervölkchen, den Abkömmlingen von zwei Hennen und einem Hahn oder Rooster, wie die Yankies diesen Vogel nennen, habe ich einige Enten, wozu diesen Sommer auch Truthühner und Gänse kommen werden. Ich verlor etliche meiner besten Vögel nicht durch den Stößer, sondern durch ein sehr schädliches Tier, welches unserm Iltis genau verwandt ist und hier Scunck genannt wird; es ist weit räuberischer und richtet größere Verheerungen an als Fuchs und Habicht; denn es kommt wie ein Dieb in der Nacht, dringt in den Hühnerhof ein und hinterlässt furchtbare Spuren seiner Raubgier und seines Blutdurstes.

Unser Garten, der bisher weiter nichts als eine viereckige Einfriedigung für Gemüse war, erhält eine andre, dem Auge gefälligere Form; zwei halbkreisförmige Flügel laufen vom Eingange nach beiden Seiten des Hauses; der Zaun ist eine Art rohes Korb- oder Hürdenwerk, wie Sie dergleichen in England häufig sehen können und welches die Bauern geflochtnen Zaun nennen; jedenfalls nimmt sich eine dergleichen Einfriedigung weit malerischer aus als die von gespaltnen Holzscheiten.

Entlang dieser kleinen Einfriedigung habe ich angefangen, eine Art Blumenhecke nebst einigen der einheimischen Sträucher anzupflanzen, wovon unsre Wälder und Seeufer strotzen.

Unter den bereits eingeführten sind zwei Geißblattarten mit weißen und rosenfarbnen Blüten; die amerikanischen Botaniker nennen dieselben *Quilostium*.

Dann habe ich die weiße *Spiraea*, (ein strauchartiges Gewächs), welches in Überfluss auf dem Seeufer wächst, die kanadische wilde Rose, die rote blühende Himbeere (*rubus spectabilis*), Lederholz (*dircas*) auch amerikanisches Mezereon- oder Moosholz genannt, dies ist ein sehr hübscher und zu gleicher Zeit nützlicher Strauch; die Rinde wird von den Landleuten als ein Substitut für Stricke, zum Zubinden von Säcken u.s.w. gebraucht; die Indianer nähen ihre Weidenrindenkörbe gelegentlich damit.

Wilde Stachelbeeren, rote und schwarze Johannisbeeren, Apfelbäume und hier und da ein Weißdornstrauch und einige andre dergleichen Gewächse sind alles, was ich bisher habe einführen können.

Der Stoup (Veranda) ist errichtet und ich habe erst kürzlich am Fuße der hölzernen Säulen Hopfen gepflanzt. Ich habe auch zwei tragende Ableger einer purpurfarbnen wilden Traube von der Insel in unsrer Nähe aufgezogen und bin neugierig, ihre Früchte zu sehen.

Mein Gatte ist gegenwärtig frisch und wohlgemut; unser geliebtes Kind befindet sich ebenfalls wohl und läuft überall umher. Wir erfreuen uns einer angenehmen und freundlichen Gesellschaft, die im Verlauf der letzten zwei Jahre so zugenommen hat, dass wir uns über unsre Entfernung von der volkreichern Stadt kaum beklagen können.

Meine teure Schwester und ihr Gatte fühlen sich in ihrer neuen Wohnstätte sehr behaglich und haben ein schönes Stück Land gelichtet und angebaut. Wir besuchen sie häufig und plaudern dann manches liebe Stündchen von der Heimat, der süßen unvergesslichen Heimat und schmeicheln uns dabei mit dem angenehmen Wahne, dass wir in einer nicht allzufernen Zeit ihre fruchtbaren Felder und blumigen Täler einmal wieder sehen werden.

Mit welchem Entzücken würden wir unsre jungen Kanadier ihren Großmüttern und Tanten vorführen; mein kleiner Buschmann soll zeitig die Namen dieser unbekannten, aber teuren Freunde aussprechen und das Land verehren und lieben lernen, wo seine Eltern das Licht der Welt erblickten, die herrlichen Hügel des Nordens und mein eignes geliebtes England.

Verursachte mir die Entfernung von meinem Geburtslande und noch dazu von einem so schönen und gesegneten Lande gar kein Bedauern, gar kein Weh, so würde dies nur ein fühlloses Herz verraten; dennoch aber muss ich gestehen, dass ich Kanada trotz all seiner Rauhigkeit liebe und mich in meinem niedrigen Blockhause eben so froh und glücklich fühle, als dies in einem reich geschmückten Palaste nur der Fall sein könnte; Gewohnheit versöhnt uns mit manchen Dingen, die uns anfangs nicht recht zusagen wollen. Es ist stets mein Bestreben gewesen, lieber das Süße als das Bittre in den Becher des Lebens zu träufeln und gewiss ist dies das Beste und Klügste, was man tun kann. In einem Lande, wo alles – Jung und Alt, Vornehm und Gering – sich zur Tätigkeit aufgefordert fühlt, würde es höchst ungereimt und töricht sein, seine Lebensgeister durch unnützes Trauern und Klagen zu dämpfen und im Hause durch Niedergeschlagenheit und unaufhörliche Klagelieder über die Trennung von so vielen teuren Gegenständen in der alten Heimat, eine düstre Stimmung zu verbreiten. Da wir nun einmal hier sind, müssen wir[109] uns so gut als möglich in die Umstände schicken und mit heiterm Mute das Loos ertragen, welches wir uns selbst gewählt haben. Die Fähigkeit, das Gute, welches wir

---

109 Anm. des Verlags: im Original „mir".

besitzen, zu genießen, scheint mir ein Haupterfordernis zur menschlichen Glückseligkeit zu sein.

Wiewohl wir von vorn herein manche Widerwärtigkeiten erfuhren, manche unvorhergesehne Kosten zu bestreiten hatten, uns manchen unangenehmen Aufschub gefallen lassen mussten und viele Entbehrungen, die uns sehr drückend erschienen, zu erdulden hatten, so können wir doch, im Ganzen genommen, von gutem Glück sagen; vorzüglich, was die Lage unsers Grundstücks betrifft, welches seitdem in Wert bedeutend gestiegen ist; die Hauptschwierigkeiten haben mir jetzt überwunden, wenigstens hoffen wir so und bald werden wir alle Annehmlichkeiten einer wohl eingerichteten Meierei genießen.

Mein Gatte söhnt sich von Tage zu Tage mehr mit dem Lande aus und auch ich fühle mich täglich fester daran gebunden. Sogar die Baumstummel, welche mir anfangs so sehr zuwider waren, scheinen etwas von ihrer Hässlichkeit zu verlieren; das Auge gewöhnt sich sogar an die unangenehmsten Gegenstände, bis sie fast gar nicht mehr beachtet werden. Wie ganz verschieden von seiner gegenwärtigen Erscheinung wird sich dieser Fleck nach Verlauf einiger Jahrhunderte ausnehmen! Meine Einbildungskraft malt es mir mit fruchtbaren Feldern und Fluren, schattigen Hainen und geschmackvoll angepflanzten Bäumen vor; alles wird anders sein; unsre gegenwärtigen rohen Wohnungen werden andern bequemern und schönern Platz gemacht haben und Anmut und Behaglichkeit wird die Landschaft umfangen, welche gegenwärtig ein Waldwildnis ist.

Sie fragen mich, ob mir das Klima von Oberkanada gefällt; aufrichtig zu reden, so glaube ich nicht, dass es alle die Lobsprüche verdient, welche ihm Reisende gezollt haben. Die Sommerhitze im letzten Jahre war sehr drückend, die Dürre außerordentlich groß und erwies sich in mancher Hinsicht nachteilig, vorzüglich schadete sie der Kartoffelernte. Die Fröste traten zeitig ein und eben so fiel zeitig Schnee; den gepriesnen indianischen Nachsommer betreffend, so scheint er vor der Hand Abschied von dem Lande genommen zu haben, denn seit unserm dreijährigen Aufenthalte daselbst haben wir nur wenig davon gesehn. Letztverflossnes Jahr war auch nicht ein Schein davon wahrzunehmen und in diesem Jahre wurde ein abscheulich düstrer trüber Tag, der mich gewaltsam an einen Londoner Nebel erinnerte und der ganz eben so niederschlagend und geistlähmend wirkte, von den alten Bewohnern für den Anfang des indianischen Sommers erklärt; die Sonne schien düster und rot und ein gelber graulicher Nebel verdunkelte die Atmosphäre, so dass es fast nötig wurde, am Mittage Licht anzuzünden. Wenn dies der indianische Sommer ist, so könnte man eine Reihe auf einander folgender Londoner Nebeltage den „Londoner-Sommer" nennen, dachte ich bei mir, als ich den lieben langen Tag in einer Art bewilderndem düstern Lichtschimmer umhertappte; und froh war ich, als nach ein oder zweitägigem heftigen Regen, Frost und Schnee eintraten.

So weit unsre Erfahrung reicht ist dieses Klima in hohem Grade veränderlich; nicht zwei Jahre sind sich einander nur einigermaßen gleich gewesen; und wie man glaubt, wird diese Veränderlichkeit in demselben Verhältnis zunehmen, als die Lichtung des Bodens von Jahr zu Jahr vorwärts schreitet. In der Nähe der Flüsse und großen Seen ist das Klima weit milder und gleichförmiger; mehr landeinwärts fällt der Schnee selten so hoch, um das Schlittenfahren, nachdem es allgemein geworden, mehre Wochen hindurch zu verstatten; dies ist indes, wenn wir den Zustand unsrer Buschstraßen berücksichtigen, mehr ein Umstand zu unsern Gunsten, insofern das Reisen minder schwierig wird, obgleich die Wege immer noch ziemlich holperig bleiben.

Ich habe das Nordlicht mehre Mal, gesehn; desgleichen eine glänzende meteorische Erscheinung, glänzender und großartiger als alles, was ich der Art je zuvor beobachtet. Großen Spaß machten mir die Worte eines jungen Burschen, der einem Herrn die Erscheinung einer Reihe Sternschnuppen, wie sie schnell über den Himmel weggeschossen, erklärte, „Sir", sagte der Bursche, „ich habe nie zuvor etwas ähnliches gesehn und ich kann die Kette von Sternen mit der Blockkette (*logging chain*) vergleichen", gewiss ein höchst natürlicher und einziger Vergleich, ganz in Einklang mit der Beschäftigung des Burschen, der es häufig mit den Ochsen und ihrer Blockkette, (der Fortschaffung von gefällten Bäumen) zu tun hatte – und am Ende nicht bäurischer, wenn ich so sagen darf, als die gewöhnlichen Namen, welche mehre unsrer prächtigsten Sternbilder führen – z.B. Pflug, Sichel u.s.w.

Als ich letzte Weihnachten eines Abends von einem Besuche bei einer Freundin nach Hause kehrte, überraschte mich eine glänzende blassgrünliche Lichtsäule im Westen; sie erhob sich zu einiger Höhe über die dunkle Fichtenlinie, womit die jenseitigen Ufer des Otanabee bekränzt waren und erleuchtete den Himmel auf beiden Seiten mit einem keuschen reinen Lichte, dem nicht unähnlich, welches der Mond bei seinem Auf- und

Untergang verbreitet; sie war nicht ganz pyramidal, jedoch an der Basis um vieles breiter als an der Spitze; sie erbleichte allmählich, bis nur noch ein weißes flimmerndes Licht die Stelle bezeichnete, die sie am Himmel eingenommen und auch dieser schwache Lichtschimmer verschwand ungefähr nach einer halben Stunde. Es war eine so schöne und liebliche Erscheinung, dass ich ordentlich trauerte, als sie in die dünnen Lüfte zerrann; ja bisweilen bestimmte mich meine Phantasie zu dem Glauben, als sähe ich das Gewand eines glanzvollen Besuches aus einer andern und bessern Welt; – aber weg mit dergleichen Träumereien! – War es vielleicht eine phosphorische Ausdünstung von einem unsrer zahlreihen Moräste oder Binnenseen oder stand sie vielleicht mit dem Nordlicht in Verbindung, welches so häufig an unserm Himmel gesehn wird?

Ich muss jetzt diesen Brief schließen; denn ich habe noch an einige Freunde zu schreiben, denen ich bloß bei günstiger Gelegenheit etwas von meiner Hand zufertigen kann, denn das Porto ist sehr hoch und man muss für alles, was man nach New York sendet oder von daher erhält, teuer bezahlen.

Leben Sie wohl meine Gütigste und Beste Freundin.

Erster Anhang

(Folgende Mitteilungen sind von der Verfasserin dieses Werkes während dessen Druck eingegangen.)

Ahornzucker

Dieses Frühjahr habe ich Ahornzucker von weit feinerem Korn und besserer Farbe bereitet, als er mir jemals zu Gesicht gekommen ist; und mehre alte Ansiedler haben mir versichert, es sei der beste oder ziemlich der beste, den man nur immer erhalten könne; diese Lobsprüche bestimmen mich, das von mir bei seiner Bereitung verfolgte Verfahren hier mitzuteilen: Sobald der Saft in dem Zuckerkessel von ungefähr sechzehn Eimern bis auf zwei eingekocht war, goss ich ihn zunächst durch einen dünnen Flanellbeutel, der ungefähr so beschaffen sein muss wie ein Sack zum Durchseihen von Gelees und befreite ihn dergestalt von den ersten Unreinigkeiten, die ziemlich groß sind. Hierauf ließ ich ihn durch dickeren Flanell in den eisernen Topf laufen, der zu seiner Eindickung zu Zucker bestimmt war, schlug, als er noch kalt oder höchstens nur lau war, das Weiße eines Eies zu Schaum und verbreitete es behutsam über die Oberfläche der Flüssigkeit, wobei ich den Topf, als er durch das Feuer heiß zu werden anfing, sorgfältig in den Augen behielt, damit der Schaum nicht in den Zucker kochen möchte. Einige Minuten bevor der eingedickte, auf die eben geschilderte Weise behandelte Saft zum Kochen kommt, muss der Schaum, der sich oben absetzt, mit einem hölzernen Schöpflöffel sorgfältig abgenommen und entfernt werden. Meines Erachtens hängt die Weiße und Reinheit des Zuckers zum großen Teil von der sorgfältigen Entfernung jedes Schaumteilchens ab. Die beste Vorschrift, welche ich hierzu (dem Abschäumen des Zuckers[110]), erteilen kann, ist, den Saft fortwährend in schnellem Kochen zu erhalten, nur muss man dabei sorgfältig

---

110 *Sugaring-off*, wie die Kanadier diese Operation nennen.

sein Überlaufen verhindern, indem man etwas von der Flüssigkeit in dem Rührlöffel behält und wenn die Masse nach dem Rande aufsteigt oder zu schnell aufwallt, von Zeit zu Zeit etwas hinein tropfen lässt, um sie nieder zu halten; oder siedet man die Masse in einem Kochofen, so verhindert die Öffnung einer oder aller Türen das Überlaufen. Die, welche ihren Zucker außer dem Hause bereiten, befestigen einen hölzernen Krahn in einen Baumstummel, das Feuer wird hierauf angezündet und der Kessel an dem Krahne aufgehängt; durch diese einfache Vorrichtung, – jeder Knabe kann damit zu Stande kommen, – kann man bei nur einiger Aufmerksamkeit auf das Kochen, jedes Überlaufen vermeiden; allein das Auge darf nicht vom Kessel weggewendet werden, eine Unachtsamkeit, ein eitler Blick kann einen großen Verlust des kostbaren Saftes bewirken. Ich hatte bloß einen kleinen Kochofen zur Bereitung meines Zuckers, die dazu gehörigen Töpfe hielt man für zu klein und ihre Form für ungeeignet, so dass ich anfangs den Versuch aufgeben zu müssen fürchtete; allein ich beharrte bei meinem Vorsatz und meine Erfahrung hat mich gelehrt, dass mein Ofen ein trefflicher Apparat zu dieser Art von Fabrikation ist, da sich die Hitze nach Belieben regulieren lässt.

Eine der ängstlichsten Perioden beim Zuckersieden ist, nach meiner Erfahrung, wenn der Saft zuerst anfängt, ein gelbliches, schaumiges Ansehn anzunehmen und eine so große Dampfmenge von seiner Oberfläche aufzuwerfen, dass man den Inhalt des Kessels nicht sieht; in welchem Fall er, selbst bei der größten Aufmerksamkeit, unvermerkt überlaufen kann. Sobald sich der Saft zu Sirup (Melasse) verdickt, nimmt er eine schön gelbe Farbe an und scheint nichts als ein dicker Schaum zu sein. Wenn er ziemlich tief eingekocht ist, fangen die Tropfen an, klar und zähe vom Löffel zu fallen; und wenn man kleine glänzende körnig aussehende Bläschen darin wahrnimmt, so tröpfele man einige auf eine kalte Platte und fahre fort, ihn umzurühren oder zu reiben, bis er ganz erkaltet ist; sobald er bereit ist, zu granulieren, findet man ihn grießig, eine weißliche oder blassstrohgelbe Farbe annehmend und steif. Alsdann kann man den Zucker unbesorgt in eine zinnerne Schüssel in einen Eimer, ein Becken oder irgendein andres passendes Gefäß ausschütten. Ich versuchte zwei verschiedne Methoden, nachdem ich den Zucker vom Feuer genommen, konnte aber in seinem Aussehn keine Verschiedenheit wahrnehmen, ausgenommen dass bei der einen der Zucker mehr zerbrochen erschien, bei der andern dagegen in großen Klumpen blieb; übrigens aber war weder in Reinheit noch Funkeln ein Unterschied bemerkbar. Was die erste Methode anlangt, so rührte ich den Zucker fortwährend um, bis er anfing, zu erkalten und eine weißlich dicke Substanz zu bilden und die Körner gut kristallisierten; bei dem andern Verfahren, – das ich für vorzüglicher halte, da es die wenigste Mühe verursacht, – wartete ich, bis die Melasse zu Zucker verhärtet war, hierauf durchlöcherte ich die Kruste an mehren Stellen und stürzte die Masse in einen Durchschlag über einem Gefäße, bestimmt, die vom Zucker abtropfende Melasse aufzunehmen. Im Verlauf des Tages oder zweier Tage, rührte ich den Zucker häufig um, der so von aller Feuchtigkeit befreit ward und ein schönes funkelndes Korn annahm; er schmeckte genau wie Zuckerkand; vom Geschmack des Ahornsaftes konnte man keine Spur daran bemerken, kurz man konnte ihn zu allem gebrauchen.

Ich habe die Bemerkung gemacht, dass im Allgemeinen Ahornzucker, wie er gewöhnlich bereitet wird, hart und derb ist, wenig Korn zeigt und im Verhältnis zu seinem Umfange sehr ins Gewicht fällt. Gerade das Gegenteil aber kann ich von meinem Fabrikat sagen, er ist im Verhältnis zu seinem Volumen außerordentlich leicht, indem die schwere Melasse, statt in ihn einzutrocknen, vollkommen davon getrennt ist. Wäre das gegenwärtige Frühjahr nur günstig genug gewesen, was es nicht war, so würden wir eine gute Quantität trefflichen Zuckers bereitet haben.

Weinessig

Kocht man fünf Gallonen Saft auf eine ein, setzt man, wenn er gerade die Temperatur frisch gemolkner Milch ein wenig übersteigt, ein Weinglas Hefen hinzu und lässt man das Gefäß während des Sommers in der Küche nahe am Herde stehen, so erhält man einen guten, wohlfeilen, angenehm schmeckenden starken und sehr brauchbaren Essig. Diesen Plan habe ich zwei Jahre hindurch mit Glück verfolgt. Das Fass oder die Butte muss gehörig ausgepicht und wasserdicht sein, ehe der Essig hinein getan werden kann; denn andernfalls würde es durch die Sonnenhitze einschrumpfen und leck werden. Ist es gut gearbeitet, so überstreicht man die Fugen und den innern Rand am obern Teil des Fasses mit Teer oder auch mit gelber Seife, wodurch es gegen etwaige Öffnungen gesichert wird. Erfahrne Hausfrauen geben der gleichförmigen Küchentemperatur, was den Standort des Essigs anlangt, den Vorzug vor der freien Luft; denn die in diesem

Lande häufig eintretenden kalten Nächte sollen dem Vorgange nachteilig sein, der, wenn er kein dergleichen Hindernis erfährt, schneller zur Vollendung kommt. Diejenigen, welche in der Bereitung einheimischer Weine und Biere gut bewandert sind, dürften mit geringem Aufwande, von Zeit und Arbeit einen trefflichen Ahornwein oder Ahornbier bereiten.

Jeder Ansiedler zieht, als ein Ziergewächs, in seinem Garten (oder sollte dies tun) Hopfen, welcher einen der Hauptbestandteile des Ahornbieres bildet, nach dem man ihn dem Safte zugesetzt hat.

Hopfenhefen

Dieser treffliche und ich möchte sagen, unentbehrliche Artikel in jedem Ansiedlerhause, ist ein schätzbares Substitut für Ale- oder Bierhefen und wird auf folgende einfache Weise bereitet: – Man nimmt zwei Hände voll Hopfen, kocht diese Quantität in einer Gallone weichen Wassers, wenn man dergleichen bekommen kann, bis der Hopfen zu Boden des Gefäßes sinkt; bereitet einen Teig, indem man eine Dessertschüssel voll Mehl und kaltes Wasser so lange zusammen rührt, bis sie eine weiche und ziemliche dicke Masse bilden; filtriert die Hopfenflüssigkeit, während sie noch siedend heiß ist, in das Gefäß, welches den Teig enthält und lässt einen Gehülfen die Hopfenflüssigkeit abgießen, während man den Teig umrührt. Sobald sie bis zu einer gelinden Wärme abgekühlt ist, so dass man den Finger ohne unangenehme Empfindung hinein halten kann, füge man ein Glas von den frühern Hefen oder etwas weniges Sauerteig hinzu, um sie gären zu machen; ist auch dies geschehn, so lässt man sie ruhig stehen, bis sie gehörig gegoren hat, füllt sie dann auf Flaschen und verkorkt sie sorgfältig. Den Sommer über muss sie im Keller oder an einem kühlen Ort stehen und im Winter muss man dafür sorgen, dass sie nicht friert. Einige fügen zwei oder drei mehlige, wohl gekochte und fein geschlossne Kartoffeln hinzu, was während der kalten Monate des Jahres sich sehr vorteilhaft erweist. Ein Zusatz von Kartoffeln zu Brotmehl ist ebenfalls höchst zweckmäßig und meines Erachtens für neue Ankömmlinge, die alle ihr Mehl kaufen müssen, jedenfalls ein großes Ersparnis.

Folgende Methode liefert mir ein schmackhafteres, leichteres Brot als das auf dem gewöhnlichen Wege gemischte Mehl: – Angenommen, ich wollte ungefähr anderthalb Stein Mehl verbacken, so koche ich, (versteht sich, nachdem sie völlig rein geschält sind), etwa drei Dutzend ziemlich große Kartoffeln, in ungefähr drei Quart oder einer Gallone Wasser, bis die Flüssigkeit das Ansehn einer dünnen Grützsuppe zeigt und die Kartoffeln sich mit dem Wasser fast ganz verkörpert haben. Mit diesem Kartoffelgrütze wurde das Mehl vermischt, Wasser war nicht erforderlich, außer wenn ich zufällig nicht genug von der Mischung hatte, um mein Mehl hinlänglich anzufeuchten. Dieselbe Methode, zu kneten, die Gärung durch Hefen zu bewirken u.s.w., wird bei anderm Teige und Brote angewendet. Während des Backens nimmt es eine glänzend hellbraune Farbe an und ist leichter als das auf gewöhnlichem Wege bereitete Brot, daher eine Kenntnis des besprochnen Verfahrens der Emigrantenfamilien nützlich sein dürfte.

Salzsauerteig

Dies ist ein Sauerteig wovon die Yaukieansiedler häufig Gebrauch machen; allein obgleich das damit bereitete Brot entschieden weißer und von besserem Aussehn ist als das auf andre Weise gesäuerte. So macht es doch der eigentümliche Geschmack, den es dadurch erhält, manchen Leuten äußerst widrig. Ein andrer Nachteil ist, dass es während des Winters äußerst schwer hält, diesen Sauerteig zum Gehen (Gären) zu bringen, da er eine Temperatur erfordert, die man an einem kanadischen Wintertage nicht leicht erhalten kann, dazu kommt noch, dass der fragliche Sauerteig, nachdem er einmal seine Höhe erreicht hat, wofern man nicht sogleich davon Gebrauch macht, wieder fällt und dann nicht wieder steigt; eine sorgsame Hausfrau, welche diesen Umstand kennt, gibt daher sorgfältig Acht, da sie andernfalls schweres schliffiges Gebäck erhalten oder gar kein Brot sondern eine Art Gebäcke wie Haferkuchen im Hause haben würde.

So viel als ich mich erinnern kann, wird der Salzsauer auf folgende Weise gemacht: – Zu einem kleinen Gebäcke, also etwa zwei oder drei Broten oder einem großen Backkesselbrote (ungefähr so groß wie ein englisches Metzenbrot) nimmt man eine Pinte mäßig warmen Wassers, (es muss der hineingesteckten Hand angenehm sein) und rührt in den Krug oder Topf, der es enthält, so viel Mehl, als zur Bildung eines guten Teiges nötig ist, der aber nicht zu dick sein darf; hierzu füge man einen halben Teelöffel voll Salz und setze das Gefäß, in einer Schüssel mäßig warmen Wassers, in eine kleine Entfernung vom Feuer oder an die Sonne; das den Topf, worin der Sauer enthalten ist, umgebende Wasser darf sich nie viel über seine ursprüngliche Wärme abkühlen, daher man von Zeit zu Zeit etwas warmes Wasser zugießen muss, (nicht aber in den Sauer, sondern in die Schüssel), bis das Ganze in einen lebhaften Zustand von Gärung gerät, was in Zeit von sechs bis acht Stunden geschieht, worauf man den Brotteig damit vermischen und so viel als nötig, warmes Wasser oder warme Milch zugießen muss. Hierauf knete man die Masse, bis sie hinreichend steif ist und nicht mehr am Troge hängen bleibt. Man wirke nun seine Brote auf und decke sie in der Nähe des Feuers warm zu, bis sie gehen, wenn dieses zweite Anschwellen stattfindet, müssen sie sogleich gebacken werden.

Diejenigen, welche Shanty-Brote, wie ich sie nenne, in eisernen, auf glühende Kohlen gestellten Backtöpfen oder Kesseln backen, setzen den Teig zum Gehen über sehr wenige Kohlen oder in die Nähe des heißen Herdes und drehen, während das Brot steigt, den Topf oder die Pfanne von Zeit zu Zeit; sobald alles gleichförmig in die Höhe gegangen ist, legt man heiße Asche unter und auf den Deckel, wobei man Sorge tragen muss, dass die Hitze anfangs nicht zu heftig werde. Da diese Methode zu backen die allgemeinste und erste ist, welche ein Ansiedler ausüben sieht, so halte ich es für zweckmäßig, ihn im Voraus damit bekannt zu machen. Anfangs fühlte ich mich geneigt, gegen die Backschüsseln oder Backkessel zu eifern; allein da Kochöfen, eiserne Öfen, ja auch nur Ziegel- oder Lehmöfen nicht wie Pilze auf unser Geheiß im Busche aus der Erde aufschießen, so sind diese Substitute sehr schätzbar und dienen vielen nützlichen Zwecken.

Ich habe vorzüglich lockeres Brot genossen, welches auf dem Emigranten Herde in einem dergleichen Kessel gebacken war, ich habe Kartoffeln, gebacknes Fleisch, treffliches Geschmortes und gute Suppen gegessen, die alle zu verschiedner Zeit in diesem allgemein nützlichen Geräte zubereitet waren. Es ist eins von jenen Dingen, die sich für die Umstände des Ansiedlers im Walde ganz vorzüglich eignen; denn es ist unmöglich, dass dieser gleich von Vornherein alle Bequemlichkeiten und Haushaltsartikel in und außer seiner Wohnstätte vereinigen kann, welche gleichsam der Lohn mehrjähriger und vielfältiger Anstrengung und Mühe sind.

Es gibt noch verschiedne Sorten Sauerteig, z.B. „M i l c h - S a u e r", der mit Milch, warm von der Kuh weg und ungefähr einem Drittel warmen Wassers vermischt wird; und Kleien-Sauer, wozu man Kleien anstatt des Mehles nimmt und den manche den zu vor erwähnten Arten vorziehen.

Weiche Seife

Von der Bereitung weicher Seife kann ich nur wenig oder keine genaue Auskunft geben, da mir niemals eine g e w i s s e Regel mitgeteilt worden und meine eigne Erfahrung zu beschränkt ist. Indes sind mir von einem sachkundigen Mann einige Winke gegeben worden, worauf ich zu fußen gedenke. Anstatt die Seife zu sieden, was mit einigen Umständen verbunden ist, versicherte man mir, der beste Plan sei, die Lauge von einem Fass Asche ablaufen zu lassen, in diese Lauge vier oder fünf Pfund Fett zu tun, z.B. abgeschöpften Talg, Speckrinden oder Überbleibsel von Unschlitt; kurz jede Art von dergleichen Abgängen. Das Fass mit seinem Inhalt soll man hierauf an einen sichern Ort im Garten oder Hofe stellen, wo es der Einwirkung von Sonne und Luft ausgesetzt ist. Im Verlauf der Zeit verkörpern sich Lauge und Fett mit einander; herrscht das Fett vor, so sieht man es an der Oberfläche herumschwimmen; will sich die Mischung nicht gehörig verdicken, so muss man mehr Fett hinzufügen. Dies ist der einfachste, verständlichste und beste Bericht, den ich bisher über Seifenbereitung habe erhalten können, ein Prozess, der mir bisher als ein Geheimnis erschien, wiewohl eine von meinen Mägden im letzten Frühjahr eine ansehnliche Quantität Seife und zwar mit dem günstigsten Erfolg, fabriziert hat; allein sie konnte den Grund des Gelingens nicht angeben, indem sie sich des Prinzipes, wovon sie sich bei ihrer Arbeit leiten ließ, nicht bewusst war.

Lichte

Jedermann machte hier zu Lande seine Lichte selbst, (das heißt, sobald er in Besitz der dazu erforderlichen Materialien ist). Die große Schwierigkeit und meines Bedünkens die einzige, bei dieser Fabrikation ist die Herbeischaffung von Talg, den der Buschsiedler, so lange er nicht seine eignen Rinder, Schafe und Schweine schlachten kann, nicht leicht aufzutreiben vermag, wofern er ihn nicht kauft; und ein Ansiedler kauft, wenn er es umgehen kann, nicht so leicht etwas. Eine Kuh indes, welche nichts einbringt, alt ist oder aller Wahrscheinlichkeit nach der Strenge des Winters nicht trotz bieten kann, lässt man oft den Sommer über trocken gehen und ihr Futter selbst suchen, bis sie im Herbste zum Schlachten geschickt ist. Ein dergleichen Tier wird oft mit großem Vorteil geschlachtet, vorzüglich wenn der Ansiedler wenig Futter für sein Vieh hat. Das Fleisch (*beef*) ist oft trefflich und das Fett der innern Teile liefert treffliche Lichte und gute Seife. Lichte, die man aus drei Teilen Rindstalg und einem Teil Schweinfett bereitet, brennen besser als die, welche man bei den Vorratshändlern kauft und kosten nicht halb so viel. Der Talg wird ganz einfach in einem Topfe oder einer Schüssel, die dazu geeignet ist, zerlassen und hat man Baumwollendochte in die Formen gezogen, (zinnerne oder blecherne Formen für sechs Lichte kosten das Stück bei den Vorratshändlern drei Schillinge und halten viele, viele Jahre aus), so steckt man einen Stock ober Spieß durch die Dochtschleifen, die über den obersten Teil der Form hinausragen und dazu dienen, die Lichte aus den Formen zu ziehen.

Das zerlassne Fett, nicht zu heiß, aber in flüssigem Zustande, wird dann in die Formen gegossen, bis sie voll sind; so wie das Fett erkaltet, schrumpft es zusammen und lässt oben in der Form eine Höhlung zurück; diese muss nach seinem völligen Erkalten ausgefüllt werden. Lassen sich die Lichte nicht gut aus den Formen ziehen, so tauche man letztre auf einen Augenblick in heißes Wasser, worauf erstere leicht herausgehen. Manche ziehen es vor, Lichte für den Küchengebrauch durch Eintauchen der Dochte in zerlassnen Talg zu bereiten; allein was mich betrifft, so halte ich die Mühe für fast eben so groß und gebe daher, in Ansehung des saubern Äußeren, den Formen den Vorzug. Es kann wohl sein, dass mir und meinem Mädchen das erste Verfahren weniger geläufig ist als das letzte.

Einlegen von Gurken u. s. w.

Der große Mangel an Frühlingsgemüsen macht Eingelegtes zu einer schätzbaren Zugabe für die Tafel und zwar zu einer Zeit, wo Kartoffeln nichts mehr taugen und ihren guten Geschmack verloren haben. Ist man mit dem Ahornessig glücklich gewesen, so kann man in der letzten Hälfte des Sommers Gurken, Bohnen und Kraut zu Wintervorräten einlegen; sollte jedoch der Weinessig zu dieser Zeit noch nichts taugen, so stehen zu dem fraglichen Behuf zwei Wege offen, einmal nämlich kann man aus gekochtem Salz und Wasser eine gute Brühe zur Aufnahme der Gurken u.s.w. bereiten, das Kraut, was ich nebenbei bemerken will, lässt sich im Wurzelhause oder Keller ganz gut aufbewahren oder man versenkt es in Brunnen, die gehörig bedeckt werden müssen; will man etwas davon einlegen, so muss man zunächst die oberste Schicht, die nichts taugt, entfernen und hat man den Essig mit Gewürzen gekocht, so setzt man ihn zum Erkalten hin. Die Gurken müssen vorher gehörig gewaschen, zwei oder dreimal in frischem Wasser gespült und abgetrocknet werden, alsdann in einen irdnen Topf oder ein Einmacheglas getan und mit dem Essig übergossen werden. Der Vorteil hiervon liegt am Tage, man kann zu jeder beliebigen Zeit einlegen. Ein andres Verfahren, welches ich sehr habe preisen hören, besteht darin, dass man die Gurken in ein Gemisch von Branntwein[111] und Wasser legt, welches mit der Zeit zu einem guten Essig wird, die Farbe und das äußere frische Ansehn der Vegetabilien erhält und sie zu gleicher Zeit zart und weich macht, besonders wenn man es siedend heiß darauf gießt, welches das gewöhnliche Verfahren ist.

---

111 In dem „*Backwoodsman*" wird dieses Whiskyrezept als eine abscheuliche Mischung erwähnt; vielleicht hat der witzige Verfasser, von den darin eingelegten Vegetabilien in noch unvollendetem Zustande gekostet. Er gibt eine klägliche Schilderung von amerikanischer Kocherei, erklärt aber, dass dieser schlechte Zustand auf Mangel an guten Vorschriften beruhe. Die von mir beigefügten Rezepte zur Hefenbereitung und Säuerung des Brotes dürften in England von großem Nutzen sein, vorzüglich auf dem Lande, wo es oft an guten frischen Hefen fehlt.

Zweiter Anhang

Da es der Wunsch der Herausgeber ist, vorliegendes Werk für Auswandrer so gemeinnützig als möglich zu machen, so fügen wir, unter nachstehenden Titeln, einige offizielle Nachrichten und Fingerzeige hinzu: –

Statistische Angaben, die Auswanderung nach Kanada betreffend: –

I. Anzahl der Verkäufe und Bewilligungen von Kron-Ländereien, Geistlichkeitsvorbehalt, (das ist Parzellen, die für die Geistlichkeit vorbehalten werden), Bedingungen u.s.w.

II. Anweisung für Emigranten; Anzahl der angelangten Emigranten, nebst Auszügen aus Papieren von Agenten, welche von der Regierung zur Beaufsichtigung der Emigrantenangelegenheiten angestellt sind.

III. Auszug aus dem in der Sitzung von 1835 erlassnen amerikanischen Passagiergesetz.

IV. Übertragung von Kapitalien.

V. Kanadisches Courant.

VI. Kanadische Kompagnie.

VII. Britisch-Amerikanische Landkompagnie.

Kron-Ländereien, die seit 1828 bis 1833 verkauft worden sind.
Unter-Canada.

Jahr.	Betrag des verkauften Bodens nach Aeckern.	Durchschnitts Preis für den Acker.		Betrag des eingegangnen Kaufgeldes im ersten Jahre.			Betrag des Kaufgeldes, welches den Käufern vom Militairstande erlassen worden ist im ersten Jahre.			Betrag des eingegangnen Erbzinses, zu fünf pCt. vom Kaufgelde, im ersten Jahre.			Gesammt-Betrag des Kaufgeldes.		
		S.	D.	Pfd.Sterl.	S.	D.	Pfd. Sterl.	S.	D.	Pfd.Sterl	S.	D.	Pfd.Sterl.	S.	D
1828	20,011	4	11	1,255	14	10	—	—	—	39	12	6	5,044	9	
1829	31,366	5	2¾	466	2	11	—	—	—	307	11	0	7,469	17	
1830	28,077	5	8¾	273	10	5	—	—	—	322	3	6	7,461	13	
1831	51,357	6	1½	816	19	8	—	—	—	484	14	7	12,442	8	
1832	24,074	6	9¼	1,013	1	11	555	10	6	119	2	7	6,139	6	1
1833	42,570	4	2	1,975	10	11	1,936	9	3	—	—	—	7,549	1	
Summa	197,455												46,106	11	

Die Bedingungen, unter welchen die Ländereien verkauft wurden, waren, daß bei Käufen mit te minlicher Abzahlung, letztere in drei Jahren vollendet sein mußte; dagegen bei Käufen mit Entrichtung v Erbzins zu 5 Procent, das Capital nach Belieben gezahlt werden konnte. N. B. Verkäufe mit Erbzins haben i Jahr 1832 aufgehört.

Verkauf von Kron-Ländereien seit 1828 bis 1833.
Ober-Canada.

Jahr.	Anzahl der verkauften Aecker.	Durchschnitts-Preis für den Acker		Betrag des Verkauf-Geldes im ersten Jahre.			Gesammtbetrag des Verkauf-Geldes.		
		S.	D.	Pfd.Sterl.	S.	D.	Pfd.Sterl.	S.	D
1829	3,883	15	1¾	760	6	10	2,940	17	3
1830	6,135	13	8½	1,350	16	6	4,209	3	6
1831	4 357	11	3½	1,626	15	6	2,458	1	8
1832	10,323	9	1½	2,503	3	5	11,578	19	3
1833	26,376	8	9¼	5,660	8	3			
Summa	51,074						25,898	3	11

Die Zinsen werden jetzt an den Zahlungsterminen entrichtet. Drei Jahr ist die Frist, nach Ablauf welcher die ganze Kauf-Summe bezahlt werden muß. Die Verkäufe von Stadt-Parcellen, Wasser-Parcellen und Park-Parcellen, in Ober-Canada, sind auf dieser Tabelle nicht mit begriffen, wegen der unverhältnißmäßigen Wirkung, welche die vergleichungsweise großen, für diese kleinen Parcellen bezahlten Summen auf den Durchschnitts-Preis per Acker haben würden, sie werden daher besonders auf der nächsten Tabelle angegeben. —

Stadt= und Park=Parcellen, verkauft in Ober=Canada von **1828** bis **1833**.

Jahr.	Anzahl der verkauften Aecker.	Durchschnitts=Preis für den Acker.	Betrag des ein=gegangnen Kauf=geldes im ersten Jahre.	Gesammtbetrag des Kaufgeldes.
		Pfd.Sterl. S. D.	Pfd.Sterl. S. D.	Pfd Sterl. S. D.
1828	2	126 0 0	63 0 0	252 0 0
1829	— —		63 0 0	— — —
1830	19	10 10 6¼	55 0 0	200 0 0
1831	3	8 7 6½	¹) 95 12 8	25 2 8
1832	30	15 18 6	81 18 9	327 15 0
1833	114	14 13 9	634 8 6	1,674 9 0
Summa	168			2,497 6 8

Im Jahr 1829 haben keine Verkäufe stattgefunden; doch gingen in demselben Gelder für die im vorhergehenden Jahre verkauften Parcellen ein.

*) Diese Summe ist in dem Parlaments=Rechnungs=Abschluß angegeben, aber wahrscheinlich soll anstatt 9, 1 stehen.

achstehende Tabelle enthält die Summe der bewilligten Kron=Ländereien und die Bedingungen, unter welchen die Bewilligungen statt gefunden, — von **1823** bis **1832**.

Unter=Canada.

Jahr.	Ansiedlern vom Militairstande bewilligte Ak=kerzahl.	Entlaßnen Sol=daten und Pen=sionairs bewil=ligte Ackerzahl.	Offizieren be=willigte Acker=zahl.	Bewilligte Acker=zahl, welche unter keine der vorher=gehenden Rubri=ken gehört.	Gesammtzahl der bewilligten Acker.
1824	51,810	— —	4,100	34,859	90,769
1825	32,620	— —	1,000	16,274	49,894
1826	3,525	5,500	— —	48,224	57,249
1827	7,640	6,300	800	38,378	53,118
1828	7,300	— —	4,504	9,036	20,840
1829	3,200	— —	— —	5,282	8,482
1830	18,425	— —	2,000	10,670	94,059
1831	9,400	8,273	3,408	9,990	30,981
1832	10,116	19,000	4,000	4,000	37,116
1833	5,200	22,500	1,200	— —	28,900
Summa	212,236	61,573	21,012	176,623	471,444

Bedingungen, die der Ansiedler zu erfüllen hat: — er muß binnen neunzig Tagen zwan-Fuß Straße auf seiner Parcelle lichten.

Bedingungen für ten Ansiedler vom Militairstände: — er ist verpflichtet, in einem Zeitraum brei Jahren vier Acker seiner Parcelle zu lichten und zu cultiviren und ein Wohnhaus darauf zu erbauen.

Jahr.	An Emigranten vom Militair- stande vertheilte Ackerzahl.	Entlaßnen Sol- daten und Pen- sionairs bewil- ligte Ackerzahl.	Offizieren be- willigte Acker- zahl.	Bewilligte Acker, welche in keine der vorhergehenden Rubriken gehören.	Loyalisten [1] be- willigte Acker- zahl.	Gesammt- der bewilli. Acker.
1824	11,100	5,800	5,500	134,500	30,200	187,800
1825	20,300	5,700	8,100	149,060	45,000	228,160
1826	16,600	3,100	4,700	19,390	24,800	69,590
1827	10,900	4,200	7,200	33,600	20 200	76,100
1828	10,800	900	3,000	4,304	30 800	49,804
1829	5,300	7,500	8,400	3,230	22,600	47,030
1830	6,400	12,500	12,600	9,336	27,400	68,236
1831	5,500	58,400	7,200	8,000	34,200	113,300
1832	19,300	97,800	7,600	6,100	62,600	193,400
1833	35,200	46,000	— —	9,100	135,600	225,900
Summa.	142,100	241,900	64,300	376,620	433,400	1,258,320

I. Verkäufe und Bewilligungen von Kron-Ländereien.

Folgende Tabellen, aus parlamentarischen Urkunden entlehnt, zeigen:

1) Die Menge der in Ober- und Unterkanada seit 1828 bis 1833 (ein-schließlich) v e r k a u f t e n Kronländer, nebst dem Durchschnittspreis für den Acker.

2) Stadt- und Parkparzellen, die während der nämlichen Periode in Oberkanada verkauft worden sind.

3) Die Menge von Kron-Ländereien, die seit 1824 bis 1833, (ein-schließlich) ohne Kauf bewilligt worden sind, nebst den Bedingungen, unter welchen diese Bewilligungen erfolgt sind.

4) Betrag der für die Geistlichkeit vorbehaltnen Ländereien, welche in jedem Jahre nach Beginn der Verkäufe unter Act 7 und 8 *Geo. IV. c. 62.* ver-äußert worden sind.

Die im Jahr 1824, der Zeit, von welcher an die Zahlungen ihren Anfang nehmen, in Gültigkeit tretenden Bedingungen, wurden in der Versamm-lung vom 20. Oktober 1818 und vom 21. Februar 1820 auf gesetzlichem Wege festgestellt und auf alle Klassen von Privilegierten ausgedehnt.

Die Bedingungen waren folgende: – Jeder Belehnte soll von je hundert bewilligten Ackern, fünf Acker völlig lichten und einfriedigen; auf dem gelichteten Boden ein Haus 16 Fuß tief und zwanzig Fuß breit bauen; und die eine Hälfte der Straße (auf der Seite seines Besitztums und so weit als dieses reicht) lichten, desgleichen einen Weg von seinem Hause nach der Straße führen. Diese Straßenpflichten sollen als ein Teil der f ü n f A c k e r v o n h u n d e r t (s. oben) betrachtet werden. Das Ganze muss binnen zwei Jahren, vom Tage der Belehnung an gerechnet, vollendet und nach dargetaner Erfüllung der verzeichneten Bedingungen ein Patent ausgefertigt werden.

„Am 14. Mai 1830 wurde bei Schenkungen an verabschiedete Soldaten hierzu noch eine Bedingung gefügt, welche den wirklichen persönlichen Aufenthalt des Beteiligten auf der ihm bewilligten Stelle erforderlich macht, bevor er sein Patent ausgefertigt erhalten kann."

„Am 14. November 1830 wurden die damals hinsichtlich der Ansiedler Pflichten bestehenden Verordnungen in voller Versammlung aufgehoben und dagegen der Befehl erlassen, dass jeder Belehnte die Straßenhälfte vor seiner Parzelle lichten und auf einer Strecke von zehn Fuß, in der Mitte der Straße, die Baumstummel so tief wegschneiden soll, dass Wagenräder darüber wegpassieren können. Der Nachweis sowohl dieser Pflichterfüllung als eines zweijährigen Aufenthaltes auf dem bewilligten Grundstück berechtigt zu einem Patent."

„Bloß verabschiedeten Soldaten und Seeleuten, unter diesem Gesetz, ist es zur unerlässlichen Pflicht gemacht, drei Jahr vor Ausfertigung des Patentes ihr respektives Grundstück zu bewohnen und zu verbessern."

„Am 24. Mai 1832 erließ die Versammlung einen Befehl, welcher in allen Fällen, außer in dem, welcher verabschiedete Soldaten und Seeleute betrifft, die bestehenden Anordnungen außer Kraft erklärte; und bestimmte, dass wofern nachgewiesen würde, dass sich ein Ansiedler auf einer Parzelle tätig niedergelassen, ein Patent ohne weiteres ausgefertigt werden solle."

Nachfolgender Auszug ist aus einem offiziellen, von Mr. B u c h a n a n und andern von der Regierung verpflichteten Emigrationsagenten in Kanada in Umlauf gebrachten Bericht entlehnt: –

„Emigranten, welche in den beiden Kanadas fruchtbaren Boden in wildem Zustand käuflich von der Krone zu erlangen wünschen, dürfen auf jede nur mögliche Erleichterung und jeden Vorschub von Seiten der öffentlichen Autoritäten zählen. Beträchtliche Bodenstrecken werden in Oberkanada monatlich vermessen und zum Verkauf ausgeboten, desgleichen häufig auch aller zehn oder vierzehn Tage, von den für die Kron-Ländereien installierten Kommissionären[112] und zwar zu festgesetzten Preisen, die, je nach Lage und andern Umständen, sich bald auf zehn, bald auf fünfzehn Schillinge *per* Acker belaufen, ausgenommen in den Gemeindebezirken Sunnidale und Nottawasaga, wo der für Kron-Ländereien festgestellte Preis bloß fünf Schillinge beträgt. In Unterkanada bietet der Kommissar für Kron-Ländereien zu Quebec zu bestimmten Perioden, in verschiednen Gemeindebezirken, den Acker zu 2 Schil. 6 D. bis 12 Schil. 6 D. (Halifax Courant), unter der Bedingung terminlicher Zahlungen, zum Verkauf aus. Auch von der Oberkanadakompagnie kann man unter sehr annehmlichen Bedingungen wilden Boden kaufen; und solche, welche sich nach dem Besitz einträglicher Pachte sehnen, können dergleichen ohne große Schwierigkeiten von Privatgrundeigentümern erlangen. Man gehe in keinem Fall ohne p e r s ö n l i c h e U n t e r s u c h u n g einen Kauf oder Pacht ein und sehe dabei insbesondre auf nachstehende Eigenschaften: –

1) Eine gesunde Lage.

2) Guten Boden.

3) Reines Quell- oder fließendes Wasser.

4) Eine gute moralische und religiöse Nachbarschaft und die Nähe von Schulen zur Erziehung der Kinder.

5) Auf die mögliche Nähe von guten Fahrstraßen und Wassertransport, so wie von Säge- und Grützmühlen.

6) Einen guten Titel.

---

112   Anm. des Verlags: im Original „Kommissionairs".

für die Geiſtlichkeit vorbehaltne, in jedem Jahr ſeit Eröffnung der Verkäufe un=
er den Geſetzen 7 und 8 Geo. **IV.** c. 62 verkaufte Ländereien, nach Ackern.

Unter=Canada.

Jahr.	Anzahl der ver=kauften Acker.	Durchſchnitts=Preis für den Acker.		Betrag des im erſten Jahr ein=gegangnen Kauf=geldes.			Geſammtbetrag der Kaufſumme.			
		Shl.	D.	Pfd. St.	S.	D.	Pfd. St.	S.	D.	
1829	1,100	4	6	10	0	0	230	0	0	1)
1830	9,956	4	9¾	543	17	0	1,610	3	0	1)
1831	11,332	7	2½	541	7	6	2,665	9	3	1)
1832	6,878	5	8	533	2	2	1,278	11	8	
1833	37,278	8	2¼	3,454	11	6	12,791	17	5	
Summa	66,539						18,576	1	4	

Drei Jahr ſind die Friſt, binnen welcher die ganze Kaufſumme bezahlt werden muß.

1) Bei Verkäufen auf Erbzins zu 5 pСt., kann das Capital (Kaufſumme) nach Belieben abge=
ahlt werden.

N. B. Verkäufe auf Erbzins haben im Jahr 1832 aufgehört.

Ober=Canada.

Jahr.	Anzahl der ver=kauften Acker.	Durchſchnitts=Preis für den Acker.		Betrag des im erſten Jahre ein=gegangnen Kauf=geldes.			Geſammtbetrag des Kaufgeldes.		
		Shl.	D.	Pfd. St.	S.	D.	Pfd. St.	S.	D.
1829	18,014	14	8¼	2,464	14	0	13,229	0	0
1830	34,705	13	6	6,153	5	9	23,452	4	0
1831	25,563	12	1¾	8,010	2	11	17,362	12	1
1832	48,484	13	3¾	10,239	9	7	32,287	19	8
1833	62,282	14	4½	14,080	16	8	44,747	9	9
Summa	192,049						131,079	14	10

Das ganze Kaufgeld muß nach Ablauf von neun Jahren bezahlt ſein. Außer der Kauf=
umme ſind bei jedem Termin auch die Intereſſen bezahlt worden; wie ſich aus nachſtehender Ueber=
ht ergiebt.

Eingelaufne Intereſſen im Jahr	1829	Pfd. St.		1	7	3	Courant.
— — — —	1830	—	—	62	16	1	—
— — — —	1831	—	—	259	14	9	—
— — — —	1932	—	—	473	17	2	—
— — — —	1833	—	—	854	4	3	—

II. Nachrichten für Emigranten.

Im Jahr 1832 erließ der für Auswanderung von Sr. Majestät ernannte öffentliche Ausschuss eine kleine Schrift[113], die in gedrängter Kürze einige nützliche Belehrung enthält. Der Ausschuss besteht nicht mehr. An seine Stelle ist von der Regierung J. D e n h a m P i n n o c k , Esq. als seiner Majestät Agent zur Beförderung der Auswanderung von England nach den britischen Kolonien ernannt. An diesen Herrn hat man sich in Auswanderungsangelegenheiten beim Kolonialbureau brieflich, unter der Adresse: An den Kolonialstaatssekretär, zu wenden. Ein Hauptgegenstand seines Postens ist, den Behörden der Kirchsprengel und Landeigentümern, welche das Auswandern von Arbeitern, Häuslern und dergl. aus ihren respektiven Distrikten zu befördern wünschen, die genügende Auskunft zu erteilen und die möglichsten Erleichterungen zu verschaffen und zwar besonders mit Rücksichtnahme auf die Emigrationsklausel der Armen-Gesetz-Amendements-Akte. Nachverzeichnete Agenten sind in den namhaft gemachten Häfen von der Regierung ebenfalls mit Förderung der Auswandrerangelegenheiten beauftragt.

Liverpool	Lieut. Low, R.N.
Bristol	Lieut. Henry, R.N.
Leith	Lieut. Forrest, R.N.
Greenock	Lieut. Hemmans, R.N.
Dublin	Lieut. Hodder, R.N.
Cork	Lieut. Friend, R.N.
Limerick	Lieut. Lynch, R.N.
Belfast	Lieut. Millar, R.N.
Sligo	Lieut. Shuttleworth, R.N.

Zu Quebec, ist Herr A . C . B u c h a n a n , Esq., Hauptagent der Regierung in Auswanderungsangelegenheiten, stets bereit, jedem Emigranten, der um seinen Rat nachsucht, die genügende Auskunft zu erteilen.

---

113 *Information published by His Majestys Commissioners for Emigration, respecting the Brittish Colonies in North America. Lond. C. Knight, 1832.*

Nachstehendes ist ein Auszug aus der im Jahr 1832 veröffentlichten kleinen Schrift: –

Überfahrten nach Quebec oder Neu-Braunschweig können entweder mit oder ohne Mundvorräte ausbedungen werden, in letzterem Fall erhält der Passagier nichts außer Wasser, Brennmaterial und Bettstelle, aber kein Gebett. Kinder unter 14 Jahren zahlen nur die Hälfte und unter 7 Jahren nur das Drittel der vollen Summe; Kinder unter 12 Monaten werden unentgeldlich mitgenommen. Unter diesen Bedingungen beträgt das Passagiergeld von London oder von Plätzen an der Ostküste Britanniens, mit Mundvorräten, gewöhnlich 6 Pfund Sterl. und ohne Mundvorräte, 3 Pfd. Sterl. Von Liverpool, Greenock und den Haupthäfen Irlands ist der Preis, in Folge seltner eintretender Verzögerungen etwas niedriger; in diesem Jahre (1832) wird er wahrscheinlich 2 Pfd. Sterl. bis 2 Pfd. Sterl. 10 Shl. (ohne Mundvorräte) und mit diesen 4 Pfd. Sterl. bis 5 Pfd. Sterl. betragen. Möglicherweise dürften im März und April von Dublin aus Überfahrten zu 1 Pfd. Sterl. 15 Shl. oder gar zu 1 Pfd. Sterl. 10 Shl. zu erlangen sein; aber mit dem Vorrücken der Jahreszeit werden die Preise stets höher. In Schiffen, die von Schottland oder Irland aussegeln ist es meist üblich gewesen, dass die Passagiere selbst für ihre Mundvorräte sorgten; allein in London ist diese Verfahrungsweise nicht so allgemein; und einige Schiffseigentümer, wohlbekannt mit den gefährlichen Missgriffen, welche in dieser Angelegenheit aus Unkenntnis getan werden können, stemmen sich sehr gegen die Aufnahme von Fremden, welche ihre Mundvorräte nicht vom Schiffe beziehen wollen. Diejenigen, welche durchaus selbst dafür sorgen wollen, sollten darauf bedacht sein, nicht zu wenig mitzunehmen; fünfzig Tage sind die kürzeste Periode, auf welche man sich mit Mundvorräten versehen muss und von London aus dauert dieselbe bisweilen fünfundsiebzig Tage. Die besten Monate, England zu verlassen, sind jedenfalls März und April; spätere Auswanderer finden selten Beschäftigung und haben in der Kolonie vor Eintritt des Winters weniger Zeit vor sich."

Aus einem gedruckten, von Mr. B u c h a n a n zu Quebec abgefassten Aufsatz entlehnen wir folgende Bemerkungen, (der Aufsatz datiert sich vom Juli 1835).

„Nichts ist für den Emigranten bei seiner Ankunft in Quebec wichtiger als genaue Erkundigung über die Hauptpunkte seines fernern Tuns. Manche haben Mangels an Behutsamkeit halber und weil sie den Ansichten und Meinungen selbstsüchtige Nebenabsichten im Schilde führender Personen, die häufig unaufgefordert ihren Rat erteilen und die man gewöhnlich an den von Fremden besuchten Kaien und Landungsplätzen findet, Gehör schenken, schwer büßen müssen. Um sich gegen dergleichen Fehlschritte zu sichern, sollte jeder Emigrant, gleich nach seiner Ankunft zu Quebec, sich an das Büro[114] des Hauptagenten für Auswanderer, in Saultau-Matelot-street (Unterstadt) wenden, wo er jede für seine ferneren Unternehmungen, es mag sich nun um Ansiedlung oder Anstellung in Ober- oder Unterkanada handeln, erforderliche Nachweisung g r a t i s erhält. Auf dem Wege von Quebec nach dem Ort seiner Bestimmung werden dem Auswanderer manche Entwürfe und Pläne zur Erwägung vorgelegt, allein er mag sich ja davon abwenden, wofern sich nicht die Reinheit der Absicht und die Richtigkeit der Angaben nachweisen lässt: in jedem Fall nehme man, wenn man Rat und Belehrung bedarf, seine Zuflucht zu den Regierungsagenten, welche die genaueste Auskunft g r a t i s erteilen."

„Emigranten tun wohl, nach ihrer Ankunft achtundvierzig Stunden an Bord des Schiffs zu bleiben, auch können sie während dieser Zeit keiner ihrer gewöhnlichen Bequemlichkeiten, als da sind Schlafstellen, Kochapparate u.s.w. beraubt werden und der Schiffsmeister ist gebunden, die Auswanderer und ihr Gepäck k o s t e n f r e i an den gewöhnlichen Landungsplätzen und zu entsprechenden Stunden auszuschiffen. V o r z ü g l i c h   m ö g e n   s i e   s i c h   h ü t e n ,   W a s s e r   a u s   d e m L o r e n z   F l u s s   z u   t r i n k e n ,   denn sein G e n u s s   e r z e u g t b e i   F r e m d e n   l e i c h t   L e i b s c h n e i d e n   u n d   a n d r e U n t e r l e i b s b e s c h w e r d e n ."

„Will man sein englisches Geld umwechseln, so gehe man zu einem achtbaren Kaufmann oder Krämer oder an die Banken: der Dollar Courant (Halifax Courant), in den beiden Kanadas, ist gleich fünf Schillingen (engl. Geld); gegenwärtig gilt der Gold - souverän[115] zu Quebec und Montreal ungefähr 1 Pfd. Sterl. 4 S. 1 D. Courant. In New York ist der Dollar gleich 8 Shl., daher sich manche täuschen, wenn sie von den Arbeitslöhnen u.s.w. hören. – 5 Shl. in Kanada sind gleich 8 Shl. in New York; demgemäß sind 8 Shl. New Yorker Courant gleich 5 Shl. Halifax Courant."

„Emigranten, die sich in Unterkanada anzusiedeln oder Anstellung zu erhalten wünschen, können auf manche wünschenswerte Lage zählen.

114   Anm. des Verlags: im Original „Bureau".
115   Anm. des Verlags: im Original „Souverain".

Wilder Boden kann durch Kauf von dem mit dem Verkauf der Kronländer bevollmächtigten Kommissar in verschiednen Gemeindebezirken der Provinz erlangt werden und die Britisch-amerikanische Landkompagnie trifft die ausgedehntesten Vorbereitungen, um in den östlichen Gemeinde Bezirken Ländereien an Emigranten zu verkaufen."

„Ländliche Arbeiter sind in allen Distrikten von Oberkanada sehr gesucht und können bei gehörigem Fleiß sehr hohe Löhne erhalten; Handwerker fast jeder Art und gute Dienstboten, sowohl männliche als w e i b l i c h e , finden ebenfalls sogleich Anstellung."

„Emigranten, welche entweder auf der Ottawa oder St. Lorenz Straße nach Oberkanada reisen, tun wohl, sich zu Montreal mit Mundvorräten, als da sind Brot, Tee und Butter zu versorgen, indem sie diese Artikel, daselbst billiger und b e s s e r kaufen können als unterwegs, bis sie Kingston erreichen. Desgleichen mögen sie sich so sehr als möglich vor dem Genuss s p i r i t u ö s e r F l ü s s i g k e i t e n u n d d e m T r i n - k e n k a l t e n F l u s s w a s s e r s oder dem Lagern auf den Flussufern, der feuchten Nachtluft ausgesetzt, hüten; es ist gut, wenn sie sogleich vom Dampfbote zu Montreal ihren Weg nach dem E i n g a n g d e s K a n a l s oder Lachine nehmen, von wo aus täglich die Dampf- und Durhamboote nach Prescott und Bytown abgehen. Die ganzen Unkosten für den Transport eines erwachsenen Emigranten von Quebec nach Toronto und dem Ursprung des Sees Ontario auf Dampf- und Durhambooten betragen nicht über 1 Pfd. Sterl. 1 Shl. – Kingston, Belleville, die Bai von Quinte hinauf, Cobourg und Port Hope, im Newcastle Distrikt, Hamilton und Niagara am Ursprunge des Sees Ontario, sind bequeme Rastplätze für Familien, welche sich in Oberkanada ankaufen wollen."

Unter den zur Förderung der Auswandrer zu Montreal gebildeten Gesellschaften herrscht große Eifersucht; daher der Emigrant wohl tut, etwas vorsichtig zu verfahren, ehe er hinsichtlich seines Transports nach Prescott oder Kingston abschließt, vorzüglich muss er diejenigen Personen vermeiden, die sich um die Dampfboote bei deren Ankunft zu Montreal drängen und ihre Dienste zur weiteren Beförderung der Passagiere u.s.w. anbieten. Eben so ist zu Prescott oder Kingston bei Auswahl eines regelmäßigen Transports, den See Ontario hinauf, einige Vorsicht nötig. Vorzüglich rate ich den Emigranten, welche sich in Oberkanada niederlassen wollen, sich in Montreal nicht aufzuhalten und Geld für Logis wegzugeben, sondern gleich nach Ankunft des Dampfbootes nach Bytown oder Prescott aufzubrechen.

Tagelöhner oder Handwerker, die hinsichtlich ihres Lebensunterhaltes von sofortiger Anstellung abhängen, dürfen nicht säumen, gleich nach ihrer Ankunft ihren Weg in das Innere zu nehmen. Der Hauptagent pflegt diejenigen, welche über v i e r T a g e nach ihrem Eintreffen an den Landungsplätzen umherzaudern, als jedes Anspruchs auf den Schutz der königlichen Agenten zu seiner Beförderung oder Anstellung ledig zu erachten, es müsste denn Krankheit oder eine andre genügende Ursache dieses Zögern nötig machen.

Vergleichende Tabelle, die Anzahl von Auswandrern betreffend, welche seit 1829 bis 1834 (einschließlich) zu Quebec angelangt sind.

	1829.	1830.	1831.	1832.	1833.	1834.
England und Wales.	3,565	6,799	10,343	17,481	5,198	6,799
Irland.	9,614	18,300	34,133	28,204	12,013	19,206
Schottland. .	2,643	2,450	5,354	5,500	4,196	4,590
Hamburg und Gibraltar. . .	—	—	—	15	—	—
Neuschottland, Neufundland, West = Indien u. s. w. . .	123	451	424	546	345	339
Summa.	15,945	28,000	50,254	51,746	21,752	30,935

Die Gesamtzahl der zu Quebec seit 1829 bis 1834 angelangten Emigranten beläuft sich auf 198,632 Köpfe. Man wird bemerken, dass die Anzahl in den Jahren 1831 und 1832 ihre Höhe erreicht hat und dann (1835) wieder sehr tief gefallen ist.

Verteilung der 30,935, im Jahr 1834 zu Quebec angelangten Emigranten: –

Unter-Kanada

Stadt und Distrikt Quebec	1,500
District Three Rivers Drei Flüsse	350
District St. Francis und östliche Gemeindebezirke	640

Stadt und Distrikt Montreal	1,200
Ottawa Distrikt	400
	4,900

Ober-Kanada

Ottawa, Bathurst, Midland und östliche Distrikte bis Kingston, einschließlich	1,000
Distrikt Newcastle und Stadtbezirke in der Nachbarschaft der Bay von Quinte	2,650
Toronto und der Home Distrikt, welcher die Niederlassungen und den See Simco in sich schließt	3,000
Hamilton, Guelph und Huronengebiet nebst den angrenzenden Ländereien	2,600
Niagara Grenze und Distrikt, welche die Linie des Welland Kanals und nur den Anfang des Sees Ontario bis Hamilton in sich begreift	3,300
Niederlassungen, welche an den Crie-See grenzen und den London Distrikt, die Adelaide-Ansiedlung und das Land bis zum See St. Clair in sich begreifen	4,600
Summa (für Ober-Kanada)	
	22,210

An der Cholera in Ober- und Unter-Kanada gestorben	800
Nach dem Vereinigten Königreich zurückgekehrt	350
Nach den Verinigten Staaten gegangen	3,485
	4,635

Von 30,935 Emigranten, welche im Jahr 1834 zu Quebec anlangten, waren:

Freiwillige Emigranten	29,041
Von ihren Kirchprengeln unterstützt	1,892
Männer	13,565
Weiber	9,685
Kinder unter vierzehn Jahren	

Emigranten, welche es vorziehen, über New York nach Kanada zu gehen, können sich bei dem britischen Konsul zu New York (J a m e s B u c h a - n a n , Esq.) Rates in ihren Angelegenheiten erholen. Vormals konnte dieser für Emigranten, welche fest entschlossen waren, sich in Kanada niederzulassen, Erlaubnis auswirken, ihre Bagage und Effekten zollfrei zu landen; aber in einem Briefe von 16. März 1835 sagt er: –

„Zufolge einer Abänderung in dem wirklich liberalen, bisher in diesem Hafen üblichen Verfahren, wonach es den hierselbst landenden Emigranten erlaubt war, ihr Gepäck, bestehend in Haus und Ackergerät, ohne Umpacken oder Abgabe durch New York nach seiner Majestät Provinzen zu transportieren, vorausgesetzt das dieses Gepäck nichts außer den namhaft gemachten Artikeln enthielt, betrachte ich es für meine Pflicht, bekannt zu machen, dass gegenwärtig alle in diesem Hafen anlangenden Artikel von Emigranten, auf ihrem Durchwege nach Kanada, der nämlichen Inspektion unterworfen werden, als wenn dieselben in den Vereinigten Staaten zurückbleiben und die nämlichen Zölle, wie diese, zu entrichten haben. Ich will bei dieser Gelegenheit noch bemerken, dass alle Artikel, deren ein neuer Ansiedler bedarf, in Kanada zu billigern Preisen zu haben sind, als sie vom Vaterlande hierher transportiert werden können, wozu noch kommt, dass sie der neuen Heimat angemessen sind."

Der Unterschied zwischen den beiden Routen, wovon die eine über Quebec, die andre über New York nach Oberkanada führt, besteht hauptsächlich darin, dass der Hafen von New York das ganze Jahr hindurch offen ist, während die Fahrt auf dem St. Lorenz nach Quebec und Montreal langwierig und der Fluss bloß acht Monate im Jahre offen ist. Indes ist letztre die billigere Route. Wer es aber nur einigermaßen daran wenden kann, zieht den Weg über New York vor, weil er nicht nur der bequemste sondern auch der fördersamste nach Oberkanada ist.

Die Reiseroute führt nach einer gedruckten, von dem britischen Konsul zu New York herausgegebnen Bestimmung und Albanien von New York durch den Eri-Kanal [116] nach allen Teilen von Oberkanada, westlich von Kingston über Oswego und Buffalo: –

Von New York nach Albanien	160[117]
Von Albanien nach Utica	110
Von Utica nach Syrakus	55
Von Syrakus nach Rochester	99
Von Rochester nach Buffalo	93

Gesamtunkosten von Albanien nach Buffalo, auf dem Kanal, mit Ausschluss von Lebensmitteln, für einen erwachsnen Passagier (die Fahrt dauert gewöhnlich sieben oder acht Tage) 3 Dollars, 63 Cents mittels Paketboten; mit Einschluss von Lebensmitteln, bei einer Fahrt von sechs Tagen 12 ¼ Dollars.

„Ditto mittels der Postkutsche, binnen 3 ½ und vier Tagen – 13 bis 15 Dollars."

„Ditto von Albanien nach Oswego auf Kanälen, bei einer Fahrt von 5 Tagen – 2 ½ Dollars."

„Ditto mittels der Postkutsche, (zweitägige Fahrt) – 6 ½ bis 7 Dollars."

„Eine mäßige Menge Gepäck wird unentgeldlich mitgenommen."

Reiseroute von New York nach Montreal, Quebec und allen Teilen von Unterkanada: –

„Von New York nach Albanien, 160 (engl.) Meilen mittels Dampfboot, 1 bis 3 Dollars, mit Ausschluss von Lebensmitteln."

„Von Albanien nach Whitehall, auf Kanälen, 73 engl. Meilen, 1 Dollar; auf dem Postwagen 3 Dollars."

„Von Whitehall nach St. John's, mittels Dampfboot, der Lebensunterhalt eingerechnet, in der Kajüte 5 Dollars; Deckpassage, ohne Lebensunterhalt 2 Dollars."

„Von St. John's nach La Prairie, 16 engl. Meilen, mittels Postwagen, 5 bis 7 Schl. 6 D."

---

116 Anm. des Verlags: Hierbei handelt es sich vermutlich um den Eriekanal.

117 (engl.) Meilen mittels Kanalfahrt, auf Dampfboten oder Postwagen

„Von La Prairie nach Montreal, auf dem Fährdampfboote, (8 engl. Meilen) 6 D."

„Von Montreal nach Quebec mittels Dampfboot, 180 (engl.) Meilen, in der Kajüte (mit Kost) 1 Pfd. St. 5. Schl. Deckpassage, ohne Kost 7 Schl. 6 D."

„Diejenigen, welche nach den östlichen Gemeindebezirken von Unterkanada, in der Nachbarschaft von Sherbrooke, Standstead[118] u.s.w. wandern wollen; müssen ihren Weg nach St. John's nehmen, von woaus gute Straßen nach sämtlichen östlichen Ansiedlungen führen, nehmen sie ihren Weg nach dem Fluss Ottawa, so müssen sie von Montreal und Lachine ausgehen, indem von hieraus Postwagen, Dampfboote und andre kleine Fahrzeuge (Kähne) nach Granville[119], Hull und Bytown, so wie auch nach Chateauguay[120], Glengary[121], Kornwall, Prescott und sämtlichen Teile unterhalb Kingston segeln."

„Die Emigranten können sich des Rates und Beistandes folgender Herren bedienen: – zu Montreal C a r l i s l e   B u c h a n a n s Esq.; zu Prescott, J o h n   P a t t o n s Esq."

Emigrantenzahl, welche im Verlauf von sechs Jahren, nämlich seit 1829 bis 1834 von dem Vereinigten Königreich zu New York angelangt ist.

Jahr	England	Irland	Schottland	Gesamtzahl
1829	8,110	2,443	748	11,501
1830	16,350	3,497	1,584	21,433
1831	13,808	6,721	2,078	22,607
1932	18,947	6,050	3,286	28,283
1933	–	–	–	16,00
1934[122]	–	–	–	26,540
			Gesamtzahl	126,464

---

118 Anm. des Verlags: Hier ist vermutlich die Stadt Stanstead in der Provinz Quebec in Kanada gemeint.

119 Anm. des Verlags: Hier ist vermutlich die Dorfgemeinde Grenville in der Provinz Quebec in Kanada gemeint.

120 Anm. des Verlags: Hier ist vermutlich die Stadt Châteauguay in der Provinz Quebec in Kanada gemeint.

121 Anm. des Verlags: Hier ist vermutlich die Gemeinde Glengarry in der Provinz Ontario in Kanada gemeint.

122 Die Angaben für 1834 reichen bloß bis zum 20. November selbigen Jahres.

III. Amerikanische Passagierakte.

Der *9. Geo. IV. c. 21*, gemeiniglich die amerikanische Passagierakte genannt, wurde während der Session 1835 widerrufen und an ihrer Stelle eine neue Verordnung (*5 und 6 Will. IV., c. 53.*) erlassen. Diese neue Akte hat zum Zweck, so sehr als möglich und wirksamer als die frühere, die Gesundheit und das Gedeihen der Auswandrer an Bord von Passagierschiffen zu sichern. Zufolge einer Klausel müssen Kopien oder Auszüge auf dergleichen Schiffen zur Einsicht der Passagiere unterhalten werden, damit diese hierdurch Gelegenheit haben, sich von der Erfüllung des Gesetzes zu überzeugen; allein die Entdeckung irgend einer Verletzung der gesetzlichen Verordnungen dürfte zu einer Zeit gemacht werden, wo es in dem besondern, gerade vorliegenden Falle, zu spät ist, insofern es sich um die Bequemlichkeit oder gar um die Gesundheit der Passagiere handelt, Abhülfe zu leisten. Es steht daher zu hoffen, dass die menschenfreundlichen Absichten der Gesetzgebung durch keine Nachlässigkeit von Seiten derjenigen (vorzüglich der Zollbeamten) vereitelt werden, welchen die Pflicht obliegt, dafür zu sorgen, dass den Bestimmungen der Akte genügt werde, ehe das Passagierschiff den Hafen verlässt.

Kein Passagierschiff darf mehr als drei Personen auf jede fünf Tonnen einregistrierte Last am Bord enthalten. Desgleichen dürfen sich, was auch immer der Tonnengehalt sein mag, nicht mehr Passagiere an Bord befinden, als die gesetzliche Bestimmung des Raums gestattet, nach welcher auf je zehn Fuß Flächengehalt des untern Decks, die nicht von Gütern oder Vorräten, außer dem Gepäck der Reisenden, eingenommen sind, eine Person gerechnet wird.

Schiffe mit mehr als einem Deck müssen mindestens fünf und einen halben Fuß Zwischendeckraum haben; und hat ein Schiff bloß ein Deck, so muss unter das Deck eine Plattform dergestalt gelegt werden, dass dazwischen ein Raum von wenigstens fünf und einem halben Fuß Höhe übrig bleibt; auch darf ein solches Schiff nicht mehr als zwei Reihen Schlafstellen haben. Schiffe mit einer doppelten Reihe Schlafstellen müssen einen Zwischenraum von mindestens sechs Zoll zwischen dem Deck oder der Plattform und dem Boden der untern Reihe in ihrer ganzen Ausdehnung haben.

Passagierschiffe müssen folgende Vorräte und in folgendem Verhältnis führen: –

Reines Wasser, für jeden Passagier gegen fünf Gallonen auf jede Woche der Reise. Das Wasser muss in Tanks oder verkohlten (Frischwasser-) Fässern aufbewahrt werden.

Sieben Pfund Brot, Schiffszwieback, Hafermehl oder andre Brotstoffe, auf jede Woche für jeden Passagier; Kartoffeln können bis zu einem Drittel des gesamten Mundvorrates hinzugefügt, aber sieben Pfund Kartoffeln müssen einem Pfund Brot oder Brotmehl gleich gerechnet werden. Die Dauer der Reise nach Nordamerika wird auf zehn Wochen geschätzt, demgemäß müssen für jeden Passagier fünfzig Gallonen Wasser und siebzig Pfund Brot oder Brotmehl mitgenommen werden.

Beläuft sich die Anzahl der Passagiere auf hundert Köpfe, so muss der Schiffseigner für einen praktischen Arzt sorgen; wenn darunter, so müssen Arzneimittel in hinreichender Menge und von den erforderlichen Arten, als ein Teil der notwendigen Vorräte, mitgenommen werden.

Passagierschiffen ist nicht erlaubt, an spirituösen Getränken, als Ware, über ein Zehntel von derjenigen Quantität auszuführen, welche, ohne diese Beschränkung, die Zollbeamten, den Proviantlisten eines solchen Schiffs gemäß, bloß für den Gebrauch der Passagiere (und je nach deren Anzahl), mitzunehmen verstatten würden. Gewiss eine wichtige Maßregel, welche buchstäblich befolgt werden sollte. Die starke Versuchung, wovon die an einen engen Raum gefesselten Passagiere in Folge der Langenweile, welche eine dergleichen Seereise erzeugt, ergriffen werden, hat häufig den Vermögensumständen, der Behaglichkeit und Gesundheit manches Emigranten bedeutenden Nachteil gebracht, besonders wenn der Schiffsmeister für einen tüchtigen Branntweinvorrat gesorgt hatte.

Bei Aufzählung der Passagiere werden z w e i Kinder über sieben aber unter vierzehn oder d r e i unter sieben Jahren für einen Passagier gerechnet. Kinder unter z w ö l f M o n a t e n werden nicht mitgezählt.

Jeder Passagier ist berechtigt, achtundvierzig Stunden hindurch, nachdem das Schiff an dem Orte seiner Bestimmung angelangt ist, an Bord zu bleiben und muss für diese Zeit mit den erforderlichen Mundvorräten versorgt werden. Emigranten mit beschränkten Mitteln können auf diese Weise viele Unannehmlichkeiten und Kosten vermeiden, indem sie sich über die Marschroute, welche sie zu nehmen gedenken, beraten, anstatt zu landen und in den teuern Wirtshäusern und Restaurationen eines Seehafens Zeit und Geld zu verschwenden.

Schiffsmeister müssen Kautionen von 1,000 Pfd. St. zahlen, als Garantie für die treue Erfüllung der ihnen durch die Akte auferlegten Pflichten. Die wegen einer Übertretung des Gesetzes zu zahlende Strafe beläuft sich nicht unter f ü n f und nicht über z w a n z i g Pfd. Sterl.

Die von der Regierung in den verschiednen Häfen angestellten Agenten oder die Zollbeamten werden ohne Zweifel Passagieren, welche um ihren Rat hinsichtlich einer Verletzung der Bestimmungen der Akte nachsuchen, jeden Verschub leisten und die zu ergreifenden Maßregeln anzeigen.

Herrscht hinsichtlich der Tüchtigkeit eines zum Absegeln bereiten Schiffes irgend ein Zweifel, so sind die Zolleinnehmer und Zollkontrolleurs ermächtigt, dasselbe besichtigen zu lassen. Passagiere, welche über die Zeit hinaus, wo das Schiff der Verabredung gemäß auslaufen sollte, aufgehalten werden, muss der Schiffsmeister auf seine Unkosten unterhalten; sorgen sie selbst für ihre Mundvorräte, so ist er gehalten, jedem für einen Tag Aufschub, den nicht Unwetter oder eine andre unvermeidliche Ursache erheischt, einen Schilling zu zahlen.

IV. Übertragung von Kapitalien.

Es ist, wie sich von selbst versteht, für Emigranten von großer Wichtigkeit, was sie irgend an Kapital über die erforderlichen Unkosten der Reise u.s.w. besitzen, auf dem sichersten und vorteilhaftesten Wege nach Kanada zu senden, sowohl die Britisch-Amerikanische Landkompagnie als die Kanadakompagnie sind hierin den Emigranten behülflich, indem sie Pfänder und Kreditbriefe auf ihre Agenten in Kanada annehmen. Es ist unsicher und unklug eine größere Summe bares Geld bei sich zu führen, als gerade zur Bestreitung der notwendigen Reisekosten hinreicht, indem man eine doppelte Gefahr läuft, nämlich sein Geld zu verlieren oder es zu vergeuden. Emigranten, die sich in ihren Geldangelegenheiten nicht an eine der beiden zuvor erwähnten Kompagnien wenden wollen, würden daher wohl tun, sich von einem achtbaren Hause in dem Vereinigten Königreiche einen Kreditbrief auf die Bank zu Montreal ausstellen zu lassen.

V. Kanadisches Courant.

In sämtlichen Britisch-Nord-Amerikanischen Kolonien werden Rechnungen und Preise, eben so wie in England, in Pfunden, Schillingen und Pence ausgedrückt. Man unterscheidet übrigens zwischen Courant oder Halifax Courant und Sterling oder Britisch Sterling.

Ein Pfund Halifax Courant oder Courant, wie es schlecht weg genannt wird, besteht aus vier spanischen Dollars. Der Dollar zerfällt in fünf Teile – im Spanischen Pistoreens genannt, wovon jeder ein Schilling genannt wird. Jeder dieser Schillinge oder Pistoreens ist wiederum in zwölf Teile, Pence genannt, geteilt, aber uneigentlich, da es keine Münze gibt, die einer solchen Unterabteilung entspräche. Um dem Bedürfnis abzuhelfen, sind eine große Anzahl Kupfermünzen im Umlauf, wozu der alte englische Halfpenny, der Halfpenny neuern Gepräges, der Penny, der Farthing und der amerikanische Cent gehören; alle und jede gelten als der vierundzwanzigste Teil des Pistoreen oder Kolonialschillings. Pence sind in der Tat nicht bekannt, wiewohl fast jede Art von Kupfermünze als der vierundzwanzigste Teil des Pistoreen genommen wird[123].

Zu einer Zeit, als der spanische Dollar, das Achtelstück, wie es damals hieß, feiner und schwerer als die jetzt im Umlauf befindliche Münze war, betrug sein Wert nach dem Münzsilberpreise 4 Schl. 6 D. Sterling und 90 Pfd. Sterl. waren gleich 100 Pfd. Courant.

---

123 Die Amerikaner haben auch ihren 1. s. (Schilling), welcher dem achten Teil eines Dollars oder 12 ½ Cent. gleich ist. Es ist nichts Ungewöhnliches, den Emigranten sich rühmen zu hören, dass er in New York täglich 10 Schillinge verdienen könne. Er weiß nicht, dass ein Dollar, welcher acht dergleichen Schillingen gleich ist, in England nur 4 Schilling, 2 D. gilt und dass mithin der amerikanische Schilling, im Vergleich mit dem englischen nur 6 ¼ D. gilt und dass daher ein Arbeitslohn von 10 Schillingen, täglich in der Tat nicht mehr als zehn mal 6 und ¼ D. oder 5 Schillinge 2 und ½ D. nach englischer Wertbestimmung beträgt. Indes ist ein Tagelohn von 5 Schillingen 2 und ½ D. immer noch beträchtlich zu nennen, nur aber kann es der Arbeiter nicht häufig erlangen; und erhält er es, so ist es für übermäßige schwere Arbeit unter einer brennenden Sonne in Seehafenstädten während der geschäftsreichen Schifffahrtzeit.

VI. Die Kanadakompagnie.

Die Kanadakompagnie wurde im Jahr 1826 durch einen königlichen Frei-
brief und eine Parlamentsakte konfirmiert. Nachstehendes sind Auszüge
aus dem Prospekt der Kompagnie: –

„Die Kanadakompagnie hat in fast jedem Teil von Oberkanada Ländereien zum Verkauf bereit, unter Bedingungen, welche jedenfalls höchst
vorteilhaft für den Emigranten sind, da er beim Abschluss des Kaufs bloß
ein Fünftel vom Kaufgelde an die Kompagnie bar zu entrichten braucht
und das Übrige in fünf einjährigen, auf einander folgenden Terminen, (also
in einem Zeitraum von fünf Jahren) nebst Interessen entrichten kann, so
dass er bei gehöriger Betriebsamkeit den Saldo von den Erzeugnissen des
Bodens abzutragen vermag.“

„Ländereien der Kanadakompagnie sind von dreierlei Art, nämlich: –
Hier und da ausgestreute Reserveländereien.

Länderstriche (*Blocks or tracts of land*) jeder von 1,000 bis 40,000
Äcker.

Der Huronentrakt, welcher über 1,000,000 Äcker enthält.“

„Z e r s t r e u t   l i e g e n d e   R e s e r v e l ä n d e r e i e n. Die zerstreuten Kron-Ländereien sind Parzellen von hundert bis zweihundert Acker
eine jede, durch fast jeden Gemeindebezirk in der Provinz verteilt und an
der Boden-, Klima-, Beschaffenheit u.s.w. jedes besondern Gemeindebezirks Teil habend. Dergleichen Ländereien sind vorzüglich denjenigen zu
empfehlen, welche Freunde und Verwandte in ihrer Nachbarschaft angesiedelt zu sehen wünschen und kann der Acker zu 8 Schl. 9 D. bis zu 25
Schl. gekauft werden.“

„L ä n d e r b l ö c k e   o d e r   T r a k t e (*Blocks of Land*). Die Blöcke
oder Trakte liegen ganz in dem Teil der Provinz, der sich westwärts vom
Ursprunge des Sees Ontario hindehnt und enthalten Fluren, die, was
Boden, Klima, Ergiebigkeit u.s.w. anlangt, jedem andern Teil des Festlan-
des von Amerika gleichen, wo nicht überlegen sind. Diese verdienen mithin die Aufmerksamkeit von Emigrantengemeinden, die als Landsleute
oder durch Verwandtschaft, Freundschaft, Religion oder andre Banden
mit einander verknüpft, sich zusammen niederzulassen wünschen.“

„Der größte Block dieser Art im Besitz der Kompagnie ist der Stadtbezirk Guelph, der über 40,000 Acker enthält, wovon die größere Hälfte

bereits verkauft ist; und hier hat sich im Verlauf nur weniger Jahre eine Stadt erhoben, welche Kirchen, Schulen, Magazine, Wirtshäuser und Mühlen in sich begreift und wo man Handwerker und Gewerbtreibende jeder Art und eine sehr achtbare Gesellschaft finden."

„Das Huronengebiet. Dies ist ein Strich des besten Landes in Amerika, durch welches die Kanadakompagnie zwei Straßen, so gut als es nur ein neu urbar gemachtes Land zulässt, über hundert englische Meilen weit gehauen hat."

„Die Bevölkerung daselbst nimmt von Tag zu Tag zu."

„Die Stadt Goderich, an der Mündung des Flusses Maitland, am Huronensee, ist sehr blühend und enthält verschiedne treffliche Vorratshäuser und Kaufläden, worin der Emigrant die ihm notwendigen Artikel zu billigen Preisen erhalten kann. Es ist daselbst eine gute Schule errichtet worden, die stark besucht wird; desgleichen eine englische Kirche, worin ein presbyterianischer Geistlicher Gottesdienst hält; und da die Kirchen in Oberkanada gegenwärtig besonders durch freiwillige Beiträge ihrer respektiven Versammlungen unterhalten werden, so kann man sich von dem achtbaren Charakter der Bewohner dieser Ansiedlung und der Nachbarschaft eine Vorstellung machen."

„Die Stadt und der Stadtbezirk Goderich enthalten ungefähr tausend Einwohner; und seit dem das von der Kompagnie zur Bequemlichkeit ihrer Ansiedler erbaute Dampfboot seinen Lauf zwischen Goderich und Sandwich begonnen hat, ist eine bedeutende Zunahme in dem Verkehr und dem Gedeihen der Niederlassung wahrzunehmen."

„In diesem Distrikt sind vier gute Sägemühlen, drei Grützmühlen und in der Nachbarschaft einer jeden findet man gut gefüllte Vorratshäuser. Und da das ganze Gebiet vier Millionen Acker enthält, wovon die größere Hälfte dem Verkehr offen ist, so kann ein Emigrant oder eine Emigrantengesellschaft, wie groß sie auch sein mag, in Auswahl einer je für ihre Zwecke, wie verschiedenartig diese auch sein mögen, günstigen Lage auf keine Schwierigkeit stoßen. Der Preis dieser Ländereien beläuft sich von 11 Schl. 3 D. bis auf 15 Schl. Provinzial Courant oder auf 11 Schl. bis 13 Schl. 6. D. Sterl. per Acker."

Emigranten, welche sich mit der Kompagnie zu besprechen wünschen, müssen sich an den Sekretär, John Perry Esq., St. Helen'splace, Bishopsgate-Streel, London oder an die Agenten der Kompagnie der Häfen wenden.

VII. Britisch-amerikanische Landkompagnie.

Die britisch amerikanische Landkompagnie berichtet in ihrem Prospekt, dass sie von der britischen Regierung ziemlich eine Million Acker in den Grafschaften Shefford, Stanstead und Sherbrooke und zwar in den sogenannten östlichen Gemeindebezirken von Unterkanada gekauft habe. Diese Gemeindebezirke begreifen einen Strich Landes in sich, der auf der Südseite des St. Lorenz, zwischen 45° und 46 ½ ° nördlicher Breite und 71° und 73° westlicher Länge liegt. Dieser Trakt, welcher zwischen fünf und sechs Millionen Acker enthält, ist in acht Grafschaften und diese sind wiederum in ungefähr hundert Stadt- oder Gemeindebezirke geteilt. Besagte Gemeindebezirke erfreuen sich eines wichtigen Vorteils in ihrer geographischen Lage. Auf der einen Seite haben sie einen leichten Zugang von Montreal, Quebec und Three Rivers, den Schifferhafen und großen Märkten der beiden Kanadas; auf der andern von New York den Hudson River hinauf und durch den See Champlain, so wie auch von Boston und andern Teilen der atlantischen Küste. Zufolge ihrer gedrängten und zusammenhängenden Lage können sie durchgängig sowohl auf leichten Verkehr und gegenseitige Unterstützung als auch auf allgemeine Teilnahme an allen örtlichen Verbesserungen zählen.

Die Bedingungen, unter welchen die Kompagnie ihre Ländereien veräußert, sind, je nach Lage, Beschaffenheit und besondre Vorteile, welche die verschiednen Parzellen besitzen mögen, verschieden; im Allgemeinen indes sind sie zu 4 Schl. bis 6 Schl. Courant *per* Acker käuflich und in allen Fällen muss ein Teil der Kaufsumme als Unterpfand angezahlt werden und zwar bei den höher geschätzten Parzellen der fünfte und bei den niedriger geschätzten der vierte Teil.

„Der Saldo muss alsdann nach und nach in sechs auf einander folgenden einjährigen Terminen, nebst den in der Provinz gesetzmäßigen Zinsen und zwar vom Tage des Kaufabschlusses an gerechnet, abgetragen werden; sollten indes Käufer geneigt sein, die Zahlungen früher zu leisten, so dürfen sie sich die Zeit dazu nur wählen."

„Der Preis für einen Bauplatz zu Port St. Francis im laufenden Jahre (1835) ist 12 Pfd. Sterl. 10 Schl., mit Anzahlung von 5 Pfd. Sterl in barem Gelde und der Saldo ist nebst Interessen in Jahresfrist abzutragen."

Anzahlungen für Grund und Boden, den der Emigrant bei seiner Ankunft im Lande wählen kann, nimmt die Kompagnie in London an.

„Nach der zwischen der königlichen Regierung und der Kompagnie geschlossnen Übereinkunft sind 50,000 Pfd. Sterl. von dem Kaufgelde, welches letzte bezahlt hat, von derselben auf öffentliche Werke und Verbesserungen, als z.B. Landstraßen, Brücken, Kanäle, Schulhäuser, Märkte, Häuser, Kirchen und Predigerwohnungen zu verwenden. Dies ist eine höchst wichtige Bestimmung, die sich für den Ansiedler notwendigerweise in hohem Grade wohltätig erweisen muss, insofern sie ihm die Verbesserung und das Gedeihen des Distrikts zusichert. Die Anlegung von Straßen und andern leichten Kommunikationen ist das größte Bedürfnis eines neuen Landes; und die Verwendung von Kapital auf Werke dieser Art, welche die Kräfte und Mittel von Privatleuten übersteigen, ist der beste Weg, auf welchem eine erfolgreiche Niederlassung befördert und vollendet werden kann."

„Die Verwendung der oben namhaft gemachten ansehnlichen Summe sichert zu gleicher Zeit dem redlichen und fleißigen Arbeiter, unmittelbar nach seiner Ankunft, Anstellung und Erwerb."

Das Verwaltungsbüro der Britisch-amerikanischen Landkompagnie ist zu London, (Barge-Yard, Bucklersbury); dieselbe hat auch Agenten an den verschiednen Hafenorten.

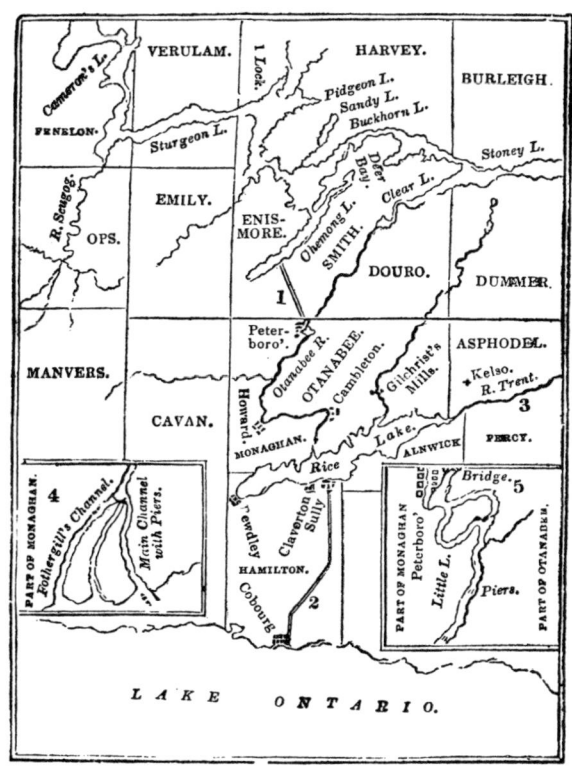

Erläuterung der Karte.

Da wir den englischen Stock beibehalten haben, so fügen wir für den Leser
folgende Nachweisungen hinzu: –

    L. (lake) bedeutet See.

    Part, Teil.

    Bridge, Brücke.

    Channel, Kanal.

R. (River), Fluss.

Erklärung der auf der Karte vorkommenden Zahlen.

1) Beabsichtigte Eisenbahn, 6 (engl.) Meilen.

2) In Vorschlag gebrachte Eisenbahn, 13 (engl.) Meilen.

3) 36 (engl.) Meilen Dampfschifffahrt bis Heel-Falls[124].

4) Abriss der Mündungen des Flusses Otanabee und eines Teils des Reissees.

5) Abriss des kleinen Sees, eines Teils des Flusses Otanabee und der Stadt Peterborough.

---

124   Anm. des Verlags: Es ist nicht ganz nachzuvollziehen, worauf es sich bezieht.

Dritter Anhang

Anmerkung 1

Wir finden in R e n n i e s Baukunst der Vögel, (Leipzig Baumgärtners Buchhandlung) ähnliche Bemerkungen. So liest man Seite 122: die Angloamerikaner bedienen sich verschiedner Mittel, um die Vögel zum Nisten in der Nähe ihrer Wohnungen zu bestimmen und weil sie die Scheunen- oder Bodenschwalbe (*Hirundo rufa, Gmelin*), vorzüglich lieben, so stellen sie Schachteln auf, damit sie hineinniste. Diese Spezies unterscheidet sich beträchtlich von unsrer Rauchschwalbe (*Hirundo rustica*); am Bauche, wo die unsrige rein weiß ist, ist ihr Gefieder hell kastanienfarben, im Nisten hat sie mit der unsrigen Ähnlichkeit, nur dass sie nicht in Schornsteine baut, sondern ihr Nest an Sparren oder Querbalken von Schuppen, Scheunen und andern Nebengebäuden befestigt.

Ferner Seite 364: In Nordamerika, wo man bemüht ist, die ländlichen Vergnügungen eines kurzen Sommers so sehr als möglich zu vermehren, sucht man mehr als eine Spezies durch alle nur mögliche Mittel zum Nisten in der Nähe der Häuser zu bewegen. Unter den halb zahmen Vögeln sind der Hauszaunkönig, der blaue Vogel und die Purpurschwalbe die bekanntesten. Die zuletzt erwähnte (*Hirundo purpurea, Latham*) ist gleich unsrer Fensterschwalbe ein Zugvogel und sie wählt ihren Sommeraufenthalt stets mitten unter den Wohnungen des Menschen, welcher da ihm ihre Gesellschaft großen Vorteil und zugleich Vergnügen schafft, in der Regel ihr Freund und Beschützer ist. Daher ist sie ziemlich gewiss, bei ihrer Ankunft eine gastliche, zu ihrer Bequemlichkeit und zur Aufnahme ihrer Familie gehörig eingerichtete Wohnstätte, entweder in der vorspringenden hölzernen Kranzleiste, auf dem Dachgiebel oder auf der Grenzsäule oder wenn diese fehlen sollten, auf dem Taubenschlage mitten unter den Tauben zu finden; und wenn sie einen besondern Winkel auf dem letzteren wählt, so darf es keine Taube wagen, einen Fuß in ihr Gebiet zu setzen. Einige unter den Angloamerikanern haben für diese Vögel große Anstalten einrichten lassen, welche in zahlreichen Gemächern bestehen, die zum größten Teil jedes Frühjahr in Besitz genommen werden; man hat die Beobachtung gemacht, dass in solchen Schwalbenansiedlungen einzelne Vögel mehre Jahre nach einander immer wieder von der nämlichen Schachtel Gebrauch gemacht haben.

Das eben erwähnte Verfahren, die Purpurschwalbe zu hegen und zu beschützen, scheint nicht aus Europa zu stammen, da die Eingebornen von Amerika seit undenklichen Zeiten eine ähnliche Methode befolgt haben. Die Choctaw und Chickasaw Indianer z.B. stutzen sämtliche Gipfeläste eines jungen Bäumchens in der Nähe ihrer Hütten ab und lassen die Zinken ein oder zwei Fuß lang, an deren jedem sie einen hohlen Kürbis oder eine Kalabasse aufhängen, die gehörig ausgehöhlt ist, sodass die Vögel bequem darin nisten können. In gleicher Absicht steckt man an den Ufern des Mississippi lange Stöcke in den Boden, an deren Spitze ebenfalls Kalabassen befestigt werden und worin die Purpurschwalben in der Regel ihre Eier ausbrüten. „Überall, wo mich meine Reisen in diesem Lande hinführten", sagt W i l s o n , „habe ich mit Vergnügen die Gastfreundschaft beobachtet, womit die Einwohner diesen Lieblingsvogel empfangen." Folgenden kleinen Zug aus der Ökonomie der Purpurschwalbe hat M r . H e n r y , Mitglied des obersten Gerichtshofes in Pensylvanien[125], erzählt.

„Im Jahr 1800", sagt derselbe, „zog ich mich von Lancaster nach einer Meierei einige englische Meilen über Harrisburgh[126] zurück. Da ich wohl mit den Vorteilen bekannt war, welche der Pächter oder Landmann von der Nachbarschaft der Purpurschwalbe zieht, indem sie die Räubereien des weißköpfigen Adlers, der Habichte und selbst der Krähen verhindert, so erhielt ein für mich arbeitender Zimmermann den Auftrag, einen großen Kasten mit mehren Fächern für diese Vögel zu machen. Der Kasten wurde im Herbste aufgestellt. In der Nähe des Hauses und um dasselbe standen eine Anzahl schön gewachsener Apfelbäume und vieles Strauchwerk, ein sehr bequemer Aufenthalt für Vögel. Gegen die Mitte des Februars kamen die blauen Vögel an; diese wurden in kurzer Zeit sehr zutraulich und nahmen Besitz von dem Kasten: es waren zwei bis drei Pärchen. Mit dem fünfzehnten Mai hatten die blauen Vögel Eier, wo nicht gar Junge. Nun aber trafen die Purpurschwalben in Scharen ein, begaben sich in den Kasten und es erfolgte ein heftiger Kampf. Die blauen Vögel, wie es

---

125 Anm. des Verlags: Hierbei handelt es sich vermutlich um den Staat Pennsylvania in der USA.
126 Anm. des Verlags: Hier ist vermutlich die Stadt Harrisburg in Pennsylvania gemeint.

scheint, durch ihr Eigentumsrecht ermutigt oder weil es der Beschützung ihrer Jungen galt, blieben Sieger.

Die Schwalben kamen während der acht folgenden Jahre regelmäßig in der Mitte des Mais an, untersuchten die Gemächer des Kastens in Abwesenheit der blauen Vögel, wurden aber durch die Rückkehr der letzteren jedes Mal zur Flucht genötigt. Die Mühe, welche Ihnen die Durchlesung dieser Bemerkungen verursachen dürfte, müssen sie auf Rechnung der Schwalben setzen. Ein Kasten, mit diesen schönen Wandrern angefüllt, befindet sich jetzt zum Haupte meines Bettes. Ihre Töne scheinen unharmonisch wegen ihrer großen Anzahl; indes sind sie mir angenehm. Der betriebsame Pächter und Handwerker würde wohl tun, einen Kasten mit diesen Vögeln in der Nähe der Schlafgemächer seiner trägen Leute anzubringen. Gleich mit Anbruch des Tages beginnt die Purpurschwalbe ihr Gezwitscher, welches eine halbe Minute oder auch etwas länger dauert; worauf es wieder still wird, bis die Dämmerung völlig vorüber ist. Nunmehr folgt ein lebhaftes und unaufhörliches Gezwitscher, hinreichend, selbst die schlaftrunkenste Person aus dem Schlummer zu wecken. Vielleicht übertrifft sie nicht einmal der Haushahn in dieser guten Eigenschaft; auch steht er in dem Vermögen, Raubvögel abzuhalten, der Purpurschwalbe bei weitem nach."

„Gegen die Mitte des April oder ungefähr am zwanzigsten Tage dieses Monats", fügt W i l s o n hinzu, „trifft die Purpurschwalbe die ersten Vorbereitungen zu ihrem Neste. Das letzte, welches ich untersucht habe, bestand aus den welken Blättern der Tränenweide, dünnen Strohhalmen, Heu und Federn in beträchtlicher Menge. Es lagen vier Eier darin, die im Verhältnis zum Vogel sehr klein, von Farbe rein weiß und ohne die geringsten Flecke waren. Die erste Brut erscheint im Mai, die zweite spät im Juni. Während der Periode, in welcher das Weibchen legt und vor dem Brüten sind beide Vögel den größten Teil des Tages vom Neste entfernt. Während des Sitzens wird das Weibchen häufig vom Männchen besucht, welches letztere sich ebenfalls auf die Eier setzt, wenn das erstere zur Erholung ausfliegt. Oft bringt das Männchen auf eine Viertelstunde im Neste neben dem Weibchen zu und wird während des Brütens ganz heimisch und zahm. Es sitzt an der Außenseite, putzt und ordnet sein Gefieder und begibt sich gelegentlich an die Tür des Gemachs, gleichsam, als ob es sich nach dem Befinden der Gattin erkundigen wollte. Seine Töne scheinen in dieser Zeit eine besondere Sanftheit anzunehmen und seine Glückwünsche drücken einen hohen Grad von Zärtlichkeit aus. Eheliche Treue, selbst wenn viele Pärchen zusammenwohnen, scheint gewissenhaft von diesen Vögeln beobachtet zu werden. Am 25. Mai nahm ein Purpurschwalbenpärchen von einem Kasten in M r. B a r t r a m s Garten Besitz. Einen oder zwei Tage darauf erschien ein zweites Weibchen und verweilte mehre Tage; allein, wegen der kalten Aufnahme, die es fand, indem es häufig vom Männchen vertrieben wurde, verließ es endlich diesen Ort und machte sich auf den Weg, wahrscheinlich um einen geselligeren Gefährten aufzusuchen."

Anmerkung 2

H u m b o l d t bemerkt über die bekehrten Indianerstämme Folgendes: In den Wäldern von Südamerika gibt es Stämme, welche in Dörfern wohnen, Pisang, Cassava und Baumwolle erbauen und kaum mehr Barbaren sind, als die in den Missionsanstalten lebenden Individuen, welche man abgerichtet hat, das Zeichen des Kreuzes zu machen. Es ist ein Irrtum, wenn man alle freie Eingeborne als herumwandernde Jäger betrachtet; denn schon lange vor der Ankunft der Europäer herrschte auf dem Kontinent der Ackerbau und herrscht noch jetzt zwischen dem Orinoco und Amazonenflusse[127], in Distrikten, wohin dieselben nie gekommen sind.

Das System der Missionäre hat einen Hang nach Grundeigentum, nach festen Wohnplätzen und einen Sinn für ein ruhiges Leben erzeugt; allein der getaufte Indianer ist oft eben so wenig ein Christ, als sein heidnischer Bruder ein Verehrer von Götzen, beide zeigen eine auffallende Gleichgültigkeit gegen religiöse Meinungen und eine Neigung zur Verehrung der Natur.

Man hat keinen Grund, zu glauben, dass sich die Anzahl der Indianer in den spanischen Kolonien vermindert habe. Noch immer existieren über sechs Millionen der kupferfarbenen Menschenrasse in beiden Teilen von Amerika; und obgleich in jenen Kolonien mehre Sprachen verloren gegangen oder vermischt worden sind, so haben sich die Eingebornen doch fortwährend vermehrt. In der gemäßigten Zone wird die Berührung der Europäer mit den Eingebornen der Bevölkerung der letztern verderblich; in Südspanien hingegen ist das Resultat verschieden und hier fürchtet man die Annäherung der Weißen nicht. Im ersten Fall wird für die Indianer eine große Strecke Landes erforderlich, weil sie von der Jagd leben; im

---

127 Anm. des Verlags: Hier ist vermutlich der Strom Amazonas in Südamerika gemeint.

zweiten hingegen reicht ein kleines Stück Grund und Boden hin, um einer Familie ihren Unterhalt zu gewähren.

In diesen Provinzen machen die Europäer nur langsame Fortschritte und die religiösen Orden haben zwischen den von ihnen bewohnten Gegenden und denjenigen, welche die freien oder unabhängigen Indianer bewohnen, Niederlassungen begründet.

Die Missionen haben sich ohne Zweifel Eingriffe in die Freiheit der Eingebornen erlaubt, allein diese Eingriffe sind im Allgemeinen dem Wachstum der Bevölkerung günstig gewesen. In demselben Maßstabe, als die Prediger in das Innere eindrangen, nahmen die Pflanzer von dem Gebiete Besitz; Weiße sowohl, als solche Individuen, welche aus gemischten Ehen stammen, lassen sich unter den Indianern nieder; die Missionsanstalten verwandeln sich in spanische Dörfer und mit der Zeit verlieren die alten Bewohner ihre ursprünglichen Sitten und Sprache. Auf diese Weise schreitet die Zivilisation von den Küsten nach dem Mittelpunkt des festen Landes zu.

Neuandalusien[128] und Barcellona enthalten mehr als vierzehn Stämme Indianer. Die der ersten Provinz sind die Chaymas, die Guayquerier, die Pariagotoer, die Quaquas, die Aruacas, die Kariben, die Guaraounoer; die der andern, die Cumanagatoer, die Palenkas, die Kariben, die Piritoer, die Tomoozas, die Topocuarer, die Chacopater und die Guarivas. Die oben erwähnten Guaraounoer, welche an der Mündung des Orinoco in Hütten auf Bäumen wohnen, ist nicht bekannt. In den Vorstädten von Cumana[129] und auf der Halbinsel Araya leben zweitausend Guayquerier. Unter den übrigen genannten Stämmen sind die Chaymas von den Bergen von Caripe, die Kariben von Neu-Barcelona und die Cumanagatoer in den Missionsanstalten von Piritoo[130] die zahlreichsten.

Die Sprache der Guaraounoer, so wie die der Kariben, Cumanagatoer und Chaymas werden am allgemeinsten gesprochen und scheinen einer und derselben Wurzel anzugehören.

Obgleich die zu den Missionen gehörigen Indianer sämtlich Ackerbau treiben, die nämlichen Pflanzen kultivieren, ihre Hütten auf dieselbe Weise erbauen und die nämliche Lebensweise führen, so bleiben doch die Nuancen, wodurch sich die verschiedenen Stämme von einander unter-

---

128 Anm. des Verlags: Hierbei handelt es sich vermutlich um das heutige Venezuela in Südamerika.

129 Anm. des Verlags: Hier ist vermutlich die Stadt Cumaná in Venezuela gemeint.

130 Anm. des Verlags: Hier ist vermutlich die Stadt Píritu in Venezuela gemeint.

scheiden, unverändert. Es gibt nur sehr wenige Dörfer, worin die Familien nicht verschiedenen Stämmen angehörten und nicht verschiedene Sprachen sprächen.

Die Missionäre haben in der Tat verschiedene Gebräuche und Zeremonien verboten und manchen Aberglauben verbannt, allein sie sind nicht im Stande gewesen, den wesentlichen Charakter, welchen alle amerikanische Rassen von der Hudsons Bay an bis zur Magellanschen Straße[131] mit einander gemein haben, zu verändern.

Der unterrichtete Indianer, welcher sicherer auf seinen Unterhalt zählen kann, als der ungezähmte Eingeborne und weniger der zügellosen Wut feindlicher Nachbarn oder dem Ungestüm der Elemente ausgesetzt ist, führt ein einförmigeres Leben, besitzt die Charaktermilde, welche aus der Liebe zur Ruhe entspringt und nimmt eine ruhige und geheimnisvolle Miene an; allein sein Ideenkreis hat keine große Erweiterung erfahren und der Ausdruck von Melancholie, den seine Gesichtszüge darbieten, ist einzig und allein die Folge der Trägheit und Unempfindlichkeit.

Die Chaymas, wovon mehr als fünfzehntausend die spanischen Dörfer bewohnen und die gegen Westen an die Cumanagatoer, gegen Osten an die Guaraounoer und gegen Süden an die Kariben stoßen, haben einen Teil der hohen Berge Cocollar und Guacharo, so wie auch die Ufer des Guarapiche, Rio Colorado, Areo und den Cano von Caripe inne.

Der erste Versuch, sie der Kultur zu unterwerfen, wurde in der Mitte des siebenzehnten Jahrhunderts vom Pater Francisco aus Pamplona, einem sehr eifrigen und unerschrockenen Mann, gemacht. Die nach und nach unter diesem Volke errichteten Missionsanstalten erlitten in den Jahren 1681, 1697 und 1720 durch die Einfälle der Kariben bedeutende Verluste; von 1730 an wurde die Bevölkerung durch die Verheerungen der Bocken[132] vermindert.

Sie haben von Natur sehr wenig Haar am Kinn und das wenige, welches erscheint, wird sorgfältig ausgerissen. Dieser geringe Bartwuchs ist der amerikanischen Rasse gemein, wiewohl es Stämme gibt, z.B. die Chipewas und Patagonier, bei denen der Bart eine bedeutende Größe erreicht.

Die Chaymas führen ein sehr regelmäßiges und einförmiges Leben. Sie gehen um sieben Uhr zu Bett und stehen halb fünf Uhr auf. Das Innere

---

131 Anm. des Verlags: Hier ist vermutlich die Magellanstraße, eine Meerenge zwischen dem südamerikanischen Festland und den südlichen Inseln, gemeint.

132 Anm. des Verlags: Es ist nicht ganz nachzuvollziehen, worauf es sich bezieht.

ihrer Hütten halten sie äußerst rein und ihre Hängematten, Gerätschaften und Waffen befinden sich in der größten Ordnung. Sie baden sich jeden Tag und da sie im Allgemeinen nackt gehen, so sind sie von dem Schmutze frei, welcher hauptsächlich durch die Kleidung verursacht wird. Außer ihrer Hütte im Dorfe haben sie gewöhnlich an einem einsamen Orte in den Wäldern eine kleinere, die mit Palmen- oder Pisangblättern bedeckt ist und in welche sie sich, so oft als es nur immer geht, zurückziehen und so stark ist in ihnen der Wunsch, die Ähnlichkeiten eines wilden Lebens zu genießen, dass die Kinder oft Tage lang in den Wäldern umherziehen und wirklich sind die Städte oder Dörfer bisweilen ganz verlassen. Wie bei allen barbarischen Nationen ist das weibliche Geschlecht Entbehrungen und Beschwerden ausgesetzt, der schwerste Teil der Arbeit fällt ihm zu.

Anmerkung 3

Die hauptsächlichsten Krankheiten, wovon die Getreidepflanzen heimgesucht werden, sind Mehltau, Brand (Schimmel) und Ruß. Die Untersuchung und Behandlung dieser Krankheit ist für Schriftsteller über Landwirtschaft ein ergiebiges Feld gewesen. Indes scheint das Publikum von ihren subtilen Forschungen noch keinen erheblichen Nutzen geerntet zu haben und ein Autor von vorzüglichem Ansehn und Gewicht behauptet sogar, dass im Verhältnis zu der über den fraglichen Gegenstand verschwendeten Wortmenge die Schwierigkeiten in Betreff seiner Aufklärung sich vermehrt hätten.

Brand ist eine Krankheit, welcher bekanntlich die Cerealien seit den frühesten Zeiten unterworfen gewesen sind. Bei den alten Griechen galt derselbe als ein Zeichen des Zorns der Götter und so oft er vorkam, überließen sie sich der Klage und Trauer, ohne auf ein Mittel zur Abhülfe bedacht zu sein. Derselbe Aberglaube herrschte unter den Römern, die der Meinung waren, dass das Übel, welches sie *rubigo* (Rost) nannten, unter der Kontrolle einer besondern Gottheit, namens R u b i g u s , stehe, daher sie diesem zu Gunsten ihrer Saaten fortwährend opferten.

Brand und Mehltau sind von verschiednen Schriftstellern über Landwirtschaft häufig mit einander verwechselt worden, so dass es zweifelhaft ist, welcher Klasse von Erscheinungen jeder von beiden Namen eigentlich zukommt oder ob beide überhaupt nicht für eine und dieselbe zu verschiednen Perioden des Wachstums der Pflanze vorkommende Krankheit anwendbar sind. Da wir nicht gern auf streitigen Boden treten mögen, was notwendigerweise der Fall sein würde, wenn wir uns in Erörterung eines, trotz allen darüber geschriebnen mühevollen Abhandlungen, verworrenen und dunkeln Gegenstandes einlassen wollten, so werden wir hier die Formen, welche die Krankheit annehmen, nebst ihren übeln Folgen kurz und deutlich beschreiben, deren Klassifikation aber andern geschickteren Federn überlassen.

Die Ursachen sind, wie die kundigsten Männer behaupten, dreierlei, nämlich: Kälte und besonders kalte Winde, böse Dünste und die Verbreitung eines Schimmelpilzes. Die erstere der erwähnten Ursachen hindert den Umlauf der Säfte in der Pflanze; die der Nahrung beraubten Blätter welken und sterben ab, die Säfte treiben die Gefäße auf, worin sie sich befinden, zersprengen sie und werden die Nahrung von Millionen kleiner Insekten. Diese finden sich so unbegreiflich schnell ein, dass man sie mehr für die Ursache, als die Folge der Krankheit angesehen hat. Die zweite Ursache wirkt vorzüglich, wenn das Getreide bereits völlig ausgewachsen ist und man hat beobachtet, dass sie sich besonders nach schweren Regengüssen des Nachmittags zeigte, auf welche sogleich heller Sonnenschein folgte. Dies ist der Fall gewöhnlich um die Mitte oder zu Ende Julis. Die Krankheit befällt entweder die Blätter oder den Stengel der Pflanze, die mit gebrochenen Linien von schwarzer oder dunkelbrauner Farbe bedeckt zu sein scheint. Viele Naturforscher schreiben sie allein einer Art Schimmelpilz zu, die in dem Pflanzenstengel wurzele und die den Getreidekörnern bestimmte Nahrung entziehe. Die kleinen Samen dieses parasitischen Gewächses, das die Krankheit des Getreides verursacht, sind so leicht, dass sie vom Winde in große Entfernung getragen werden. Diese Schimmelpilze wachsen überdies außerordentlich schnell, indem sie nach den genauen Beobachtungen des Engländers J o s e p h B a n k s in warmem Wetter nicht mehr als eine Woche brauchen, um einzuwurzeln und bereits wieder Samen zu treiben. Auf jedem Punkte des Halmes, wo sie sich einnisten, wachsen zwanzig bis vierundzwanzig solcher Pilze und man kann sich daraus eine Vorstellung machen, wie groß die Vermehrung sein mag. Wie alle andre Pilze und Schwämme, gedeiht auch diese verderbliche Art am besten an schattigen, feuchten Orten und deshalb ist eins der besten Mittel, das Getreide vor ihr zu bewahren, dasselbe nicht zu dicht zu säen, desgleichen muss man für hinreichenden Luftzug sorgen und daher die Hecken und Einfriedigungen niedrig halten.

Mr. L o u d o n berichtet, dass im Sommer 1809 ein Weizenfeld auf mehr leichtem und sandigem Boden mit allem Anschein von Gedeihen empor und auch in die Ähre kam und alle Aussicht zu einer guten Ernte gab. Ungefähr zu Anfange Julis schien es alles zu übertreffen, was man von einem dergleichen Boden erwarten konnte. Eine Woche später war ein Teil der Saat auf der Ostseite des Feldes, im Betrag von mehren Morgen, völlig verdorben, die Pflanzen waren über die Hälfte ihrer früheren Größe eingeschrumpft und so welk und versengt, dass sie nicht zu demselben Felde zu gehören schienen. Der übrige Teil der Saat gedieh vollkommen gut. Man hat oft behauptet und lange Zeit auch geglaubt, dass die Nähe von Berberisbeersträuchern der Saat nachteilig sei, indem sie schädliche Pilze anziehen, allein jetzt gilt dies allgemein für ein Märchen.

Der Same von Pflanzen, die an Mehltau litten, eignet sich der Erfahrung gemäß zur Aussaat vollkommen und da er kleiner als gesundes Korn ist, so bedarf es zu diesem Behuf eines kleineren Maßes.

Eine andre böse Krankheit, welche das Getreide befällt, ist unter dem bezeichnenden Namen „Ruß" bekannt, dieses Übel besteht in Verwandlung des Mehls in ein rußiges Pulver, das mehr oder weniger schwarz und dem Geruch zuwider ist. Einige Schriftsteller unterscheiden zwei Modifikationen der fraglichen Krankheit und nennen die eine Ruß, die andre Getreidebrand (Brand, verbranntes Getreide). Mills hat in seinem System der praktischen Landwirtschaft folgenden Unterschied zwischen beiden aufgestellt. „Ruß, eigentlich so genannt, bewirkt einen völligen Verlust der davon befallenen (infizierten) Ähren, da aber das schwarze Pulver, welches er erzeugt, sehr fein ist und die Körner desselben nicht zusammenhalten, so werden sie von Wind und Regen leicht fortgeführt, so dass der Landmann nicht viel mehr als das bloße Stroh unter Dach und Fach bringt, welches aber die gesunden Körner nicht ansteckt und kaum ihr Mehl beschädigt. Das brandige oder caridse Getreide dagegen, das oft zugleich mit dem gesunden Korn eingefahren und aufgespeichert wird, teilt letzterem seine Krankheit mit, macht sein Mehl braun und gibt ihm einen schlechten Geruch. Der Name, mit welchem diese Krankheit von den Römern bezeichnet wurde, ist ustilago; die französischen Landleute nennen sie charbon (Kohle).

Wenn man einen Teil des schwarzen Pulvers mit Wasser anfeuchtet und dann unter das Mikroskop bringt, so sieht man, dass es Myriaden kleiner durchsichtiger und augenscheinlich von einem dünnen Häutchen umgebner Kügelchen sind. Die Ursache des Übels suchen einige Forscher in dem

Boden, in welchen das Korn gesäet worden ist; andere schreiben es dem Wuchern eines kleinen Pilzes innerhalb der Ähre zu; noch andre endlich behaupten, es beruhe auf einem krankhaften Zustande des Samens, aus welchem die Pflanze hervorgegangen ist. Das Ergebnis verschiedner Versuche, wo man verschiedne Samen in denselben Boden säete und allen dieselbe Behandlung angedeihen ließ, scheinen der letzten Hypothese das Wort zu reden.

Anmerkung 4

Der blaue Vogel (*Sialia Wilsonii, Swains*), wovon bereits in einer früheren Anmerkung die Rede gewesen, erscheint bisweilen schon im Februar in Scheunen, Obstgärten und Einpfählungen und erinnert uns sowohl durch seine Gestalt als durch seine Gewohnheiten und Lebensweise an unser Rotkehlchen (*Sylvia rubecula*).

„In der Tat hat der amerikanische Vogel ebenfalls eine rote Brust, allein der ganze obre Teil des Körpers ist von schöner blauer Farbe und verleiht dem Vogel ein prachtvolleres Kostüm als das schlichte Olivenbraun unserm kleinen Liebling. Bei ihrer ersten Ankunft im Frühjahr statten die blauen Vögel dem Kasten im Garten oder in der Höhle eines alten Apfelbaums, der Wiege einiger Generationen ihrer Vorgänger, eine frühzeitige Visite ab und machen damit den Anfang, dass sie das alte Nest reinigen und den Unrat und das Geröll vom vorigen Jahre ausräumen, worauf sie es zur Aufnahme ihrer künftigen Abkömmlinge vorbereiten."

Anmerkung 5

Der weißköpfige Adler (*Haliaetus leucocephalus*) kommt, nach Hutchins, im Mai, in der Gegend der Hudson's Bay an, er baut auf die höchsten Bäume und bereitet ein ziemlich großes Nest, aus Stücken Gras, Torf, Schutt und ähnlichem Gerülle, er wählt zu diesem Behuf einen sehr hohen Baum, in der Regel eine Fichte oder Zypresse und macht eine lange Periode hindurch Jahr für Jahr von demselben Neste Gebrauch. Die Adler, welche Abbot beobachtet hat, bauten ein großes kompaktes Nest, bisweilen auf hohe Zypressenbäume und andere Male wiederum auf Felsen. Die beste Beschreibung aber, die uns zu Gesicht gekommen ist, haben Wilson und Ord in der *American Ornithology* geliefert.

„Im Monat Mai" sagt *Wilson*, „als ich auf einer Jagdpartie an der See-
küste, nicht weit von Great Egg Harbour, in Begleitung meines Freundes
O r d hinstrich, wurden wir von unserm Wegweiser ungefähr eine englische Meile tief in die Wälder geführt, um ein Seeadlernest zu sehen. Als
wir uns dem Orte bis auf eine kleine Entfernung genähert, sahen wir
den Vogel, sich langsam vom Neste zurückziehen, welches mitten auf
dem Gipfel einer sehr großen gelben Fichte (*yellow pine*) erbaut war. Das
Holz war mehre Ruten im Umkreise gefällt und weggeschafft worden,
ein Umstand, der dem stattlichen, geraden Stamme, so wie den großen,
gekrümmten Ästen des Baumes, worauf eine schwarze Masse von Stöcken und Reisholz ruhte, einen eigentümlichen und malerischen Anblick
verlieh. Unser Führer hatte eine Axt mit sich genommen, um den Baum
zu fällen; mein Begleiter aber, ängstlich bemüht, die Eier oder Jungen zu
erhalten, bestand darauf, den Baum zu ersteigen, was er auch furchtlos
ausführte, während ich und der Führer unsern Stand unter dem Baume
nahmen, bereit, den kühnen Kletterer, im Fall eines Angriffs von den alten
Adlern, zu verteidigen. Indes wurde kein Widerstand geleistet; leider aber
fand O r d das Nest, als er es erreicht, zu unserm größten Missvergnügen,
leer. Es war aus großen Stöcken, deren mehre einige Fuß maßen, erbaut;
inwendig lagen Erdschollen, Riethgras, Rasen, dürres Schilf u.s.w., sämtliche Materialien waren zu einer Höhe von fünf bis sechs Fuß angehäuft
und nahmen über vier Fuß in der Breite ein; das Ganze war mit frischen
Fichtenwipfeln überkleidet und hatte nur eine geringe oder vielmehr gar
keine Aushöhlung. Unter der Überkleidung lagen die frisch abgestreiften
Hüllen (Mauser) der jungen Brut des laufenden Jahres, nämlich Schuppen
von den Spulen, Federn, Flaum u.s.w. Unser Führer war spät im Februar
an dieser Stelle vorbeigekommen, zu welcher Zeit sowohl Männchen als
Weibchen ein großes Geräusch um das Nest machten; und aus dem, was
wir später erfuhren, ist es höchst wahrscheinlich, dass es bereits in dieser
frühen Jahreszeit Junge enthielt."

„Im folgenden Jahre, am ersten März", erzählt O r d , „nahm einer meiner Freunde aus dem nämlichen Neste drei Eier, wovon die größten drei
und ein viertel Zoll lang waren, im Durchmesser zwei und ein viertel und
im Umfange gegen sieben Zoll maßen; sie wogen vier Unzen, fünf Drach-
men, (Apothekergewicht); sie waren schmutzig gelblich weiß und nur eins
hatte eine sehr blassbläulich weiße Farbe; die Jungen waren vollkommen
ausgebildet. Die ängstliche Sorgfalt des Weibchens, die Eier zu erhalten,

war so groß, dass es das Nest nicht eher verließ, als bis mehre Axtschläge gegen den Baum geführt worden waren."

„Einige englische Meilen von diesem Orte entfernt", fährt W i l s o n fort, „befindet sich ein andres Adlernest, welches ebenfalls auf einer Fichte erbaut ist, die, nach eingezogner Erkundigung vom Eigentümer der Holzung, dieser Adlerfamilie seit langer Zeit zur Wohnung gedient hatte. Den Baum, worauf das Nest ursprünglich erbaut war, hatten diese Adler seit undenklichen Zeiten oder wenigstens so lange als er sich erinnern konnte, inne gehabt. Einige von seinen Söhnen fällten die Fichte, um die Jungen zu erlangen, deren Zahl sich auf zwei belief, bald darauf begann der Adler auf den unmittelbar danebenstehenden Baum ein neues Nest zu bauen, wodurch er eine große Vorliebe für diesen Ort an den Tag legte. Der nämliche Mann erzählte uns, dass die Adler zu jeder Jahreszeit hier ihre Ruhestätte und Wohnung haben. Überdies behauptete er, dass die grauen oder Seeadler, die Jungen der weißköpfigen Adler wären und dass sie nicht eher zu brüten anfingen, als bis sie einige Jahre alt geworden wären. Der weißköpfige Adler treibt seine Jungen nicht aus dem Neste, wie der Osprei oder Fischaar (Flussadler, Moosweih), sondern fährt, nachdem sie es verlassen, noch lange fort, sie zu füttern."

Es hat den Anschein, als wenn diese Adler eine besondere Vorliebe für die Nähe von Wasserfällen hegten, da sie sich in großer Menge am Niagarafalle aufhalten; und in L e w i s und C l a r k s Reisebericht stoßen wir auf folgende Beschreibung eines solchen Adlernestes, welches die malerischen Effekte der großartigen Szenen an den Fällen des Missouri nicht wenig erhöht haben mag.

„Gerade unter der obersten Spitze", erzählen die Reisenden, „befindet sich mitten im Flusse ein kleines holzreiches Eiland. Hier hatte ein Adler auf einem Baume (*Gossypium arboreum*) sein Nest errichtet und schien der unangefochtene Inhaber des Orts zu sein, dem seinen Besitz streitig zu machen, weder Menschen noch Tiere über die das Eiland umgebenden Strudel zu setzen wagten, da dasselbe noch überdies durch den, von den Fällen emporsteigenden Wassernebel geschützt ist."

Anmerkung 6

Dieser Vogel fürchtet den Menschen so wenig, dass er nicht selten in die Bäume nistet, welche in den Städten Amerikas auf den Straßen wachsen. W i l s o n fand mehre dieser Nester innerhalb der Grenzen der Stadt Philadelphia: zwei in dem Knopfholzbaum (*Platanus occidentalis*) und ein drittes in dem verwitterten Stamme einer Ulme. „Die alten Vögel", sagt dieser Forscher, „machen, wie mich meine Beobachtung gelehrt hat, ihre Exkursionen regelmäßig nach den über Schuylkill hinaus liegenden Wäldern, ungefähr eine englische Meile von der Stadt und beobachten beim Besuchen ihrer Nester große Stille und Vorsicht; Maßregeln, welche von solchen, die tiefer in den Wäldern nisten, nicht so streng beobachtet werden, weil das Späherauge des Menschen daselbst weniger zu fürchten ist. Allein trotz der Sorgfalt, welche dieser Vogel, so wie die andern Arten der nämlichen Gattung, anwendet, um seine Jungen durch die Auswahl einer sicheren Lage gegen die Nachstellungen von Verfolgern zu sichern, hat er es doch mit einem Totfeinde zu tun, gegen dessen Räubereien ihm weder die Höhe des Baumes noch die Tiefe der Höhle die mindeste Sicherheit gewähren. Dies ist die schwarze Schlange (*Coluber constrictor*), welche sich häufig am Stamme des Baumes hinauf windet und wie ein lauernder Wilder, in die Höhle des armen Spechtes dringt, trotz dem Geschrei und ängstlichen Flattern der Eltern die Eier und hülflosen Jungen verschlingt und wenn es der Raum gestattet, sich an der Stelle, die sie eben erst einnahmen, zusammenrollt und daselbst einige Tage hindurch verharrt. Der wilde Schulknabe, nachdem er seinen Hals gewagt, um die Höhle des Spechtes zu erreichen, fährt, wenn der Zeitpunkt des Triumphs, wo er das Nest für sichre Beute hält und seinen entblößten Arm in die Höhle steckt, beim Anblick der scheußlichen Schlange erschrocken zurück und stürzt fast von seiner schwindelnden Höhe herab, indem er mit ängstlicher Hast am Baume heruntergleitet. Ich habe von verschiedenen Abenteuern dieser Art gehört; und ein Fall zog ernste Folgen nach sich: Knabe und Schlange stürzten nämlich zugleich auf die Erde herab und ein Schenkelbruch und langes Hüten des Bettes heilten den Waghals von seinem ehrgeizigen Streben, Spechtnester zu plündern, vollkommen."

Anmerkung 7

„Dieser schöne Vogel", sagt Wilson, „welcher, so viel ich darüber habe erfahren können, Nordamerika angehört, zeichnet sich durch sein prächtiges Kleid als eine Art von Elegant (*beau*) unter den befiederten Bewohnern unserer Wälder aus und macht sich, gleich den meisten Gecken, sowohl durch seine Geschwätzigkeit als auch durch die Manier seiner Töne und

Gebärden noch bemerklicher. Der amerikanische Holzheher ist eilf Zoll lang, seinen Kopf ziert ein Kamm lichtblauer oder purpurfarbner Federn, welchen er nach Willkür emporrichten oder senken kann; eine schmale schwarze Linie zieht sich längs der Stirnbinde hin, erhebt sich auf beiden Seiten über die Augen, geht aber nicht über sie hinweg, wie Catesby dies dargestellt hat oder wie es Pennant und mehre andre beschrieben haben; der hintere und obere Teil des Halses ist schön hell purpurfarben, doch herrscht das Blau vor; ein schwarzer Kragen reicht vom Hinterhaupte mit einer zierlichen Krümmung auf jeder Seite über den Hals herab bis an den oberen Teil der Brust, wo er einen Halbmond bildet; Kinn, Backen, Kehle und Bauch sind weiß, die drei ersteren lichtblau gefärbt; die größeren Flügeldecken sind reich blau, die äußeren Fahnen der ersten Federn licht-blau, die der zweiten dunkel purpurfarben, mit Ausnahme der drei dem Körper zunächst befindlichen, welche glänzend lichtblau sind; alle diese, ausgenommen die ersten, sind prachtvoll mit schwarzen Halbmonden der Quere nach gestreift und weiß getüpfelt; die inneren Seiten der Flügel-federn sind dunkelschwarz; der Schwanz ist lang und keilförmig gestaltet und besteht aus zwölf glänzend lichtblauen, in halbzolligen Entfernun-gen mit schwarzen bogenartigen Querstreifen gezeichneten Federn; jede Feder ist weiß getüpfelt, mit Ausnahme der zwei mittelsten, welche nach den äußersten Enden zu in eine dunkle Purpurfarbe verlaufen; Brust und Seiten, unter den Flügeln, sind schmutzig weiß und mit Purpur gefleckt; die innre Seite des Mundes, Zunge, Schnabel, Beine und Krallen sind schwarz; die Regenbogenhaut des Auges ist nussbraun.

„Ein blauer Holzheher", fährt Wilson fort, „den ich seit einiger Zeit gefangen gehalten und mit dem ich in großer Vertraulichkeit lebe, ist ein wahres Muster von mildem Charakter und geselligen Sitten. Ein günstiger Zufall im Walde brachte mich zuerst in Besitz dieses Vogels, als er noch sein volles Gefieder hatte und noch voller Gesundheit und Mut war; ich nahm ihn mit mir nach Hause und steckte ihn in einen Käfig, den bereits ein goldgeflügelter Specht einnahm; hier wurde er aber so grob empfangen und erhielt von dem Inhaber des Käfigs dafür, dass er dessen Gebiet betre-ten, eine so harte Züchtigung, dass ich mich, um sein Leben zu erhalten, genötigt sah, ihn wieder herauszunehmen. Ich setzte ihn hierauf in einen andern Käfig, dessen einziger Besitzer ein gemeiner weiblicher Bülan (*orchard oriole*) war. Dieser gebehrdete sich ebenfalls unruhig, als beleidige und gefährte ihn die Gegenwart des fremden Gastes; der Holzheher unterdes saß stumm und bewegungslos auf dem Fußboden des Käfigs, entweder zweifelhaft über seine eigene Lage oder in der Absicht, seiner Nachbarin Zeit zur Beschwichtigung ihrer Furcht zu gönnen. Und nach wenigen Minuten, nachdem sie verschiedene drohende Gebärden entfaltet (gleich einigen Indianern bei ihren ersten Zusammenkünften mit den Weißen), begann sie, sich demselben zu nähern, jedoch mit großer Vorsicht und zum schnellen Rückzug bereit. Da sie jedoch sah, dass der Holzheher anfing, auf eine friedfertige und demütige Weise einige zerbröckelte Stückchen Kastanie aufzupicken, stieg sie ebenfalls herab und tat das Nämliche, drehete sich aber, bei der leichtesten Bewegung ihres neuen Gastes, diesem entgegen und setzte sich in Verteidigungsstand. Jedoch ehe es Abend geworden, war alle diese ceremonidse[133] Eifersüchtelei verschwunden und sie wohnen, fressen und spielen jetzt zusammen, in vollkommner Eintracht und guter Laune."

„Wenn der Holzheher trinken will, springt seine Tischgenossin keck und dreist in das Wasser, um sich zu baden und schleudert es in Schauern über ihren Gefährten, der sich dies ganz geduldig gefallen lässt und nur dann und wann wagt, etwas davon zu schlürfen, ohne das geringste Zeichen von Unwillen oder Empfindlichkeit zu verraten. Im Gegenteil scheint er sich über seine kleine Mitgefangene zu freuen, indem er ihr erlaubt, sich an seinen Backenbart zu hängen, (was sie sehr sanft macht) und seine Krallen von zufällig daran hängenden Kastanienbröckchen zu reinigen. Diese Anhänglichkeit von der einen und diese freundliche Nachgiebigkeit von der andern Seite, dürften vielleicht zum Teil die Wirkung des wechselseitigen Missgeschicks sein, welches, wie die Erfahrung lehrt, nicht bloß Menschen an einander anschließt, sondern auch manche Tierarten enger mit einander verbindet, Auch zeigt dieses Beispiel, dass der blaue Holzheher ein leicht bezähmbares Naturell besitzt und fähig ist, Zuneigung und zärtliche Gefühle, selbst für solche Vögel zu hegen, die er im natürlichen Zustande ohne Bedenken zu seiner Speise wählen würde."

Anmerkung 8

Das Nest des Feuervogels ist von mehren Ornithologen geschildert worden. Latham, welcher von Wilsons wundervoller Beschreibung wesentlich abweicht, sagt: „das Nest ist aus einer flaumartigen, zu Fäden

---

133 Anm. des Verlags: Hier könnte eventuell „zeremoniell" gemeint sein.

gedehnten Substanz locker gebaut und hat ziemlich die Gestalt einer Börse, welche an die äußerste Gabel eines Tulpenbaums, einer Platane oder eines Hickorybaums befestigt ist." Montbeillard ist noch kürzer in seinen Bemerkungen über diesen interessanten Bau. Wir wollen hier Wilsons Beschreibung von Anfang bis zu Ende mitteilen.

„Fast die ganze Gattung der Pirole (Bülaus)", sagt dieser Beobachter, „gehört Amerika an und alle bauen, mit wenigen Ausnahmen, schwebende Nester. Nur wenige aber kommen in der Bauart dieser Wohnstätten für die Jungen dem Baltimorevogel gleich, welcher seinem Neste vor allen ihm verwandten Arten Bequemlichkeit, Wärme und Sicherheit zu geben weiß. Zu diesem Behufe wählt er die hohen, herabhängenden Zweigspitzen und befestigt starke, feste Fäden von Hanf oder Flachs um zwei der beabsichtigten Weite des Nestes entsprechende Gabelzweige; aus den nämlichen Materialien, die mit lockerem Werge vermengt sind, webt oder fabriziert er eine starke, feste Art Filz, welcher gewissermaßen der Substanz eines noch rohen Hutes gleicht und den er zu einem sechs bis sieben Zoll tiefen Beutel gestaltet; inwendig füttert er das Nest reichlich mit verschiednen weichen und dem äußeren Netzwerk gehörig eingewobenen Substanzen und kleidet es endlich mit einer Lage von Rosshaaren aus; das Ganze ist gegen Sonne und Regen durch ein natürliches Wetterdach oder einen Blätterbaldachin gestützt. Was die Öffnung anlangt, welche der Vogel, nach Pennant und andern Schriftstellern, auf der Seite für die Jungen sowohl zur Fütterung als Entfernung der Exkremente lassen soll, ist auf jeden Fall ein Irrtum. Ich meines Teils habe nie ein solches Loch in der Nestwand des Baltimorevogels gefunden. Wiewohl Vögel der nämlichen Art im Allgemeinen eine gemeinschaftliche Form beim Bauen ihres Nestes beobachten, so bauen sie doch nicht, wie man gewöhnlich glaubt, auf dieselbe Weise.

Die Baltimorevögel unterscheiden sich eben so sehr durch Stil, Sauberkeit und Ausführung ihrer Nester als durch ihre Stimme. Einige scheinen vor allen andern geschickte Arbeiter zu sein und wahrscheinlich nehmen sie an Kunstfertigkeit eben so wie an Farbenpracht mit den Jahren zu. Ich habe jetzt eine Anzahl ihrer Nester vor mir, sämtlich vollendet und mit Eiern angefüllt. Eins derselben, das sauberste und netteste, hat die Gestalt eines Zylinders, ist fünf Zoll weit, sieben Zoll tief und am Boden rund. Die oben befindliche Öffnung ist durch einen horizontalen, ungefähr dritte-halb Zoll breiten Deckel beschränkt. Die Materialien sind Flachs, Hanf, Werg, Haare und Wolle, welche sämtlich zu einer vollkommenen Art

Tuch verwebt sind, das Ganze ist überall sauber mit langen, mitunter zwei Fuß messenden Rosshaaren durchnäht. Der Boden besteht aus dicken Kuhhaarflocken und ist ebenfalls mit Rosshaaren durchnäht. Das eben beschriebne Nest hing an der Spitze eines horizontalen Apfelbaumzweiges, nach Südost gerichtet; es war, obgleich im Schatten, in einer Entfernung von hundert Schritten sichtbar und das Werk eines sehr schönen und vollkommnen Vogels. Es befinden sich fünf weiße, schwach fleischfarbne, am breiten Ende mit purpurnen Flecken und an den übrigen Teilen mit langen Linien gezeichnete Eier darin, die Linien sind haarfein und durchschneiden sich in mannigfaltigen Richtungen. Ich bin deswegen in der Angabe dieser einzelnen Umstände so ausführlich, weil es mein Wunsch ist, den spezifischen Unterschied zwischen dem echten und Bastardbaltimorevogel aufzustellen, da Dr. Latham und einige andere der Meinung sind, dass beide Vögel einer und derselben Art angehören und nur durch ihre verschiednen Farbenschattierungen von einander abweichen."

„Der Baltimorevogel ist in der Brütezeit so sehr besorgt, sich die geeigneten Materialien zu seinem Neste zu verschaffen, dass die im Lande wohnenden Frauen genötigt sind, ihr Garn und dergleichen, das sich zufällig auf der Bleiche befindet, aufmerksam zu bewachen, eben so muss der Pächter und Landmann seine jungen Pfropfreiser hüten, weil dieser Vogel sowohl das Garn als auch die Materialien, womit die letzteren befestigt sind, seinem Endzweck entsprechend findet und oft wegholt; sollte jedoch das erste zu schwer und die letzteren zu fest gebunden sein, so zerrt er lange Zeit daran herum, bevor er seinen Versuch aufgibt. Man hat nach dem Abfallen der Blätter oft Strähne Seide und Zwirnfäden um das Nest des Baltimore Vogels hängen sehen, die aber so verwebt und verschlungen waren, dass man sie durchaus nicht wieder herausfitzen konnte. Vor der Ankunft der Europäer konnten natürlicherweise keine solche Materialien gewählt werden, allein mit dem Scharfsinn eines guten Architekten hat das Tierchen diesen Umstand zu seinem Vorteil benutzt und man findet die stärksten und besten Materialien stets in denjenigen Teilen, welche das Ganze tragen. *Wilsons, Amer, Ornith, I, 26.*